全国**跨境电商**“十三五”规划教材

跨境电商操作实务

朱桥艳 赵静 / 主编
钟飞燕 杨滨 钟祥荣 / 副主编

Cross-Border E-Commerce

人民邮电出版社
北京

图书在版编目（CIP）数据

跨境电商操作实务 / 朱桥艳，赵静主编. -- 北京 : 人民邮电出版社，2018.12（2020.7重印）
全国跨境电商“十三五”规划教材
ISBN 978-7-115-48792-6

Ⅰ. ①跨… Ⅱ. ①朱… ②赵… Ⅲ. ①电子商务－商业经营－高等学校－教材 Ⅳ. ①F713.365.2

中国版本图书馆CIP数据核字(2018)第145162号

内 容 提 要

本书基于跨境电商零售出口工作流程编写，分为跨境电商理论篇、跨境电商操作篇与跨境电商实务篇，其中，理论篇包括走进跨境电商、第三方跨境电商平台；操作篇包括第三方跨境电商平台（速卖通）的基本操作、跨境物流与支付、跨境电商营销推广、跨境电商数据分析与跨境电商客户服务与管理；实务篇包括敦煌网平台操作实训。全书共 8 个项目，每个项目都按跨境电商操作流程进行设计，布置了相应工作任务，并做了示范操作，最后进行职业技能训练。

本书可以作为高等院校、职业院校电子商务、国际经济与贸易、商务英语等专业学生的教材，也可作为跨境电商从业人员的业务参考书及培训书。

◆ 主　　编　朱桥艳　赵　静
副 主 编　钟飞燕　杨　滨　钟祥荣
责任编辑　刘　琦
责任印制　焦志炜

◆ 人民邮电出版社出版发行　　北京市丰台区成寿寺路 11 号
邮编　100164　　电子邮件　315@ptpress.com.cn
网址　http://www.ptpress.com.cn
北京隆昌伟业印刷有限公司印刷

◆ 开本：787×1092　1/16
印张：15.75　　2018 年 12 月第 1 版
字数：415 千字　　2020 年 7 月北京第 4 次印刷

定价：49.80 元

读者服务热线：(010) 81055256　印装质量热线：(010) 81055316
反盗版热线：(010) 81055315
广告经营许可证：京东市监广登字20170147号

前　言

自 2009 年开始，沉寂已久的跨境电商以 B2C 零售姿态出现在人们眼前，让曾经错过淘宝时代的人们再次燃起投身电商的热情。

2009 年，速卖通平台的创立打响了跨境小额批发大举发展的第一炮；一度退出我国市场的 eBay 也在 2012 年前后重返我国市场；与此同时，跨境电商政策不断出台，进一步推动了跨境电商的快速发展。随着全球化进程的不断加快，区域性商业贸易往来进一步加强和发展，跨境电商在我国外贸和电商领域变得越来越重要。2017 年我国跨境电商交易额达 8.06 万亿元，同比增长 20.3%。我国跨境电商交易额自 2010 年至今保持了 30%的复合增速，占据我国进出口贸易总额的比例从 2010 年的 5.94%增长至 2017 年的 27.35%。据阿里研究院预测，2020 年将达到 12 万亿元，占据我国进出口总额约 37.6%。跨境电商的“火”也带动了跨境电商市场对跨境电商人才的强劲需求，然而目前高等院校和职业院校的人才培养却不能满足市场对跨境人才的需求，其中的原因之一就是跨境电商人才培养的相关教材极度缺乏。

基于此，编者结合多年从教和从事跨境电商的实操经验，与具有丰富的跨境电商操作运营经验的行业专家一起，共同编写了本书。本书抛弃了以知识体系为线索的传统编写模式，采用了任务驱动、工学结合的编写模式，注重以学生为主体，以培养职业核心能力为目标，以真实项目为载体，融“教、学、做、考、创业”为一体，强调对跨境电商工作岗位各操作环节能力的训练，由浅入深引导读者详尽了解跨境电商的方方面面，为其未来职业发展打好基础。以最适合新手入门的速卖通平台为例，讲解跨境电商工作中的共性部分，并以免费注册平台敦煌网作为实训任务切入点，引导读者进行实操，提高实践技能。教师在使用本书进行教学时，可以先让学生在跨境电商平台注册店铺，尝试接触每个项目模块，再结合学生完成任务情况进行操作示范和讲解，最后让学生完成能力训练部分的工作任务，以巩固并提高跨境电商业务操作能力。

本书由广州城建职业学院朱桥艳、山东劳动职业技术学院赵静担任主编并统稿；广州城建职业学院钟飞燕，曲阜远东职业技术学院杨滨、广州城建职业学院钟祥荣担任副主编；山东劳动职业技术学院李铭军，广州城建职业学院刘瑞荣、江郴杰、邱漠河、李雅茜、黄雨、兰银、周银新、李霜、陈秋云，广州安德在线网络科技有限公司邓合全也参与了本书的编写。广州安德在线网络科技有限公司还为本书提供了编写素材并派人进行了审稿。参加编写人员的分工为：李铭军、钟飞燕、刘瑞荣负责编写项目一；钟祥荣、杨滨负责编写项目二；朱桥艳、邓合全、江郴杰负责编写项目三；钟飞燕、邱漠河负责编写项目四；李雅茜负责编写项目五；朱桥艳、黄雨、兰银负责编写项目六；周银新、李霜负责编写项目七；朱桥艳、陈秋云负责编写项目八。本书在编写过程中还得到了广州安德供应链有限责任公司、广州雅缤饰品有限责任公司、广州立秋电子商务有限公司等的大力支持，在此一并表示衷心感谢。

本书内容翔实、分析严谨，相信读者一定能从中获得非常实用的知识与技巧。但由于跨境电商平台规则的不断变化及作者水平所限，书中难免会出现一些疏漏和错误，真诚欢迎各界人士批评指正，以便再版时予以修正，使其日臻完善。

编者

2018 年 8 月于广州

目　录

模块一　跨境电商理论篇

模块二　跨境电商操作篇

模块三　跨境电商实务篇

模块一　跨境电商理论篇

项目一　走进跨境电商

学习目标

【知识目标】

1. 掌握跨境电商的概念、模式、特征，了解跨境电商生态系统中各主体间的关系；
2. 熟悉跨境电商网络零售模式、一般贸易模式以及进出口跨境电商等；
3. 了解跨境电商与境内电商、国际贸易的区别。

【能力目标】

1. 能够对跨境电商的概念及特征有初步的认知；
2. 能够熟知跨境电商发展历史及未来发展趋势；
3. 能够对跨境电商的基本流程、主要模式有初步的认识。

项目引入

2016 年 4 月 8 日，中华人民共和国财政部、中华人民共和国海关总署、国家税务总局联合发布通知，从 4 月 8 日起实施跨境电商零售进口税收新政策，并同步调整行邮税政策。跨境电商税收新政将现行的“按邮递物品征行邮税（行邮税<同类进口货物的综合税率；缴税额 50 元以下商品免征）”更改为“按货物征收关税+进口环节增值税+消费税（单次交易超过 2 000 元或个人年度交易超过 20 000 元的进行全额征税；未超过限额的进口环节增值税、消费税=法定应纳税额×70%）”。行邮税税率由现行的四档税目“10%、20%、30%、50%”更改为三档税目“15%、30%、60%”。

3. 市场空间与范围不同

境内电商市场仅以境内为主，市场空间有限，交易额增幅平缓；而跨境电商面向全球多个国家，市场空间大，交易额逐年增加。

（三）跨境电商与传统国际贸易的区别

相较于传统国际贸易形式，跨境电商的优势主要体现在以下几个方面。

1. 成本低，利润高

相交于传统国际贸易而言，跨境电商的门槛不高，首先在境内选择合适的产品及进货渠道，然后通过国际性的电子商务信息平台联系境外的买家并出售商品，支付方式则选择国际性的第三方支付平台，物流则交给跨境快递公司来完成。从整个操作流程来看，跨境电商直接面对海外零售商或最终消费者，这减少了贸易环节中各种花费，成本低，商品更具价格优势，所获利润更高。而传统国际贸易流通渠道多，经过多级分销，最后才到达有需求的企业或消费者手中，进出口环节多、时间长、成本高、利润低。

2. 周期短，效率高

跨境电商开展国际贸易，买卖双方可采用标准化、电子化的合同、提单、保险凭证、发票、汇票和信用证等，融订单、支付、物流等服务为一体，使各种相关单证在网上即可实现瞬间传递，不仅缩减了传统外贸的各种中间环节，还减少了因纸面单证中数据重复录入导致的各种错误，对提高交易效率的作用十分明显。买家在平台上下订单，一般一个月内即可收到货物。

3. 全天运作，满意度高

世界各地间存在的时差为国际商务谈判带来诸多不便。企业在传统条件下提供每周 7 天、每天 24 小时的客户服务往往感到力不从心；而利用电子商务可以做到全天候服务，任何客户都可在全球任何地方、任何时间从网上得到相关企业的各种商务信息。电子商务可实现全天候、不间断运作，可使全球范围内的客户随时得到所需的信息，为出口企业带来更多的订单，并且可大大提高交易成功率，提高客户满意度。

除以上三点，跨境电商与传统贸易在信息提供、交易对象、交易时间、销售地点、销售方法、客户方便度等方面均存在一定区别（见表 1-1）。

表 1-1　跨境电商与传统国际贸易的区别

区别点	跨境电商	传统国际贸易
信息提供	透明、准确	因销售商而异
交易对象	全球	部分地区
交易时间	24 小时	规定的营业时间内
销售地点	虚拟空间	需要一定销售空间
客户方便度	客户按自己的方式选择性购买	受时间、地点限制

任务二　跨境电商的基本流程

跨境电商的基本流程如图 1-1 所示。

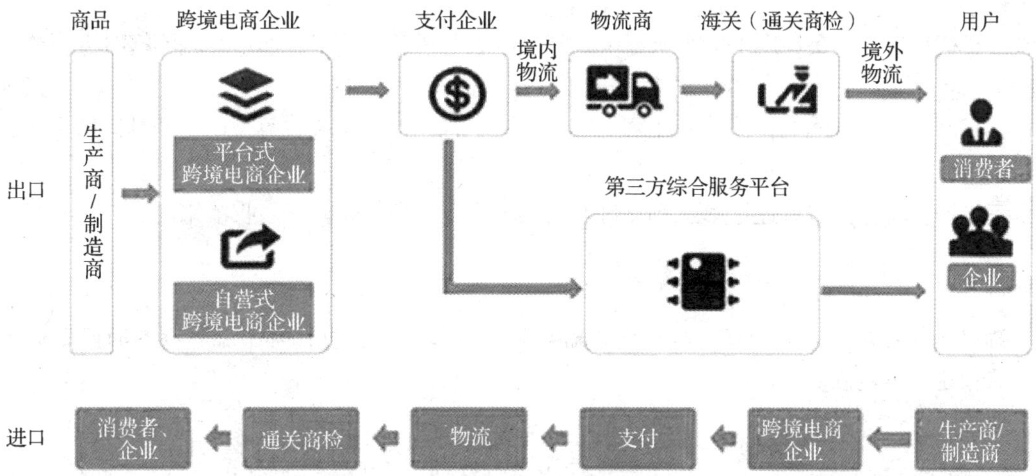

图 1-1

跨境电商出口流程：生产商或制造商将生产的商品在跨境电商企业平台上上线展示，在消费者对商品选购下单并完成支付后，跨境电商企业将商品交付给物流企业进行运输，经过两次（出口国和进口国）海关通关商检后，商品最终送达消费者或企业手中。也有跨境电商企业直接与第三方综合服务平台合作，让第三方综合服务平台代办物流、通关商检等一系列环节，从而完成整个跨境电商交易的过程。跨境电商进口的流程除了与出口流程的方向相反外，其他内容基本相同。

跨境进口电商主要有两种模式：直邮进口模式、保税进口模式。

直邮进口模式指符合条件的电商平台与海关联网，境内消费者网购后，电子订单、支付凭证、电子运单等由跨境电商实时传输给海关，按个人邮递物品征税。与个人海外代购和自己海淘相比，该模式符合国家海关监管政策，清关操作更阳光，信息更透明。

保税进口模式指跨境进口电商提前批量采购将商品运至保税区内保税仓库免税备货，消费者订单发出后，商品直接从保税仓库发出，货物以个人物品形式申报，在海关等部门监管下通关（见图 1-2）。

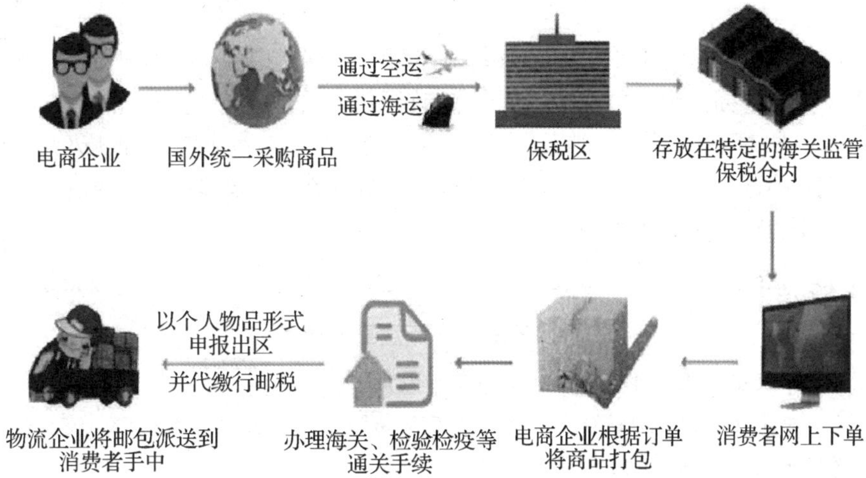

图 1-2

跨境电商需要解决三个流程问题。

一是信息流：厂家在网上发布所提供的产品或服务信息，消费者通过互联网搜寻需要的产品或服务信息；

二是产品流（物流）：消费者在网上下单，厂家委托跨境物流服务公司将产品运送到海外消费者手里；

三是资金流：消费者通过第三方支付方式及时、安全地付款，厂家收汇结汇。

思考题

请问在目前跨境电商领域，跨境电商需要解决的三个流程中，哪个流程存在的问题最为严重？请阐述你的观点。

任务三 跨境电商的主要模式

1. 根据商品流向分类

按商品流向，跨境电商可分为进口跨境电商与出口跨境电商

进口跨境电商是指境外卖家将商品直销给境内的买家，一般是境内消费者访问境外商家的购物网站选择商品、下单，然后境外卖家将商品发国际快递给境内消费者，典型代表如亚马逊（中国）等。

出口跨境电商是指境内卖家将商品直销给境外的买家，一般是境外买家访问境内商家的网店，然后下单购买，并完成支付，接着境内的商家将商品发国际物流至境外买家处，典型代表如全球速卖通、敦煌网、中国制造网、环球资源网等。

2. 按跨境电商的交易主体分类

根据交易主体的不同，跨境电商可分为跨境一般贸易和跨境零售贸易。

跨境一般贸易的最终客户为企业或集团客户，主要运营模式为 B2B，该模式的运营平台代表有敦煌网、中国制造网、阿里巴巴国际站、环球资源网。

跨境零售贸易的最终客户为个人消费者，它以网上零售的方式，将产品售卖给个人消费者。其主要运营模式为 B2C，该模式运营平台代表有全球速卖通、易宝（DX）、兰亭集势、米兰网、大龙网。

按照我国跨境电商零售进口税收新政策，跨境电商零售进口商品的单次交易限值为 2 000 元人民币，个人年度交易限值为 20 000 元人民币。在限值以内进口的跨境电商零售进口商品关税税率暂设为 0%；进口环节增值税、消费税取消免征税额，暂按法定应纳税额的 70%征收。超过单次限值、累加后超过个人年度限值的单次交易，以及完税价格超过 2 000 元限值的单个不可分割商品，均按照一般贸易方式全额征税。

知识链接

税改前后个人年度交易限制

税改前：单次交易限值 1 000 元；全年不限额度。

税改后：单次交易限值 2 000 元；个人年度交易限值 20 000 元。

入境免税限额由税前 5 000 元降至 2 000 元。

任务四　跨境电商的发展趋势

一、跨境电商的发展历程

1. 跨境电商1.0阶段（1999—2003年）

1999 年阿里巴巴成立，拉开了我国跨境电商发展的序幕。最初，阿里巴巴中国供应商只是在互联网黄页上将中国企业的产品信息向全球客户展示，定位于 B2B 大宗贸易。买方通过阿里巴巴平台了解卖方的产品信息，然后双方通过线下洽谈成交，所以当时的大部分交易是在线下完成的。此时的盈利模式主要是向进行信息展示的企业收取会员费（如年服务费），在发展过程中也逐渐衍生出竞价推广、咨询服务等为供应商提供一条龙的信息流增值服务。在跨境电商 1.0 阶段还出现了中国制造网、韩国 EC21 网、Kellysearch 等大量以供需信息交易为主的跨境电商平台，此时，跨境电商虽然通过互联网解决了中国贸易信息面向世界买家的难题，但是依然无法完成在线交易，对于外贸电商产业链的整合仅完成信息流整合环节。

2000 年前后，少量国人开始在 eBay 和 Amazon 等国外平台尝试跨境电商，但并没有形成规模。

2. 跨境电商2.0阶段（2004—2012年）

2004 年敦煌网在北京成立，区别于阿里巴巴中国供应商网上黄页的定位，敦煌网侧重于买卖双方在线交易，在敦煌网发生的多数是小额 B2B 贸易。

2007 年兰亭集势成立。兰亭集势是整合境内供应链，以兰亭集势名义向境外销售的 B2C 平台。

2009 年阿里速卖通成立。速卖通以 B2C 和 C2C 为主要跨境贸易模式。随着速卖通的发展，境内的跨境电商开始兴起，很多中小型卖家都开始加入到这个队伍中，几年间，速卖通已迅速赶超其他平台成为境内卖家最集中的跨境电商平台。

相比较跨境电商 1.0，跨境电商 2.0 更能体现电子商务的本质，借助于电子商务平台，通过服务、资源整合有效打通上下游供应链，包括 B2B（主流模式）、B2C 两种模式。在跨境电商 2.0 阶段，第三方平台实现了营收的多元化，同时实现后向收费模式，将“会员收费”改为以收取交易佣金为主，即按成交效果来收取佣金，同时还通过平台上营销推广、支付服务、物流服务等获得增值收益。

3. 跨境电商3.0阶段（2013年至今）

2013 年是跨境电商重要转型年，跨境电商全产业链都出现了商业模式的变化，这种变化体现在以下几个方面。

① 生产模式：由大生产线向柔性制造转变，对代运营和产业链配套服务需求较高。

② 用户群体：由草根创业向工厂、外贸公司转变，且具有极强的生产设计管理能力。

③ 主要平台：由 C2C、B2C 向 B2B、M2B 模式转变，批发商买家的中大额订单成为平台主要订单。

④ 平台产品：由网商、二手货源向一手货源好产品转变。

跨境电商 3.0 具有大型工厂上线、B 类买家成规模、中大额订单比例提高、大型服务商加入、移动用户量爆增、服务全面升级、平台承载能力更强和全产业链服务在线化八大重要特征。跨境电商行业可以快速发展到 3.0 阶段，主要得益于以下几个方面。

第一，中央及地方政府高度重视与大力推动，跨境电商行业规范和优惠政策相继出台。例如，《关于进一步促进电子商务健康快速发展有关工作的通知》（发改办高技〔2013〕894 号）、《关于跨境贸易电子商务进出境货物、物品有关监管事宜的公告》（海关总署〔2014〕56 号）等，在规范跨境电商行业市场的同时，也让跨境电商企业开展跨境电商业务有了保障。

第二，在海外市场，B2B 在线采购已占据半壁江山。传统外贸集装箱式的大额交易逐渐被小批量、多批次、快速发货的外贸订单需求所取代。

第三，大屏智能手机和 Wi-Fi 网络环境的改善使用户在移动端的购物体验获得较大提升，用户移动端购物习惯逐渐形成。电商企业在移动端的积极推广和价格战促销等活动进一步促进移动端购物市场交易规模大幅增长，为传统规模型外贸企业带来了新的商机。

跨境电商的发展历程如图 1-3 所示。

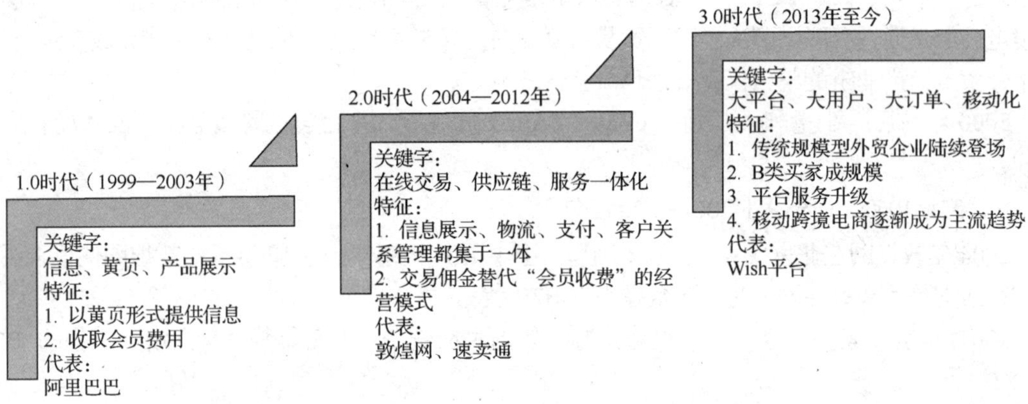

图 1-3

思考题

跨境电商 1.0/2.0/3.0 阶段最显著的差异在哪儿？是否会有跨境电商 4.0 阶段的出现？

二、我国跨境电商的发展现状及趋势

根据对 2011—2017 年我国跨境电商交易规模的数据统计，从 2011 年到 2017 年电商交易规模逐年扩大，2017 年，我国跨境电商交易额达 8.06 万亿元，同比增长 20.3%。业内普遍认为我国跨境电商交易规模将持续高速扩大，电子商务在我国进出口贸易中的比重将会越来越大。预计到 2020 年，我国跨境电商交易额将达 12 万亿元，占中国进出口总额约 37.6%。2010—2017 年我国跨境电商交易额如图 1-4 所示。

从市场格局来看，外贸 B2B 在我国跨境电商中占主导地位，从 2017 年我国跨境电商的交易模式来看，目前跨境电商 B2B 交易占比达到 85.2%，跨境电商 B2B 交易占据绝对优势，B2C 近年来发展迅猛。外贸 B2B 企业主要依托阿里巴巴、环球资源网、中国制造网、敦煌网等电商平台进行信息展示，电商平台帮助企业进行在线匹配和撮合。大多数 B2B 贸易订单的金额较大，进出口贸易的部分环节在线上完成，目前尚未实现完全的在线交易。虽然在线全流程的跨境贸易是未来的发展趋势，但今后几年，外贸 B2B 仍将以信息撮合和信息化服务为主。

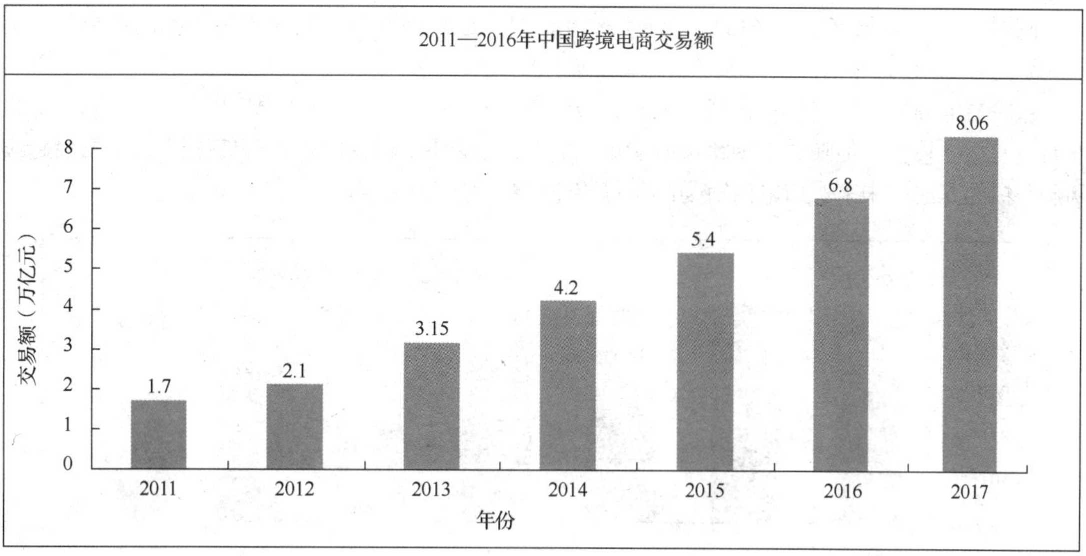

图 1-4

同时，我国跨境网络零售近年来增势迅猛。跨境网络零售模式可细分为两类：一类是电商企业建立独立的外贸 B2C 网站，如兰亭集势、易宝（DX）、唯品会等；另一类是电商企业入驻第三方外贸交易服务平台，在全球速卖通、eBay、亚马逊等平台上销售商品。外贸 C2C 则主要是个人在 eBay 等平台上开设网店。2012 年，我国跨境网上交易额达到 150 亿美元，并保持了年均 30%的增速。中国企业出口的商品主要是服装、饰品、小家电、数码产品等日用消费品，规模较大且增速较快。跨境网络零售以个人为服务对象，呈现小金额、多批次、高频率的交易特征。

跨境电商服务业为跨境电商应用提供各种专业服务，包括交易平台服务以及物流配送、电子支付、信用服务等，我国电子商务服务业已初具规模，推动了跨境电商的快速发展。

据不完全统计，截至 2013 年年底，我国电商平台企业已超过 5 000 家，境内通过各种平台开展跨境电商活动的外贸企业已超过 20 万家。阿里巴巴（阿里国际站、全球速卖通）、敦煌网、环球资源网、中国制造网等平台占据了我国跨境电商市场较大份额，其中，尤以阿里巴巴跨境电商平台在国内外市场的知名度最高。

在跨境电商的带动下，近年来我国跨境包裹数量持续快速增长。据海关统计，2012 年我国海关监管的包裹总量达到 3.5 亿件，同比增长 23.4%，跨境包裹中 70%～80%因电子商务而来。

联邦快递（FedEx）、联合包裹（UPS）、敦豪速递（DHL）、天地快运（TNT）等国际物流快递公司是跨境包裹的主要承运商。中国邮政为我国的跨境卖家量身定制了全新的国际邮递产品——国际 e 邮宝。顺丰速运上线“海购丰运”进入海淘转运市场。总体而言，尽管中国邮政、顺丰速运等国内企业都有跨境物流快递服务项目，但在国际覆盖范围、物流配送效率、物流信息采集等方面与国际物流快递公司相比还存在较大差距，难以有效满足电商企业的需求。物流快递仍是我国发展跨境电商的主要瓶颈。

目前，在我国跨境电商领域，银行转账、信用卡、第三方支付等多种支付方式并存。跨境电商 B2B 目前主要以传统线下模式完成交易，支付方式主要有信用卡、银行转账。跨境电商 B2C 主要使用线上支付方式完成交易，因此第三方支付工具得到了广泛运用。其中，使用最广泛的跨境交易在线支付工具是美国的第三方支付系统 PayPal，它被认为是国内外贸从业者的必备支付工具。同时，我国第三方支付平台前三强支付宝、财付通和银联电子支付占据了国内市场份额的78.5%，并已陆续进军跨境支付领域。

从跨境电商进出口结构分布情况来看，2011 年超过 90%的交易额由出口电商贸易贡献，进口电商贸易贡献较低。但随着中国跨境网购市场的开放、跨境网购基础环境的完善以及消费者跨境网购习惯的养成，未来进口电商贸易的贡献将逐步增大（见图 1-5）。

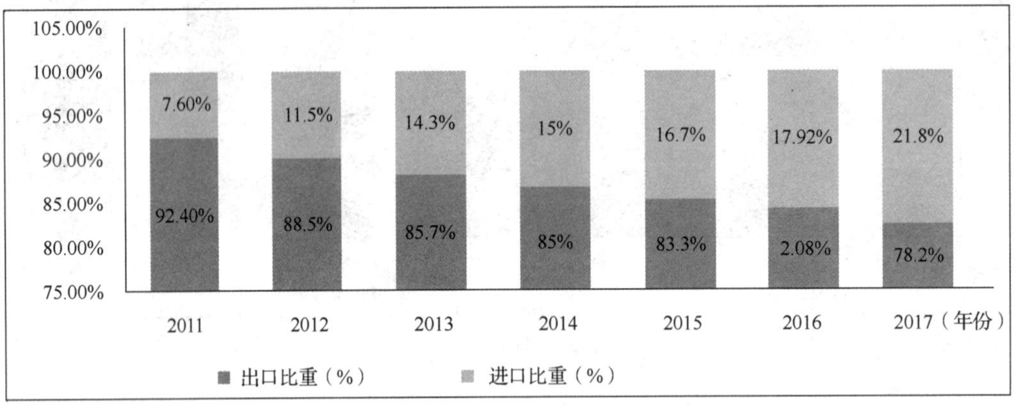

图 1-5

根据艾瑞咨询发布的《中国跨境电商行业研究报告》，2015 年我国跨境电商出口主要去向是美国、日本、韩国、印度、欧盟、东盟等国家和地区。其中，美国和欧盟占比较高，分别为 16.5%和 15.8%；其次分布在亚洲地区，东盟、日本、韩国和印度分别占 11.4%、6.6%、3.5%和 1.4%。（见图 1-6）。

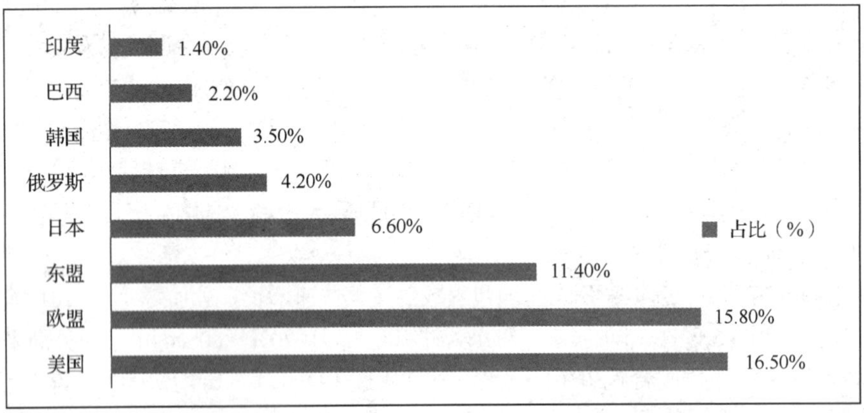

图 1-6

另外，据全球领先的在线支付平台 PayPal 发布的省份全球跨境电商报告显示，美国市场的跨境消费者是“中国制造”最主力的购买群体。2013 年有 3 410 万美国消费者跨境网购中国商品，价值达到 497 亿元人民币，预计到 2018 年年底，美国消费者跨境网购中国商品的年需求总额将增至 981 亿元人民币，仍占全球第一位。英国和澳大利亚分列第二、第三位，届时全球五大跨境电商目标市场——美国、英国、德国、澳大利亚和巴西对中国商品的网购需求将突破 1 440 亿元人民币。此外，对中国在线出口商品的需求增长最为迅速的是巴西，预计到 2018 年年底，巴西消费者从中国网购商品的价值总额将从 2013 年的 18 亿元人民币增至 114 亿元人民币，增幅近 7 倍。

职业技能训练

一、单选题

1. 跨境电商的英文名称是（　　）。

A. Cross Border Commerce　　B. Cross Border Trade

C. Cross Border E-commerce　　D. Cross Border Communication

2. 跨境电商的“三流”指的是（　　）。

A. 信息流、产品流、技术流　　B. 信息流、产品流、物流

C. 产品流、技术流、资金流　　D. 信息流、物流、资金流

3. O2O 是（　　）缩写。

A. Online to Online　B. Online to Offline　C. Offline to Offline　D. Offline to Online

4. 以下哪一项不是电商企业建立的独立外贸 B2C 网站（　　）。

A. 兰亭集势　B. 易宝（DX）　C. 唯品会　D. 全球速卖通

5. 对中国在线出口商品的需求增长最为迅速的国家是（　　）。

A. 美国　B. 俄罗斯　C. 巴西　D. 印度

二、判断题

1. 主要的跨境电商第三方平台有全球速卖通、Wish、敦煌网、eBay、淘宝等。（　　）

2. 目前，在我国跨境电商领域占据主导地位的是外贸 B2B。（　　）

3. 在跨境电商 1.0 阶段，第三方平台实现了营收的多元化，同时实现后向收费模式，将“会员收费”改为以收取交易佣金为主。（　　）

4. 跨境电商生态系统，以互联网为基础，主要包括电商创始人、电商行业大咖、新闻媒体、电商服务商、电商平台、风投公司等。（　　）

5. 跨境电商的特点具有全球性、无形性、匿名性、即时性、无纸化、快速演进等特点。（　　）

三、能力拓展题

【工作任务 1】将学生分成若干小组（3～4 人一组），以小组名义用 PPT 展示跨境电商与境内电商、国际贸易的区别与联系。

【工作任务 2】将学生分成若干小且（3～4 人一组），以小组名义绘制跨境电商基本流程图。

【工作任务 3】调研跨境电商税改对进出口跨境电商的影响。

项目二 第三方跨境电商平台

学习目标

【知识目标】

1. 掌握第三方跨境电商平台的概念、类型、特点等；
2. 熟悉外贸跨境电商第三方平台主要盈利方式、盈利模式对比、提供的服务种类；
3. 掌握主要的外贸跨境电商第三方平台的特点、发展历程、注册及认证流程。

【能力目标】

1. 能够对第三方跨境电商平台的概念、模式、分类、特点有初步的认知；
2. 能够对外贸跨境电商第三方平台的盈利方式、外贸跨境电商第三方平台服务种类及主要的跨境电商第三方平台有初步的认识；
3. 能够依据跨境电商第三方平台的注册及认证规则在各主要电商平台进行注册。

项目引入

1999 年阿里巴巴成立，拉开了中国跨境电商发展的序幕。

2000 年前后，少量国人开始在 eBay、Amazon 等国外电商平台尝试跨境贸易，但并没有形成规模。

2004 年敦煌网在北京成立，区别于阿里巴巴中国供应商网上黄页的定位，敦煌网侧重于买卖双方在线完成交易，在敦煌网上发生的贸易多数为小额 B2B 贸易。

2007 年兰亭集势成立。兰亭集势是整合国内供应链，以兰亭集势名义向境外销售的 B2C 平台。

2009 年阿里速卖通成立，以 B2C 和 C2C 为主要跨境贸易模式，几年间成为国内卖家最集中的跨境电商平台，2017 年平台卖家超过 1 亿人。

Wish 平台的出现为移动端 App 的商业模式增添色彩。

任务一　第三方跨境电商平台的分类

第三方跨境电商平台泛指独立于产品或服务的提供者和需求者，通过网络服务平台，按照特定的交易与服务规范，为分属不同关境的交易主体通过电子商务平台达成信息或者商品交易，为买卖双方提供供求信息发布与搜索、交易确立、跨境支付、跨境物流等服务内容。按照不同的划分依据 ，第三方跨境电商平台类型不同。

1. 按照商业模式划分

第三方跨境电商平台分为 B2B、B2C 以及 C2C 三种类型。

B2B（Business-to-Business），商业对商业，即分属不同关境的企业与企业之间，通过电商平台达成交易、进行支付结算，并通过跨境物流送达商品、完成交易的一种国际商业活动。B2B 代表平台有敦煌网、中国制造网、阿里巴巴国际站、环球资源网。

B2C（Business-to-Customer），企业对个人，即分属不同关境的企业直接面向消费者个人开展在线销售产品和服务，通过电商平台达成交易、进行支付结算，并通过跨境物流送达商品、完成交易的一种国际商业活动。B2C 代表平台有速卖通、亚马逊、易宝（DX）、兰亭集势、米兰网、大龙网等。

C2C（Customer-to- Customer），个人对个人，即分属不同关境的个人卖家向个人买家在线销售产品和服务，由个人卖家通过第三方电商平台发布产品和服务售卖信息，个人买家进行筛选，最终通过电商平台达成交易、进行支付结算，并通过跨境物流得到商品、完成交易的一种国际商业活动。C2C 代表平台有 eBay、敦煌网。

2. 按平台服务类型划分

第三方跨境电商平台分为信息服务平台和在线交易平台。

信息服务平台主要是为境内外会员商户提供网络营销平台，传递供应商或采购商等商家的商品或服务信息，促成双方完成交易。代表企业有阿里巴巴国际站、环球资源网、中国制造网等。

在线交易平台不仅提供企业产品服务等多方面信息展示，并且可使企业通过平台线上完成搜索、咨询、对比、下单、支付、物流、评价等全购物链环节。在线交易平台模式正在逐渐成为跨境电商的主流模式。代表企业有敦煌网、速卖通、易宝（DX）、炽昂科技（FocalPrice）、米兰网、大龙网等。

3. 按平台运营划分

第三方跨境电商平台分为自营型平台和第三方开放型平台。

自营型平台泛指电商企业建立的独立外贸网站。通过在线上搭建平台，平台方可整合供应商资源，通过较低的进价采购商品，然后以较高的售价出售商品。自营型平台主要以商品差价盈利。代表企业有兰亭集势、易宝（DX）、唯品会等。

第三方开放型平台是通过在线上搭建商城，并整合物流、支付、运营等服务资源，吸引商家入驻，为其提供跨境电商交易服务，让其在平台上实现产品销售。同时，平台以收取商家佣金以及增值服务佣金方式盈利。代表企业有速卖通、敦煌网、环球资源网、eBay、亚马逊、阿里巴巴国际站等。

思考题

请说明，除了本书中提及的第三方跨境电商平台企业，你还知道哪些？

任务二 第三方跨境电商平台的特点

1. 开放性与全球性

互联网具有全球性、开放性的特点。无论何时何地，只要能登录电子商务网站，就可以随心所欲地访问任何国家、地域的网上商城系统，通过跨越时间、空间，第三方跨境电商平台能使企业在特定的时间里接触到更多的客户，提供更广阔的发展环境。与传统的商业模式相比，第三方跨境电商平台最明显的特点是可以使企业以极低的成本进入全球化的电子化市场，并且中小企业可以拥有和大企业一样的电子商务网站，参与到市场争夺战中，这为全球的经济带来了价值。

2. 流程电子化、数字化

第三方跨境电商平台将传统的商务流程电子化、数字化，一方面以电子流代替了实物流，可以大量减少人力、物力，降低了成本；另一方面电子商务平台突破了时间和空间的限制，使得交易活动可以在任何时间、任何地点在电子商务网站上进行交易，从而大大提高了效率。

3. 流通环节减少

传统的跨境贸易大部分主要由一国的进/出口商通过另一国的出/进口商集中进/出口大批量货物，然后通过境内流通企业经过多级分销，最后到达有需求的企业或消费者手中，进出口环节多、时间长、成本高。而跨境电商通过电子商务平台直面最终消费者达成交易、进行支付结算，并通过跨境物流送达商品、完成交易，缩减了传统外贸的中间环节，提高了对外贸易的效率，大大降低了成本。

4. 信息、资源共享

互联网使传统的空间概念发生变化，出现了有别于实际地理空间的电子商务平台。处于世界任何角落的个人、公司或机构，可以通过电子商务平台紧密地联系在一起，通过电子商务网站以达到信息共享、资源共享等。

5. 企业与消费者互动

通过网上商城系统，商家之间可以直接交流、谈判、签合同，消费者也可以把自己的建议反馈到企业或商家的电子商务平台，而企业或者商家可以根据消费者的反馈及时调整产品种类及服务品质。

思考题

第三方跨境电商平台与境内电商平台的区别与联系有哪些？

任务三 第三方跨境电商平台的盈利方式

一、第三方跨境电商平台的主要盈利方式

第三方跨境电商平台实现企业入驻并完成在线交易，其主要的盈利方式包括以下几种。

1. 会员费

企业通过第三方跨境电商平台参与电子商务交易，必须注册成为第三方跨境电商平台的会员，每年需交纳一定的会员费，才能享受网站提供的各种服务。目前，会员费已成为第三方跨境电商平台最主要的收入来源。从收费模式来看，主要是采用包年收费模式。包年的会员又分为不同的

级别，一般分为钻石会员、白金会员、黄金会员。

2. 广告费

网络广告是门户网站的主要利润来源，同时也是第三方跨境电商平台的主要收入来源。第三方跨境电商平台一般会提供多种广告方式，如首页广告、行业广告和关键词广告等，按照排名位置的不同，价格不同。

3. 竞价排名

企业为了促进产品的销售，都希望在第三方跨境电商平台的信息搜索中使自己的排名靠前，而第三方跨境电商平台在确保信息准确的基础上，根据会员交费的不同对排名顺序进行相应调整。

4. 增值服务

第三方跨境电商平台通常除了为企业提供贸易供求信息以外，还会提供一些独特的增值服务，包括企业认证、独立域名、行业数据分析报告、搜索引擎优化等。例如，现货认证就是其针对电子商务这个行业提供的特殊增值服务。此外，ECVV 针对电子商务推行的谷歌排名推广服务，就是搜索引擎优化的一种，因此，第三方跨境电商平台可以根据行业的特殊性去深挖客户的潜在需求，然后提供具有针对性的增值服务。

5. 线下服务

线下服务主要包括展会、期刊、研讨会等。通过展会，供应商和采购商可以面对面地交流，这受到中小企业青睐。期刊中主要是关于行业资讯等的信息，也可以植入广告。环球资源网的展会有了不错的成效，现已成为其重要的盈利渠道，而 ECVV 组织的各种展会和采购会也已取得不错的效果。

6. 商务合作

商务合作包括广告联盟，政府、行业协会合作，传统媒体的合作等。广告联盟通常是网络广告联盟，如亚马逊的广告联盟就已经有了不错的成效。然而在我国，广告联盟还处于萌芽阶段，大部分网站对于广告联盟还比较陌生。国内做得比较成熟的广告联盟有百度联盟等几家。

7. 按询盘付费

区别于传统的会员包年付费模式，按询盘付费模式是指从事国际贸易的企业不是按照时间来付费的，而是按照海外推广带来的实际效果，也就是海外买家实际的有效询盘来付费。其中询盘是否有效，主动权在消费者手中，由消费者自行判断是否消费。尽管第三方跨境电商平台发展势头良好，但仍存在发育不成熟的一面，如在线价格协商和在线协作等功能还没有充分发挥出来。因此传统的按年收费模式，越来越受到以 ECVV 为代表的按询盘付费平台的冲击。

知识链接

按询盘付费的 4 大特点

按询盘付费有 4 大特点：零首付、零风险；主动权、消费权；免费推、范围广；及时付、便利大。广大企业不用冒着“投入几万元、十几万元，一年都收不回成本”的风险，零投入就可享受免费全球推广，成功获得有效询盘后，只需在线支付单条询盘价格，就可以获得与海外买家直接谈判成单的机会，主动权完全掌握在供应商手里。

二、第三方跨境电商平台的盈利方式对比

1. 全球速卖通平台的盈利模式

全球速卖通平台的主要收入来源有两个：（1）技术服务费。目前，全球速卖通共有 8 大类经

营范围，18 个经营大类，每个速卖通账号只准许选择一个经营范围，并可在该经营范围下跨经营大类经营，卖家加入全球速卖通平台时需要首先缴纳对应经营大类下的技术服务费，为 5 000～50 000 元；（2）交易佣金。全球速卖通会根据不同的支付方式向平台每笔成功交易收取交易佣金（一般为交易总额的 5%）。目前，全球速卖通平台支持电汇、支付宝以及其他跨国在线支付方式。若卖家采用支付宝进行交易，在优惠期内，阿里巴巴只收取 3%的佣金。表 2-1 所示为全球速卖通针对不同支付工具收取的交易佣金表（数据来源：阿里巴巴）。

表 2-1　全球速卖通针对不同支付工具收取的交易佣金表

支付工具	电汇	支付宝	其他跨国在线支付
开户费	无	无	无
产品登录费	/	无	0.1～1.5 美元
成交费	/	3%	交易额的 1.5%～5.25%
收款手续费	15～50 美元	/	交易额的 2.9%～3.9%
提现手续费	无	无	约 10 美元
卖家获利（以销售 300 美元产品为例）	285～250 美元	291 美元	251～277 美元

2. eBay平台的盈利模式

eBay 平台的主要收入来源有两个：（1）流量收入。eBay 作为全球最受关注、最大的 C2C 服务提供商，一直以建立高效健康的电子商务平台为主线。随着电子竞技和网络游戏产业的快速发展，eBay 期望与一些游戏平台展开合作，为玩家提供更好的在线交易环境。（2）交易费。在 eBay，交易方式分为拍卖和一口价两种，eBay 针对每次拍卖向卖家收取 0.25～800 美元不等的刊登费，在交易成功后再收取一笔 7%～13%的成交费。在合并了 PayPal 后，eBay 的支付方式默认为 PayPal，卖家在注册开店时必须绑定有效的 PayPal 账户，卖家在使用 PayPal 收款时，eBay 对每一笔款项收取 3.6%的费用。

3. 亚马逊平台盈利模式

亚马逊平台盈利模式主要来为收取会员服务费。亚马逊拥有自己的付费会员群体 Amazon Prime，会员每年支付 99 美元的会员费，Amazon Prime 会员能够享受免运费 2 日送达服务，还能通过亚马逊观看约 4 万部电影和电视剧，并享受 50 万本 Kindle 电子书的借阅服务。亚马逊会员数量达到了 4 千万，会员支付平台服务费用可享受相应服务项目。

4. 敦煌网平台的盈利模式

敦煌网公司的盈利模式主要是向卖家收取“交易佣金”，佣金通常是交易额的 3%～12%（即动态佣金，总体平均水平大概是 7%）。佣金的收取比例，会根据行业、交易额的不同而有变化，交易额越大，佣金比例越低，但不同的行业，佣金比例也存在差异。此外，敦煌网其他盈利模式包括以下几种。

（1）联合建行推出建行敦煌“e 保通”业务；

（2）广告费用：账户充值，卖家对广告位竞价，按天计费，广告按出价高低排序，1 元起价，加价幅度 1 元/每次；

（3）产品曝光系统：通常情况下，人民币与太阳币的兑换比例为 1∶1 000，充值太阳币，投放产品进行曝光，可以设置预算，投放曝光的产品必须手动停止曝光，否则曝光投放会一直继续有效，直至预算用完为止；

（4）财富 D+计划：白金礼包 9 800 元/每年，钻石礼包 16 800 元/每年；

（5）平台数据报告：按平台关键词、热销词、行业状况等收取数据下载费用。

5. Wish平台的盈利模式

Wish平台只有一种盈利模式，即在Wish平台买卖双方达成交易后，Wish会根据销售额向卖家收取平均10%的佣金。

任务四　第三方跨境电商平台提供的服务

一、物流配送

物流配送是物流活动中一种非单一的业务形式，与信息流、物流、资金流紧密结合，并且包括了信息流活动、物流活动和资金流活动。物流配送定位于为电子商务的客户提供服务，是依据电子商务的特点，对整个物流配送体系实行统一的信息管理和调度，按照用户订货要求，在物流基地进行理货工作，并将配好的货物送交收货人的一种物流方式。物流仓储配送服务成为中国电子商务最为核心的行业环节，能够提供一个全面完善的物流仓储配送解决方案也成为了很多中小卖家、电子商务供应商必须关注的问题。依据物流配送服务流程，主要的物流配送服务包括订单处理、选择物流方式及报关报检相关操作。

1. 订单处理

订单处理是指订单管理部门对客户的需求信息进行及时的处理，是物流活动的关键环节之一。从客户下订单开始到客户收到货物为止，这一过程中，所有与订单处理相关的活动的费用属于订单处理费用。随着计算机网络信息技术的应用，第三方跨境电商平台开发的物流仓储配送全网系统可以绑定全球速卖通、敦煌网等电商后台物流平台，帮助企业卖家直接后台下单发货，节约卖家自己寻找货代或去邮局发货的时间成本，提高订单处理效率。

2. 选择物流方式

第三方跨境电商平台物流仓储配送全网系统的另一个重要功能是能够为不同的企业卖家提供不同的仓储物流配送解决方案，可以提供低成本的物流配送方案，也可以提供最快速的物流配送方案，帮助卖家合理发货，完成交易。

3. 报关报检相关操作

第三方跨境电商平台的物流仓储配送全网系统能将包裹的准确信息共享至平台，与海关的信息流对接，主动报关，帮助卖家实时掌握商品的清关信息，提高配送服务水平，减少在包裹数量剧增时清关延迟、扣留等现象，提高客户的购物体验和满意度。

二、网络支付

跨境网络支付是指两个或两个以上国家或地区之间因国际贸易、国际投资及其他方面所发生的国际间债权债务，借助一定的结算工具和支付系统实现的资金跨国或跨地区转移的行为。第三方跨境支付平台是指独立于商户和银行，为境内外的消费者提供有限服务的第三方支付机构。艾瑞调研数据显示，我国网民跨境转账汇款使用第三方支付平台占比达 50.9%，且有逐年上升的趋势。

1. 支付方式

随着跨境市场的高速发展，卖家数量激增，跨境支付成了整个交易过程中的重要一环。

以往，跨境电商零售企业通过邮政包裹或快递直接将货物邮寄给境内外消费者，没有经过报关、商检等一般贸易流程，货物流和资金流不匹配，银行无法依据外贸资金管理规定为企业提供资金进出和结售汇服务。跨境市场的高速发展催生了跨境支付业务。目前从事跨境电商支付业务的支付机构，其业务主要有国际信用卡收款、海外本地化支付工具收款和跨境第三方电商交易平台收款这三种类型。

（1）国际信用卡收款

国际信用卡和海外本地化支付工具是跨境电商出口独立网站主要的收款方式。国际信用卡收款即由获得 VisaQSP 和 MasterCard PF 资质认证的支付机构帮助商户面向持有 Visa、Master、JCB 和 AE 等境外信用卡的消费者进行收款。目前 Visa、Master 的用户超过 20 亿，遍布全球。

（2）海外本地化支付工具收款

海外本地化支付工具收款是指支付机构帮助跨境电商出口独立网站对接境外支付工具收款，如俄罗斯的 Yandex. Money、Qiwi、Webmoney，德国的 Giropay，巴西的 Boleto，荷兰的 iDeal，西班牙的 Teleingreso 等。

（3）跨境第三方电商交易平台收款

中国商户从亚马逊、eBay 等平台收款，分为两种情况：一种是规模较大的企业在海外注册公司，开设企业海外银行账号进行收款；而对于未在海外注册公司的企业来讲，一般需要 DTAS（帝塔思）、Currencies Direct、Worldfirst、Payoneer、PingPong 等跨境支付服务商帮助开设虚拟海外银行账户进行收款。另一种是注册第三方平台绑定使用的国际支付工具，如在 eBay 平台使用 PayPal；在亚马逊、Wish、Lazada 平台使用 Payonner、WF；在全球速卖通平台使用国际支付宝等。

2. 处理支付收款操作

第三方支付平台在跨境交易中，既承担着与银行类似的外汇收支管理职责，又承担着第三方担保支付的职责。第三方跨境支付资金结算流程如图 2-1 所示。

第三方跨境支付资金结算流程

（以通联支付的进口电商跨境支付为例，第三方跨境支付资金结算流程如下。）

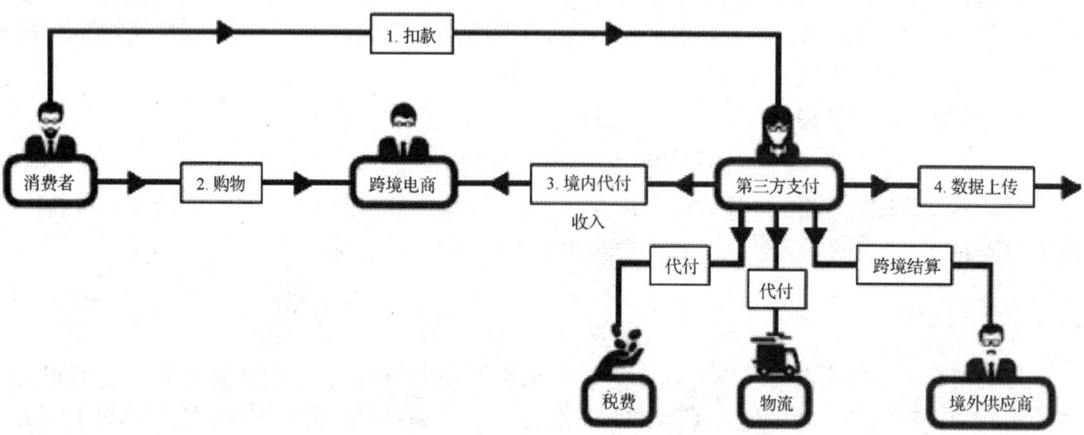

图 2-1

三、企业认证

企业认证分为产品认证和体系认证两种，即由可充分信任的第三方证实某已经鉴定的产品或服务达到特定标准的活动。第三方跨境电商平台可为平台注册企业提供企业注册备案服务，为电商平台企业提供身份信息认证服务。

1. 企业认证条件

企业申请产品质量认证必须具备 4 个基本条件。

（1）持有工商行政管理部门颁发的“企业法人营业执照”，国外企业持有有关部门机构出具的登记注册证明。

（2）产品质量稳定，能正常批量生产。所谓质量稳定指的是产品在一年以上连续抽查合格，小批量生产的产品不能表明产品质量的稳定情况，必须正式成批生产产品的企业才有资格申请认证。

（3）产品达到国家标准、行业标准及其补充技术要求，或达到国务院标准化行政主管部门确认的标准。这里阐述的标准是指具有国际水平的国家标准或行业标准。产品是否达到标准需由国家质量技术监督局确认和批准的检验机构进行抽样予以证明。

（4）生产企业建立的质量体系符合 GB/T 1900-IS 9000 族中质量保证标准的要求，建立使用质量标准体系（一般选定 IS 9002 来建立质量体系），并使其有效运行。

申请质量体系认证必须具备以下条件。

（1）中国企业持有工商行政管理部门颁发的“企业法人营业执照”，外国企业持有有关部门机构出具的登记注册证明。

（2）企业已按 GB/T 19000-ISO 9000 族中的质量保证标准建立可文件化的质量体系。

2016 年 4 月 1 日后，全球速卖通实行企业身份认证，入驻速卖通应具备的资质包括缴纳类目技术服务年费、企业认证资质以及品牌资质。其中企业认证资质需提供“企业营业执照”等相关信息，并且与企业支付宝认证的营业执照一致，在系统平台上传“营业执照”“企业税务登记证”“银行开户许可证”“法人身份证（正反面）”“公证书”等资料才可进入审核认证环节。而品牌资质平台鼓励卖家注册自主品牌，同时部分品牌卖家提供商标注册证明或授权证明或完整的进货证明亦可。

2. 企业认证流程介绍

（1）速卖通

① 注册条件

需提供开店用户电子邮箱及一个实名认证的中国支付宝账号，注册成功后将拥有一个系统自动分配的会员账户，这个账户是唯一的，不能修改，一个会员只能拥有一个速卖通账户。

② 注册流程

第一，打开全球速卖通首页并单击“免费注册”按钮，如图 2-2 所示。

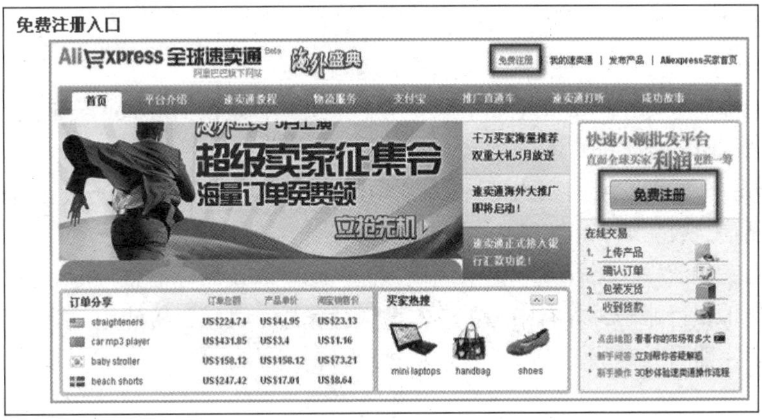

图 2-2

第二，填入注册信息，其中经营模式选定后不可更改，填写完所有注册信息后，单击“创建我的账号”按钮，如图 2-3 所示。

注册页面

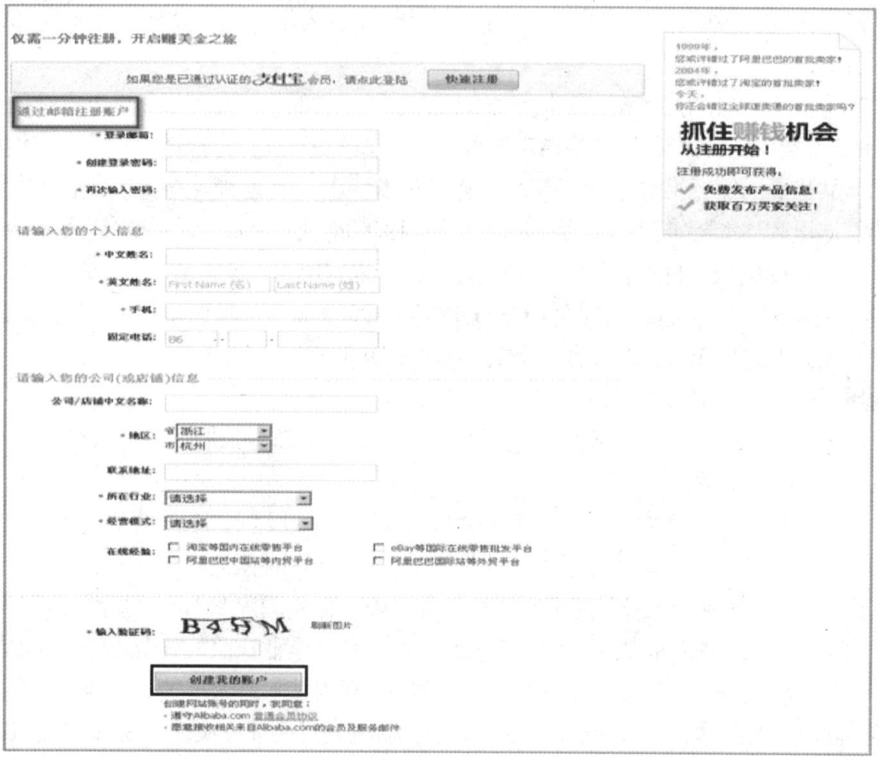

图 2-3

第三，单击“马上验证”按钮。

第四，登录注册邮箱，单击验证邮件中的“点此确认”按钮来完成验证。完成邮箱验证，即可拥有速卖通账号。

第五，实名认证。单击“马上认证”按钮后自动跳转至支付宝页面，登录已通过实名认证的支付宝账号，单击“提交认证”按钮，并且在系统平台上传“营业执照”“企业税务登记证”“银行开户证”“法人身份证（正反面）”“公证书”等资料即可通过实名认证。

第六，单击“前往我的速卖通”按钮，注册认证完成。

（2）Amazon

中国卖家想注册成为 Amazon 全球卖家有两个渠道：一是在 Amazon 美国网站上直接申请注册；二是通过 Amazon 中国的官网进行申请。

注册 Amazon 全球卖家所需要的资料：①公司营业执照扫描件；②身份证扫描件；③手机号；④邮箱；⑤产品信息收集表；⑥VISA 信用卡。

注册全球卖家的流程：公司基本信息确认→提供品牌以及商标信息→提交 100 款商品进行初审→申请美国当地银行账号，如有中国香港本地银行账号，可以直接使用→提交商品信息进行开店审核→注册卖家账号→商品上线→上线成功后即可销售。

（3）eBay

eBay 注册认证流程：在 eBay 首页单击注册按钮，填写姓名、邮箱和密码（建议选择大型的电子邮件服务商提供的邮箱作为注册邮箱，确保可以收到来自 eBay 的邮件）→单击提交按钮后完成注册→在 eBay 首页找到“sell”入口，选择中国后，会被链接到平台填写注册表单，填写真实的地址信息→认证：①信用卡认证 eBay 账户；②手机短信认证 eBay 账户，收到确认码后，输入正确的确认码，完成认证。

（4）Wish

Wish 注册认证流程：登录 Wish 首页，注册成为会员→创建店铺→提交一款产品进行店铺审核，在店铺审核过程中 Wish 会给每个店铺分配一个客户经理，客户经理会发送一封邮件收集你的信息→设置配送范围，默认仅配送到美国，卖家可以在后台将此修改为配送到全球，如果仅配送到美国只会得到来自美国的流量。

思考题

请问个人能否在上述四大平台上注册成为卖家？

四、网络信息安全

随着电子计算机的应用及跨境电商信用体系建设的法律和规范的出台，以电子商务的信息流、资金流、物流再加上电子签章四者相互交叉形成的信用体系可对电子商务进行控制。主要表现在以下几点。

（1）平台企业。跨境电商企业需经海关备案，避免假货风险，其中境外企业必须在境内设立分支机构或委托第三方机构处理售后服务事宜。此外，在亚马逊、Wish 等平台注册的卖家还需取得当地的资质认证，多数平台不对个人卖家开放，一个身份证号只能注册一个账号，并且平台采取实名认证及数字证书认证，确保安全。

（2）海关。跨境电商平台搭建了一个可以与海关、出入境等执法部门对接的跨境贸易电子商务服务信息平台，实现跨境贸易通关便利化。通过与海关对接，通过系统采用全程电子化，海关形成对“信息流”“物流”“资金流”三维信息的合一比对、实时监控，实现对商品的有效查验。

（3）支付。目前，跨境电商电子认证、在线支付、现代物流、信用等电子商务支撑体系建设已全面展开，且初具规模，呈现出支撑体系建设与电子商务应用相互促进、协调发展的新局面。近 20 家电子认证机构获得电子认证服务许可，在电子商务和电子政务应用中提供了电子认证及数字签名应用服务；近 20 家商业银行开办网络银行业务，第三方在线支付平台不断涌现，在线支付业务稳步发展。跨境电商平台将交易数据与平台进行对接，通过校正合法性进行实时监控。

任务五　主流第三方跨境电商平台介绍

目前，主流的第三方跨境电商平台有全球速卖通、亚马逊、eBay、Wish、敦煌网、阿里巴巴国际站、环球资源网、中国制造网等。

一、全球速卖通

全球速卖通是阿里巴巴为帮助中小企业接触终端批发零售商，小批量多批次快速销售，拓展利润空间而全力打造的融合订单、支付、物流于一体的外贸在线交易平台，是阿里巴巴旗下唯一面向全球市场打造的在线交易平台，被广大卖家称为国际版“淘宝”。全球速卖通于 2009 年成立，

2010 年 4 月对外开放，目前覆盖多个国家和地区，拥有近 20 个语言分站，每天境外买家的流量超过 5 000 万，最高峰值为 1 亿，已经成为全球最大的跨境交易平台，也是境内卖家使用最多的跨境电商平台。

全球速卖通面向海外买家，通过支付宝国际账户进行担保交易，并使用国际快递发货，是全球第三大英文在线购物网站。全球速卖通在巴西、俄罗斯、西班牙、乌克兰、智利等国家是非常重要的购物网站，在平台上成交拍卖量靠前的国家有俄罗斯、美国、巴西等。

全球速卖通自 2016 年 4 月起实行企业认证，不再开放个人卖家，卖家入驻速卖通需按经营类目缴纳技术服务费，卖家在速卖通注册、发布产品是免费的，有订单成交后速卖通平台会收取销售额的 5%作为佣金，卖家通过国际支付宝提现的时候需支付一笔手续费。

全球速卖通的业务覆盖 3C、服装、家居、饰品等共 30 个一级行业类目，其中优势行业主要有服装服饰、手机通信、鞋包、美容健康、珠宝手表、消费电子、计算机网络、家具、汽车摩托配件、灯具等。

全球速卖通最大的特点是“价格为王”，卖家一定要价格低才能有优势，同时，全球速卖通非常重视营销推广。该平台免费为卖家提供四大营销工具，即“限时限量折扣”“店铺优惠券”“全店满立减”和“全店铺打折”。卖家也可付费参与平台的直通车活动，在短时间内获得大量的曝光和流量。卖家按照有效点击数来付费，费用高低与推广评价及出价相关。全球速卖通的首页如图 2-4 所示。

图 2-4

二、亚马逊

亚马逊成立于 1995 年，是美国最大的一家网络电子商务公司，也是最早开始经营网络电子商务的公司之一。亚马逊位于美国西雅图，最初是一个销售书籍和音像制品的网上书店。2000 年，亚马逊开始品类扩张和国际扩张，致力于成为全球最大的网络零售商，用户多为中高端消费者。2015 年，在全球市值最高的 20 家互联网公司排名中位于第四位。

亚马逊及其他销售商为客户提供数百万种独特的全新、翻新及二手商品，如图书、影视、音乐和游戏、数码下载、电子产品、家居园艺用品、玩具、婴幼用品、食品、服装、鞋帽、珠宝、健康和个人护理用品、体育及户外用品、汽车及工业产品等。亚马逊目前主要有三大主营业务：Media、FBA（出租网店+卖流量+分仓租赁+代包装代发货+代收款）、Amazon web services。

在所有的第三方跨境电商平台中，对卖家要求最高的是亚马逊，它不仅要求卖家的产品质量必须要有优势，而且必须要有品牌才行。亚马逊鼓励用户自助购物，将用户对于售前客服的需求降到最低，这要求卖家提供非常详细、准确的产品详情和图片。

亚马逊支持货到付款，并且拥有自己的付费会员群体 Amazon Prime。用户每年支付 99 美元的会员费，就可享受免运费 2 日送达服务（个别商品除外），还能够通过亚马逊观看约 4 万部电影和电视剧并享受 50 万本 Kindle 电子书的借阅服务，而这一庞大的会员人群主要为高端消费群体，是亚马逊最具有价值的财富之一。

亚马逊的另一特色服务是 FBA（Fulfillment by Amazon），即亚马逊仓储物流，为商户提供物流和仓储的配套服务，并收取一定的费用。要使用亚马逊物流服务，卖家需要自行将商品进口到开店的各个海外国家，并储存在相应的亚马逊物流中心，由亚马逊来完成当地的订单配送。虽然亚马逊仓储物流的收费标准高于一般的仓储公司，但由于 FBA 得到买家较高的认可，不少买家都愿意支付更多的钱来选择 FBA。在同等条件下，FBA 卖家的曝光度高于普通卖家，抢到购物车的概率也更高，并且使用 FBA 的卖家所得到的任何由物流带来的中差评可以由亚马逊帮助移除。亚马逊首页如图 2-5 所示。

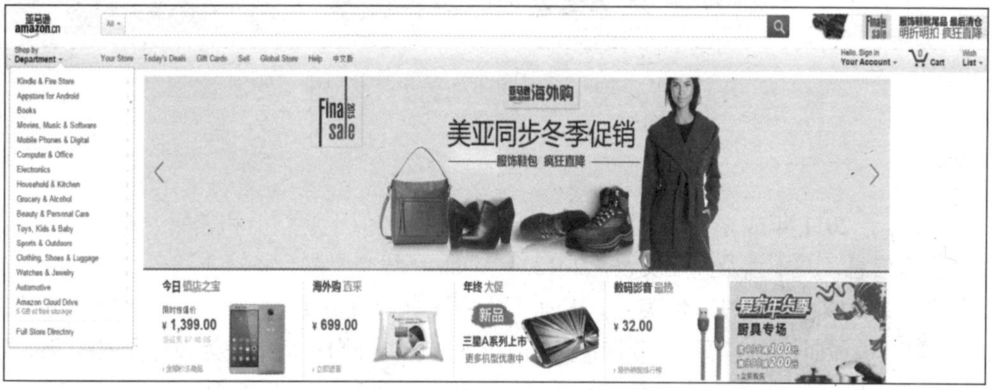

图 2-5

三、eBay

eBay 是一个可让全球民众上网买卖物品的线上拍卖及购物网站，于 1995 年 9 月 4 日由 Pierre Omidyar 以 Auctionweb 的名称创立于美国圣荷西。创立 eBay 最初是创始人 Pierre Omidyar 为了帮助未婚妻交换皮礼士糖果盒。1999 年 eBay 开始全球扩张，首个海外站点是德国站。2002 年，eBay 合并 PayPal（贝宝）。PayPal 在全球范围内拥有超过 1.32 亿活跃用户，服务遍及全球 190 多个国家及地区，共支持 26 种货币付款交易。通过 PayPal 提供的跨地区、跨币种和跨语言的支付服务，用户可以在全球范围内开展电子商务，日处理交易达到 760 万笔。

与全球速卖通相比，eBay 对卖家的要求更加严格，对产品质量要求较高，但同样要求价格具有优势，即产品质量要过得去，价格也要有优势。除了有和其他平台类似的常规产品出售，二手货的交易也是 eBay 业务的重要组成部分。在 eBay，交易方式分为拍卖和一口价两种。eBay 对每笔拍卖向卖家收取 0.25～800 美元不等的刊登费，在交易成功后再收取一笔 7%～13%不等的成交费。在合并了 PayPal 后，eBay 的支付方式默认为 PayPal，商户在注册开店时必须绑定有效的 PayPal 账户。eBay 首页如图 2-6 所示。

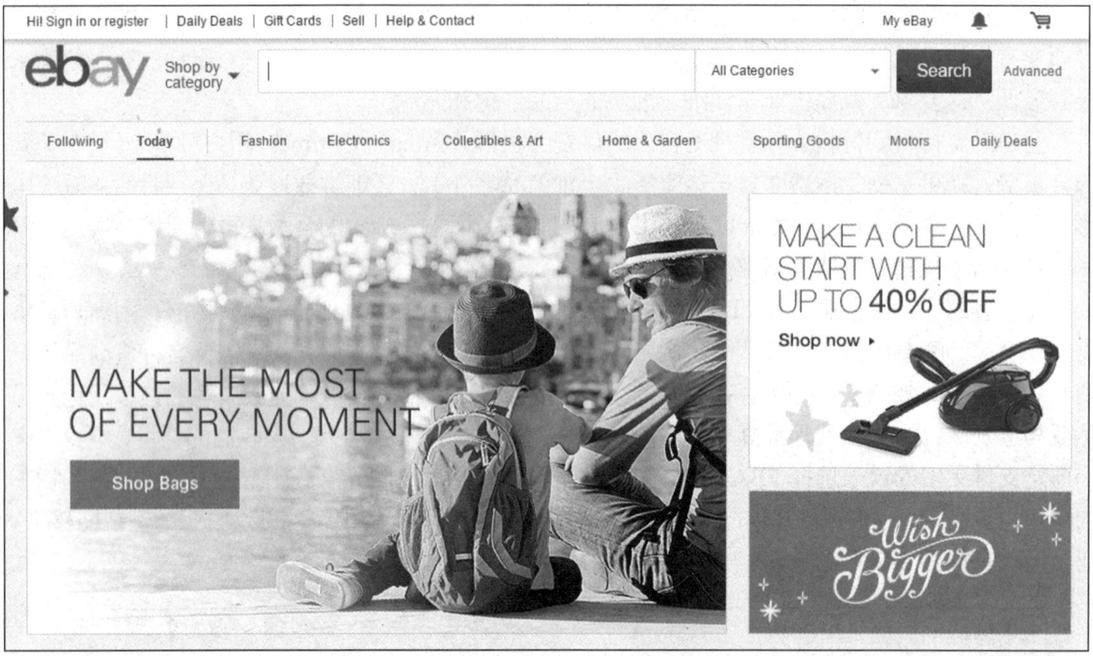

图 2-6

四、Wish

Wish 公司于 2011 年成立于美国旧金山，起初是一个类似于蘑菇街和美丽说的导购平台，只是向用户推送信息，并不涉及商品交易。2013 年 Wish 在线交易平台正式上线，移动 App 同年 6 月推出，当年经营收益即超过 1 亿美元。Wish 目前拥有超过 4 700 万注册用户，并且以平均每天 12 万的速度增长，同时 App 每日下载量保持在 10 万左右，日均活跃用户为 80 万～100 万，重复购买率达到 50.3%。90%的用户来自欧洲和美国，平台上目前有超过 1 万名商家，其中 60%～70% 来自中国，中国商家的交易额占总交易额的 80%～90%。

Wish 最大的特点就是专注于移动端购物。在 Wish 平台上，98%的流量和 95%的订单都来自移动端。这个数据足以让亚马逊、eBay、全球速卖通等跨境电商“颤抖”。几乎人人都知道，我们正处于从 PC 端到移动端“迁徙”的时代，而能够摆脱传统互联网思维束缚，完全专注移动端发展的平台少之又少。亚马逊、eBay、全球速卖通都在大力推广移动端 App，但这些移动应用都基本沿用了 PC 时代思维。而 Wish 采用基于搜索引擎的匹配技术，即通过对买家行为等数据的计算，判断买家的喜好、感兴趣的产品，并且选择相应的产品推送给买家。与多数电商平台不同，Wish 的买家不太会通过关键词搜索来浏览商品，更倾向于无目的浏览，这种浏览方式是欧美人比较接受的。

Wish 平台努力给每个商品公平匹配的流量导入，坚持“机会面前，人人平等”，有助于中小卖家的起步和发展。与亚马逊、eBay、全球速卖通等其他平台通过关键词额外收取费用来向用户推荐商品的方法不同，Wish 平台上的商户上传任何商品都是免费的，只有在交易成功后商户才需向平台支付 15%的佣金，整个过程非常简单易行且没有任何的隐藏费用。Wish 没有其他平台盛行的比价功能，因此价格在 Wish 平台上是不敏感的，那些适用于 eBay、全球速卖通的规则对 Wish 完全不适用，后期争夺流量靠的是产品的优化和客服的质量。Wish 手机应用页面如图 2-7 所示。

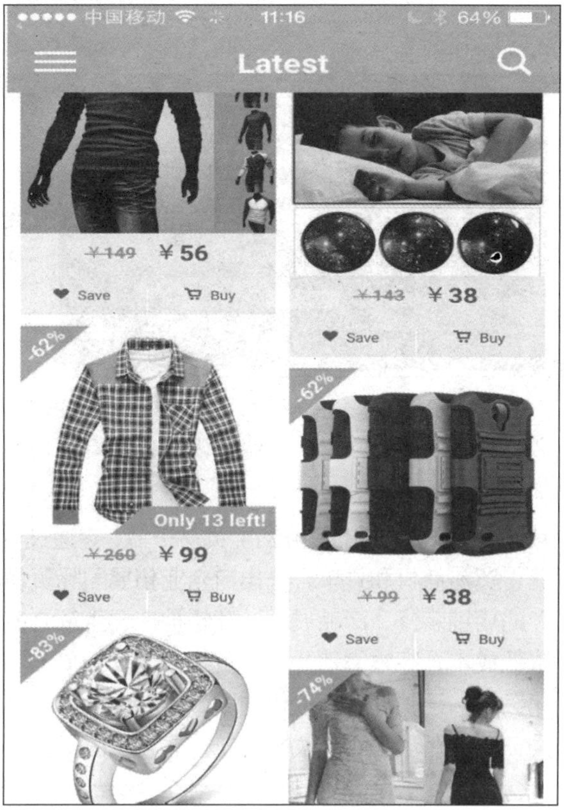

图 2-7

五、敦煌网

敦煌网的 B2B 在线交易平台于 2005 年正式上线，是国内首个为中小企业提供 B2B 网上交易服务的网站，是全球领先的在线外贸交易平台，致力于帮助中国中小企业通过跨境电商平台走向全球市场，开辟一条全新的国际贸易通道，让在线交易变得更加简单、更加安全、更加高效。目前，敦煌网拥有 120 多万家中国供应商，1 000 万买家，业务遍布全球 224 个国家和地区，平均每 3 秒产生一张订单，2011 年交易额达到 110 亿元。敦煌网采取佣金制，免注册费，只在买卖双方交易成功后收取一定比例的费用（一般为 7%～15%）。

作为第二代 B2B 电子商务的开拓者，敦煌网最大的特点是完善的在线交易环境和配套的供应链服务。敦煌网整合跨境交易涉及的各个环节，将其纳入自身的服务体系，这种基于专业化分工的整合，将买卖双方从繁杂的交易过程中解放出来，使得复杂的跨境贸易变得相对简单。此外，敦煌网提供各项服务，通过集合效应大大降低了交易双方的成本。例如，敦煌网与 DHL、联邦快递等国际物流巨头保持密切合作，以庞大的业务量为基础，使中小企业的同等物流成本至少下降 50%。

敦煌网还提供特有的拼单砍价服务，如果同一时间有多件货物发往同一个地方，敦煌网便将相关信息收集起来，将这些货物一起发送，以帮助互不相识的客户将货物拼到一个集装箱以降低成本。

“用淘宝的方式卖阿里巴巴 B2B 上的货物” 是对敦煌网交易模式的一个有趣概括。敦煌网首页如图 2-8 所示。

图 2-8

六、阿里巴巴国际站

阿里巴巴国际站是全球领先的 B2B 电子商务网上贸易平台，它通过向海外买家展示、推广供应商的企业和产品，进而获得贸易商机和订单，是出口企业拓展国际贸易的首选网络平台。阿里巴巴国际站提供“一站式”的店铺装修、产品展示、营销推广、生意洽谈及店铺管理等全系列线上服务和工具，帮助企业降低成本、高效率地开拓外贸大市场。

阿里巴巴国际站采用第三方认证，拥有人性化的网站设计，丰富的类目，出色的搜索和网页浏览功能，简便的沟通工具、账号管理工具，客户遍布全球。阿里巴巴国际站首页如图 2-9 所示。

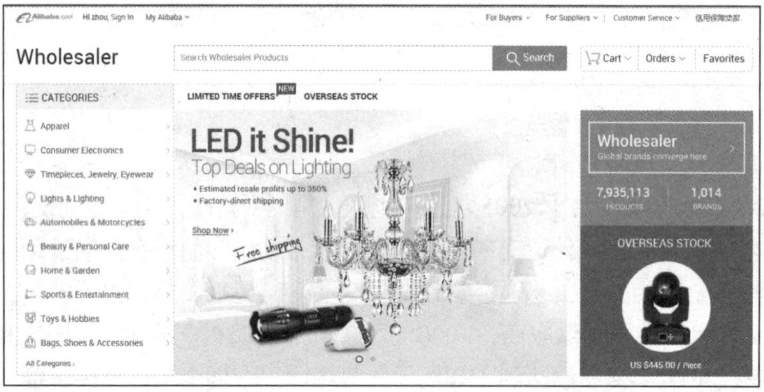

图 2-9

七、环球资源网

环球资源网是一家多渠道 B2B 媒体公司，致力于促进大中华地区的对外贸易。公司的核心业务是通过一系列英文媒体，包括环球资源网站、印刷及电子杂志、采购资讯报告、“买家专场采购会”、贸易展览会等促进亚洲各国的出口贸易。环球资源网为专业买家提供采购信息，并为供货商提供综合的市场推广服务。目前，有超过 100 万名国际买家，其中包括 95 家全球百强零售商使用环球资源网提供的服务来了解供应商及产品的资料，从而在复杂的供应市场中进行高效采购。此外，供应商借助环球资源网提供的整合出口推广服务，提升公司形象，赢得来自超过 240 个国家及地区的买家订单。

环球资源网最大的特色是以全球展会、杂志、光盘与网上推广相结合的方式，帮助供应商拓展全球市场。环球资源网首页如图 2-10 所示。

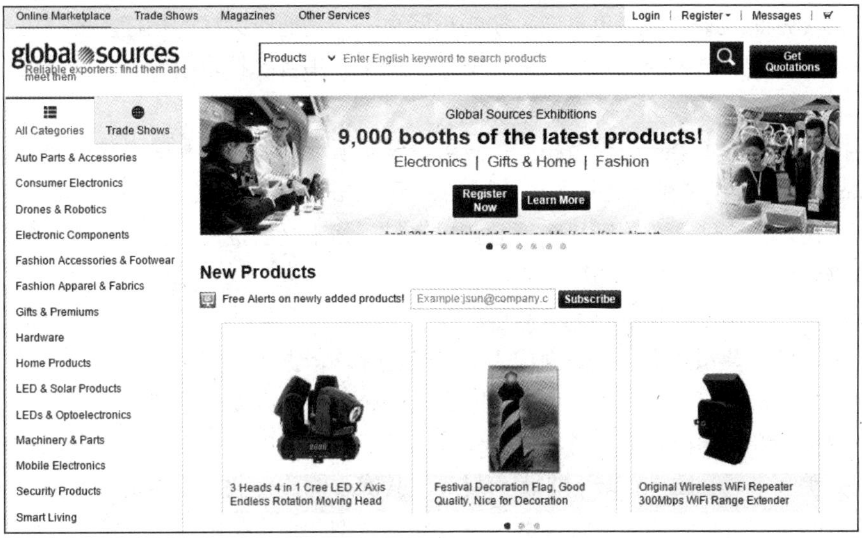

图 2-10

八、中国制造网

中国制造网是一个向全球提供中国产品的电子商务网站，旨在利用互联网将中国制造的产品介绍给全球采购商。中国制造网创建于 1998 年，由焦点科技开发和运营，是国内著名的 B2B 电子商务网站之一，已连续四年被《互联网周刊》评为中国最具商业价值百强网站。中国制造网汇集中国产品，面向全球采购商，提供高效可靠的信息交流与贸易服务，为中国企业与全球采购商创造了无限商机，是国内中小企业通过互联网开展国际贸易的首选 B2B 网站之一，也是国际上有影响力的电子商务平台。网站广告投放的力度并不大，在国内外主要靠口碑相传，搜索引擎优化排名也不错。中国制造网的询盘无论质量还是数量，都是值得称道的。中国制造网首页如图 2-11 所示。

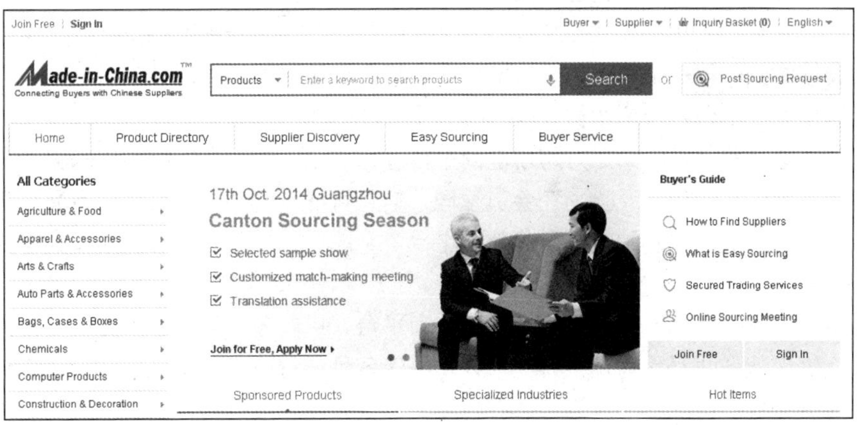

图 2-11

任务六　第三方跨境电商平台的选择

选择第三方跨境电商平台的第一指标是平台的人气，即网站访问量，其次平台自身的营销能力和在贸易撮合方面的服务水平也是应关注的指标之一。其他应关注的指标主要有以下几个。

（1）第三方跨境电商平台网站的搜索引擎营销水平（平台的搜索引擎友好性及所在行业的关键词广告投放量情况）；

（2）站内信息指标（会员当天发布的信息数量及对所在行业的供求信息掌握情况）；

（3）Alexa 全球访问量排名分析（流量排名、频道访问量、用户数据）；

（4）网下市场推广能力（了解平台行业背景资料，线下会展推广、目录宣传情况）；

（5）价格、产品特色和配套服务；

（6）使用考察（使用期收到的询盘数量和质量）。

此外，知名度、营销效果、服务商信用等也是选择的依据。

综合来讲，在选择第三方跨境电商平台时，外贸企业需注意以下几点。

第一，尽量选择与自己企业业务相关的专业性第三方跨境电商平台。外贸企业首先需要明确目标市场，如美国市场、欧洲市场、非洲市场等。其次，明确企业产品类别、数量、特点等。最后，根据自己的实力进行权衡。电子商务平台分为综合型和垂直型两种，外贸企业应根据自身特点进行合理选择。对于那些专业性较强的企业，如化工企业、医药企业等，就应该选择垂直型的电子商务平台，如果选择综合型的反而不合适。电商平台只有自身大力宣传和推广，才能让更多的海外买家和采购商熟悉和了解，吸引海外买家和采购商通过平台进行采购。电商平台主要通过参加国际著名展览、搜索引擎推广、广告投放、对外合作等方式进行宣传推广，外贸企业在选择电商平台时要考虑平台推广的投入力度。

第二，尽量选择知名度高、会员多、访问流量大的第三方跨境电商平台。外贸企业可从“贸易人”“福步”“合众出口”等论坛中查阅平台使用者对各个平台的优缺点评判。各种媒体、各大网址导航站上重复出现的往往都是一些知名度比较高的第三方跨境电商平台。此外，外贸企业也可通过买家数量/买家刊登的询盘、卖家与买家用户数来判断平台的流量情况。例如，外贸企业可用所在行业的关键词查看网站上买家询盘数量和发布的时间，对比一下其他平台，就会对一个平台有个基本的评估，可以知道自己所卖产品是不是适合这个平台。

第三，尽量选择信用度高的第三方跨境电商平台。用“Wholesale 产品”作为关键词到 Google 上搜索一下，搜索到的第一个第三方跨境电商平台信用度往往不错。此外，可通过平台订单纠纷率及纠纷处理情况、平台综合信用得分等判断各平台的信用度。

第四，尽量选择服务好的第三方跨境电商平台。起步早、规模和影响力大的第三方跨境电商平台，具有更丰富的平台运营经验，在会员管理、信息管理、网站宣传推广等方面拥有丰富经验和资源，可以为卖家提供较好的服务。此外，平台资金流运作模式、物流运作模式等也是外贸企业应当考虑的。

第五，结合平台收费水平选择第三方跨境电商平台。目前各种第三方跨境电商平台都提供各种收费服务，价格从一两万元到几十万元不等。尽管各种外贸第三方跨境电商平台都有免费会员服务，但对提供照片、认证、排名等服务有各种限制，企业要根据是否需要和购买能力来选择合适的平台和服务项目，如果电商平台提供的服务附加值高且优惠多，外贸企业可以充分利用附加值和优惠降低成本，获取较多收益。

思考题

请问对于一个刚开始投入跨境电商领域的企业/个人来说，选择什么样的平台最好？为何？

职业技能训练

一、单选题

1. 按照商业模式划分，跨境电商平台分为（　　）。

A. B2B、B2C、C2C　　B. B2B、B2C、M2C

C. B2B、B2C、O2O　　D. B2B、C2C、O2O

2. 按平台服务类型划分，第三方跨境电商平台分为（　　）。

A. 自营型平台、第三方开放平台　　B. B2B 平台、B2C 平台、C2C 平台

C. 信息服务平台、在线交易平台　　D. 国内电商平台、国际电商平台

3. 专注于移动端的第三方跨境电商平台是（　　）。

A. 全球速卖通　　B. eBay　　C. Wish　　D. 亚马逊

4. 以下哪一个平台不是 B2B 平台（　　）。

A. 敦煌网　　B. 中国制造网　　C. 阿里巴巴国际站　　D. 兰亭集势

5. 全球速卖通成立于（　　）。

A. 2003 年　　B. 2008 年　　C. 2009 年　　D. 2010 年

二、多选题

1. 第三方跨境电商平台主要的盈利方式有（　　）。

A. 会员费与广告费　　B. 竞价排名

C. 增值服务与线下服务　　D. 商务合作

E. 询盘付费

2. 2016 年 4 月 1 日后，全球速卖通实行企业身份认证，其中企业认证资质需提供（　　）。

A. 营业执照　　B. 企业税务登记证

C. 银行开户证　　D. 法人身份证（正反面）

E. 公证书

二、判断题

1. 在全球速卖通平台开店需要一个实名认证的支付宝账号。（　　）

2. eBay 向商家收取刊登费和交易成功佣金。（　　）

3. 在 Wish 上收款方式选择 Bill.com 是最快捷的。（　　）

4. 亚马逊特有的付费会员 Amazon Prime 是亚马逊的高端客户群体。（　　）

5. 选择第三方跨境电商平台时关注的指标有第三方跨境电商平台网站的搜索引擎营销水平、站内信息指标、Alexa 全球访问量排名分析、线下市场推广能力、价格、产品特色和配套服务、使用考察、知名度、营销效果、服务商信用度等。（　　）

三、能力拓展题

【工作任务 1】在敦煌网平台完成个人卖家注册及认证。

【工作任务 2】将学生分成若干小组（3～4 人一组），各小组以 PPT 形式汇报各平台间的联系与区别。

模块二　跨境电商操作篇

项目三　第三方跨境电商平台（速卖通）的基本操作

学习目标

【知识目标】

1. 掌握速卖通买家操作流程及卖家操作流程；

2. 熟悉并掌握速卖通选品、产品常用操作及速卖通订单管理要点，知晓站内外选品工具；

3. 掌握速卖通店招上传、产品推荐、轮播海报及侧边栏产品推荐知识；熟悉速卖通淘代销工具操作流程。

【能力目标】

1. 能够注册、实名认证并完成第三方跨境电商平台（速卖通）开店；

2. 能够依据速卖通站内工具和站外工具进行选品，并完成平台产品发布、店铺装修、店铺产品管理、订单管理等工作；

3. 能够知晓并运用淘代销工具完成速卖通产品发布。

项目引入

2016 年 4 月 1 日，全球速卖通不再允许个体商家入驻，商家必须使用企业身份入驻。此外，全球速卖通在商业资质一栏明确规定：2017 年全行业开始启动商标化（部分类目除外）；2017 年 1 月 1 日开始，新发产品“品牌属性”必须选择商标；2017 年 3 月 1 日开始，平台将分批次执行在线产品“品牌属性”必须选择商标的编辑功能。速卖通平台包含 8 大经营范围，18 个经营大类。每个速卖通账号只允许选取一个经营范围，可在该经营范围下跨经营大类经营，年费按照经营大类收取，入驻不同经营大类需分别缴纳年费，同一经营大类下不同类目范围的年费只需缴纳一份，采取就高收取原则。各个卖家在申请入驻时，就需缴纳年费。

思考题

某一卖家在 2017 年 1 月 1 日入驻速卖通，经营范围为 A 类，经营大类为鞋包与美发，那么该卖家需缴纳多少年费？（鞋包年费 5 000 元；美发包括两个类目范围：其他发和真人发，其他发年费 5 000 元，真人发年费 50 000 元）

一、速卖通的定位与使命

速卖通是阿里巴巴集团帮助中小企业直接与全球的个人消费者在线交易的跨境电商平台，集商品展示、客户下单、在线支付、跨境物流等多种功能于一体，可实现小批量、多批次快速销售，拓展利润空间。在全球贸易新形势下，全球买家的采购方式正发生剧烈变化，小批量、多批次正成为一种新的潮流。在这种大形势下，速卖通应运而生，帮助更多的个人消费者直接上网采购，直接在线支付货款，通过跨境物流拿到商品，让买家卖家实现双赢（见图 3-1）。

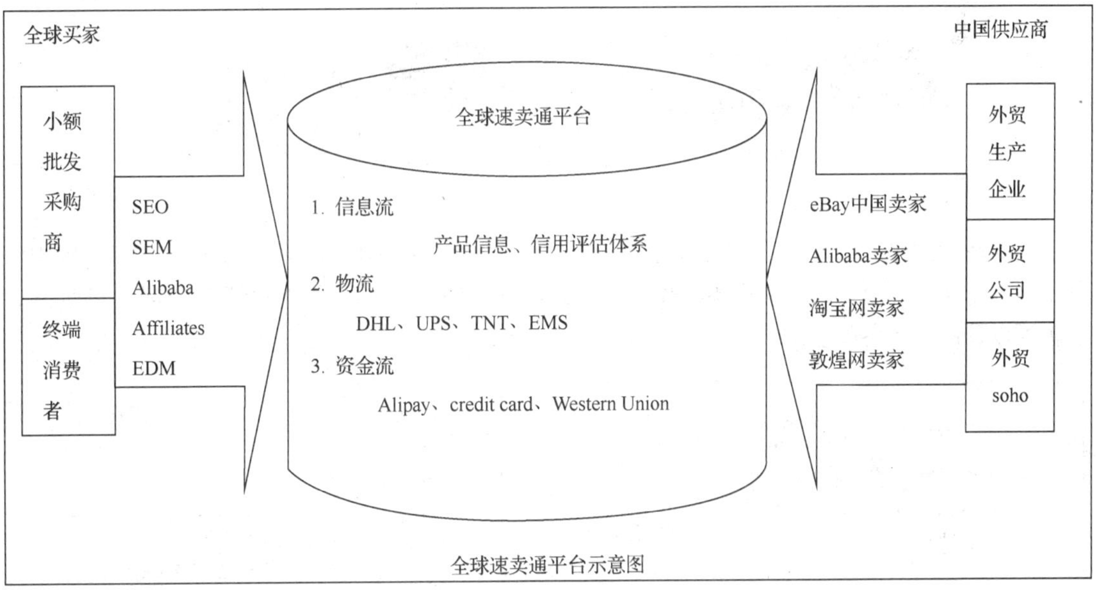

图 3-1

区别于淘宝网，全球速卖通的优势与特点如下。

（1）买家市场不同。淘宝网面向中国市场，而速卖通面向的是全球 200 多个国家和地区。目前主要海外买家市场有俄罗斯、美国、澳大利亚、英国、巴西等，其中俄罗斯市场 2016 年的销售额增长了 8 倍。

（2）销售形式不同。速卖通主要以零售为主，可小额批发，可设置零售价和批发价，淘宝网多是零售。

（3）利润高。商品普遍售价比淘宝高 20%～50%。

（4）发展快。当前的速卖通相当于 2005 年的淘宝网，年增长 400%～500%。

全球速卖通与各类外贸经营方式的对比如图 3-2 所示。

	传统外贸	外贸电商信息	国内电商交易		跨境电商交易	
经营方式	展会	Alibaba com	淘宝	天猫	速卖通	其他平台
利润	低	中低	中	中	高	中
增速	0	20%～50%	50%～80%	100%	400%	30%
竞争程度	中	十多万卖家	800万卖家		十几万卖家	百万卖家
投入成本	高	几万元	中高	极高	5%佣金	手续费20%以上

图 3-2

二、全球速卖通的会员类型

全球速卖通的会员类型如图 3-3 和图 3-4 所示。

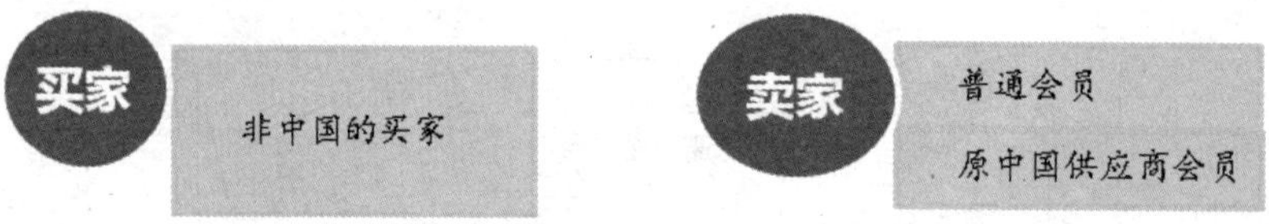

图 3-3

全球速卖通平台上的主要卖家为阿里巴巴平台上现有的中国供应商会员。此类卖家主要由外贸生产型企业、外贸公司、外贸 SOHO 一族组成，这类人群同时也很有可能是 eBay、敦煌网、易唐网以及淘宝等各类 C2C 平台上的卖家。

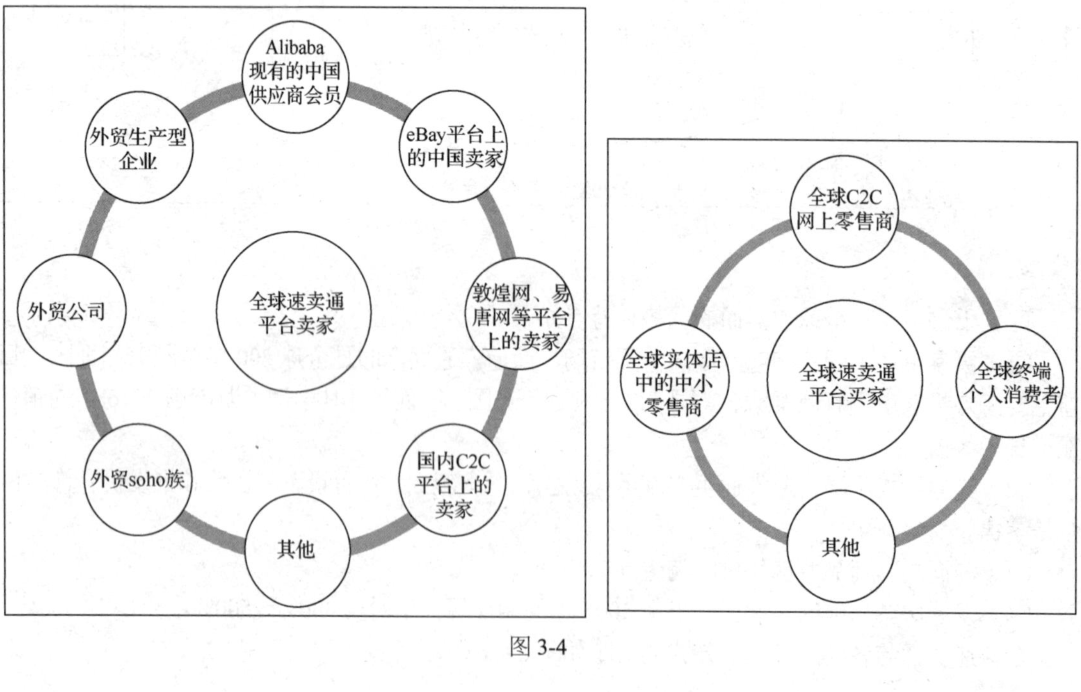

图 3-4

全球速卖通的买家主要包含两类人群，线上的是诸如 eBay、亚马逊等平台上的零售商；线下的主要是一些实体店中的中小零售商。

知识链接

全球速卖通平台的主要收入来源

（1）会员费。速卖通平台包含 8 大经营范围，18 个经营大类，目前要加入全球速卖通平台需要按照经营大类缴纳会员费，费用在 5 000～50 000 元；

（2）交易佣金。阿里巴巴会向该平台上每笔成功交易根据不同的支付方式收取交易总额 5% 的交易佣金。

任务一　速卖通买家操作流程

一、全球速卖通买家操作流程

想要购买东西，首先要熟悉速卖通产品页面。全球速卖通在线交易平台网站如图 3-5 所示。

图 3-5

进入全球速卖通买家页面，可以查看速卖通平台所售商品的全部类目，如图 3-6 所示。

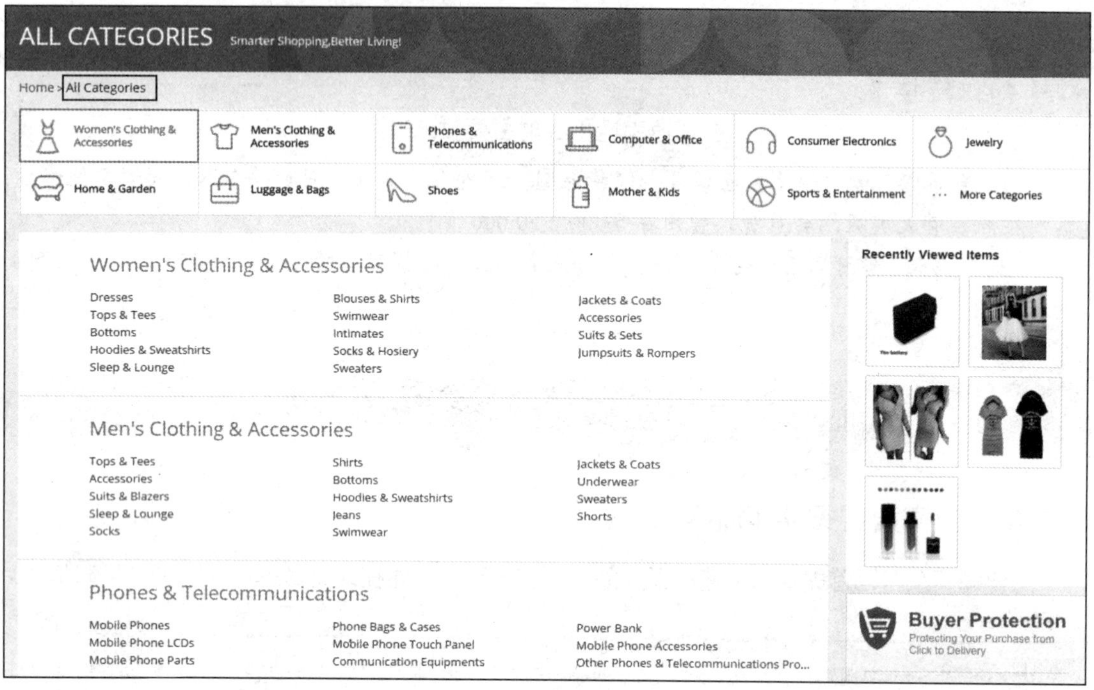

图 3-6

速卖通平台上总共有 29 个一级类目，包括 Women's Clothing & Accessories，Men's Clothing & Accessories，Phones & Telecommunications，Computer & Office，Consumer Electronics，Jewelry，Home & Garden，Luggage & Bags，Shoes，Mother & Kids，Sports & Entertainment 等，每一个一级产品类目下又有二级类目和三级类目。以 Women's Clothing 为例，如图 3-7 所示，选择并单击“Dresses”，可以看到裙子的具体分类，如图 3-8 所示。

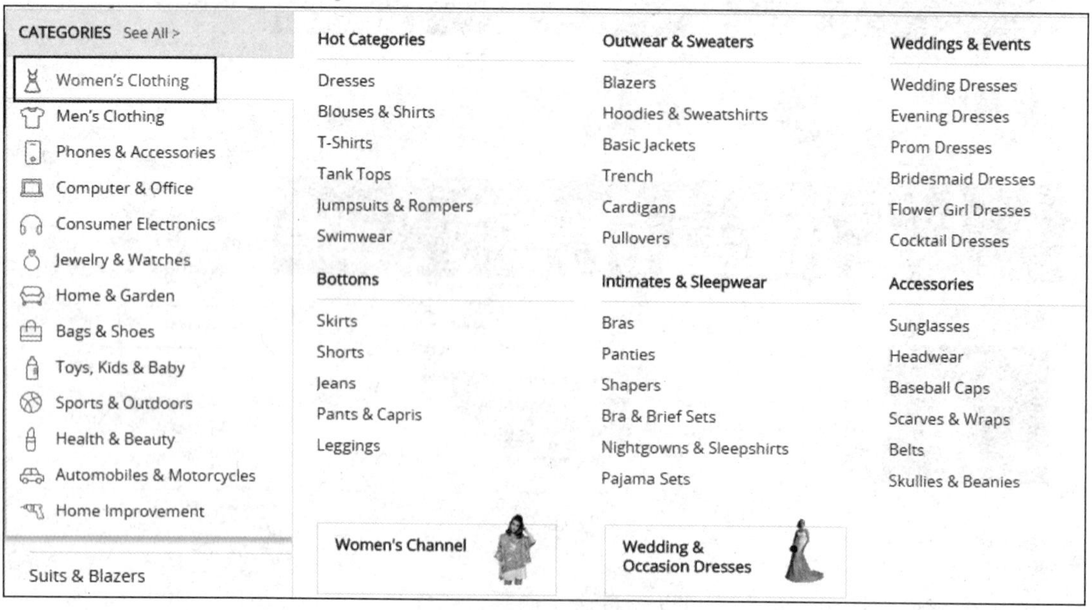

图 3-7

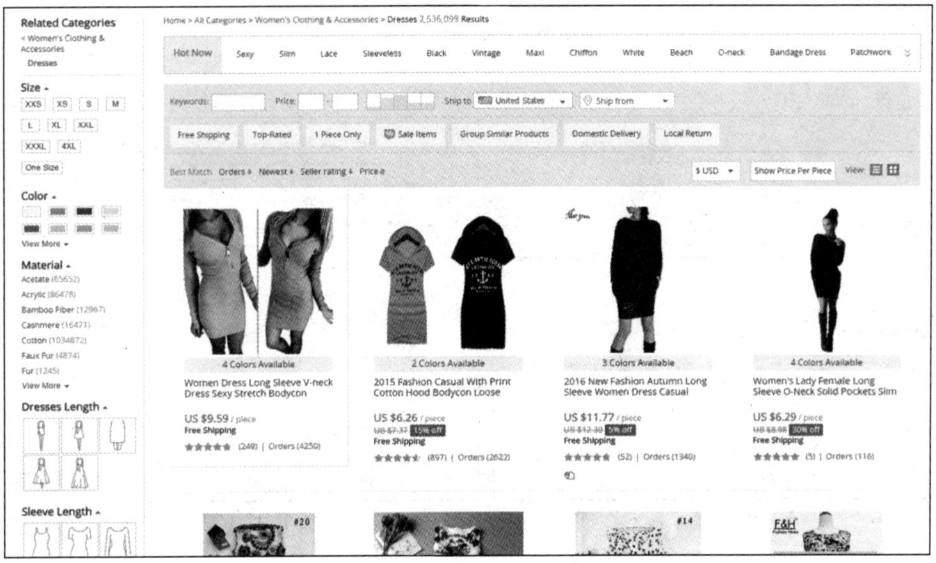

图 3-8

购买时，买家可注册买家账号，将想要购买的商品添加至购物车（见图 3-9），然后注册支付账号（见图 3-10），进行购买支付。

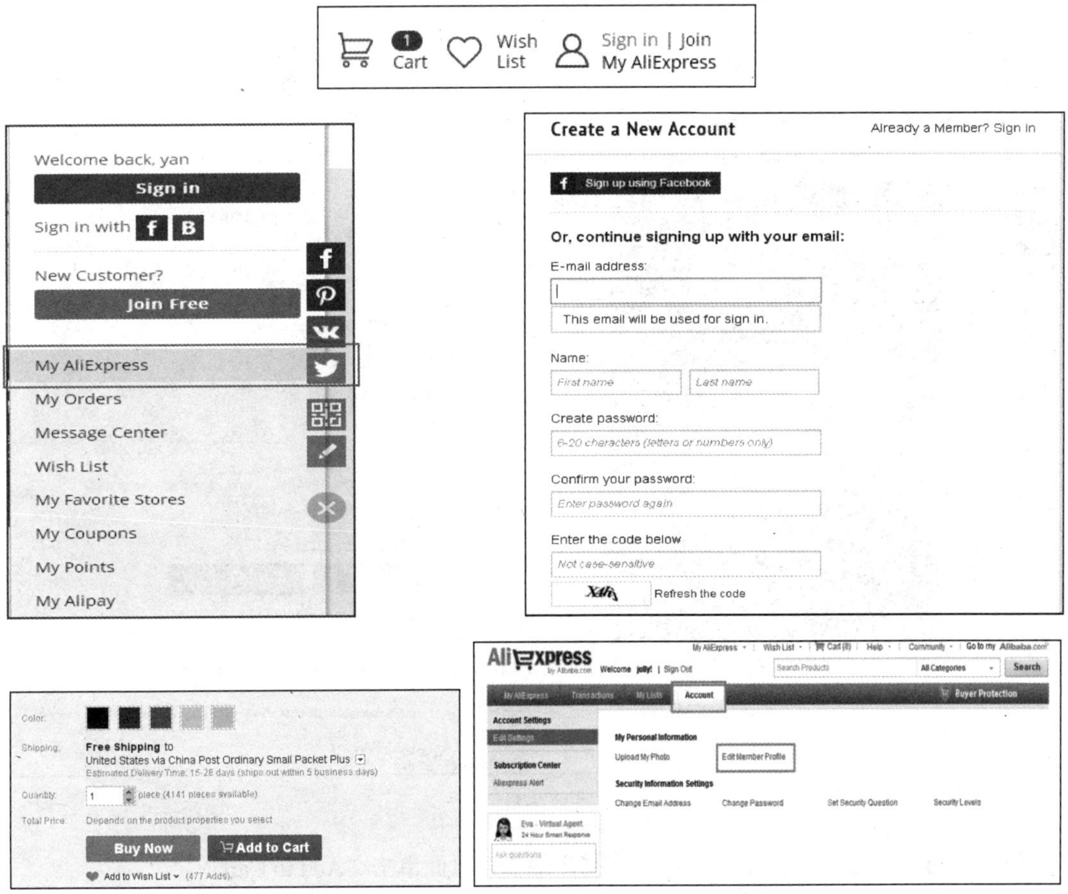

图 3-9

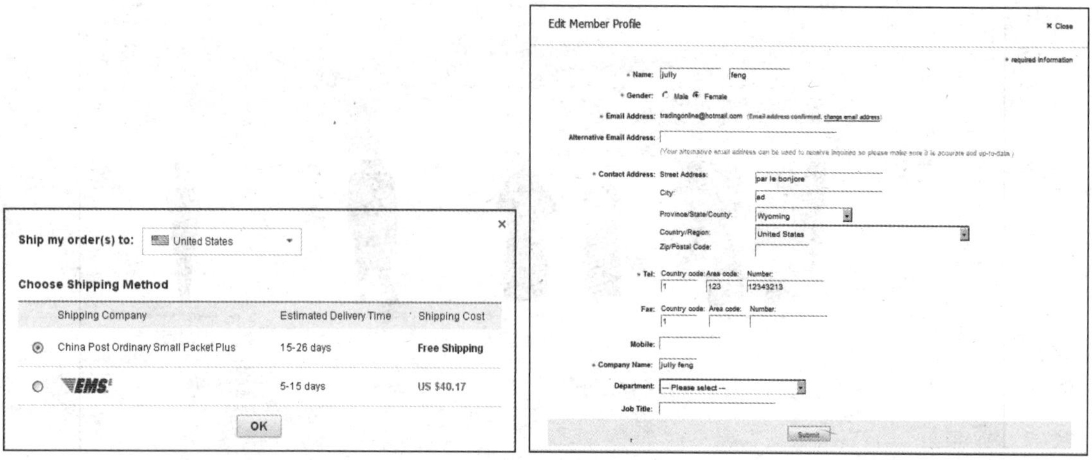

图 3-10

二、买家具体的购物流程

【Step 1】买家选择产品后，直接在产品详细信息页面单击“Buy Now”，即进入创建订单页面，如图 3-11 所示。

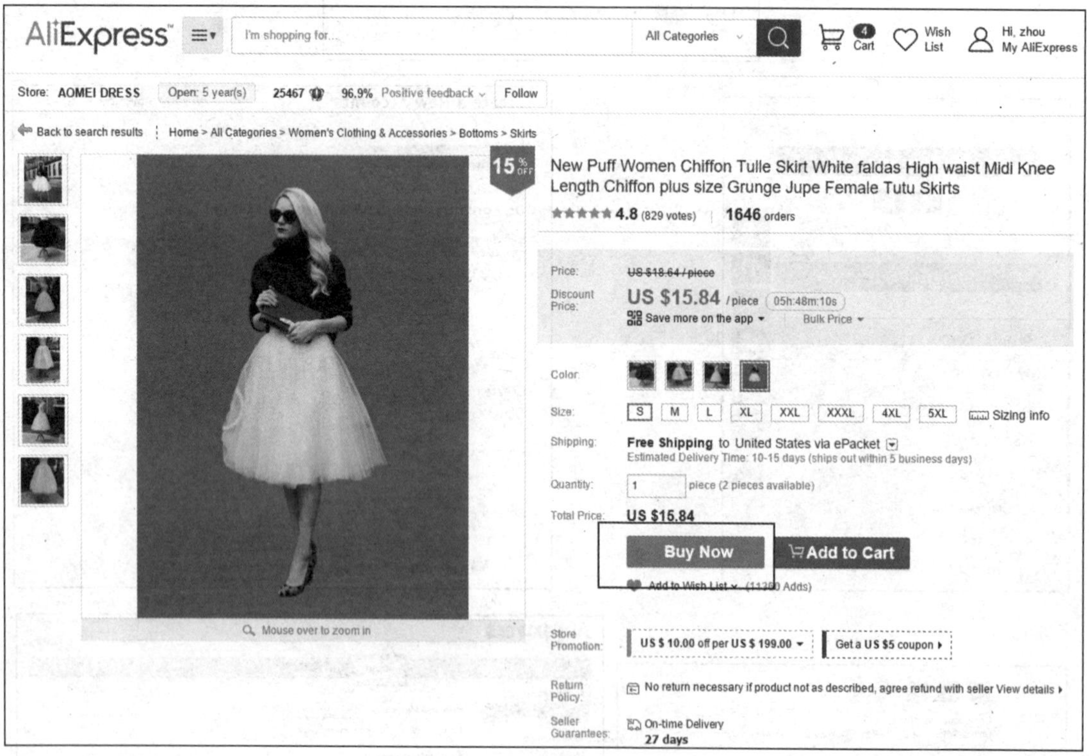

图 3-11

【Step 2】买家选择产品后，也可在产品详细信息页面单击“Add to Cart”。

【Step 3】单击“View Shopping Cart”即进入“购物车”页面，如图 3-12 所示。

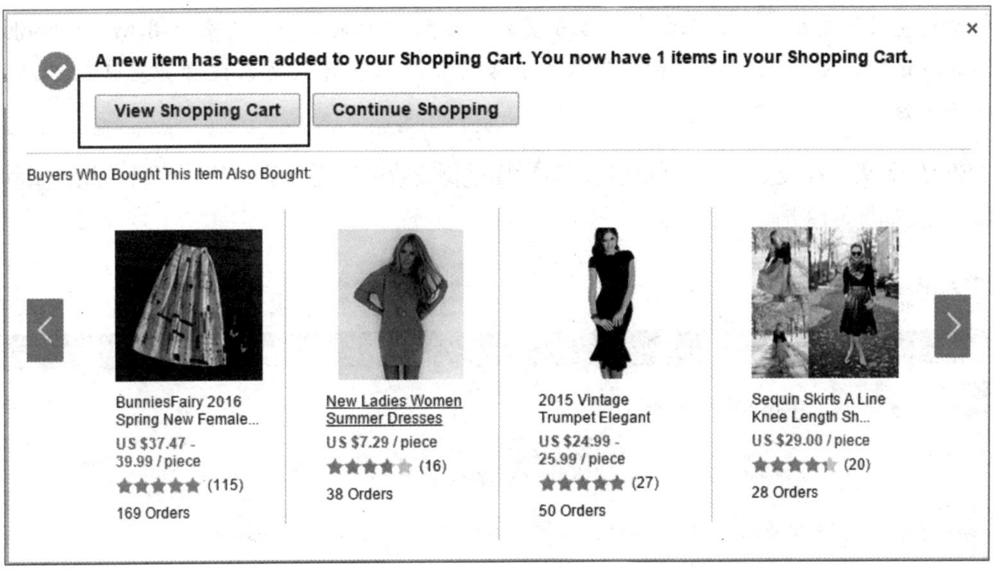

图 3-12

单击“Buy all”进入创建订单页面，如图 3-13 所示。买家成功填写订单并提交后即可生成订单。买家创建订单并确认之后，进入买家付款页面。目前，平台支持买家通过 Moneybookers、信用卡、借记卡、TT 汇款等多种方式在速卖通平台在线支付货款。买家选择任意一种支付方式后，单击“Pay My Order”即可进入支付页面进行支付。若买家在订单生成后 20 天内逾期不付款，订单将会自动关闭。

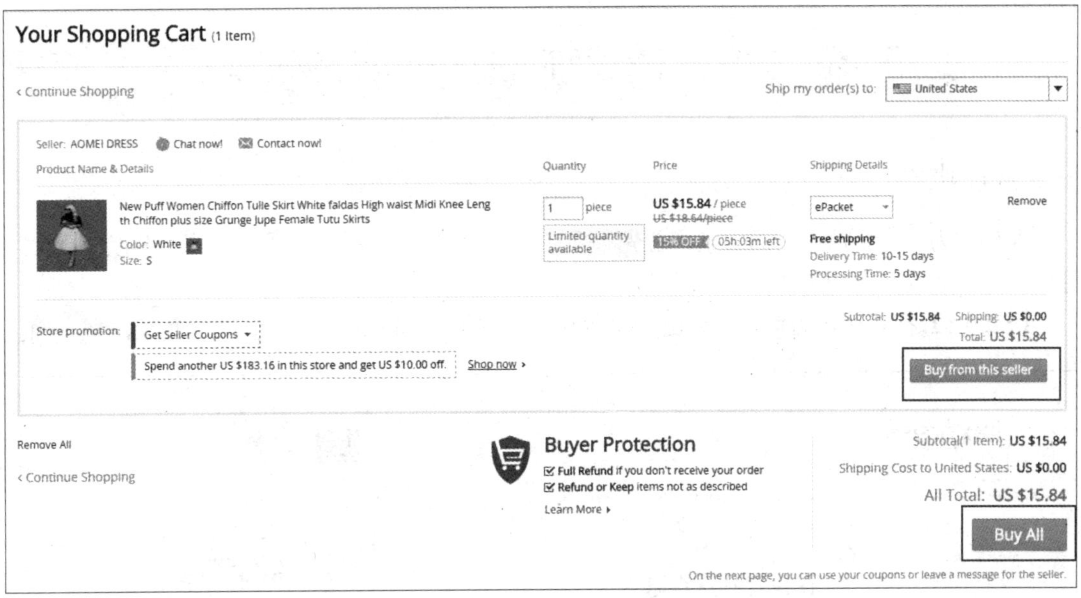

图 3-13

知识链接

人民币收款账户与美元收款账户

如果卖家只设置了人民币收款账户，没有设置美元收款账户，则只能收到买家通过信用卡方式支付的货款。只有在卖家设置了美元收款账户的前提下，买家使用 Moneybookers、借记卡和银行汇款付款方式支付的货款才能被卖家收取。建议卖家设置美元收款账户，提高成单机会。

【Step 4】买家在发货期内收到货物，对货物进行验收，若无异议则确认收货，此时货款被支付给卖家，如图 3-14 所示。

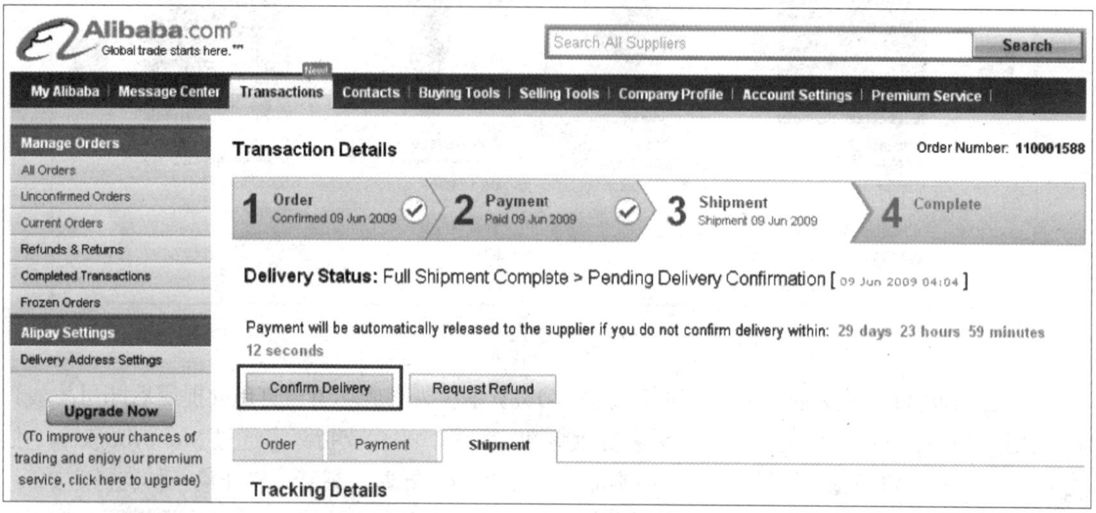

图 3-14

【Step 5】确认收货后，买家可以给出对本次购物的评价。

任务二 速卖通卖家操作流程

一、注册账号

要想成为一个全球速卖通卖家，首先必须在网站完成注册。在注册页面，要准确完整地填写注册信息。完成注册的步骤如下。

【Step 1】打开速卖通首页，单击“免费开店”按钮，如图 3-15 所示，进入免费注册页面。

图 3-15

【Step 2】设置用户名，填写注册邮箱。注册邮箱最好是常用的邮箱，如 QQ 邮箱或 163 邮箱，用于接收网站发送的邮件，如图 3-16 所示。

图 3-16

【Step 3】填写并提交邮箱信息之后，阿里巴巴会发送一封确认邮件到邮箱，你需要按要求填写账户信息。其中经营模式选定之后不可更改，如图 3-17 所示。

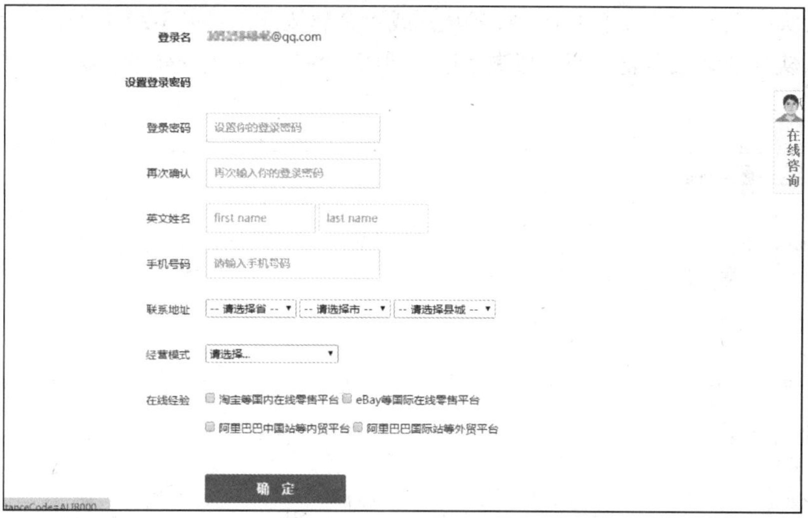

图 3-17

【Step 4】填写校验码验证，如图 3-18 所示。

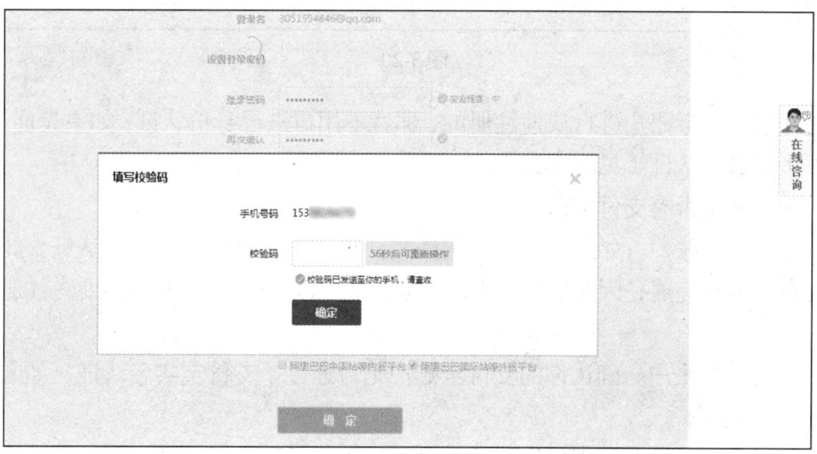

图 3-18

【Step 5】输入校验码后，单击“确定”按钮，注册成功，如图 3-19 所示。

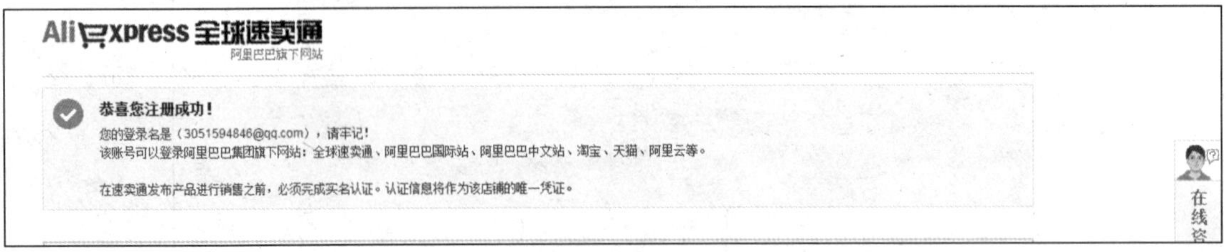

图 3-19

账号注册成功后，开始实名认证。

二、实名认证

为了确保交易安全，普通会员需要进行实名认证，只有通过了该认证，发布的产品才能在前台展示。进行实名认证，可以选择个人实名认证或者企业认证，如图 3-20 所示。需要特别注意的是，选择个人实名认证或企业认证，将决定速卖通店铺性质为个人或企业，店铺性质一经确定，就不能修改了。

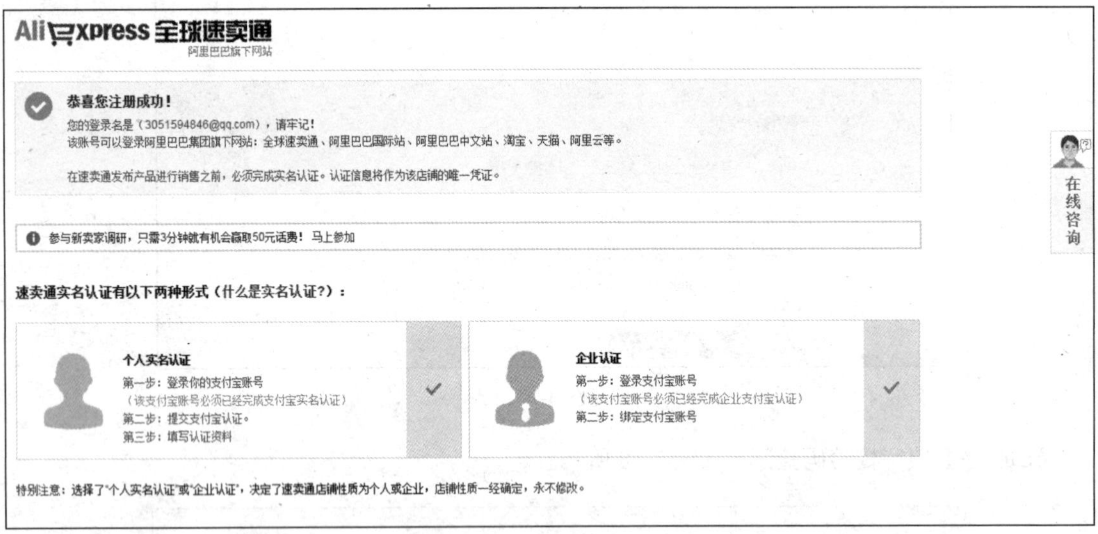

图 3-20

如果你是通过支付宝账户进行快速注册的，那就不用再进行身份认证；如果是通过邮箱注册，则要按照以下步骤进行认证（见图 2-21）。

第一步：确认你是否有支付宝账户。

情况 1：无支付宝账户。如果没有支付宝账户，那么无法进行身份实名认证。此外，你的收款也要通过支付宝账户完成，因此支付宝账户对速卖通的交易非常重要，你要先注册一个支付宝账户。

情况 2：有支付宝账户。确认你的支付宝账户是否通过了支付宝实名认证，如未通过，则要先完成支付宝实名认证。

第二步：如果你已经注册过支付宝账户并且通过了支付宝实名认证，则按以下步骤完成速卖通账号的实名认证。

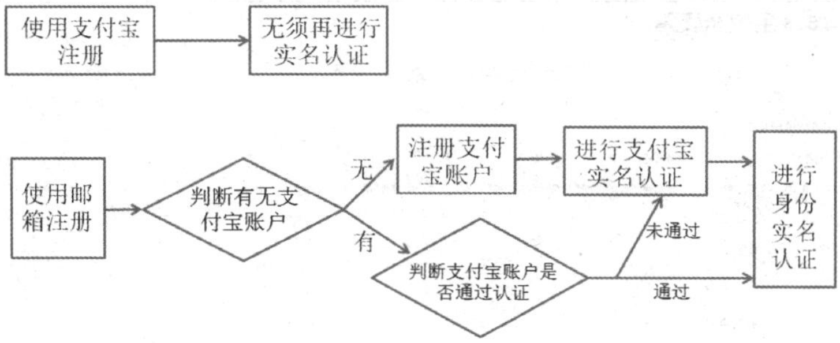

图 3-21

登录你的账号，进入个人中心页面。如果你的账号未认证，系统会提示你“马上开始认证”，单击之后进入身份实名认证页面。如果你的账号已认证，则会显示“支付宝认证成功”。

此外，在登录速卖通之后，你也可以通过单击“个人信息管理”——“个人认证”，进入普通会员个人信息认证页面。

单击“马上认证”按钮，页面会跳转到支付宝登录页面，如果你拥有一个已通过支付宝认证的支付宝账户，就可以选择用该账号进行实名认证，如图 3-22 所示。

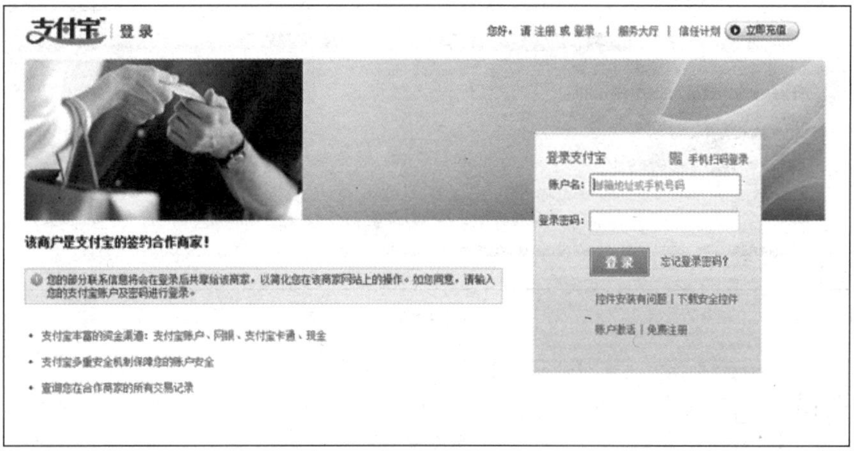

图 3-22

单击“授权”按钮，完善个人信息并提交，完成实名认证。系统审核通过之后，你就可以正式开启速卖通之旅了，如图 3-23～图 3-25 所示。

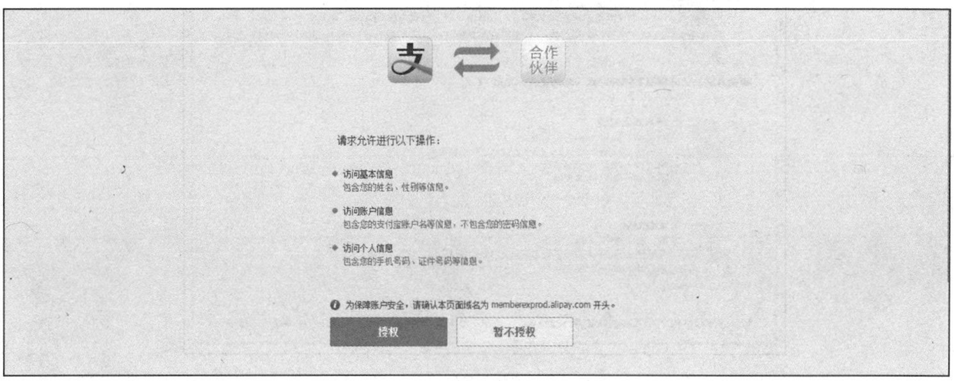

图 3-23

图 3-24

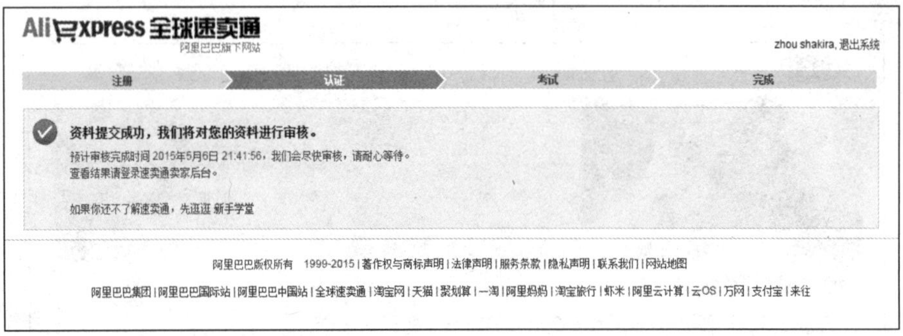

图 3-25

三、开店考试

完成注册后，速卖通会对客户资料进行审核，注册审核通过后，会对其进行实名认证，如图 3-26 所示。认证后，在发布产品前，客户需参加开店考试，如图 3-27 和图 3-28 所示。

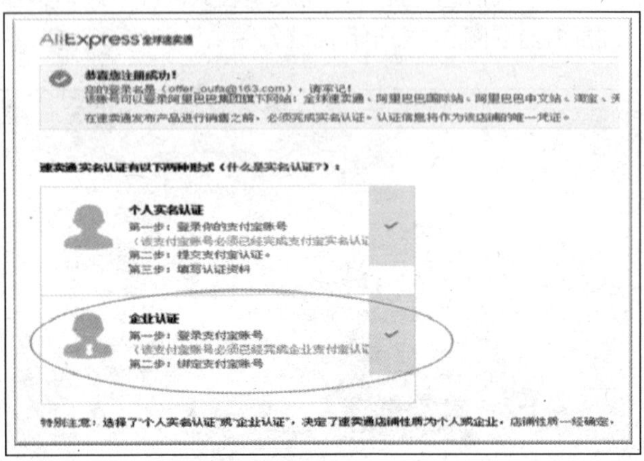

图 3-26

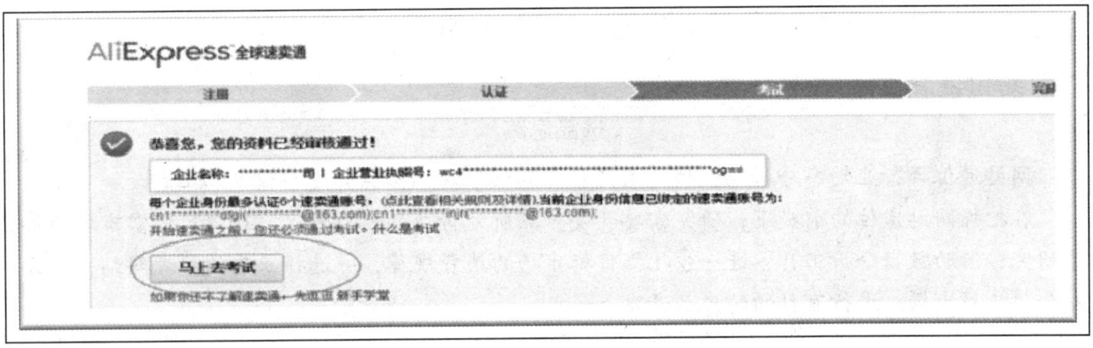

图 3-27

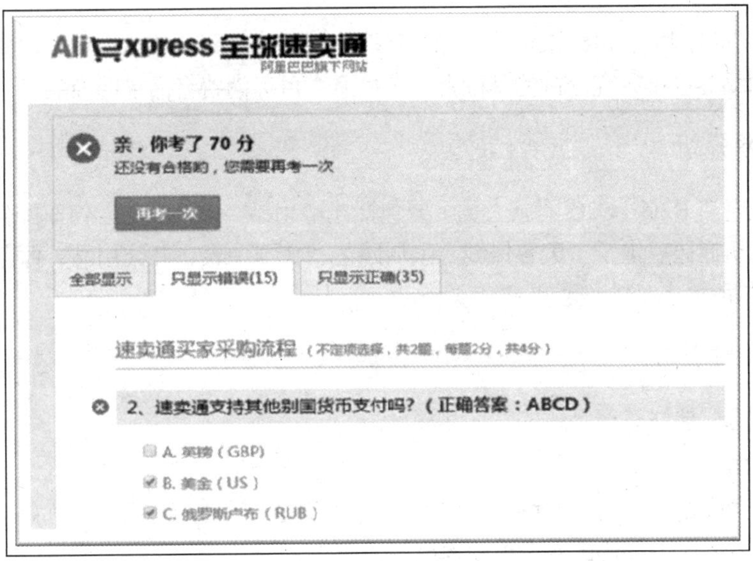

图 3-28

思考题

在速卖通平台开店是否一定需要支付宝？

任务三　速卖通选品

我国作为世界制造大国，拥有丰富的产品，产品价格低廉，但是面对如此多产品，如何选择符合境外客户需求的产品就成了难题。

从市场角色关系看，选品即选品人员从供应市场中选择适合目标市场需求的产品在网站上进行销售。选品人员必须一方面把握用户需求，另一方面，要从众多供应市场中选出质量、价格和外观最符合目标市场需求的产品。成功的选品，最终要实现供应商、客户、选品人员三者有机的结合。

从用户需求的角度看，选品要满足用户对某种效用的需求，如带来生活方便、满足虚荣心、消除痛苦等方面的生理或心理需求。

从产品的角度看，选出的产品即在外观、质量和价格等方面符合目标用户需求的产品。由于需求和供应都处于不断变化之中，选品也是无休止的。

知识链接

选品思路

网站定位→行业动态分析→区域需求分析→品相参考→产品开发与信息加工。

在把握网站定位的前提下，研究需要开发产品所处行业的出口情况，获得对供需市场的整体研究；借助数据分析工具，进一步把握目标市场的消费规律，并选择正确的参考网站，最终结合供应商市场，进行有目的的产品开发。

一、网站定位选品

网站定位即选择网站的目标市场或目标消费群体。通过对网站整体定位的理解和把握，产品专员在对网站的品类进行研究分析的基础上，选择适合目标消费者需求的商品。

（一）品类分析

目前，跨境电商 B2C、C2C 网站大类主要包括儿童用品、摄像器材、汽车配件、手机周边、服装服饰、计算机周边、电子、美容保健、家居园艺、首饰手表、办公用品、体育用品、玩具收藏品、游戏配件等。

（二）产品线分析

综合性网站选品要注意产品线的宽度和深度。

1. 宽度方面

（1）充分研究该类别，拓展品类开发的维度，全面满足用户对该类别产品的不同方面的需求。在拓宽品类宽度的同时，品类的专业度也提高了。

（2）要考虑该品类与其他品类之间的关联性，提高关联销售度和订单产品数。

2. 深度方面

（1）每个子类的产品要有一定规模，要足够丰富。

（2）产品有梯度（如高、中、低三个档次），体现在品相、价格等方面。

（3）与有品牌的产品进行合作，提高品类口碑和知名度。

（4）对目标市场进行细分研究，开发针对每个目标市场的产品。

二、行业动态选品

从行业的角度研究品类。每个品类都是建立在中国制造的产品面向国外出口的行业背景下。了解中国出口贸易中该品类的市场规模和国家分布，对于认识品类的运作空间和方向，有较大的指导意义。

目前，了解某个品类的出口贸易情况，主要有以下 3 种途径。

（1）第三方研究机构或贸易平台发布的行业或区域市场调查报告。第三方研究机构或贸易平台具备独立的行业研究团队，这些机构具有全球化的研究视角和资源，因此，他们发布的研究报告，往往可以给我们带来较系统的行业信息。以下为目前公开发布的行业研究报告的机构：

行业分析报告——中国制造网；行业视频教程——敦煌网；外国人眼中的中国公司调查——环企网。

（2）行业展会。行业展会是行业中供应商为了展示新产品和技术、拓展渠道、促进销售、传播品牌而进行的一种宣传活动。参加展会可以获得行业最新动态和企业动向。

（3）出口贸易公司或工厂。产品专员在开发产品时，需要与供应商进行直接的沟通。资质较老的供应商，对所在行业的出口情况和市场分布都很清楚，通过他们，产品专员可以获得较多有价值的市场信息。需要注意的是，产品专员需要先掌握一定的行业知识，再与供应商进行沟通，否则会容易被"忽悠"。

三、数据分析工具选品

以数据来源看，数据分为外部数据和内部数据。外部数据是指企业以外的其他公司、市场等产生的数据。内部数据是指在经营过程中企业内部产生的数据信息。知己知彼，百战不殆，企业要想制定科学、正确的决策，需要对内外部数据进行充分的调研和分析，可以利用 Google Trends、Keyword Spy、Alexa 网站、内部数据分析（GA 工具）等工具对数据进行分析。

（一）外部数据分析

分析思路：灵活综合运用各个分析工具，全面掌握品类选型的数据依据。

组合方法：通过 Google Trends 工具分析品类的周期性特点，把握产品开发先机；借助 Keyword Spy 工具发现品类搜索热度和品类关键词，同时借助 Alexa 网站，选出至少 3 家该品类中以该市场作为主要目标市场的竞争对手网站，作为对目标市场产品品相分析和选择的参考。

1. Google Trends

查询条件：关键词、国家、时间

① 以关键词泳装 swimwear 为例，选择国家分别为美国和澳大利亚。

搜索显示，在北半球的美国，5—7 月为搜索泳装的高峰期，而在南半球的澳大利亚，9—1 月为搜索泳装的高峰期。因此，对于美国市场的产品开发，我们在 3—4 月就要完成，而对于澳大利亚市场的产品开发，则需要在 8—9 月完成。如果不知道目标市场品类热度的周期规律，则必会错过市场高峰。

② 圣诞节的关注热度。

搜索显示，对于圣诞节的关注热度在一年之中只有一个高峰值，从每一年的 9 月开始，市场关注度逐渐提高，10 月、11 月高速增长，到 12 月月底进入最高峰，之后迅速跌至低谷。如果能提前准备产品和相关的推广活动，则能根据产品的整个热度周期占领市场，否则只能抓个圣诞节的尾巴。

在获得了品类开发的时间规律后，我们开始通过工具寻找需要参考的竞争对手网站。

2. Keyword Spy

查询条件：关键词、站点、国家

以 swimwear 为例，选择美国为分析市场，查询条件选择 Keywords。

数据表明，在美国市场，swimwear 的月搜索量约 274 万次，市场热度较高。与 swimwear 相关的热门关键词中，搜索量最多的几个关键词是泳装的主关键词，如 swimwear，swim wear，swimsuit，bathing suit 等，而其他关键词可以作为长尾关键词。将这些关键词用于产品搜索、产品信息加工的命名及描述中，会大大提高 SEO 的优化水平。

3. Alexa网站目标市场及分布

以 landsend 网站为例，我们重点关注该网站的日均 IP 流量（代表网站的整体知名度）及该网站在各个地区的排名（代表网站在各个地区的知名度）。搜索结果显示，这个网站以美国为主要目标市场，且在美国有较高知名度。结合 Keyword Spy 工具的分析，我们可以确定，landsend 可以作为我们在美国乃至北美市场的泳装类别的参考网站，用于研究适合美国市场的泳装产品的品相及价格。

（二）内部数据分析

分析思路：内部数据是已上架的产品产生的销售信息，是我们对选品成功与否的验证，也可作为以后选品的依据。

GA 工具：通过 GA 工具获得对已上架产品的销售信息（流量、转化率、跳出率、客单价等），分析哪些产品销售好、整体动销率如何……从选品成功和失败的产品中逐步积累选品经验，结合外部数据，一步步成为选品高手。

利用关键词和品相，确定产品主体和供应商，以最终的产品满足和引导客户需求。

四、速卖通选品操作

根据速卖通平台的情况，结合一定的数据分析及自身的情况来选择行业及具体类目下的产品。速卖通选品主要分为行业选品、类目选品和产品选品 3 个。

（一）行业选品

根据平台当前产品销售情况确定我们的行业和产品。

红海行业：即现有的竞争白热化、竞争残酷的行业，如饰品、婚纱、假发行业。

蓝海行业：蓝海指的是未知的、有待开拓的市场。蓝海行业指那些竞争力尚不大，但又充满买家需求的行业。蓝海行业内充满新的商机和机会，如图 3-29 所示。

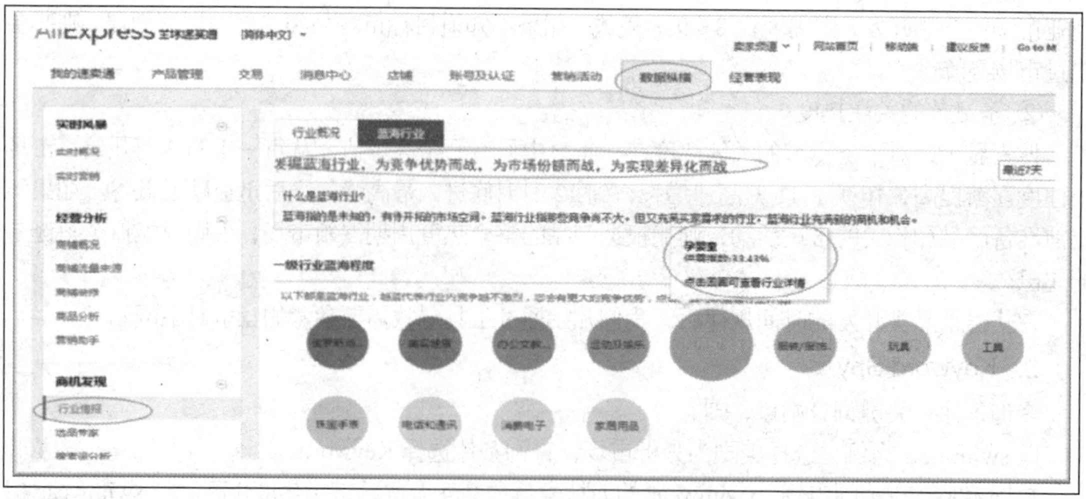

图 3-29

卖家应该在起步阶段寻找一级蓝海行业或者红海行业当中的蓝海行业，这样可以避免竞争，快速成长。如何分析一个行业的现状呢？我们要用到速卖通后台提供的工具：数据纵横。

（1）打开“速卖通后台”——“数据纵横”页面，以孕婴童行业数据为例进行分析。

以图 3-29 为例，速卖通三大市场中俄罗斯市场的成长最快，分析俄罗斯市场的行业情况，发现儿童用品相对需求高，且又是蓝海行业，竞争不算很激烈，可做。

（2）确定经营儿童用品之后，接下来要确定是做服装、鞋子、生活用品还是安全用品，这里主要看市场的需求度。可在蓝海行业细分中查阅，看哪类产品最多。如图 3-30 所示。

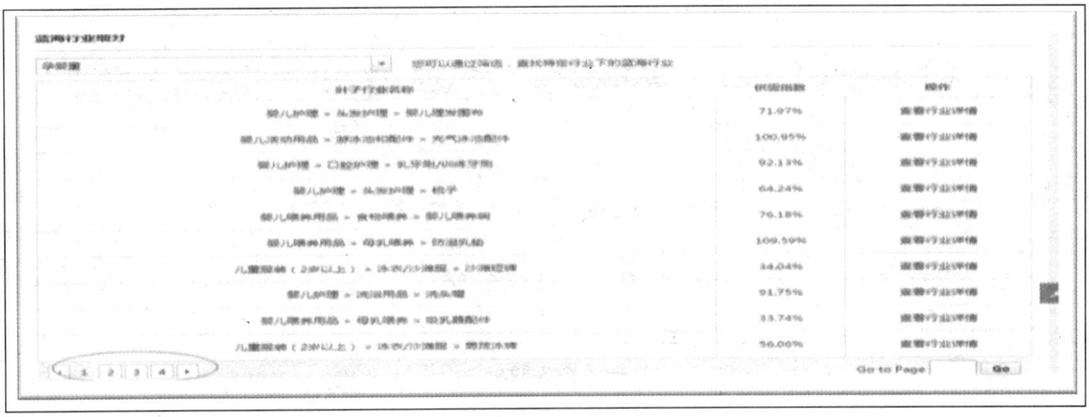

图 3-30

儿童用品中，访问服装的访客占了总访客一半以上，那么我们就可以选定儿童服装类。回到“行业概况”，选择“儿童服装”，对比查阅儿童服装的流量、成交转化、竞争指数，如图 3-31 所示。

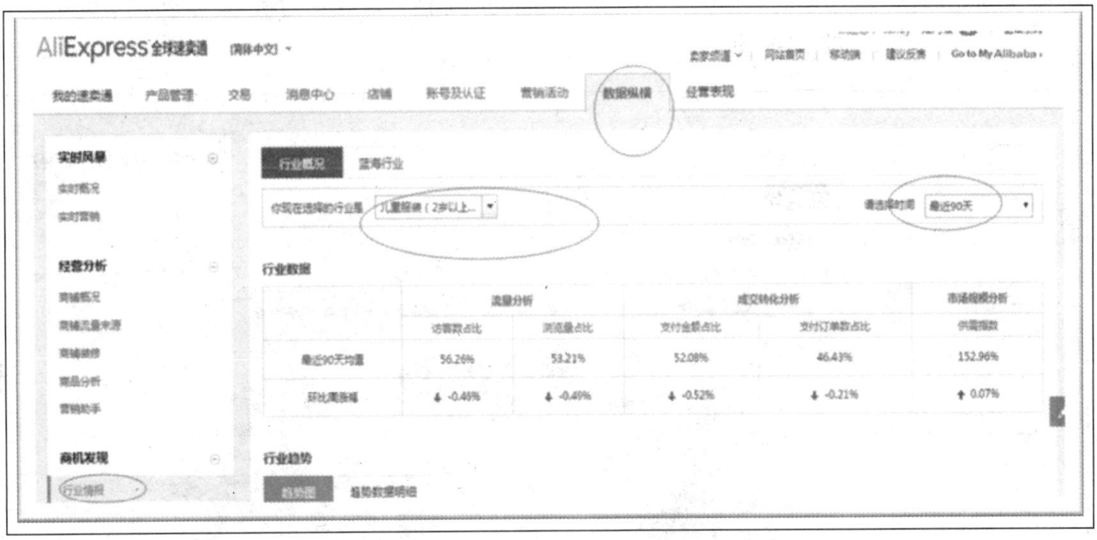

图 3-31

（3）确定经营童装之后，我们还要分析具体是做婴儿服装还是大童服装，通过数据可看出，2 岁以上儿童服装行业的竞争太激烈，相对而言，婴儿服装就比较好做了，如图 3-32 所示。如果 2 岁以上的童装供需指数与童鞋相同，不用考虑，马上做，因为它正处于成长期。

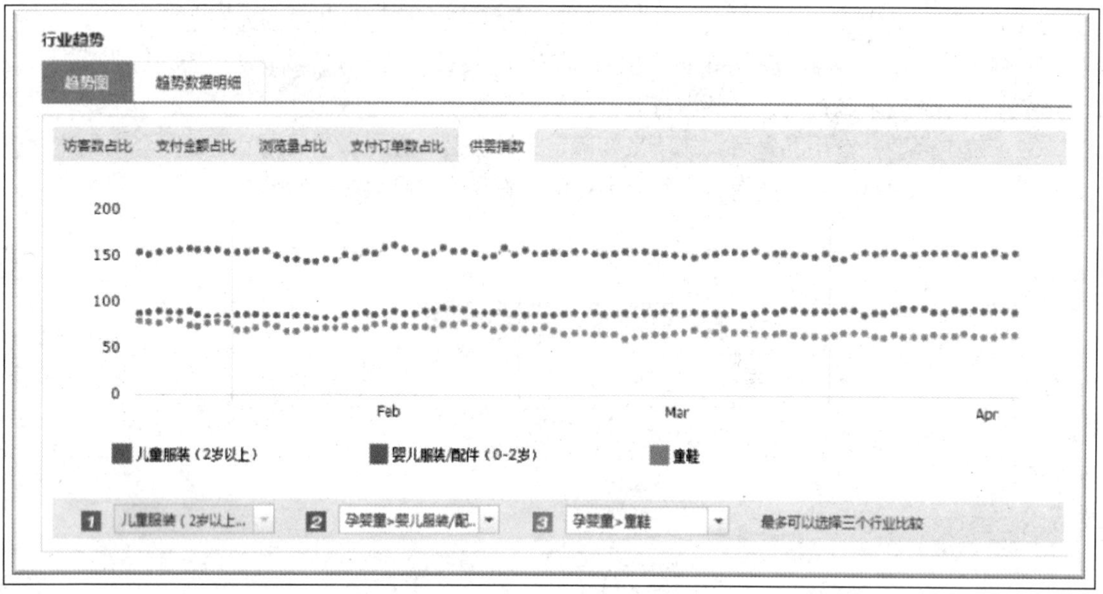

图 3-32

（二）类目选品

卖家在了解了行业选品，确定自己要进军的行业后，接下来就要确定销售哪些类目的产品，这就是本节的内容要点——类目选品。

接上例。在确定了经营婴儿服装之后，我们要确定婴儿服装的类型。单击右上角的“下载最近 30 天原始数据”。显示的数据中，“热搜”页面的产品适合被开发为新品，“热销”页面产品适合被开发为爆款，如图 3-33 所示。

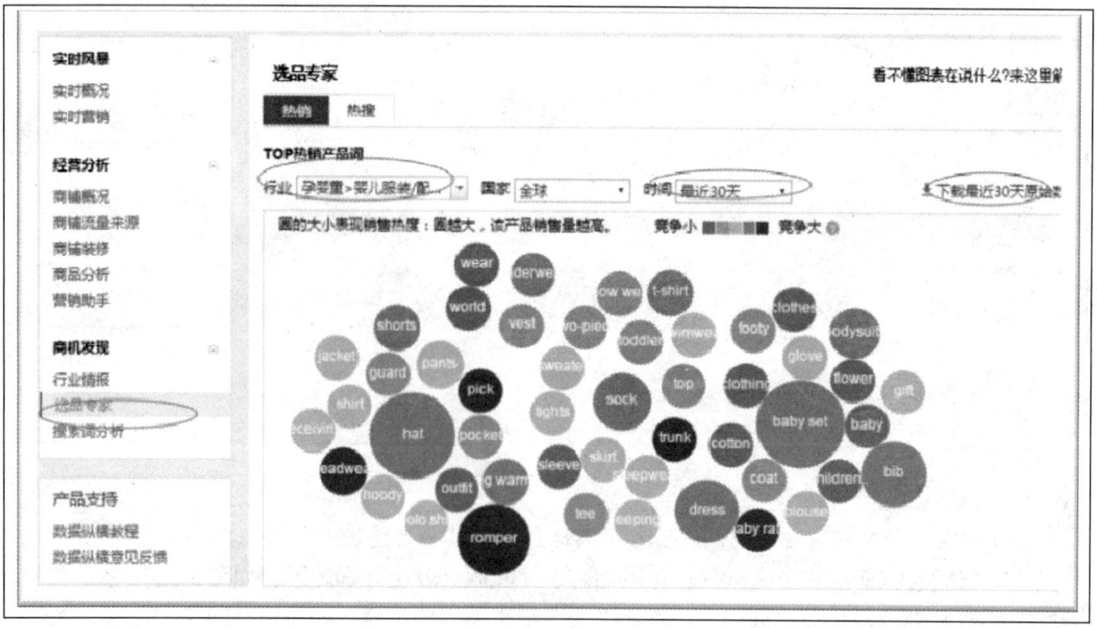

图 3-33

下载原始数据后，将其转换为数字表格形式的，如图 3-34 所示。之后还要确认选品指数 X，计算方法如下。

行业	国家	商品关键词	成交指数	支付转化率	竞争指数
婴儿服装/配件（0-2岁）	全球	photograp	2	44	0.07
婴儿服装/配件（0-2岁）	全球	baby rattle	9	8	0.03
婴儿服装/配件（0-2岁）	全球	baby set	22585	3	0.75
婴儿服装/配件（0-2岁）	全球	bib	12816	2	0.51
婴儿服装/配件（0-2岁）	全球	blouse	28	29	0.22
婴儿服装/配件（0-2岁）	全球	bodysuits	3981	7	0.57
婴儿服装/配件（0-2岁）	全球	cloth	2	47	0.11
婴儿服装/配件（0-2岁）	全球	clothes	9	35	0.05
婴儿服装/配件（0-2岁）	全球	clothing	6	36	0.06
婴儿服装/配件（0-2岁）	全球	coat	2	48	0.14

图 3-34

X=成交指数/支付转化率/竞争指数（X 越高，意味着成交指数越高，支付转化率排名越靠前，竞争指数低）

选品指数越高的品类越好做，大家按照选品的指数排序后，要研究造成这种次序的原因。

（三）产品选品

通过以上内容我们了解了如何在行业中选品，以及如何在类目中选品，接下来学习如何在产品中选品。这里用到的工具是：“数据纵横”——“选品专家”（“热销”和“热搜”两个维度），如图 3-35 所示。

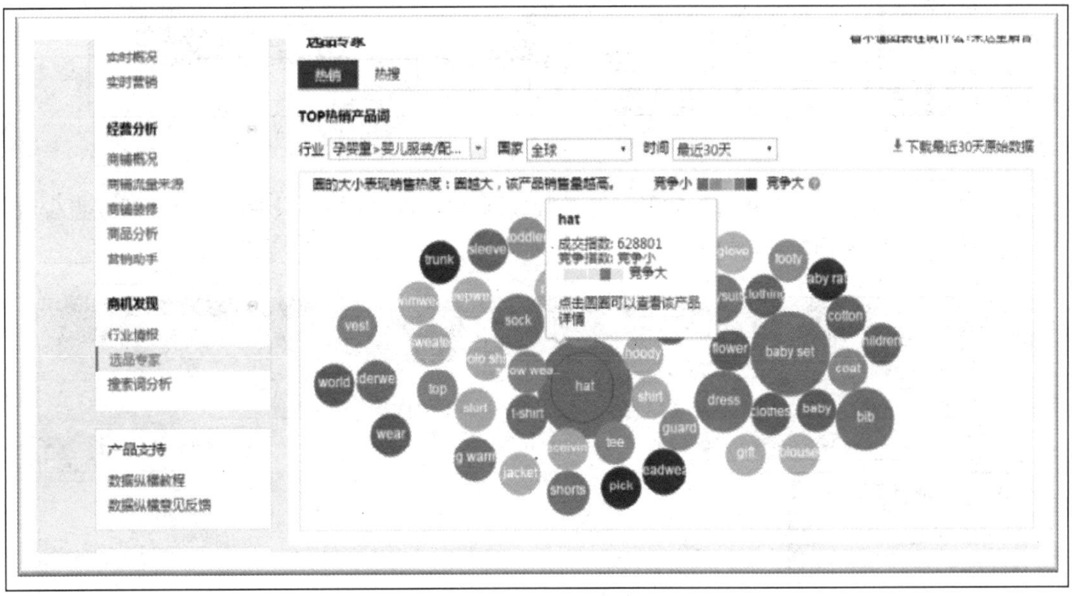

图 3-35

选择“热销”维度，选择“孕婴童”行业下的“帽子”类目，国家选择“全球”，时间选择“最近 30 天”，单击“hat”，会进入对应的页面，即 TOP 热销属性页面，如图 3-36 所示。

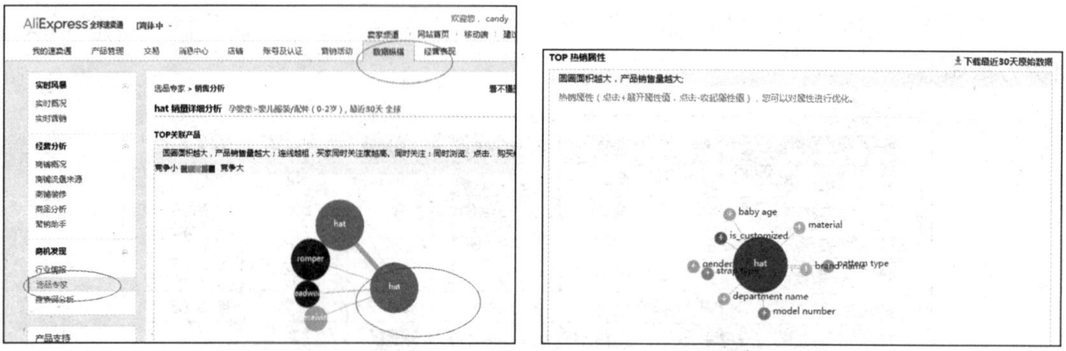

图 3-36

下载完表格，从卖家角度（热销）来看卖家主要在卖哪些属性的帽子，根据这些属性，选择所要经营的帽子的款式，如图 3-37 所示。

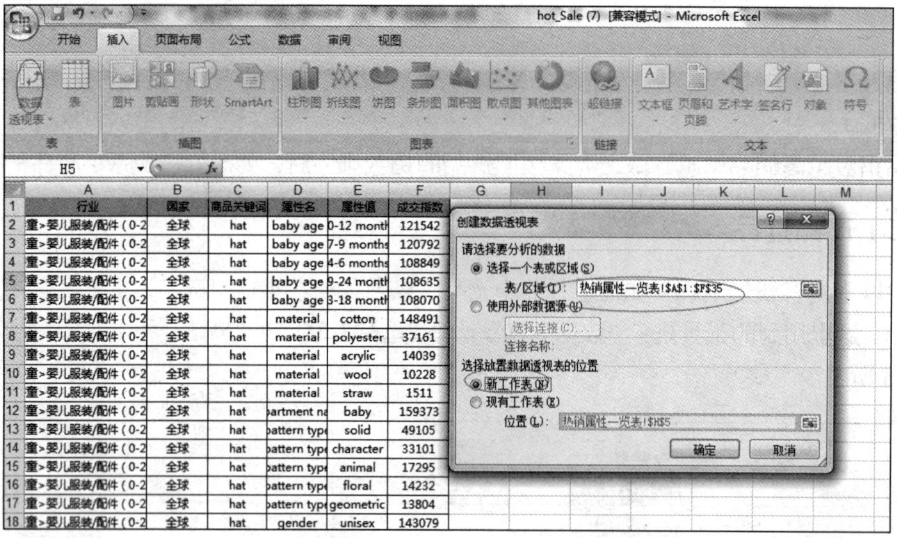

图 3-37

挑选指数最高的来做（见图 3-38），但是做数据分析的时候如果只考虑一个因素或者少数几个因素，结论往往是不够精确的。

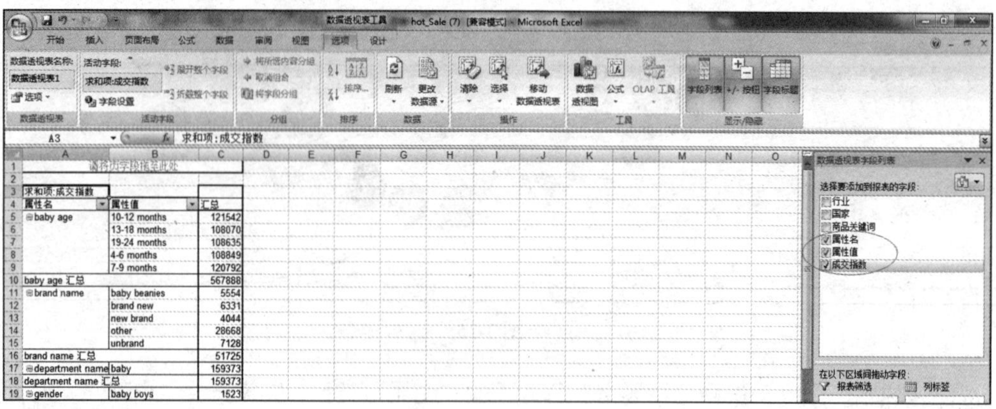

图 3-38

任务四　速卖通产品发布

速卖通产品发布的流程如图 3-39 所示。

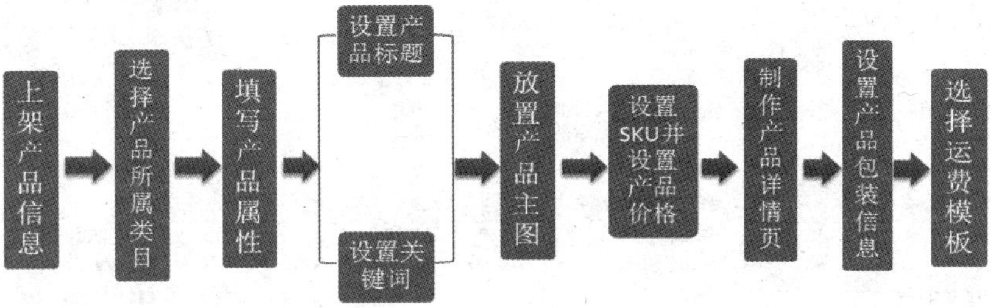

图 3-39

知识链接

在速卖通上发布产品的条件

1. 有适合在速卖通销售的产品。

2. 有速卖通账号，并且已经完成账号的身份实名认证（未完成身份实名认证的账号，发布的产品无法进入审核程序）。

速卖通产品发布

在网上交易，买家无法看到卖家产品的真实信息，只能根据产品的图片和描述进行判断，因此真实准确地描述一件产品非常重要。在速卖通上发布一件产品的主要步骤介绍如下。

（一）类目选择

（1）登录速卖通账号，单击左侧的“发布产品”按钮，进入产品发布页面，如图 3-40 所示。

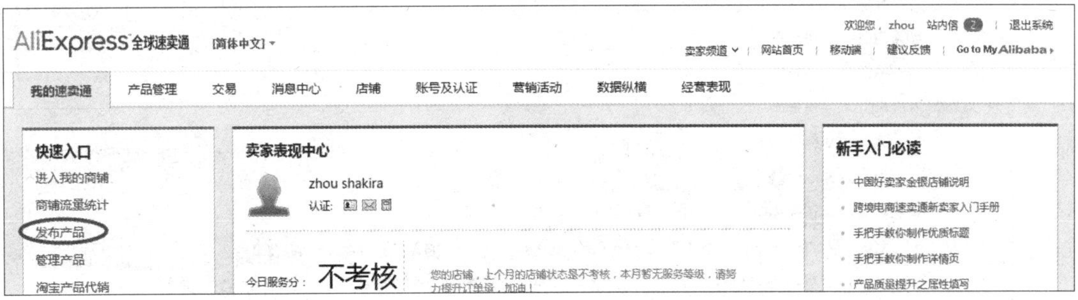

图 3-40

（2）根据自己产品所属的实际类目选择类目，如图 3-41 所示，方便买家快速找到你的产品。

（二）产品基本属性填写

1. 产品属性填写

产品属性包含两个方面：系统定义的属性和自定义属性。

图 3-41

（1）产品属性是买家选择商品的重要依据。卖家要详细、准确地填写系统定义属性和自定义属性，提高曝光机会。

（2）自定义属性是对系统定义属性的补充，能让买家对卖家的产品了解得更加全面（见图 3-42）。

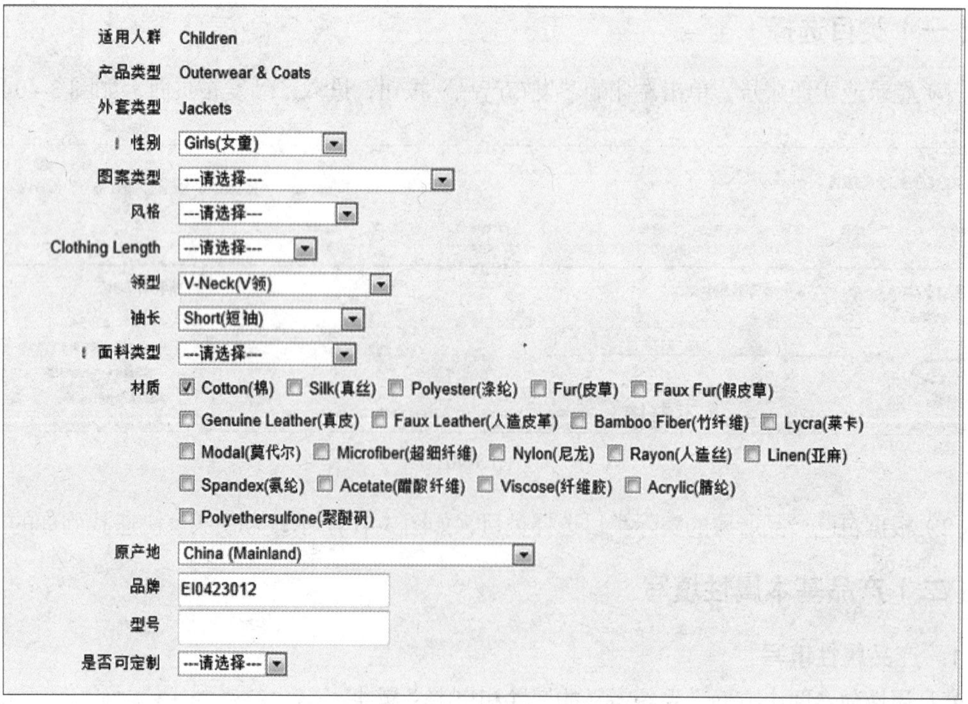

图 3-42

2. 标题填写

产品标题是买家搜索到卖家并吸引买家点击进入卖家的商品详情页面的重要因素。产品标题字数不应超过 128 个字符，要尽量准确、完整、简洁。一个好的标题中可以包含产品的名称、核心词和重要属性。一般的格式为：物流运费+提供的服务+销售方式+产品属性+产品名称，如 Guaranteed 100% Genuine Leather Handbags 88120，Designer Handbags+Free Custom Logo+Free shipping。

注意：不要在标题中罗列、堆砌相同意思的词，否则会被判定为标题堆砌。选择买家常用的关键词，并考虑买家不同的使用习惯设计补充关键词。例如，手机的“产品关键词”为 cell phone，“更多关键词”可以为 mobile phone，mobile。

知识链接

填写标题的注意事项

1. 先挖掘产品自身属性词，再去系统后台寻找买家搜索词；
2. 标题最长可输入 128 个字符；
3. 标题中一个单词只能用一次；
4. 标题中不能出现和实际产品属性无关的词；
5. 多放热搜属性词；
6. 品类词尽量放在靠后位置，最重要的关键词放在品类词前；
7. 标题句式尽量简单；
8. 标题尽量不用符号分隔；
9. 单词首字母大写；
10. 将准备的关键词组合起来就是标题。

3. 产品图片设置

在选择产品图片时，可以选择发布多图产品。多图产品的图片能够全方位、多角度展示卖家的商品，大大提高买家对商品的兴趣。建议卖家上传不同角度的商品图片。多图产品最多可以展示 6 张图片，如图 3-43 所示。

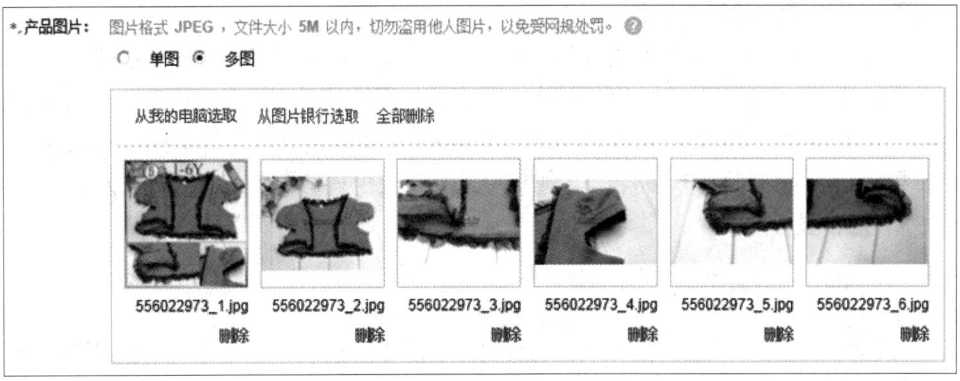

图 3-43

4. 同一款产品不同属性的设置

同一款产品，因为颜色不同，产品的价格也会不同，库存也是不同的，我们可以分别进行设置。

（1）针对不同颜色进行价格设置时，一定要注意产品是按照打包进行销售的还是按照单个销售的。

（2）对于不同颜色的产品，可以上传本产品的缩小图，也可以在系统定义的色卡中选择。

（3）对于同一款产品，可以按照不同的颜色设置库存，如图 3-44 所示。

图 3-44

5. 产品简要描述及详细描述

尽量简洁清晰地介绍产品的主要优势和特点，不要将产品标题复制到简要描述中。

产品的详细描述是让买家全方面了解产品并有意向下单的重要因素。优秀的产品描述能增强买家的购买欲望，加快买家下单速度。一个好的详细描述主要包含以下几个方面：（1）商品重要的指标参数和功能（如服装的尺码表、电子产品的型号及配置参数）；（2）5 张及以上详细描述图片；（3）售后服务条款。

（三）合理的包装设置

在填写包装信息时，一定要填写产品包装后的重量和体积，如图 3-45 所示，这直接跟运费价格相关，请一定要准确填写。

（四）合理的运费设置

合理的运费设置可以大大降低产品的成本，因此在设置运费之前，一定要先跟物流公司确认好物流的价格和折扣，然后再定义运费。目前有两种方式可供选择。

（1）直接选择系统提供的新手运费模板，后期可以选择与速卖通合作的物流服务商或者自己联系货代公司发货，如图 3-46 所示。

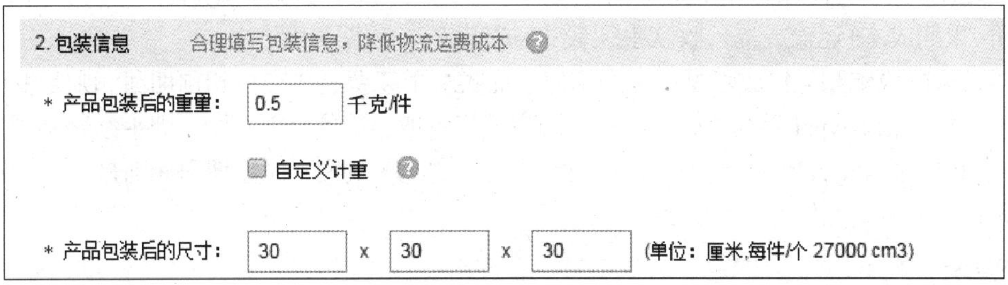

图 3-45

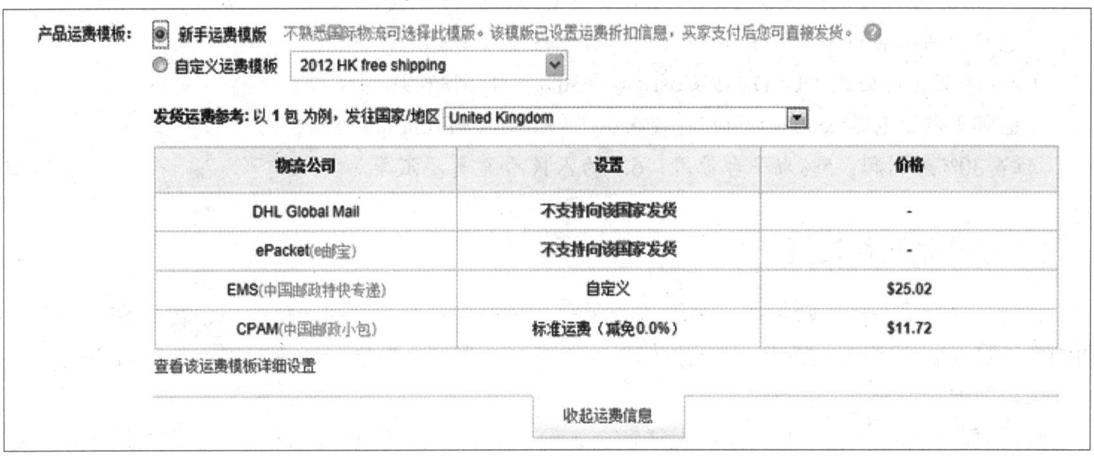

图 3-46

（2）自定义运费模板：根据与快递公司协商好的物流折扣，设置合理的运输方式及价格，如图 3-47 所示。

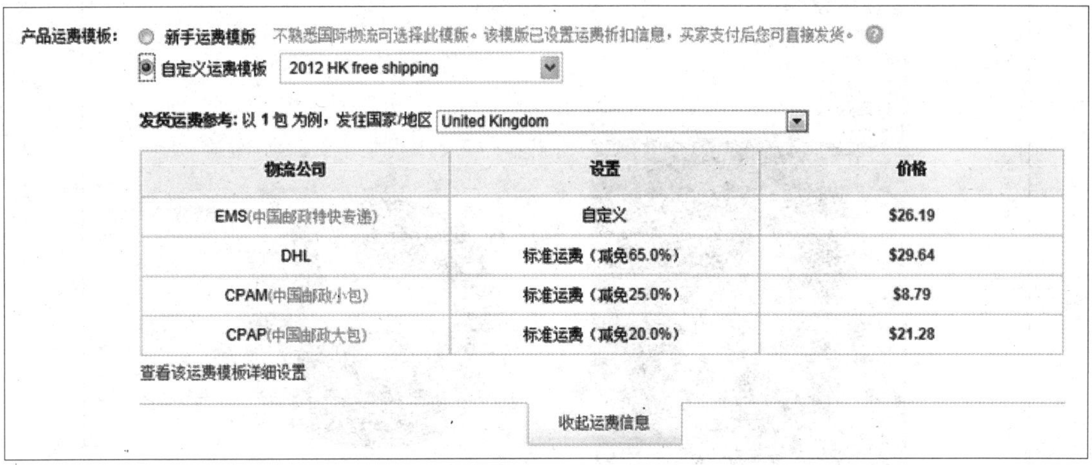

图 3-47

（五）设置合理价格

产品定价是属于客观与主观因素相结合的行为。定价既以利润为依据，又以市场为导向。跨境电商多运用成本定价法定价，即以产品的成本加预期利润为依据进行定价。

售价=采购成本+运输成本+ 收款手续费 + 成交费 + 预期利润

其中，采购成本和运输成本是一个固定值，而收款手续费、成交费和预期利润则是变值。收款手续费一般是指 Paypal 手续费，按照一个固定比率收取，销售金额不同，则手续费不同；成交费因平台而异，同 Paypal 手续费一样，按固定或特定的比率收取；而预期利润则是人为主观判断或者依据市场而变动的值。

知识链接

产品价格计算公式

（1）网上售价公式：成本+利润+平台手续费（5%）；

（包邮）网上售价公式：成本+利润+平台手续费（5%）+运费；

（2）网上售价公式（USD）：Cost×（1+30%）/1−5%/6.9；

（包邮）网上售价公式（USD）：Cost×（1+30%）+Freight/1−5%/6.9。

注：30%为利润；5%为平台费用；6.9 为人民币兑美元汇率。

（六）详情页面设置

详情页面优劣指标：转化率、平均访问深度、平均页面停留时间、跳失率、客单价。详情页面的作用是说服买家购买产品，所以我们一定要好好挖掘产品特性，提炼出卖点，然后通过美观的详情页面展示给买家。

数据表明，80%～90%的买家只看详情页，而不会看店铺首页。优秀的产品详情页应当：风格统一、简洁美观；充分展示产品；充分体现产品卖点；令人印象深刻的文案；优秀的关联营销、店铺促销（见图 3-48）。

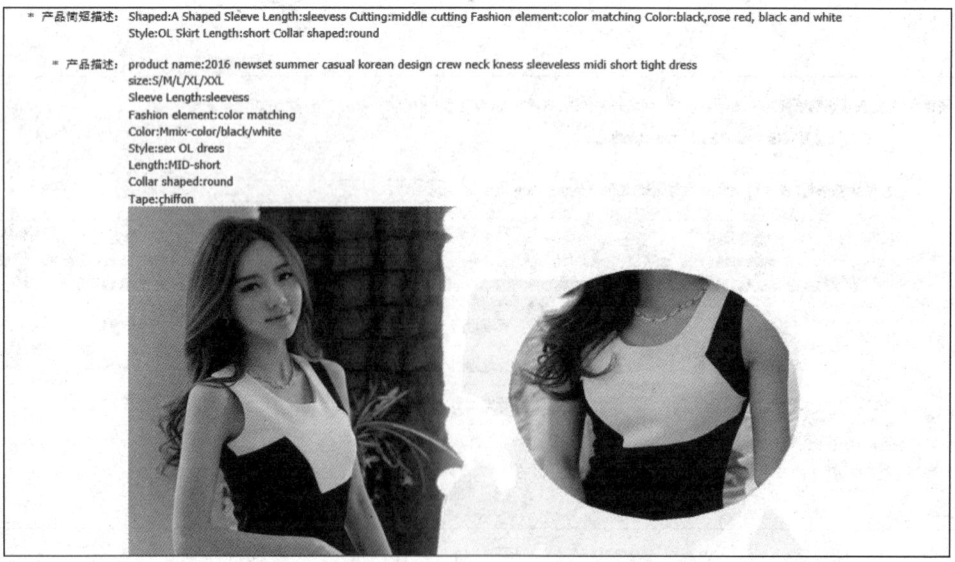

图 3-48

知识链接

优秀详情页文案撰写注意事项

（1）不要留下任何形式的联系方式；

（2）不要使用中文及中文标点符号；

（3）符合英文读写习惯。

知识链接

优秀详情页文案包含的主要内容

（1）产品参数（可通过表格呈现）；

（2）销售方式；

（3）大量图片（主图、细节图、尺码图、包装图、场景图、对比图、QA 问答图等，数量在 10～15 张最好，太多会拖慢网速）；

（4）服务条款；

（5）关联销售。

（七）其他信息

1. 选择正确的产品分组，方便后期买家在卖家店铺中查找产品，同时也便于卖家后期对产品的管理。

2. 选择产品有效期。产品有效期指产品在审核成功后展示的时间，如图 3-49 所示。

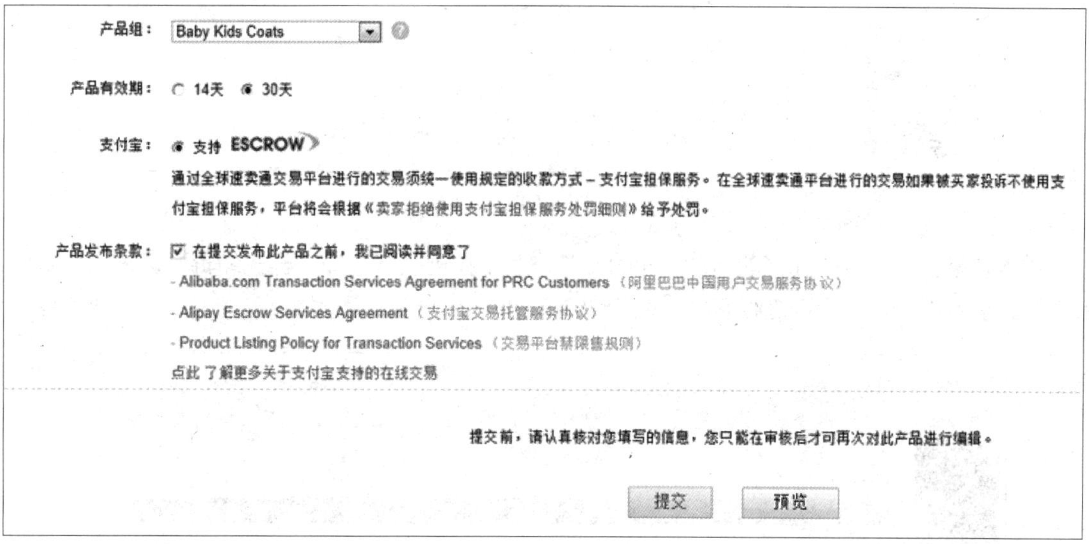

图 3-49

编辑完信息之后，单击“提交”按钮，进入审核程序，24 小时后可以去检查一下审核情况。审核通过后，买家就可以找到卖家发布的产品了。

思考题

如何编辑文案才能提高产品在速卖通的曝光率？

任务五 速卖通店铺装修

装修店铺能吸引更多买家浏览并喜欢上你的店铺，同时带来更多销量。创建一个适合业务背景的店铺将会给卖家树立专业、高档的店铺形象，进而受到更多买家的关注和喜爱，大幅提高市场核心竞争力。目前，速卖通平台在视觉营销方面，增加了更加开放的功能板块。基础板块包含店招板块、图片轮播板块、联系信息、收藏店铺、商品推荐板块、自定义内容区等部分。第三方模块相对于基础模块则更加丰富，包含新品上市、限时导购、自定义模块、全屏轮播、优惠券、分类导航、广告墙、页脚等。

装修速卖通店铺的步骤如下。

首先进入店铺中心，单击“店铺装修及管理”，然后单击“进入装修”按钮，登录后台装修页面，如图 3-50 所示。

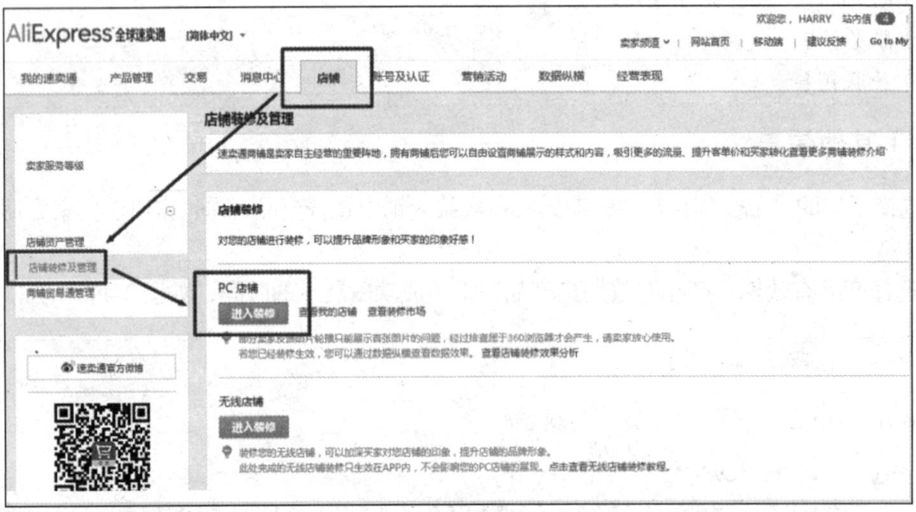

图 3-50

进入装修页面，将鼠标移动到左上角的“装修”下拉列表，选择“样式编辑”，进入“页面编辑”，接着就可以对店铺进行装修了，如图 3-51 所示。

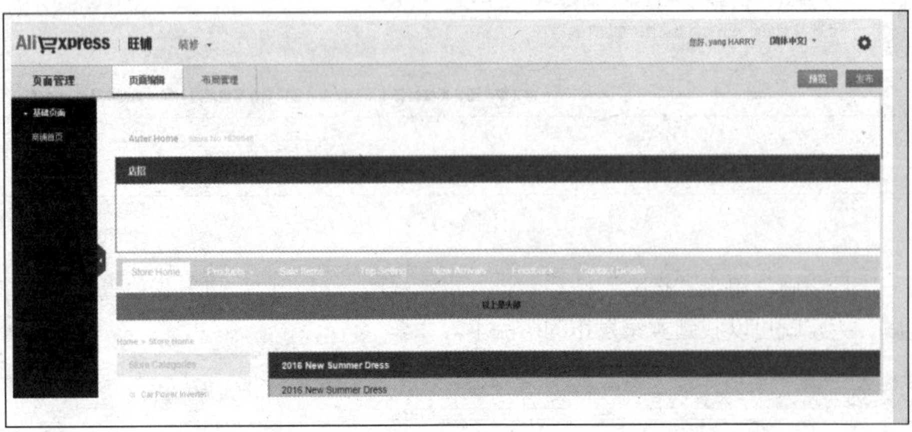

图 3-51

下面将从店招、轮播海报、产品推荐、侧边栏产品推荐几个方面来介绍店铺装修。

一、店招

店招就如同实体店的招牌，通常在上面会有店铺名称、Logo 等内容，买家看到店招后，就能对该店铺的产品有一个大体的定位。

（一）店招的制作

制作店招的基本要求如下。

（1）尺寸：1 200px×150Px；

（2）要有店铺 logo；

（3）有店铺网页的二维码或者个人二维码。

店招设计建议：第一，如果卖家有自己的店铺 logo，建议放在店招的左侧，若无 logo 则不展示；第二，如果卖家在店招上展示产品，建议采用 1 200px×150px 尺寸的（见图 3-52），若不展示产品，建议采用 1 200px×100px 尺寸的；第三，在使用图片时，切忌将产品小图片拉大，会使图片模糊；第四，背景尽量使用浅颜色，避免使用浓重、刺眼的颜色。

图 3-52

店招上传页面如图 3-53 所示。

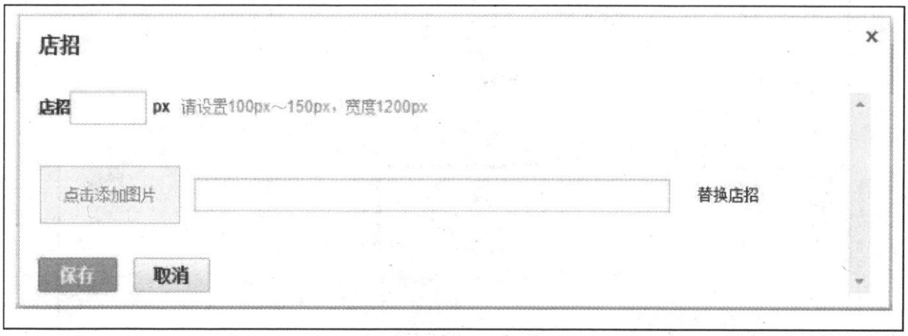

图 3-53

卖家最好能将店招区充分利用起来，如图 3-54 所示。

图 3-54

制作店招前，首先要注意两个问题：第一，目前，速卖通系统的店招只能加入一个超链接；

第二，在不同的时间段，有不同的促销方式和重点推荐产品，因此店招也会随之改变。爆款产品、产品分类、促销链接等都是可以替换的内容。

但是，更多时候我们还是将店招设置为首页的链接，如图 3-55 所示。因为买家在进入店铺后如果发现这款产品不能满足他的需要，他可以回到首页继续挑选产品，这从侧面提高了转化率，降低了跳失率。

图 3-55

这里需要注意，店招必不可少。如果没有店招模块，你的店铺相对于绝大多数店铺来说，会显得苍白无力，从而会降低在买家心中的地位。此外，你也损失了一个非常有优势的自我推销板块。

（二）店招的上传

首先，单击菜单栏中的“店铺”，在左侧边栏单击“店铺装修及管理”，单击“进入装修”按钮，如图 3-56 所示，进入速卖通后台装修页面。

图 3-56

在初次进入后台装修页面时，店招板块就在整个页面的最上方。如果不小心删掉了这个板块，只需要将鼠标光标移动到上方，这时会看到右侧出现“添加模块”按钮，单击此按钮，如图 3-57 所示。

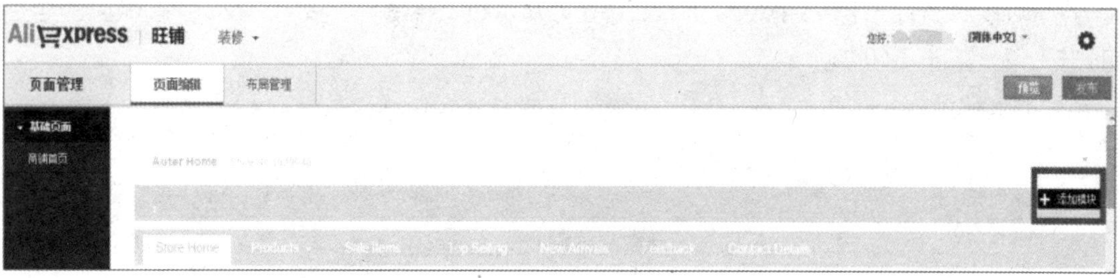

图 3-57

这时在“模块管理”面板下出现了“基础模块”按钮。“基础模块”中只能添加一个模块，就是“图片店招”，单击“添加”按钮，店招就又重新出现在后台的界面中，如图 3-58 所示。

图 3-58

单击右上角的“编辑”按钮（在系统基础模板中，“编辑”按钮都是在右上角出现），进入编辑界面，添加图片，如图 3-59 所示。

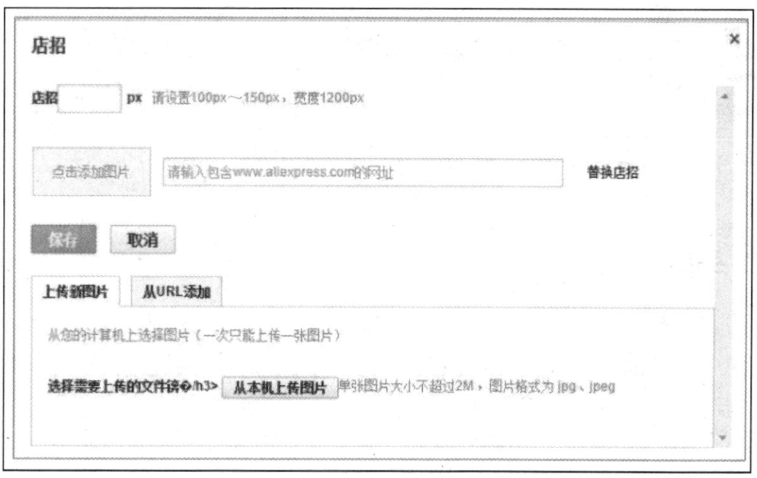

图 3-59

这里可以看到有“上传新图片”面板，单击“从本机上传图片”按钮。找到之前做好的店招，选择并上传，如图 3-60 所示。

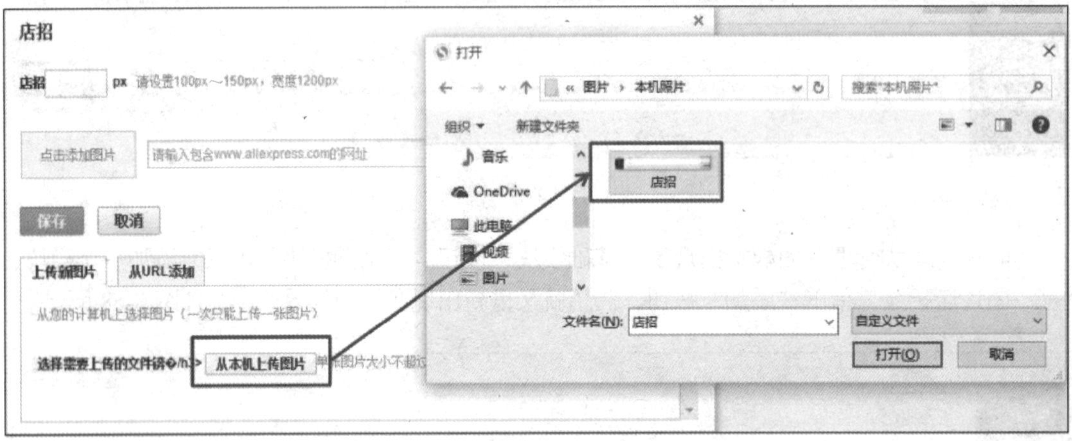

图 3-60

上传成功后，单击“使用这张图片”按钮，设置店招高度为 150px，如图 3-61 所示，至此店招上传完成。

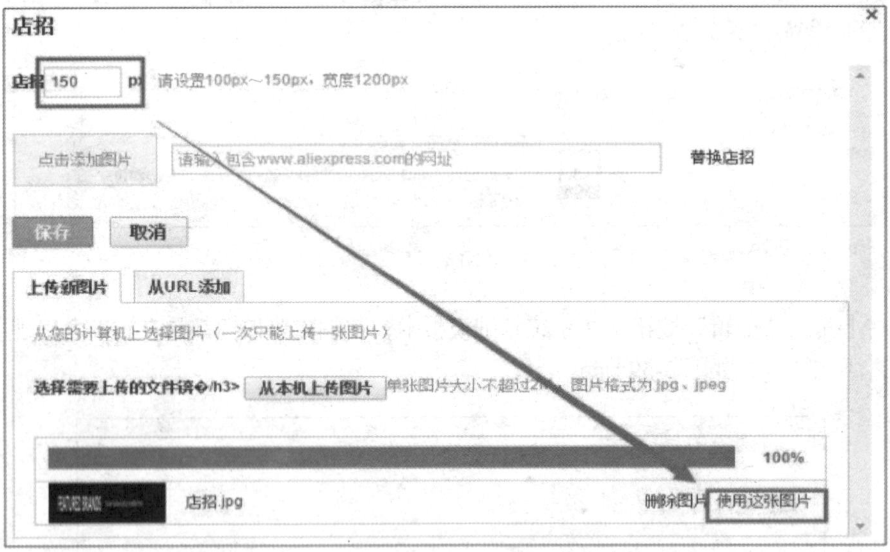

图 3-61

（三）动态店招的上传

一些店铺的店招中会有动画出现，下面介绍如何上传动态店招。速卖通不支持 GIF 格式图片上传。卖家可以使用阿里巴巴图库空间打开 1688 官网，登录淘宝账号，进入 1688 的图片空间，将动态图片上传到这里，就可以在速卖通上使用了。具体操作如下。

【Step 1】进入“管理旺铺”（见图 3-62），单击“上传图片”按钮，选择图片上传即可（见图 3-63）。

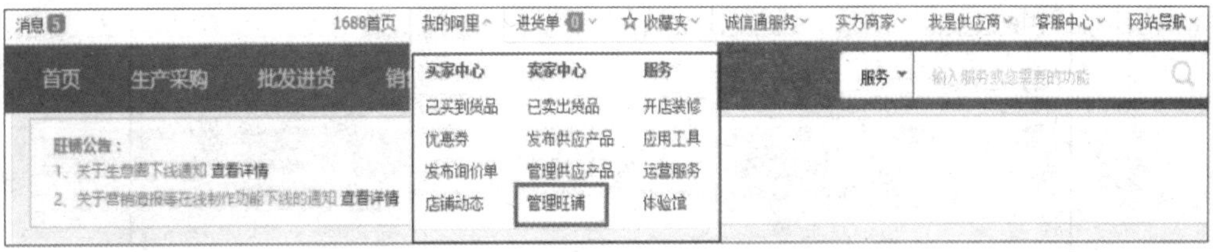

图 3-62

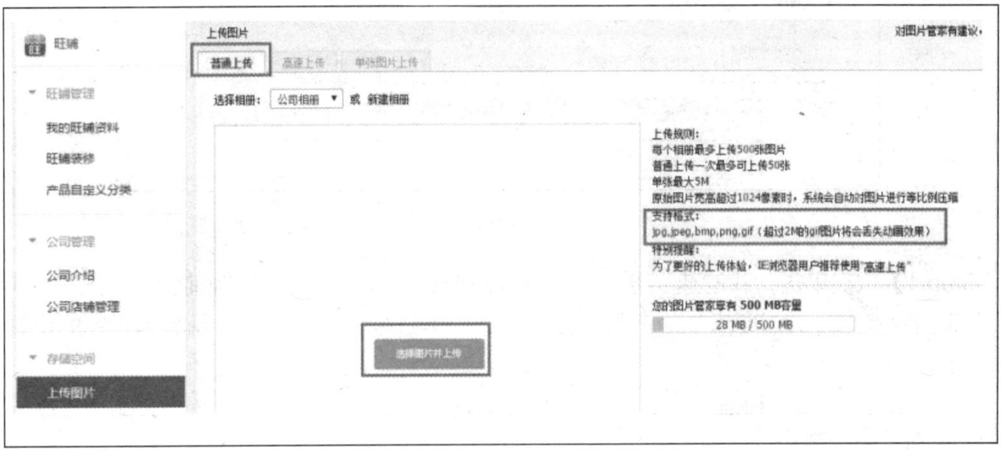

图 3-63

【Step 2】上传完成后，找到这张图片，单击左上角“复制地址”按钮，会出现 HTML 代码和 URL 地址，单击复制 URL 地址，如图 3-64 所示。

图 3-64

【Step 3】URL 地址复制好后，再回到速卖通后台，单击“从 URL 添加”按钮，将制作好的动态图片的 URL 地址粘贴进去，单击“确认”按钮，上传完成，如图 3-65 所示。这样动态图片就出现在店招上了，之后加上超链接，完善店招功能即可。

（四）店招超链接

无论是普通店招还是动态店招，我们都需要加入对应的超链接，这样的店招板块才算完整（注意：加超链接一定要用前台链接，不能用后台链接）。那么如何正确加入超链接呢？

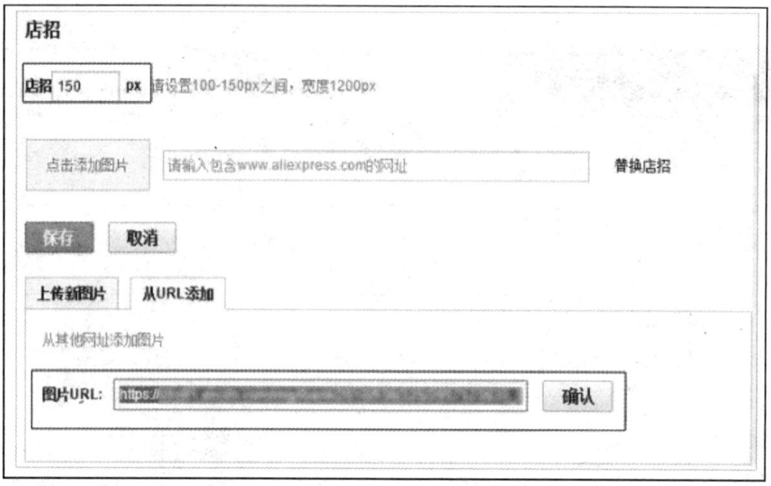

图 3-65

【Step 1】依次单击“我的速卖通”“进入我的商铺”按钮，进入店铺前台，如图 3-66 所示。这时在店铺内找出我们需要添加的产品链接，或者分类链接、首页链接，粘贴到指定的位置（见图 3-67）。

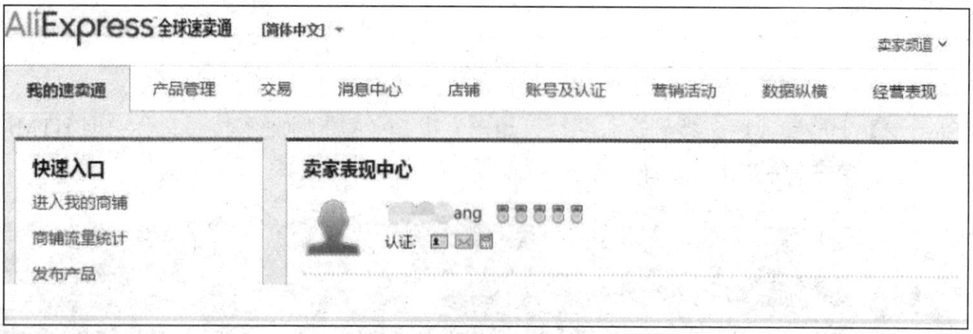

图 3-66

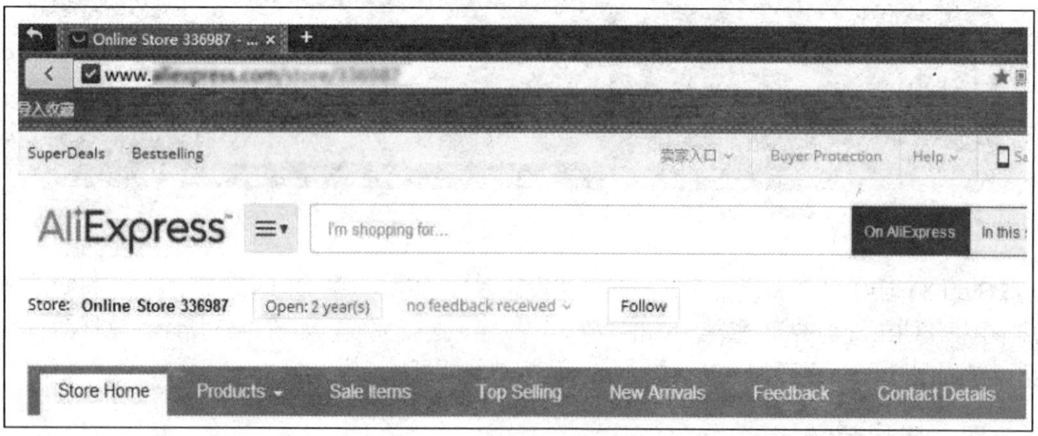

图 3-67

【Step 2】图片上传完成，加入对应的链接，设置好高度，单击“保存”按钮，店招就完成了，如图 3-68 所示。

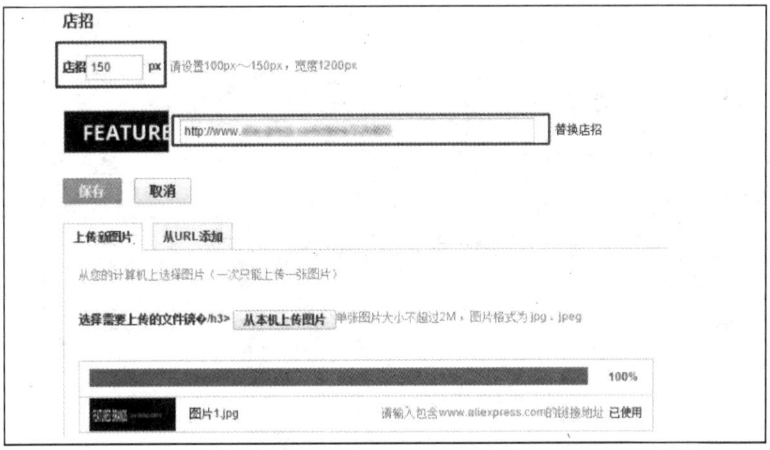

图 3-68

二、轮播海报

系统板块海报（见图 3-69）的尺寸：

1. 宽度为 960px，高度为 100px～600px；
2. 对于 960px 宽度的海报，建议高度为 400px。

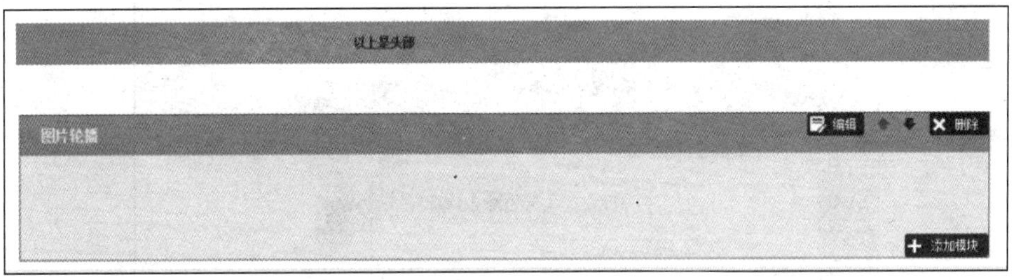

图 3-69

速卖通海报模板主要有纯文案、上下结构、左右结构，如图 3-70～图 3-72 所示。

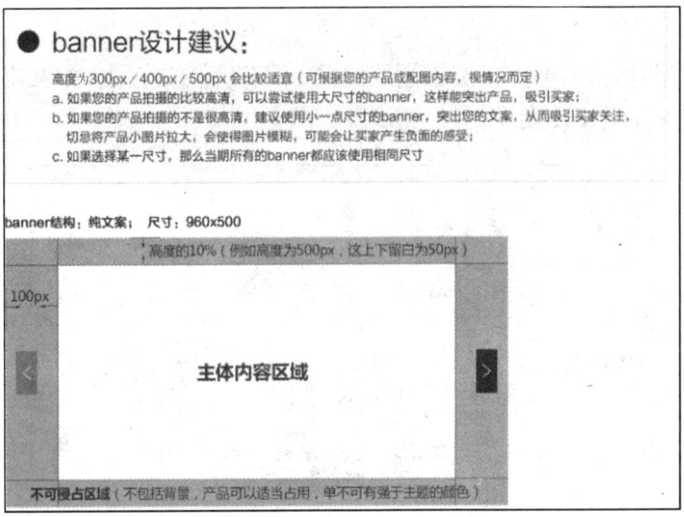

图 3-70

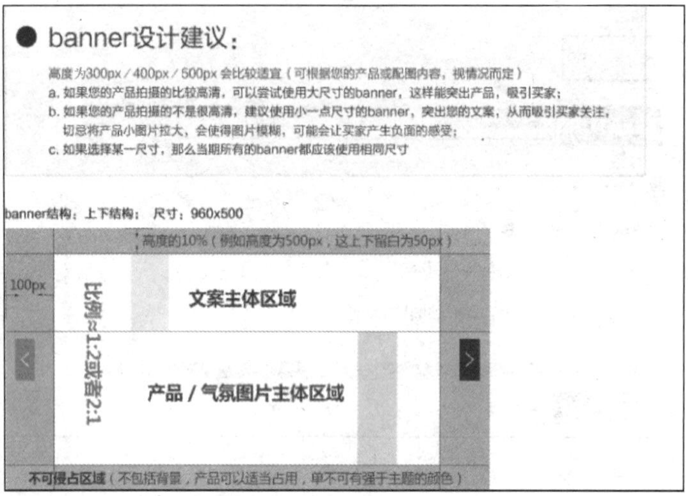

图 3-71

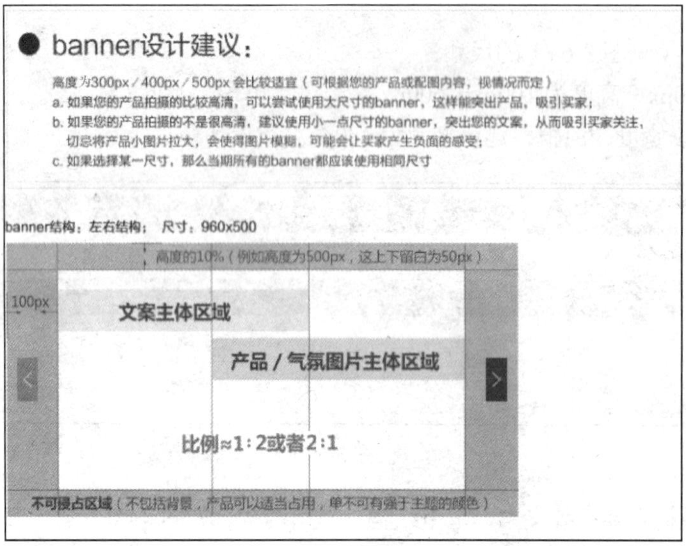

图 3-72

轮播海报会占用很大的空间，并且占用的是重要而有价值的空间，如果处理好，将是传达信息非常有效的方式，如图 3-73 所示。

图 3-73

在设计轮播海报时需要注意以下几点。

（1）要有有效的文案与行为导向按钮。在轮播海报中加入真实产品的展示和营销型的文案口号，这样会很容易抓住买家的心。当买家产生购买冲动的时候，一个醒目的引导按钮可以直接引导用户点击，如图 3-74 所示。

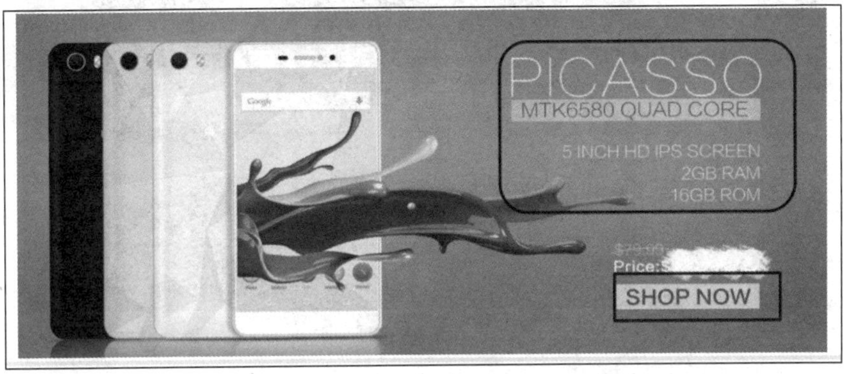

图 3-74

（2）要有丰富的产品展示组合效果。用布局特效来展示不同的产品，并附上一个介绍性的口号，让网页变得更有说服力，丰富而富有层次感，如图 3-75 所示。

图 3-75

（3）在轮播海报中配以插图或手绘，会让页面清新，这个方式能提高店铺的活力，给人以亲切感，如图 3-76 所示。

图 3-76

轮播海报的制作类似于店招，在此不再赘述。

针对不同时间、不同情况，店铺主推的产品也会不同，所以海报类型也可以分很多种。

主推产品海报如图 3-77 所示。

图 3-77

主营分类海报如图 3-78 所示。

图 3-78

节日营销海报如图 3-79 所示。

图 3-79

活动营销海报如图 3-80 所示。

图 3-80

三、产品推荐

基础板块中的产品推荐板块，相对来说是很容易操作的一个板块。制作者不需要太多的专业技术，只需要按照提示操作就能完成。对于普通卖家来说，这是一个非常实用的模板。

单击“添加模块”按钮，在“基础模块”中找到“商品推荐”，单击“添加”按钮，如图 3-81 所示。

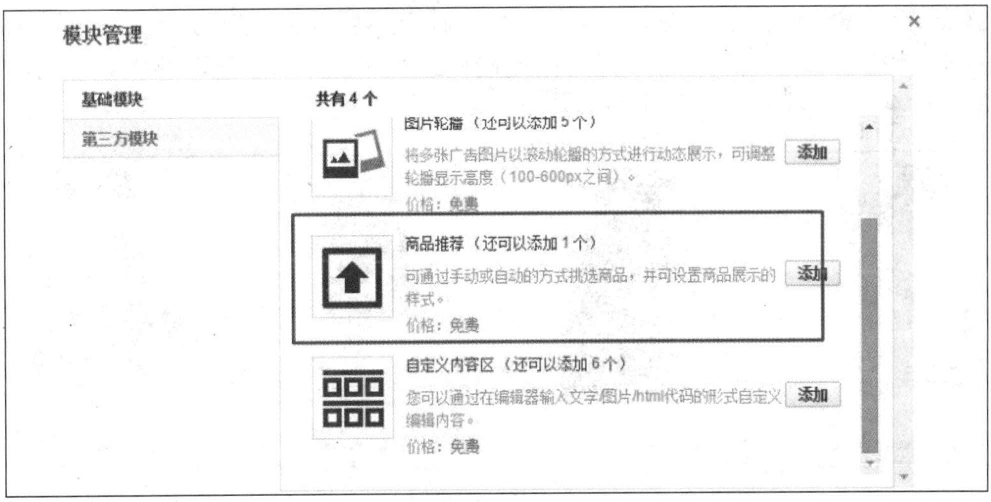

图 3-81

单击板块右上角的“编辑”按钮，进入“产品推荐”板块设置，如图 3-82 所示。

图 3-82

手动选择非常简单，只需要将卖家想要展示的产品一个一个添加到“产品推荐”即可，如图 3-83 所示（后面不展开讲）。

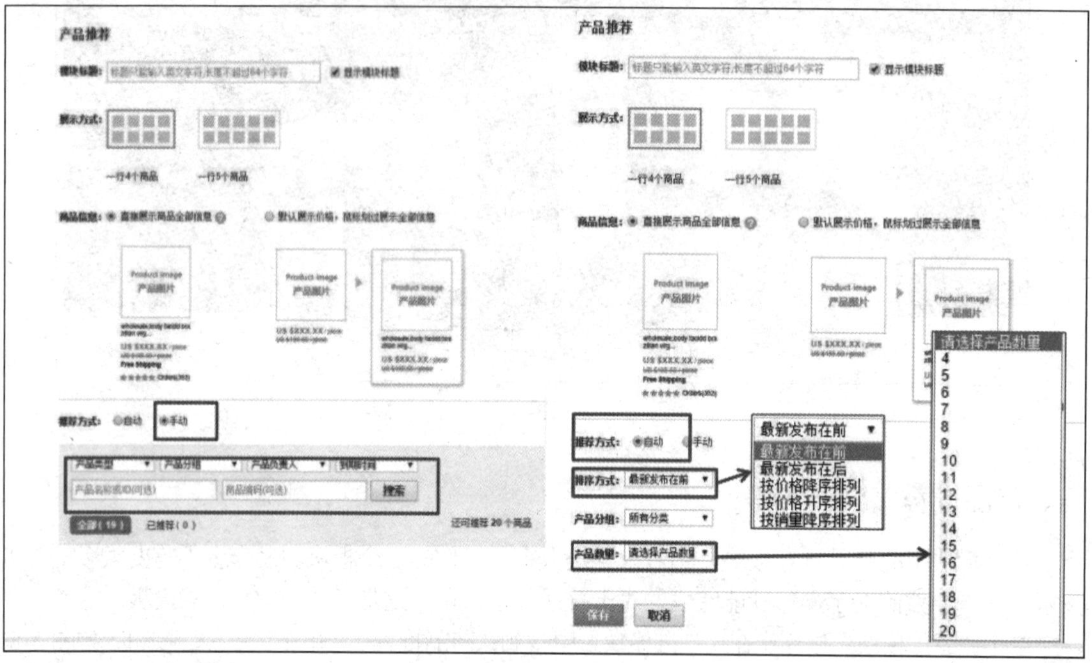

图 3-83

按照提示，卖家可以选择“显示模块标题”选项，这样就需要为该模块设置一个英文标题，此标题不能超过 64 个字符。如果卖家选择不显示标题，那就不需要设置标题名称了。展示方式可以选择一行 4 个产品或者一行 5 个产品，如图 3-84 所示。

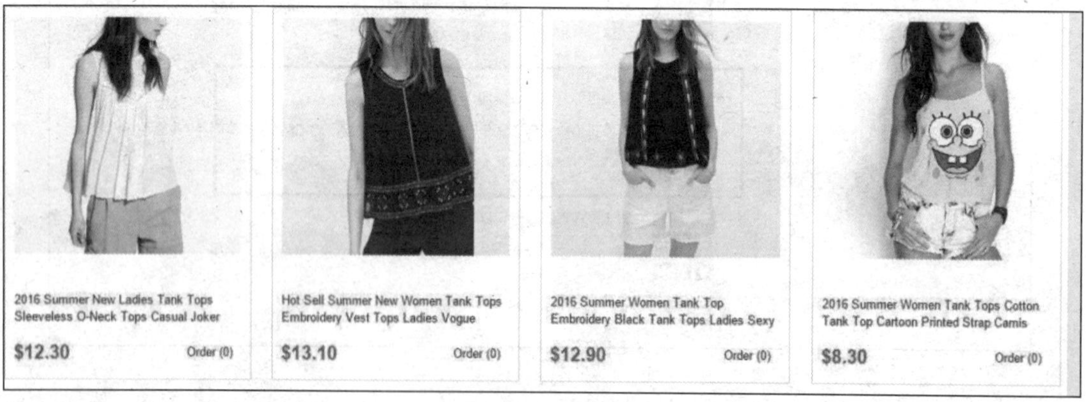

图 3-84

对于“商品信息”可以选择展示全部信息，或者选择鼠标划过展示。“推荐方式”可以选择自动或者手动方式。

我们来看一下自动方式。如果卖家需要添加一个 Top selling 板块，那么就需要选择自动方式。在排序方式下拉菜单中选择“按销量降序排列”。卖家还可以将 Top selling 设置得更精准一些，那就需要将产品分组设置成卖家需要的产品类目，如女装、男装等。这样我们的板块就会变成女装类目销量排行或者是男装销量排行等。

在“产品数量”一栏必须选择一个数字，如 4 或 5。全部设置好后，单击“保存”按钮，然后发布就可以了。

四、侧边栏产品推荐

单击左侧边栏上的“添加模块”按钮，添加产品推荐模块。侧边栏的产品推荐模块只能纵向排列。推荐方式的设置和主区的设置是相同的，如图 3-85 所示。

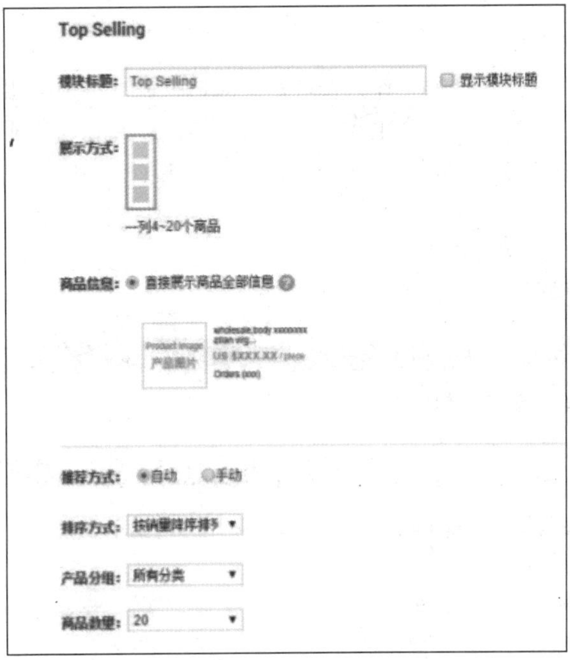

图 3-85

设置好对应参数，单击“保存”按钮，然后发布即可，效果如图 3-86 所示。

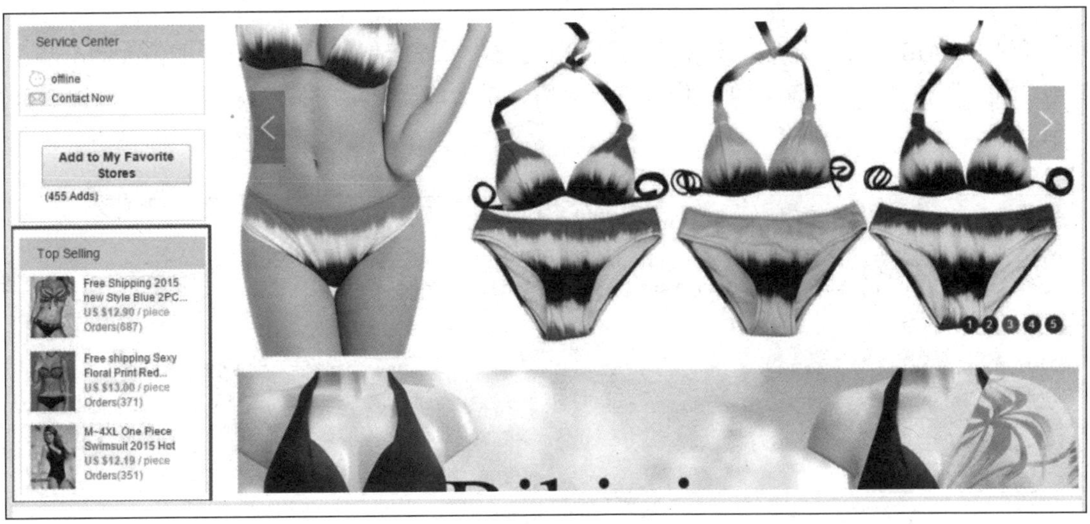

图 3-86

思考题

速卖通店铺基本板块装修与第三方板块装修有何差别？请查阅第三方板块相关资料进行解答。

任务六 速卖通产品管理

一、产品审核

产品信息提交成功后，速卖通的工作人员会对产品信息进行审核。如果符合阿里巴巴信息发布规则的要求，则发布的产品会在一个工作日之内被审核完成，高峰期延迟。

打开“产品管理”—“管理产品”页面，在“正在销售”状态栏下可以查看和编辑通过审核的产品，如图 3-87 所示。

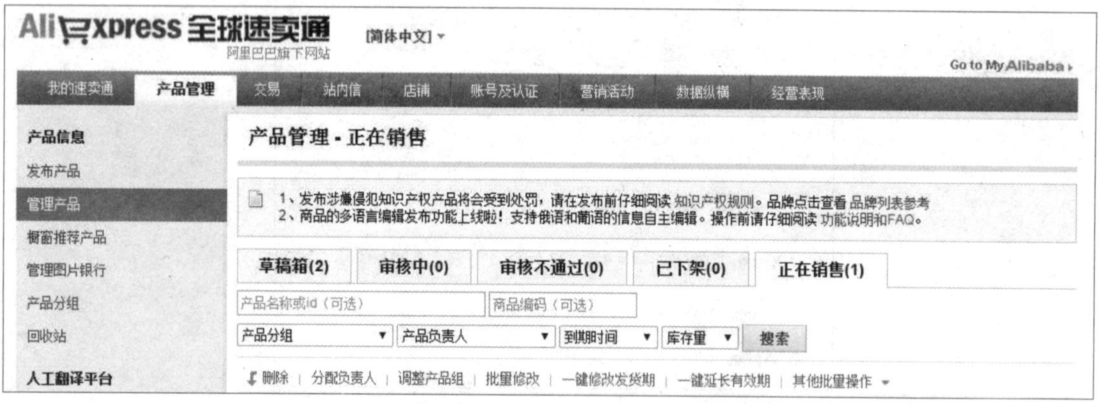

图 3-87

二、产品修改

登录 My AliExpress 页面，打开“产品管理”—“管理产品”页面，选择要修改的产品；单击“编辑”按钮进入编辑页面，修改信息之后，单击“提交”按钮，等待审核，如图 3-88 所示。

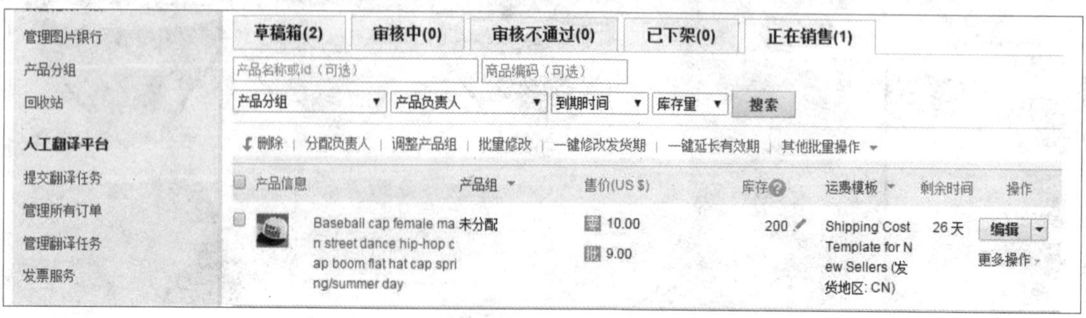

图 3-88

三、产品下架

产品的有效期分为 14 天、30 天，过了有效期产品将从“正在销售”转为“已下架”状态。我们可以在“已下架”状态栏下查看下架的产品，也可以将已下架产品重新上架，如图 3-89 所示。

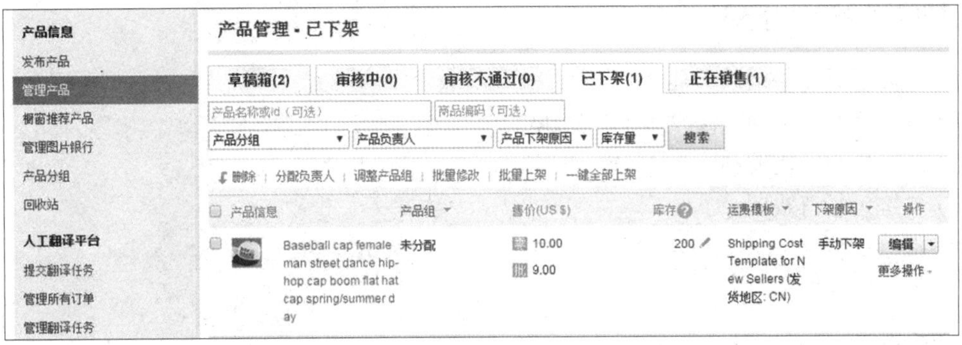

图 3-89

四、产品的五种状态

任何一件被产品发布之后，可能会有 5 种状态，如图 3-90 所示。

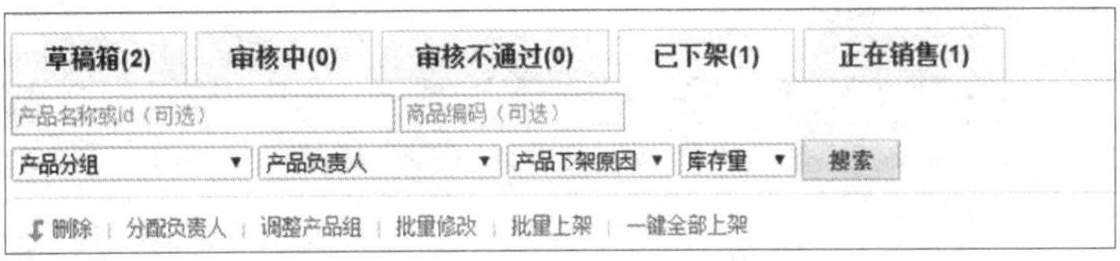

图 3-90

（1）草稿箱

- 若在“发布产品”页面进行编辑，则每 15 分钟系统自动保存一次信息。
- 若在“发布产品”页面单击“保存”按钮，则产品信息被保存至草稿箱。
- 草稿箱保存信息的数量上限为 20，超过时应手动删除。
- 草稿箱中的产品描述图片只被保留 15 天，逾期系统自动删除，应尽快被提交审核，如图 3-91 所示。

图 3-91

（2）审核中。
（3）审核不通过。
（4）已下架。
（5）正在销售。

五、其他产品管理工具

产品管理工具还包括以下几个。
（1）批量修改，可同时修改多个产品属性；
（2）一键修改发货期；
（3）一键延长有效期；
（4）批量下架；
（5）批量橱窗推荐。

六、橱窗产品推荐

橱窗推荐是平台奖励给卖家的资源，将产品应用到橱窗推荐可以提高产品在搜索结果中的排名，如图 3-92 所示（橱窗推荐产品的曝光量比普通产品的曝光量要多 800%～1000%）。

图 3-92

获得橱窗的途径有：通过提高卖家服务等级获得，等级越高的卖家享受的资源奖励越多；参加平台的一些活动获得。

七、图片银行

图片银行集分组管理、图片搜索、图片筛选、图片重命名等功能于一体，能够提供更加强大的图片管理功能，帮助卖家更加方便、快捷地管理图片，如图 3-93 所示。

详细描述中的图片会默认被保存到图片银行。

八、产品分组

产品分组是指把同类产品集合到一起，从而将产品整合展示在店铺中的功能，如图 3-94 所示。

图 3-93

图 3-94

1. 如何优化店铺产品分组

进入速卖通后台，单击“产品管理”选项卡，打开“产品分组”页面。如果想调整某个产品分组的排序，只要用鼠标单击该产品组后的十字形按钮，将其拖动至想要展示的位置即可，如图 3-95 所示。

2. 合理的产品分组排序方式

合理的产品分组排序能够将店铺中的产品用最合理、最能吸引买家购买的方式展现。结合平台商铺的数据分析，如下形式的产品分组会更容易吸引买家。

（1）促销产品分组；

（2）热门品类分组；

（3）按照所属行业常用规则的产品分组；

（4）其他分组，放一些无法归类的产品。

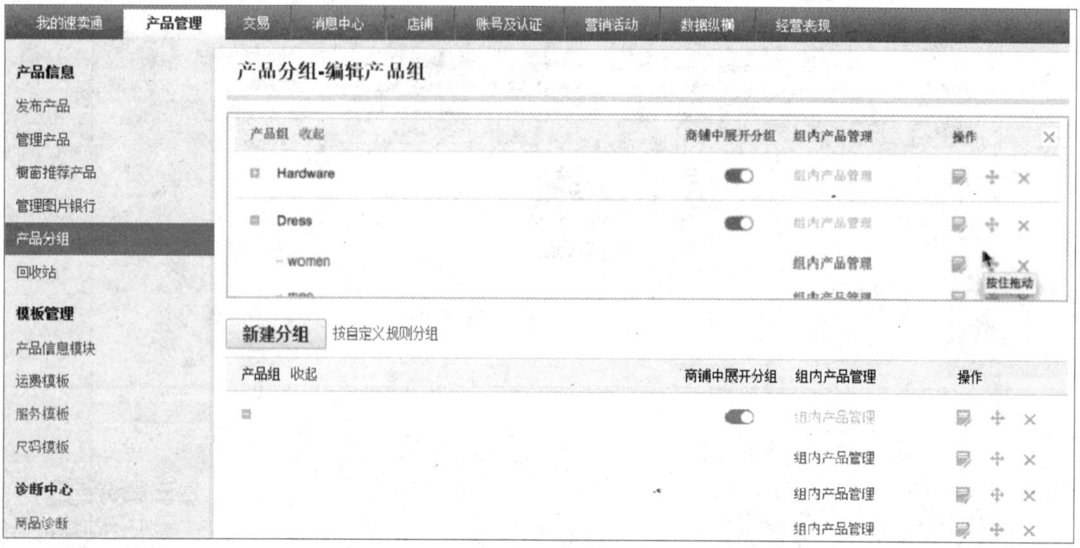

图 3-95

九、模块管理

1. 产品信息模块

产品信息模块是一种新的管理产品信息的方式，卖家可以为产品信息中的公共信息（如售后物流政策、活动信息等）单独创建一个模块，并在产品中引用。如果卖家需要修改这些信息，只需要修改相应的模块，所有使用这个模块的产品中的信息全部会自动更新。

该模块除了可以放置公共信息外，还可以放置关联产品（已上线）、限时打折等（开发中）。

2. 设置产品信息模块

【Step 1】在“卖家后台”—“产品管理”—“模板管理”中找到“产品信息模块”的入口，如图 3-96 所示。在这里卖家可以对产品信息模块进行管理操作。

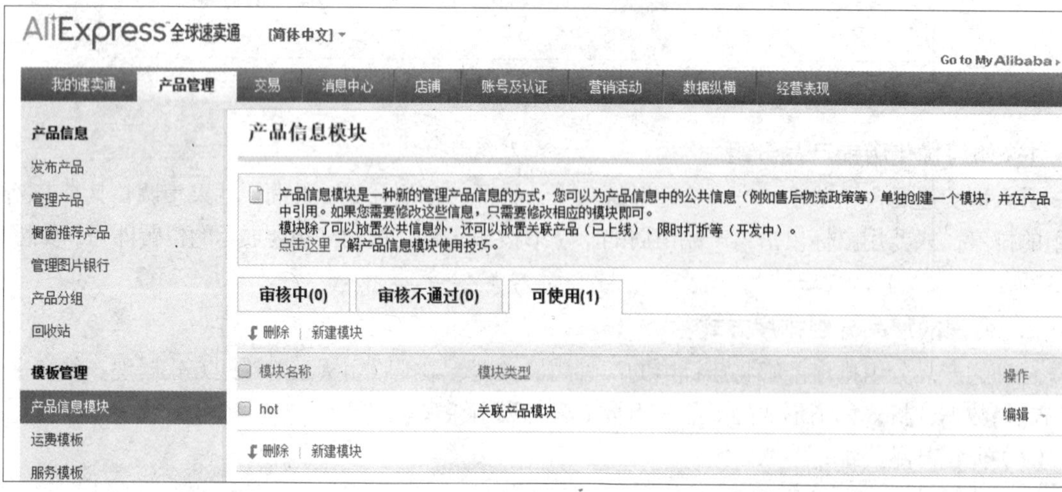

图 3-96

【Step 2】目前，卖家可以创建两种模块，如图 3-97 所示。

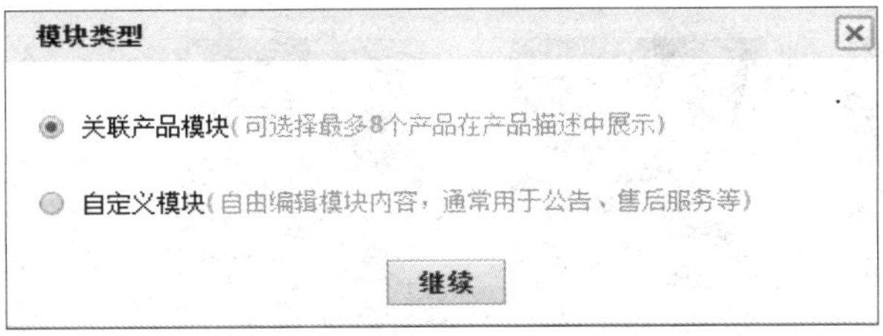

图 3-97

（1）关联产品模块：可以选择最多 8 个关联产品。

（2）自定义模块：通常可以填写一些公共信息，如公告、活动信息、物流售后政策等。

【Step 3】在关联产品模块中需要填写模块标题（只能输入英文，用于卖家自己区分模块），并至少置入一件商品，如图 3-98 所示。

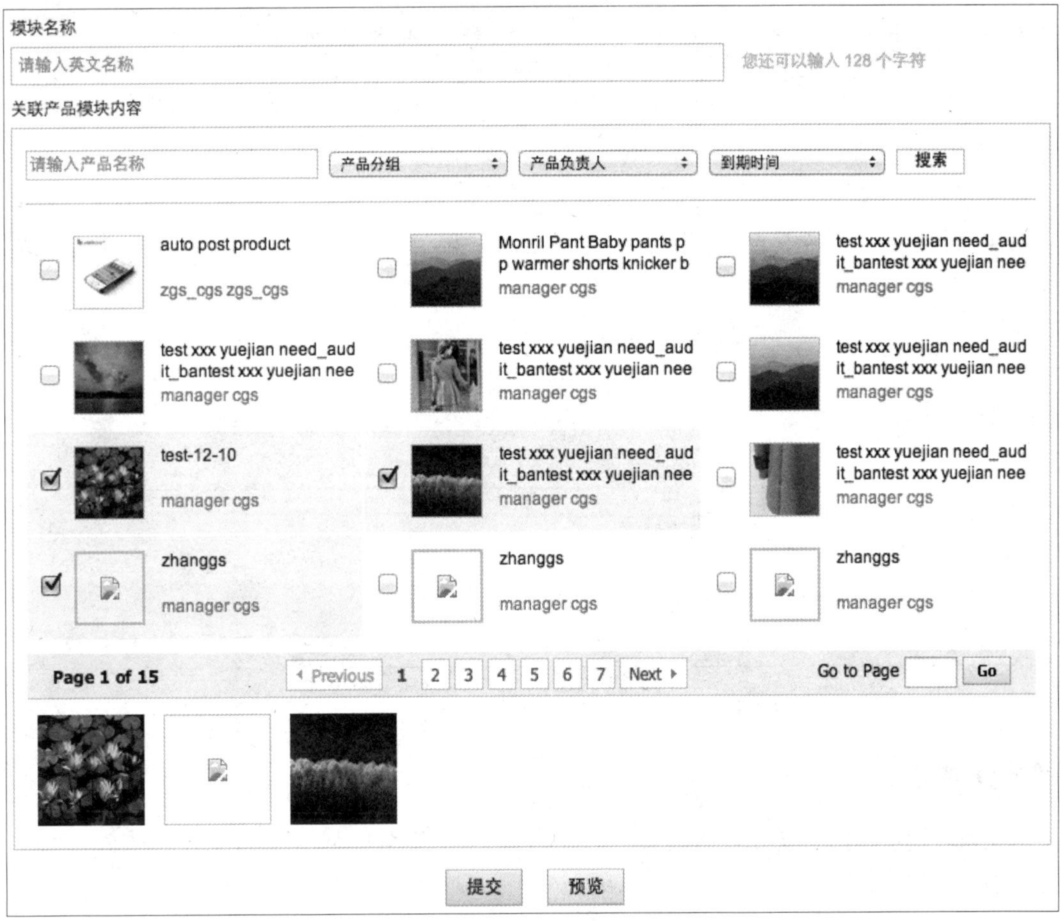

图 3-98

【Step 4】卖家可以单击“预览”按钮来查看模块在买家前台实际展示的效果，如图 3-99 所示。

【Step 5】在自定义模块中同样需要填写标题，跟关联产品模块不同的是，在自定义模块中卖家可以随意填写需要的内容，如图 3-100 所示。需要注意的是，自定义模块中的内容必须是通过审核的。

图 3-99

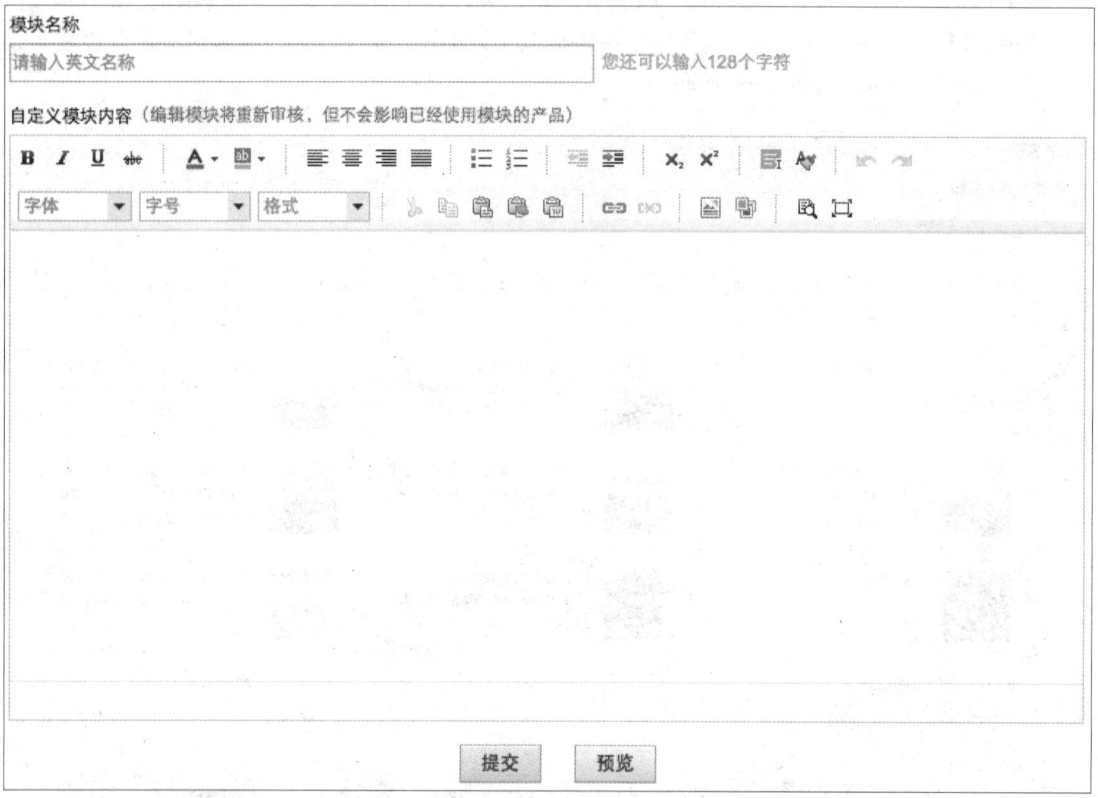

图 3-100

十、服务管理

卖家可以根据不同商品可提供的服务设置服务模板，提供的服务会被展示在商品详情页面，作为强有力的买家保障措施，减少买家对商品的担忧，增强购买信心，提高购买率。

1. 服务内容介绍

卖家自行设置的模板包括以下两部分。

（1）消费者保障特色服务：卖家先申请加入，成功后即可在服务模板中进行设置；

（2）退货服务：卖家可即时在服务模板中进行设置。

2. 设置服务模板

【Step 1】单击“产品管理”—“模板管理”—“服务模板”，如图 3-101 所示。

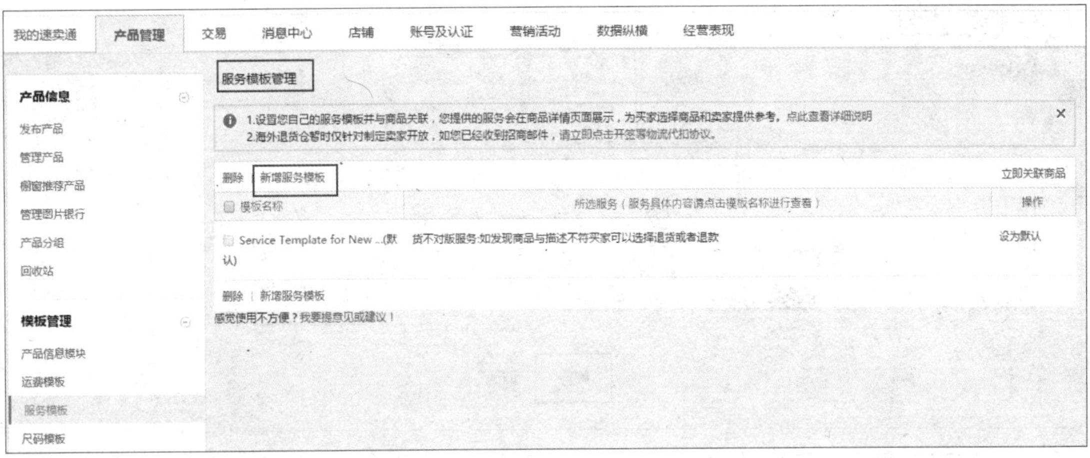

图 3-101

【Step 2】单击“新增服务模板”创建模板，如图 3-102 所示。

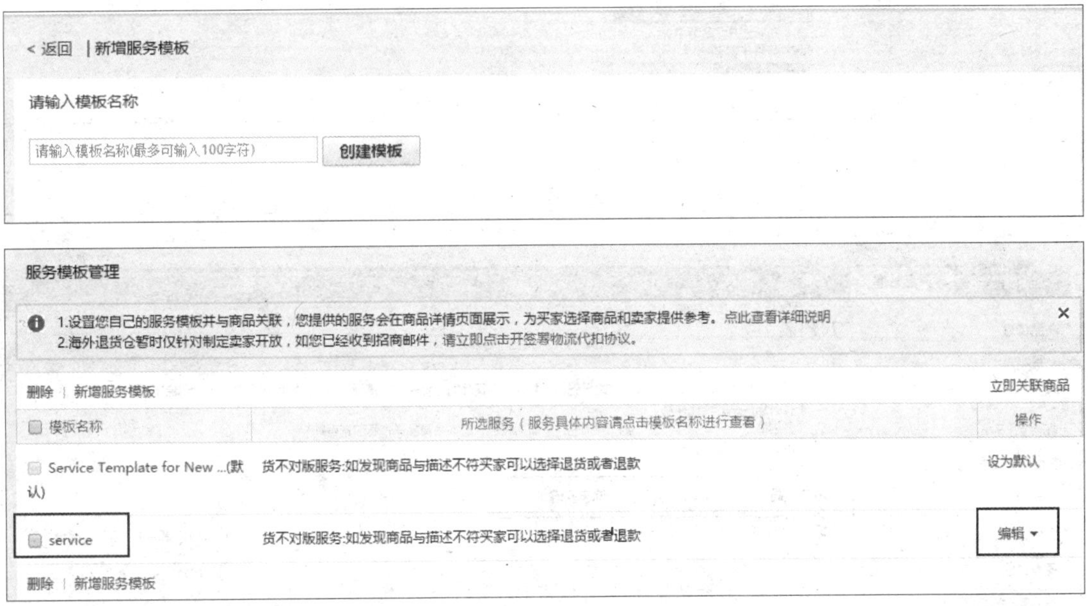

图 3-102

【Step 3】单击“编辑”下拉列表，可以选择“编辑服务模板”，也可以选择“编辑规则”设置，设置完成后单击“保存”按钮，如图 3-103 所示。

十一、尺码管理

经营服装、鞋子、戒指等产品的卖家每次都要在商品信息中维护一套尺码信息，不仅填写麻烦、修改麻烦，很多时候买家还不一定能够看到，为此要应付各种咨询和纠纷。“尺码模块”可以帮助卖家对这些商品的尺码信息进行轻松的维护，卖家只需要在发布商品时直接勾选尺码，即可快速关联。下面就介绍如何设置尺码模板。

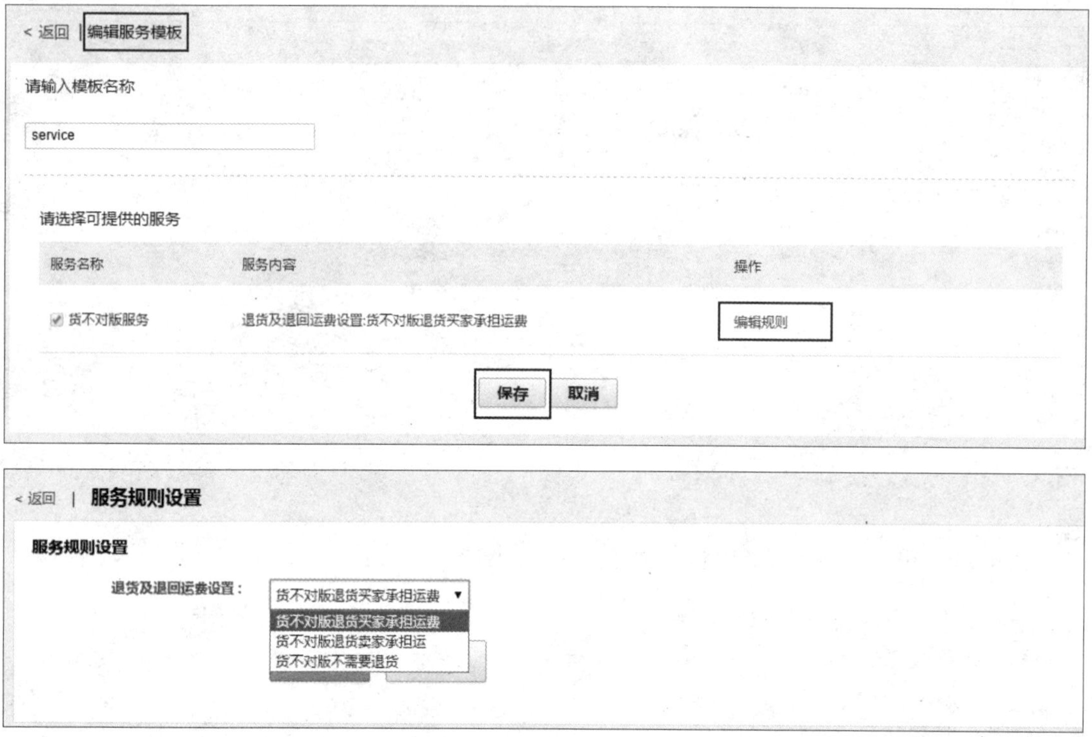

图 3-103

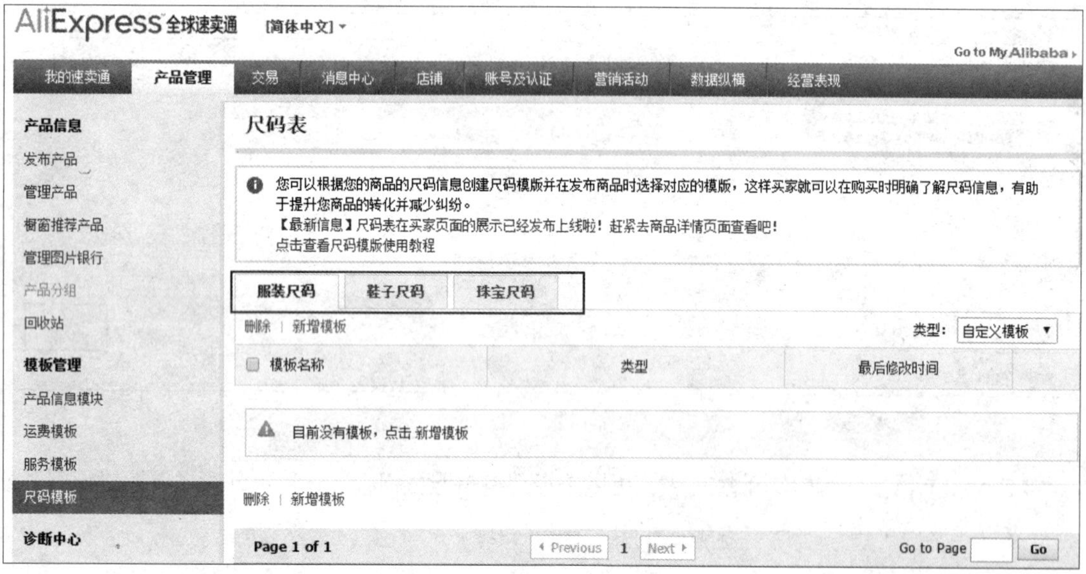

图 3-104

【Step 1】进入“尺码模板”管理页面后，首先需要选择一个大类，如卖家想要给上衣创建尺码表，那么就可以选择“服装”这个大类，然后单击“新增模板”，如图 3-104 所示。

【Step 2】单击“新增模板”后，选择对应的小类，然后单击“下一步”按钮，如图 3-105 所示。

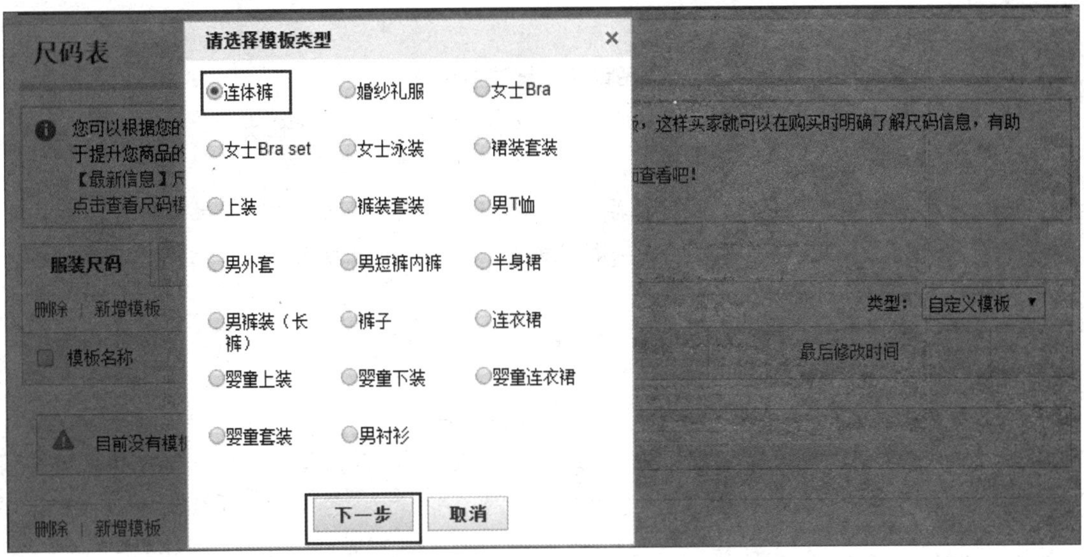

图 3-105

【Step 3】进入尺码编辑页面，给尺码模板指定一个名称（中英文均可），然后勾选所需要的尺码信息，如图 3-106 所示。填写完成后单击“保存”按钮即可。

图 3-106

知识链接

产品管理设置注意事项

（1）产品管理中服务模板、尺码模板可以在发布产品前设置，方便卖家在发布相关产品时选择。

（2）产品管理中产品分组、橱窗推荐、图片银行、模块管理可在发布产品后设置，其中模块管理中的关联产品模块最好选取卖家看得懂的关联产品，一般为 8 个产品（5 个相类似产品+2 个互补产品+1 个相辅相成产品）。

（3）产品管理中图片银行有容量的限制，且无法储存动态图片，如果需上传动态图片，需登录 1688 网站，借用 1688 动态图片上传。

任务七 速卖通交易管理

买家选择产品后，在产品详细信息页面单击“Buy Now”，即进入创建订单页面。买家成功填写订单信息并提交后即可生成订单。一旦买家下单，系统就会以短信的方式通知卖家。

交易管理是进行速卖通操作的一个重要环节。交易管理过程如下。

（一）所有订单

打开“交易”—“所有订单”页面，在这里可以查看并且管理开店以来的所有订单，如图 3-107 所示。

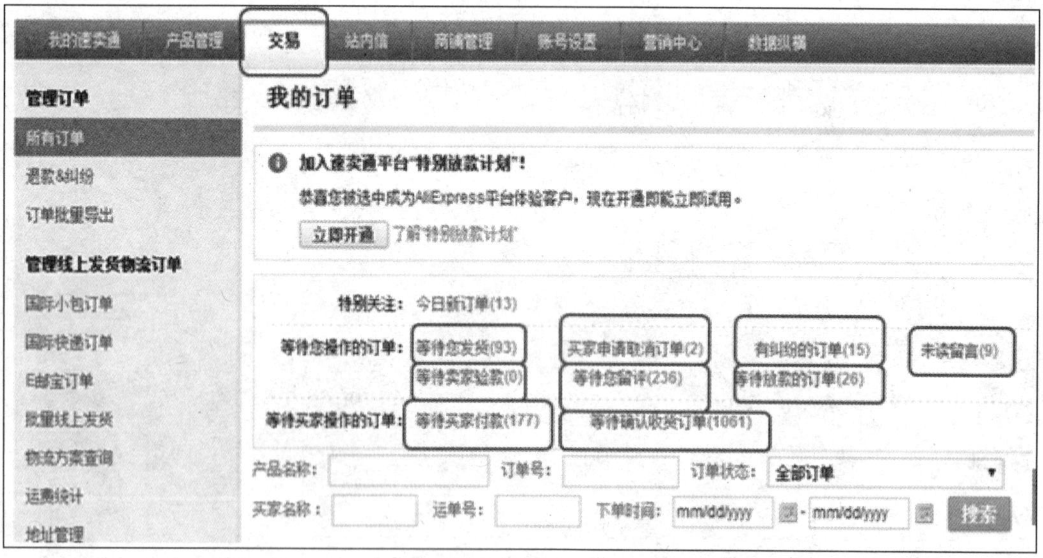

图 3-107

（二）等待买家付款订单

卖家可以在“交易”—“管理订单”页面中查看订单信息，如图 3-108 所示。如果买家付款成功，订单状态为“等待您发货”，如图 3-109 所示。

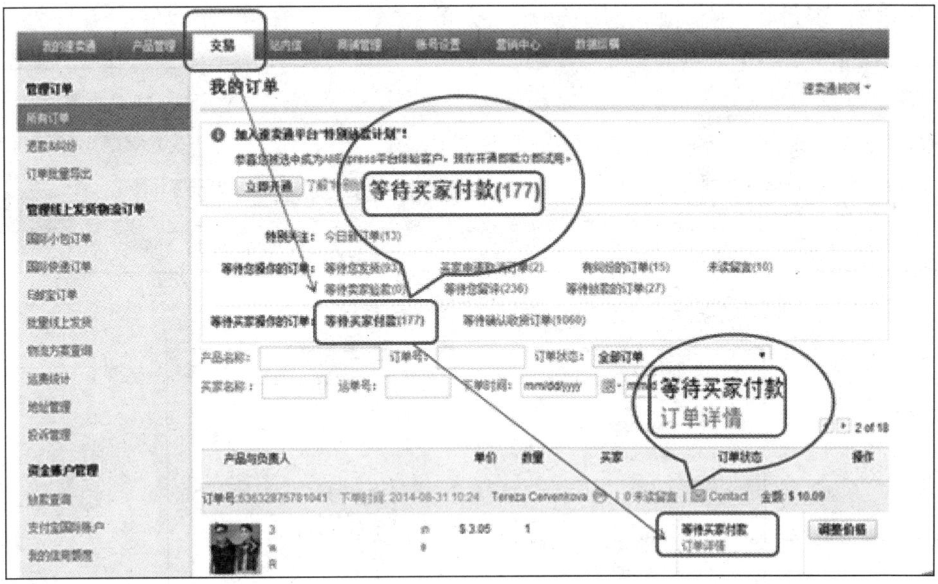

图 3-108

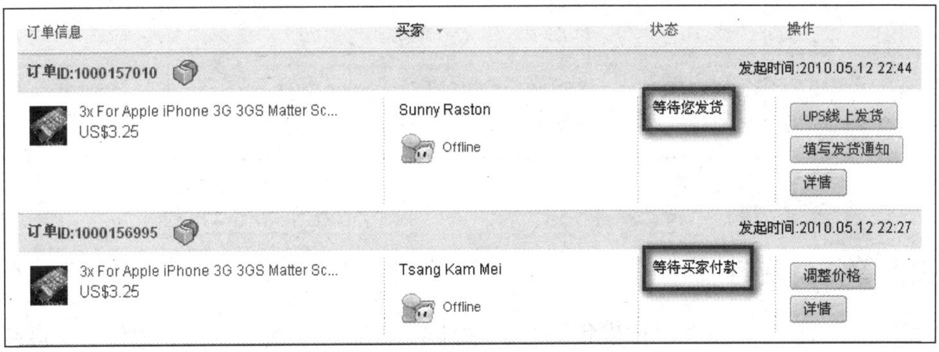

图 3-109

如果买家还未付款，可以通过订单详情查看买家剩余付款时间。如果买家逾期未付款（20 天），订单将会自动关闭，如图 3-110 所示。卖家应关注买家付款的剩余时间，提醒买家尽快付款，同时注意在买家付款成功后发货。

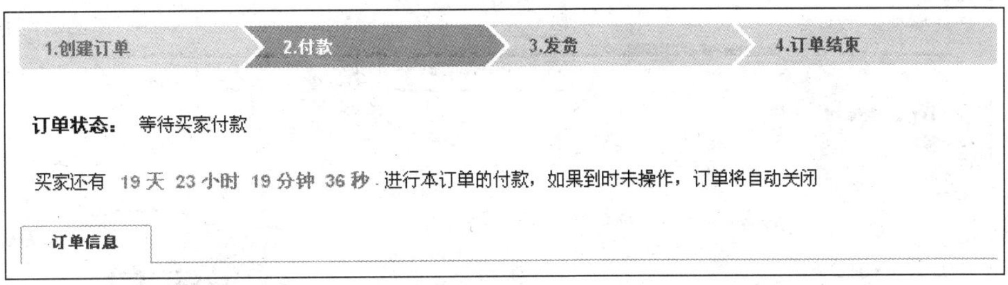

图 3-110

（1）卖家可以在“交易”—“管理订单”页面中查询订单信息；

（2）买家付款前，卖家可以调整价格。卖家可以在“管理订单”页面中，选择需要修改折扣的订单，单击“调整价格”进入订单详情页面，对折扣信息进行修改，如图 3-111 和图 3-112 所示。如果买家已经付款，卖家则无法再调整交易价格。

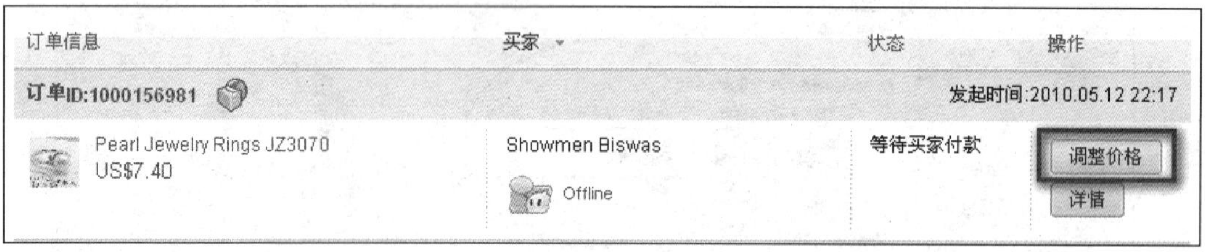

图 3-111

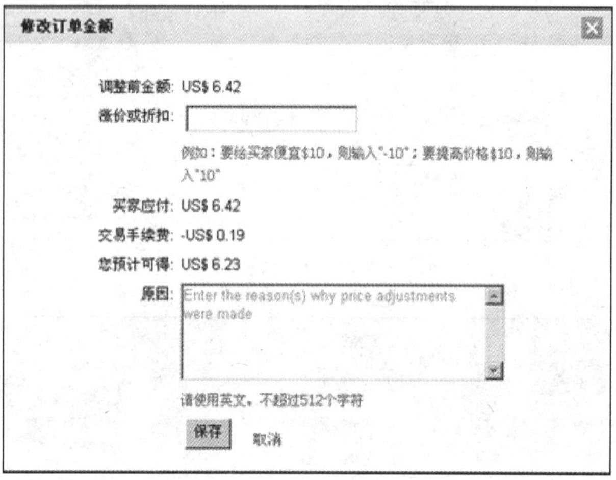

图 3-112

（三）等待发货订单

单击“订单详情”，进入订单发货页面，如图 3-113 所示。首先下拉页面到订单最底部，查看有无留言。对于待发货的订单，首先要搜索买家名，确认同一买家有没有待发货的多个订单；然后确认订单收货地址是否全面无遗漏；再根据配货单去仓库配货、检验、打包。打包好后进入系统操作发货（发货前需再次核对订单留言），并填写发货通知，如图 3-114 所示。

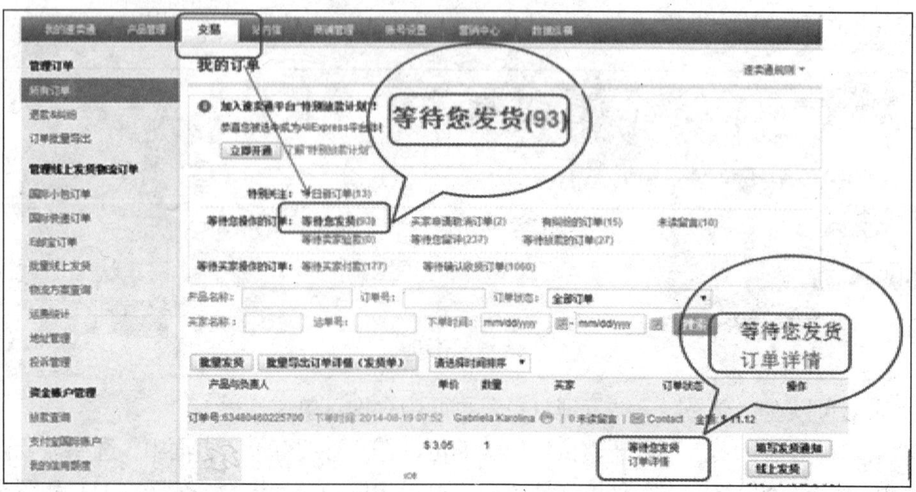

图 3-113

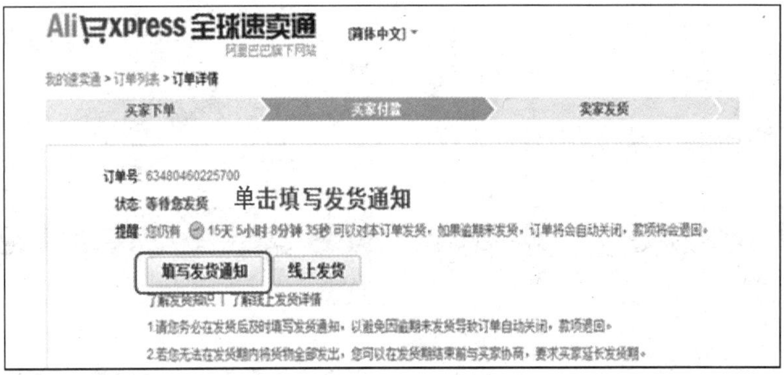

图 3-114

按照要求完成发货通知填写后，订单进入发货状态，如图 3-115 所示。

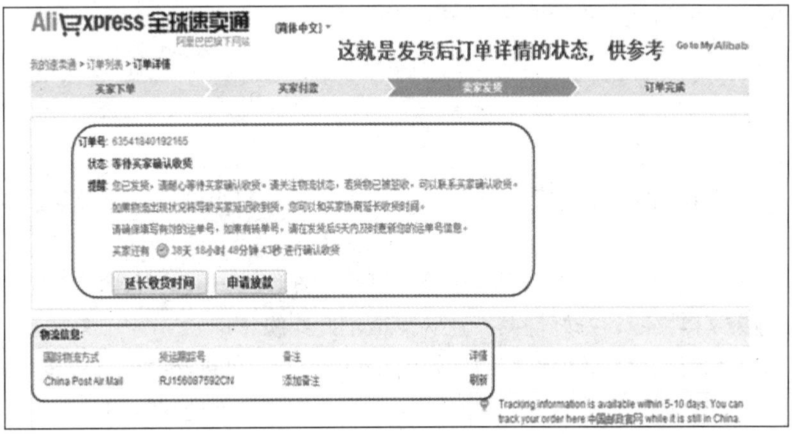

图 3-115

（四）买家申请取消订单（见图 3-116）

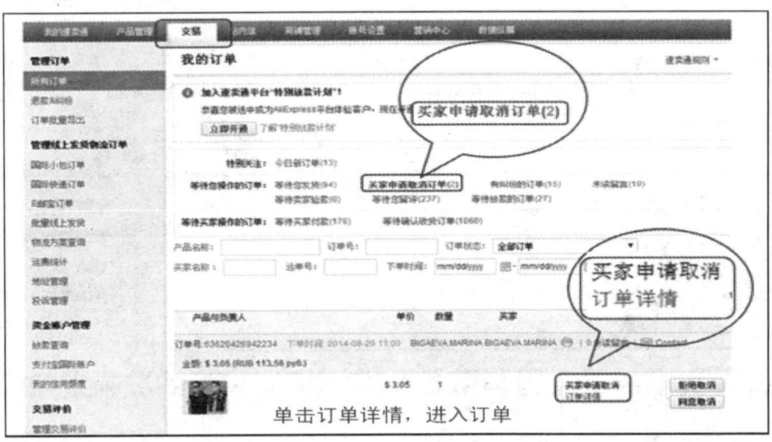

图 3-116

买家申请取消订单一般出于 5 种原因：买家在订单中放入了错误的商品；买家下了重复的订单；卖家拒绝发货；订单缺货；卖家的其他原因。

上述除了第一、第二种原因的责任属于买家外，另外三种原因的责任属于卖家，如果卖家同意取消订单，就属于成交不卖，多次成交不卖会被处罚。

（五）有纠纷的订单（见图 3-117）

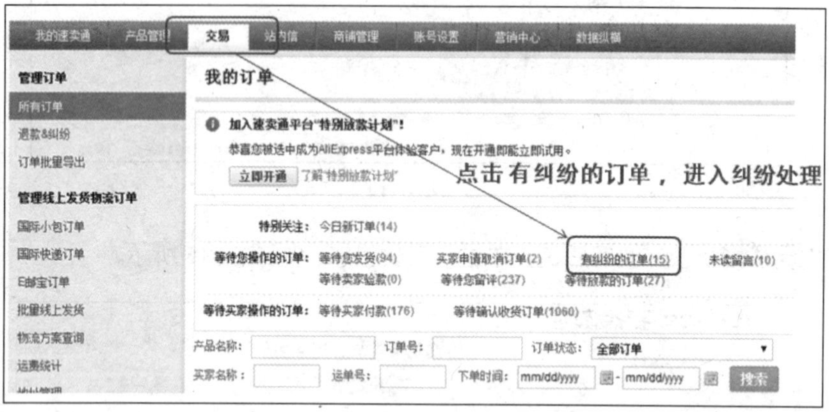

图 3-117

买家长时间没有收到货物，或者货不对版，都有可能引起纠纷。纠纷产生后要积极配合平台和买家解决。

在买家提起纠纷处理的 5 天内，卖家必须对其进行处理。一般的处理方式有：接受，同意退款；拒绝，等待买家再反应；好好协商，让买家取消此纠纷订单。

查看纠纷原因和赔偿要求，处理纠纷，如图 3-118 所示。处理超时，订单按买家要求被处理；接受，订单按买家要求被处理；拒绝，等待买家回应，增加十天处理时间；如买卖双方无法达成协议，时间到后进入纠纷中心。

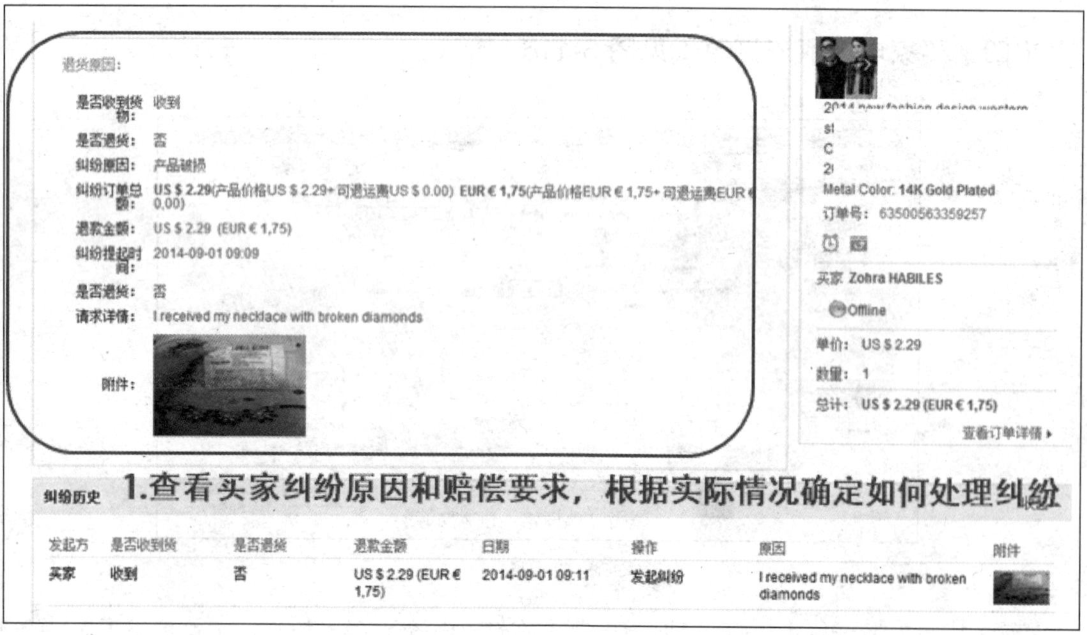

图 3-118

（六）未读留言

单击未读留言，查看双方沟通历史，根据需求，回应买家，如图 3-119 所示。

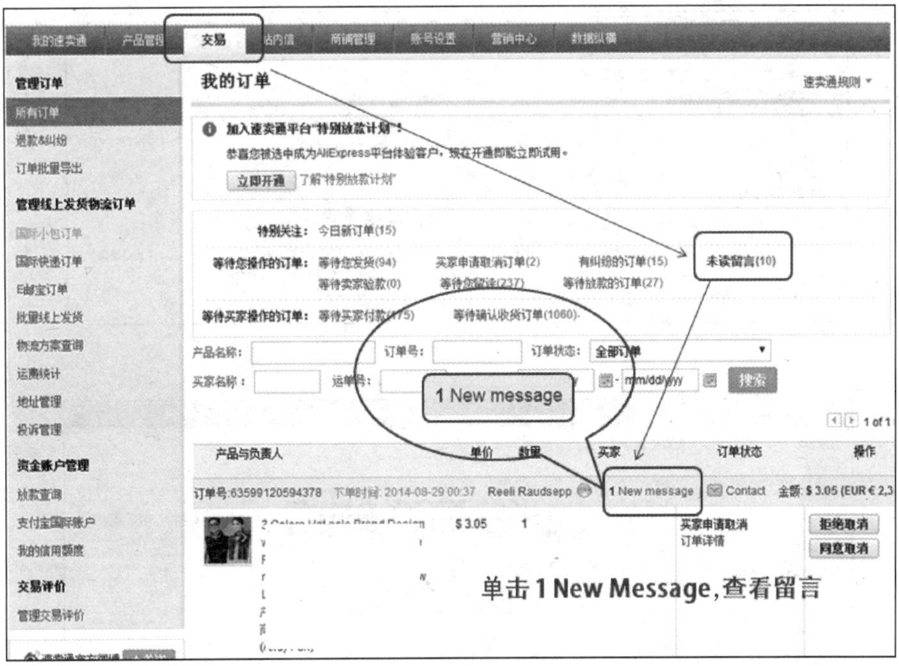

图 3-119

（七）等待卖家验款

买家支付后，卖家可进行验款，如图 3-120 所示。实际金额少于订单金额，可能是银行中扣除了手续费，这时候建议卖家与买家沟通后再操作。

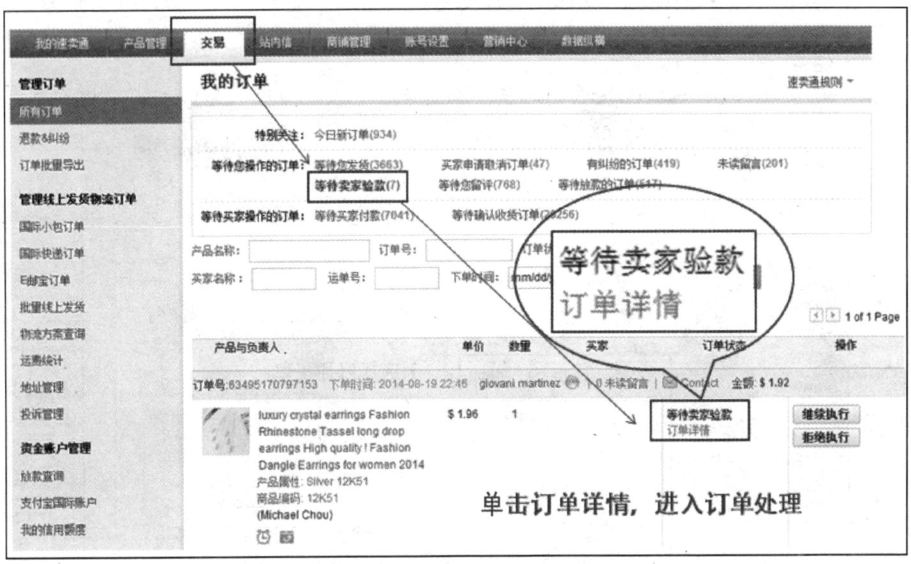

图 3-120

（八）等待卖家留评

完成交易后，卖家还可以对买家进行评价，如图 3-121～图 3-123 所示。

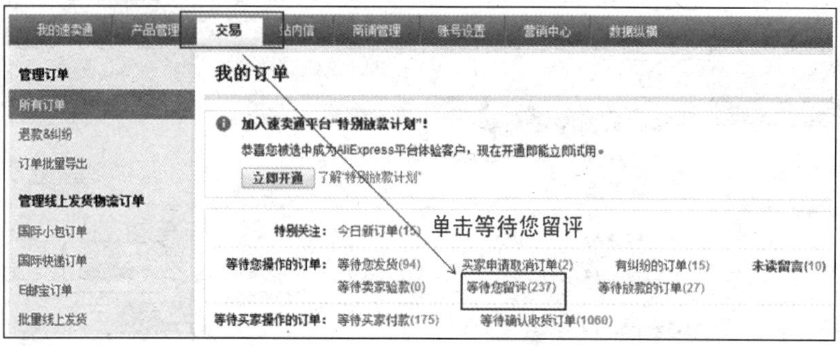

图 3-121

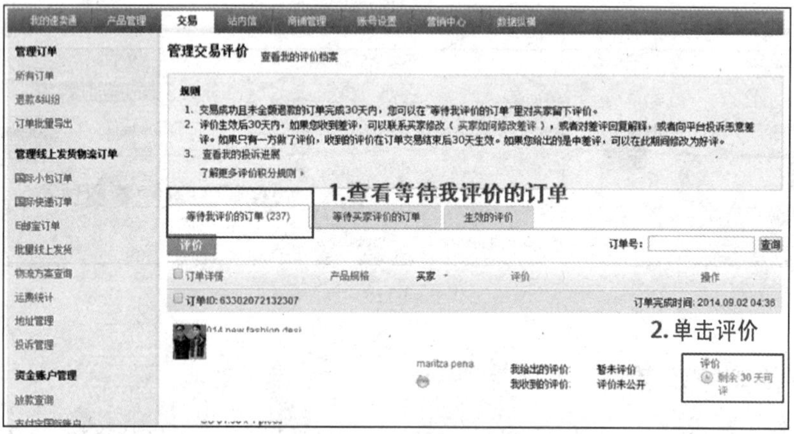

图 3-122

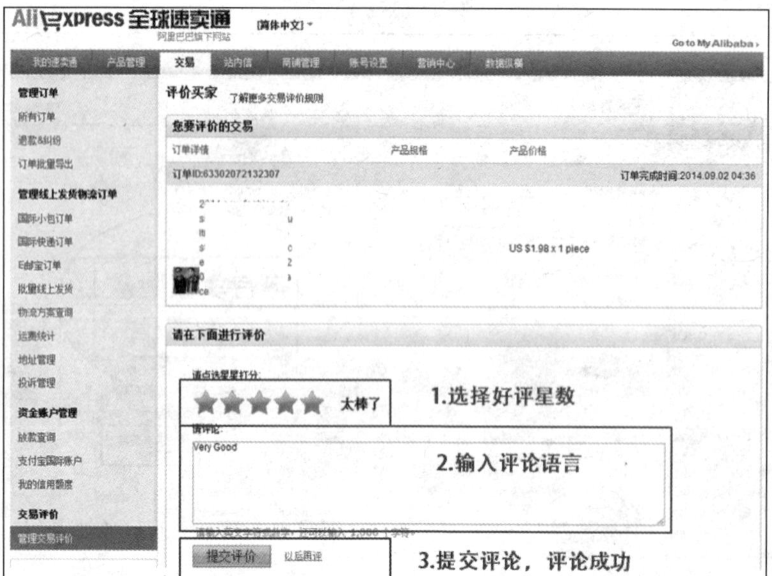

图 3-123

（九）等待放款

买家收货超时或者买家确认收货后，系统会进行物流妥投审核，如果审核通过，系统就会放款，如图 3-124 所示。在放款前卖家也可以提供证明来请款。

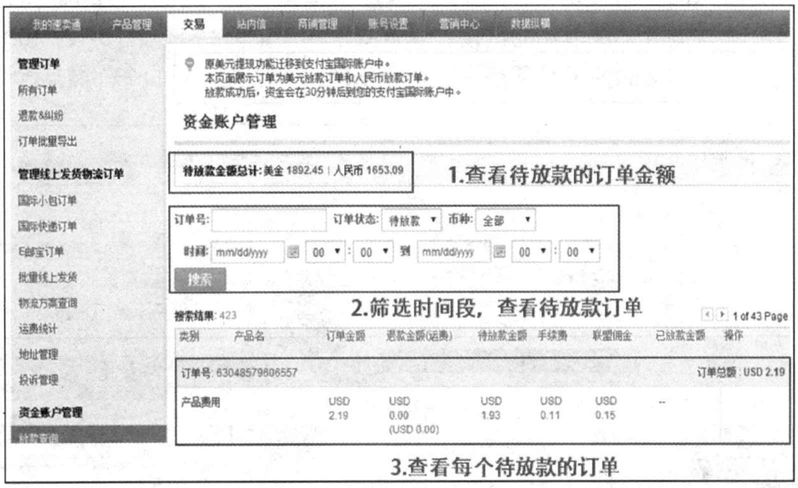

图 3-124

（十）等待确认收货

图 3-125 所示为已经发货等待买家确认收货的订单。

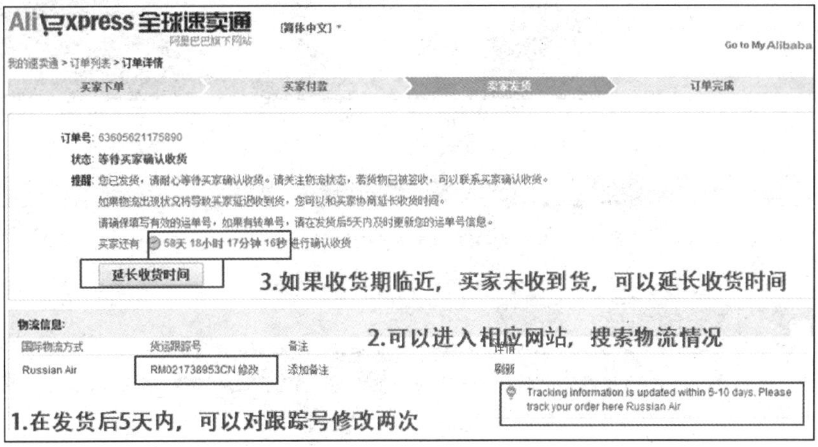

图 3-125

任务八　速卖通淘代销工具

一、淘代销的基本操作流程

淘代销的基本操作流程是：挑选代销商品—认领代销商品—完成认领—发布代销商品。

（一）挑选代销商品

淘代销功能目前支持导入淘宝和天猫的商品信息，卖家可以先在淘宝或天猫上查询或挑选自己想代销的商品，如图 3-126 所示。查询代销商品的方式主要有以下三种。

查询方式一：输入淘宝店铺的“掌柜昵称”（掌柜 ID），可查到淘宝店铺整店商品；

查询方式二：输入淘宝某件单品的链接，可查到单件淘宝商品（见图 3-127 和图 3-128）；

查询方式三：输入淘宝的搜索结果链接，可查到该搜索结果对应的全部商品。

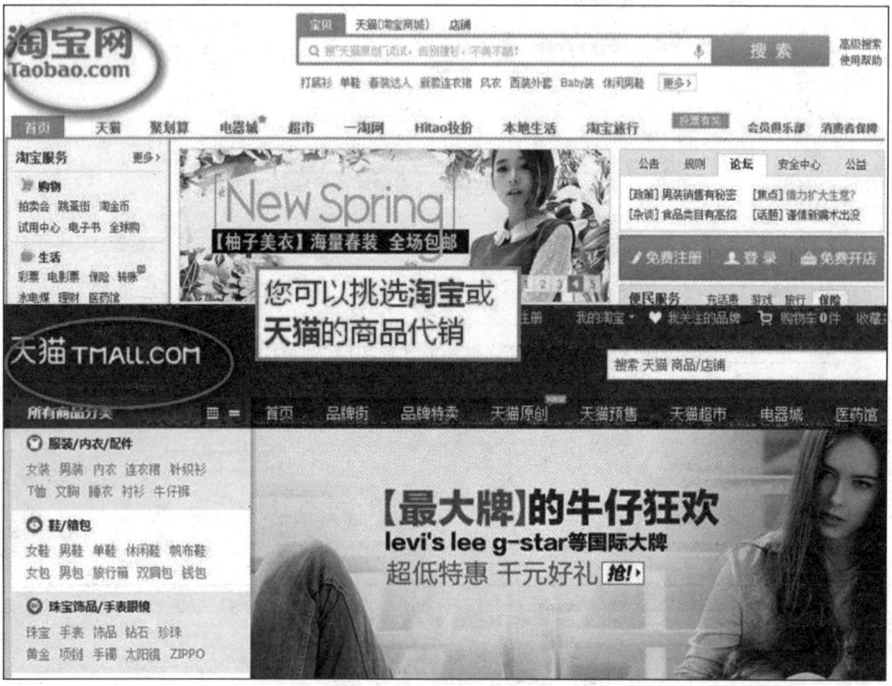

图 3-126

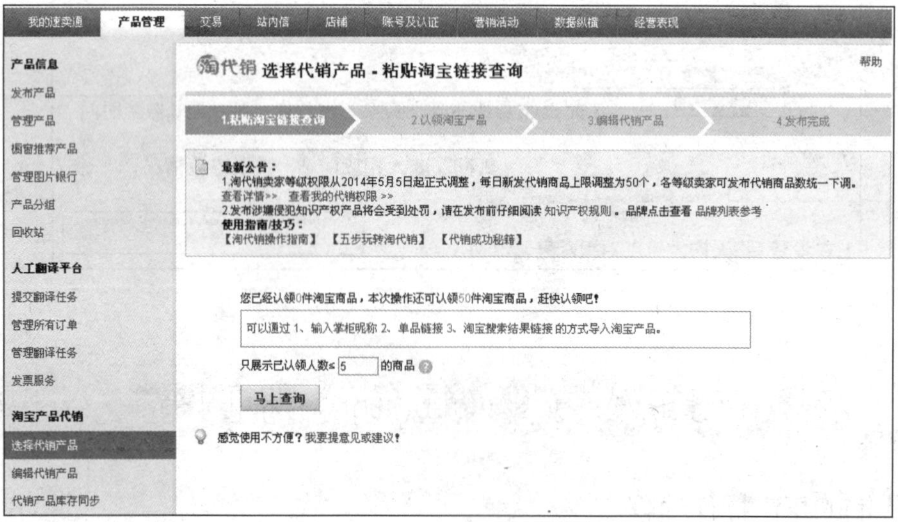

图 3-127

图 3-128

开放类目下任何淘宝店铺的商品（查看淘宝代销支持行业范围），都可以使用代销功能来代销。以下两种类型的淘宝店铺不可被代销。

（1）信用等级小于 3 星的淘宝集市店铺（若是本人的淘宝店铺，则不低于 2 星即可被代销，判断标准是速卖通和淘宝的注册邮箱是否相同）；

（2）由于销售侵权禁售产品进入淘宝黑名单的淘宝店铺。

（二）认领代销商品

在“选择代销产品”页面，单击“批量认领”按钮或者产品信息后的“可认领”按钮，就可以完成认领，如图 3-129 所示。有时也会出现不可认领的情况，不可认领的原因如下。

（1）选择的淘宝产品不在代销类目开放的范围之内（代销功能支持行业范围）；

（2）选择的淘宝产品有知识产权风险；

（3）选择的淘宝产品为“秒杀”或者“二手”等类型的产品；

（4）已经认领过该产品；

（5）当前已无剩余的可认领的产品名额。

（三）完成认领

对于已认领的产品，需要在有效期内（7 天内）至少补全产品价格、重量、体积和运费，且该产品通过审核才能被发布上架，如图 3-130 所示。

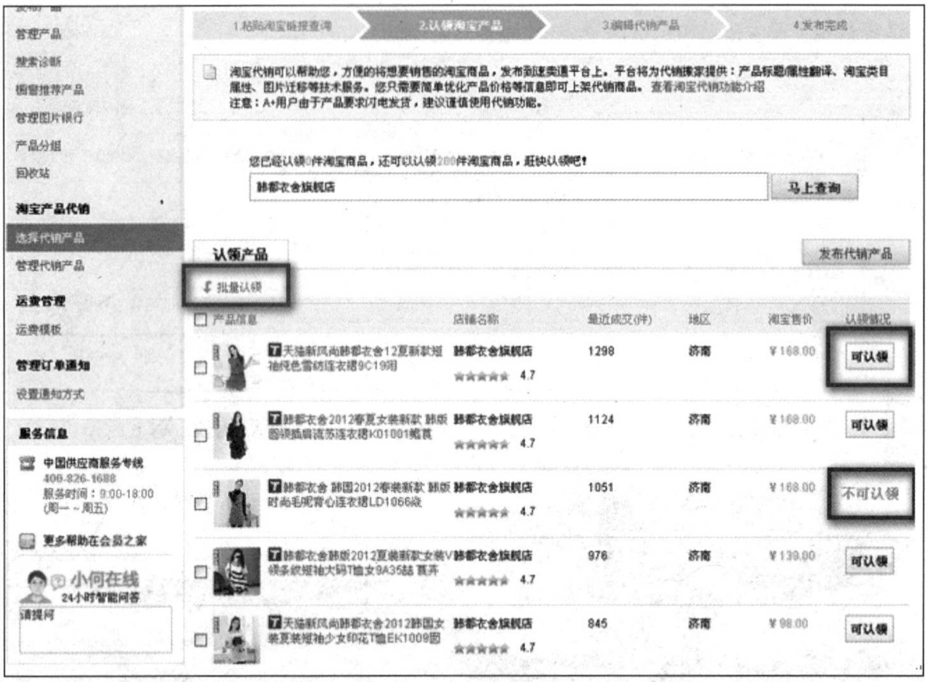

图 3-129

图 3-130

（四）发布代销商品

1. 筛选类似产品

通过标题关键词、淘宝店铺名称、代销产品类目（代销产品在速卖通的子类目中）可筛选出重量、体积类似的产品，然后进行批量或者逐条编辑、发布，如图 3-131 和图 3-132 所示。

图 3-131

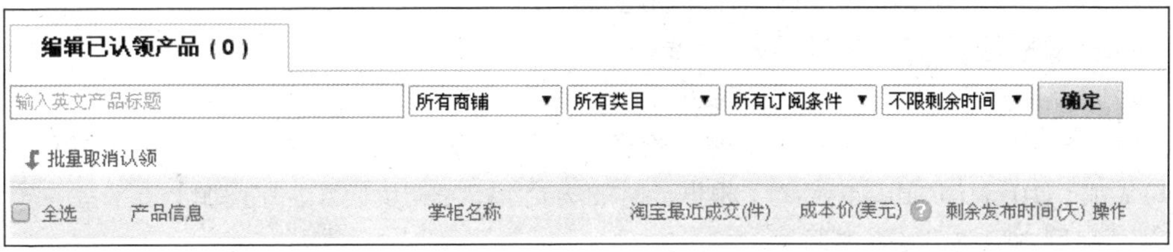

图 3-132

下面对其中的功能做一些说明。

（1）淘宝产品原链接：单击已认领产品的“标题”，或者“操作”—“到淘宝链接”，即可查看该产品的原始淘宝页面。

（2）成本价（美元）：已认领产品的初始美元价格，是按照淘宝产品的原始零售价格（非打折价格），加上 10 元人民币国内运费，根据当时的美元汇率来初步换算，并且加上了平台手续费率的。

（3）剩余发布时间（天）：对于已认领的产品，需要在 7 天之内补全价格、重量、体积和运费，然后编辑发布。剩余时间即该产品的剩余可编辑发布时间。

（4）取消认领：可以对已经认领的产品进行逐条或者批量取消认领操作，如图 3-133 所示。

2. 编辑发布

对已认领待发布产品的初始信息说明如下。

（1）产品标题，系统是通过翻译引擎对淘宝标题进行导入和翻译的；

（2）关键词，系统根据代销产品所在的类目，自动预设一个关键词；

（3）类目属性，系统将淘宝产品的类目属性进行自动翻译，并自动映射成速卖通的类目属性；无法完全对应的属性，补充到自定义属性中；

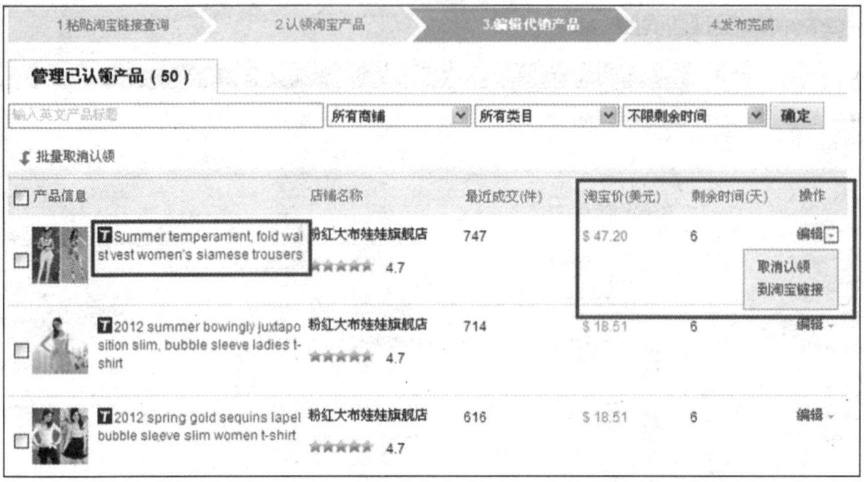

图 3-133

（4）产品主图，系统默认抓取淘宝产品的第一张主图；

（5）简要描述，系统不提供导入；

（6）详细描述图片，系统自动对淘宝产品的原始图片链接进行直接引用，不占用图片银行空间；但若卖家自主编辑且插入新的产品图片，则需要占用图片银行空间；

（7）详细描述文本，系统不提供详细描述文本导入和翻译；

（8）交货时间，系统默认预设为 7 天；

（9）产品有效期，系统默认预设为 30 天；

（10）产品零售价格，已认领产品的初始美元价格，是按照淘宝产品的原始零售价格（非打折价格），加上 10 元人民币国内运费，根据当时的美元汇率来初步换算，并且加上了平台手续费率的。需要根据实际情况，合理调整。

（11）重量、体积，系统不提供预设，需要补全发布（可查看各行业参考重量）；

（12）运费模板，系统不提供预设，需要补全发布。

3. 发布成功

对于提交发布的代销产品，审核通过之后即可上架销售，如图 3-134 所示。卖家在提交代销产品后，可以返回“管理代销产品”页面，对已认领、尚未编辑发布的产品，继续进行发布操作；也可以返回“选择代销产品”页面，继续认领新的淘宝产品，然后进行编辑发布操作。

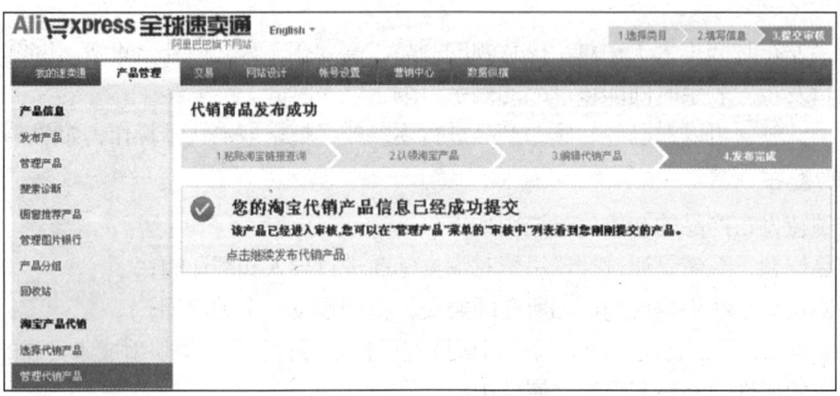

图 3-134

4. 管理产品

依次单击“产品管理”—“管理产品”，进入产品管理页面，筛选产品类型，查看已经发布的代销产品，如图 3-135 所示。代销产品在产品管理列表中，均会有“淘”的标识，单击标识，即可进入代销产品的原始淘宝页面。

图 3-135

二、淘代销的风险与防范

代销的作用是帮助速卖通卖家用较低的发布成本，将速卖通平台上缺乏的商品快速地从淘宝引入，以充分满足海外买家的潜在需求；也能帮助速卖通卖家通过品类差异化竞争，获取更多商机，从而实现快速成长。

不直接掌握产品的货源，必然会有一些隐性的商业风险，正视并且重视这些风险是做好代销选品的先决条件。

风险一，知识产权风险。

风险说明：阿里巴巴尊重和保护知识产权，卖家有责任确保上载的产品没有侵犯任何第三方的合法权益。所有代销商品需要和普通商品一样，经过平台审核之后，才能发布上架。如果代销商品有知识产权风险，会受到平台相关网规的规范。

防范对策：在挑选代销商品或者店铺时，避免涉及未授权品牌。

风险二，成交不卖风险。

风险说明：成交不卖是指买家对订单付款后，卖家逾期未按订单发货或买家投诉卖家无正当理由付款未发货。“成交不卖”的卖家会受到相关网规的处罚，同时店铺的商品在搜索排序曝光上也会受到一定的影响。

防范对策：未收到货或者无理由退款特别多，或者发货速度一项动态评分特别低的淘宝店铺，在及时发货上的保证性比较差，慎选这些店铺作为代销店铺。

风险三，商品质量风险。

风险说明：买家对商品质量不满意，可能会引起纠纷，要求退款、退货。若纠纷属于卖家过错引起，卖家会受到相关网规的处罚，同时店铺的商品在搜索排序曝光上也会受到一定的影响，也可能会存在金钱上的损失。

防范对策：在挑选代销商品或者店铺时，关注店铺评价、动态评分、退款率等指标，选择信誉口碑好的店铺或者商品。在交易过程中，认真检查货物质量。

三、淘代销的操作技巧

（一）选品操作技巧

方法一：以店铺风格为切入点，全面覆盖各种风格，如图 3-136 所示。

图 3-136

方法二：以流行单品为切入点。

查看“数据纵横”—“情报专家”—“搜索词分析”中各行业买家热搜关键词，如图 3-137 所示。可以在淘宝上搜索相关商品，以流行单品为切入点，寻找相关淘宝店铺。可以使用“合并同卖家宝贝”，按照“销量”排序等搜索筛选功能，这样能有助于更快找到优质的淘宝商品和店铺。

方法三：淘宝店铺信誉识别。

（1）好评率（集市店铺）：不低于 98%。

（2）DSR 评分：三项指标不低于 4.6，如图 3-138 所示。描述相符得分太低，容易存在产品质量风险；发货速度得分太低，容易存在无货空挂、成交不卖等风险。

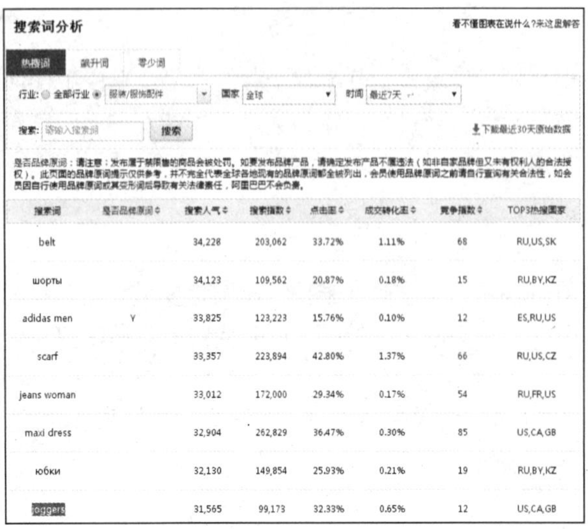

图 3-137

图 3-138

（3）30 天退款率：至少接近行业平均水平。

（二）店铺选择注意事项

（1）避开没有价格优势的爆款。在挑选代销商品的时候，尽量多关注一下数据纵横中的相关行业数据和情报，避开淘宝进价没有优势的爆款，如图 3-139 所示。

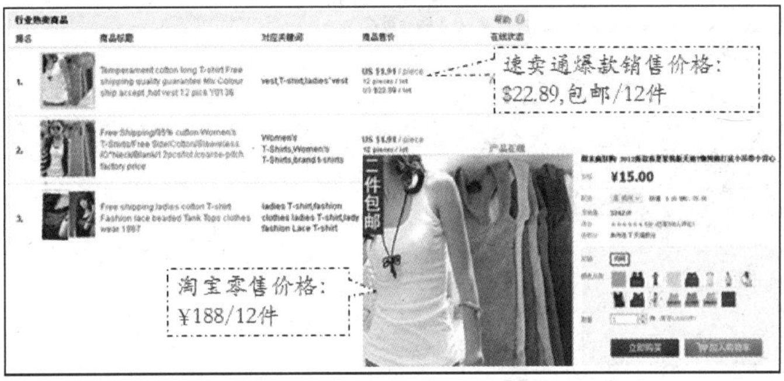

图 3-139

（2）有评价争议的商品要谨慎。对于评价有争议的商品，建议卖家在代销之前，看清楚商品的详细描述和评价，最好能与淘宝店主进行详细沟通，挑选质量有保证的商品来代销，如图 3-140 所示。

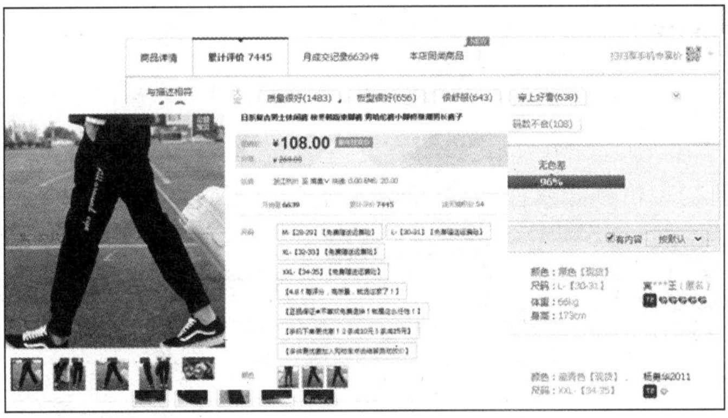

图 3-140

（3）知识产权要关注。明显有品牌标示等信息的商品，要慎重处理，避免侵犯知识产权，如图 3-141 所示。

图 3-141

（4）预售/清仓商品要注意。预售期过长的产品，很可能会无法在发货期结束前顺利被送给海外买家。断码、清仓的产品，在库存方面是缺乏保障的，极易断货。

（5）销售方式要灵活。以图 3-142 这款皮带为例，客单件比较低，如果单件售卖，货物价值本身比较低，会显得运费非常贵，或会影响买家购买。建议以打包混批的方式售卖，但是每包数量不要太多。

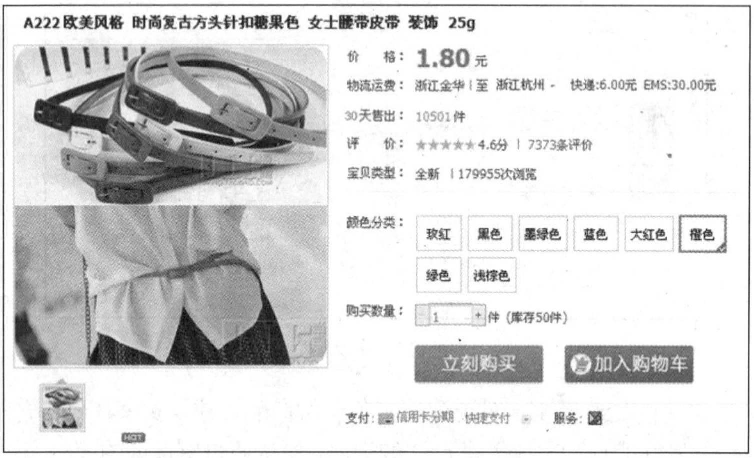

图 3-142

（三）淘代销的定价

系统导入的代销产品价格（即已认领产品的淘宝价）=（淘宝售价+10 元国内运费）/当前汇率+平台手续费。竞争度比较大的产品定价不宜过高，一般设置 15%～50%的合理利润更容易获得买家的青睐。对于部分单价过低或者紧俏的商品可适当将利润调高。具体可参考表 3-2。

表 3-2　　出单产品定价依据

出单产品提价幅度	占比（该提价幅度产品占总出单产品的比例）
15%以下	23.21%
15%～50%	43.65%
50%～100%	21.48%
100%以上	11.66%

淘代销定价操作如下。

（1）筛选重量类似的产品。

对于已认领的产品，可以通过搜索标题关键词、淘宝店铺名称、产品类目以及已认领产品剩余有效期，来筛选出重量类似的产品。

【例】筛选出已认领产品中类目为 T 恤的产品，如图 3-143 所示。

（2）对比各类目的参考重量及运费。

① 查询行业重量参考表，可知单件 T 恤的参考重量为 0.3 千克；

② 查询运费参考计算器，计算出 0.3 千克的货物，使用中邮小包发往美国、英国、澳大利亚、俄罗斯、巴西、加拿大等国家的物流运费为 6～7 美元。这个数值再加上平台手续费率，就可以作为代销产品免运费价格设置的重要组成部分，如图 3-144 所示。

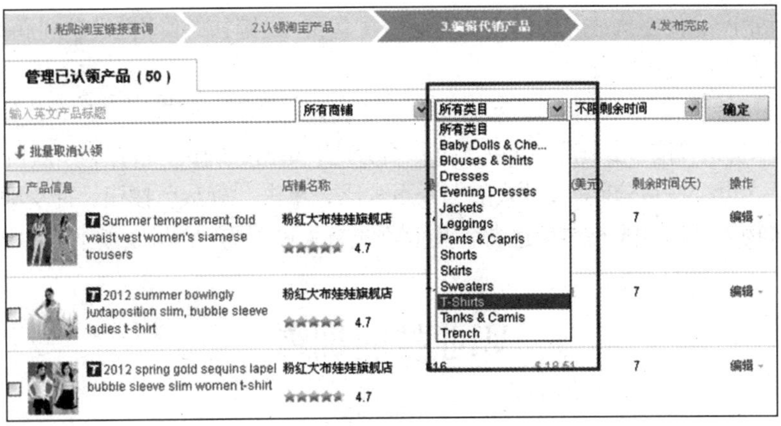

图 3-143

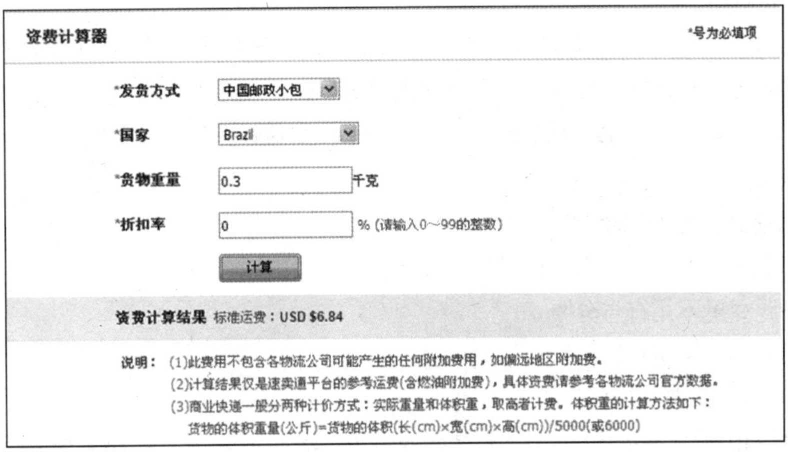

图 3-144

（3）一键批量修改。

选中筛选出来的重量类似的产品，单击“批量修改”按钮，依次批量设置重量、体积和运费模板，提交发布，通过审核之后，代销产品即可被上架销售，如图 3-145 所示。

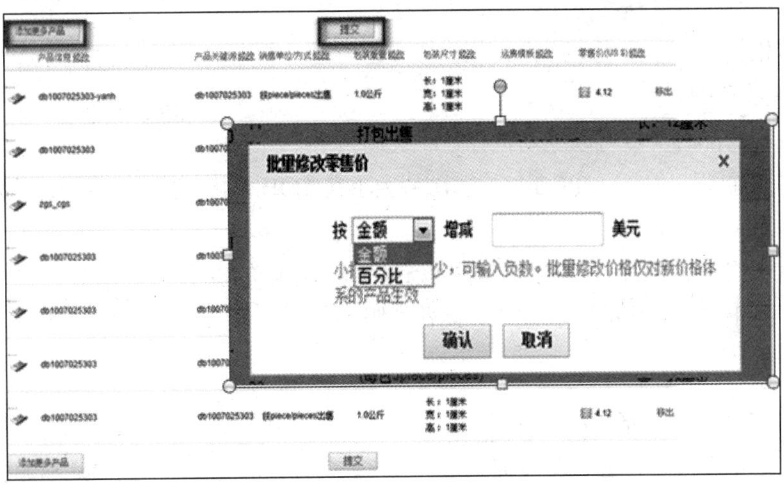

图 3-145

① 建议代销产品价格构成：代销产品免运费零售价=代销初始价格+代销利润+国际物流运费（建议要包含平台手续费）。

【例】产品初始价格约 20 美元，单件产品小包运费估算约 5 美元，意向代购利润为 20%。

可先将产品价格“按百分比”，增加“20”百分比，单击“确认”按钮，然后再“按照金额”，增加 5～6 美元，再“按百分比”，增加“5”百分比，单击“确认”按钮，提交即可。

② 建议将物流模板设成小包免运费，其他物流方式设置为“5 折及以下”的物流折扣。

职业技能训练

一、单选题

1. 速卖通某一卖家，同时经营 A 类手表（10 000 元）及美容产品（其他 5 000 元，美容用品 10 000 元），那么在入驻时需缴纳（　　）技术服务费用。

A. 10 000 元　　B. 15 000 元　　C. 20 000 元　　D. 25 000 元

2. 关于标题设置，错误的是（　　）。

A. 标题最长可为 128 个字符

B. 标题中不能出现和实际产品属性无关的词

C. 标题尽量不用符号分隔

D. 标题句式尽量复杂

3. 产品选品中 X 选品指数等于（　　）。

A. 成交指数/竞争指数/支付转化率　　B. 成交指数/支付转化率/竞争指数

C. 竞争指数/成交指数/支付转化率　　D. 竞争指数/支付转化率/成交指数

4. 以下说法错误的是（　　）。

A. 价格影响点击率

B. 价格影响排序

C. 价格影响买家最终下决定购买（转化率）

D. 价格设置可以由卖家决定，想设多少都可以

5. 以下说法正确的是（　　）。

A. 发布产品时类目可以随便选择，相关即可

B. 速卖通图片格式为 JPEG 格式，图片大小在 5MB 以内，图片上可以有邮箱地址等联系信息

C. 对于同一款产品，可依据不同的颜色，设置不同的价格

D. 产品上架前，产品图、成本、运费、服务模版等不需提前设置

二、多选题

1. 完整的标题应该包括（　　）。

A. 核心词　　B. 属性词　　C. 流量词　　D. 高频词

2. 以下属于流量词的是（　　）。

A. for mother　B. from factory shop　C. free shipping　D. big size

3. 以下属于属性词的是（　　）。

A. 100% cotton　B. new arrival　C. hot sale　D. sleeveless

4. 注册速卖通账号的步骤有（　　）。

A. 单击免费开店按钮　B. 如实填写注册信息

C. 提交开店申请　D. 完成手机号码验证并提交注册信息

5. 下列关于“关键字（词）”的描述，正确的是（　　）。

A. 关键字（词）出现在网页中可以帮助搜索引擎找到网页

B. 关键字（词）出现的次数影响排名的顺序

C. 关键字（词）以自然语句的频率出现效果最佳

D. 过度人为插入关键字（词）的行为，可能被归类为作弊

6. 关于店铺命名，正确的是（　　）。

A. 不超过 128 个字符　B. 不超过 64 个字符

C. 店铺名唯一，不能重复　D. 店铺名可以随意更改

7. 关于产品主图，下列说法正确的是（　　）。

A. 图片格式应为 JPEG　B. 图片大小在 10MB 以内

C. 产品图片上不能含有邮箱等联系信息　D. 可以在图片上添加水印以防盗用

8. 影响产品定价的因素包括（　　）。

A. 产品进价、运费、折扣率、利润率、促销活动的价格空间

B. 同行的定价、销售策略

C. 平台佣金

D. 以上都不对

三、判断题

1. 产品的核心关键词指的是表明产品所属类目的词。（　　）

2. 考虑到买家阅读习惯，标题中的关键词应该前置。（　　）

3. 速卖通是阿里巴巴为帮助中小企业接触终端批发零售商，大批量多批次快速销售，拓展利润空间而全力打造的融合订单、支付、物流于一体的外贸在线交易平台。（　　）

4. 高质量的产品信息会影响整个网站的权重及关键词的排名。（　　）

5. 淘代销的产品标题是系统通过翻译引擎对淘宝标题进行导入和翻译而产生的。（　　）

四、能力拓展题

【工作任务 1】为自营速卖通店铺产品设置标题描述，并用 PPT 汇报标题制作思路。

【工作任务 2】计算：一件商品海外零售价 115 美元，请计算该商品在速卖通卖家平台的定价应为多少。（利润率 30%，衣服 100 克。）

【工作任务 3】根据提供的产品标题描述和详细描述，审核并在速卖通平台发布产品。

Rayon Spaghetti Strap 2016 Sweetheart Neckline High Quality Sexy Women Bodycon Bandage Dresses Wholesale Cheap Plus Size XL.

Gender: Women
Pattern Type: Solid
Dresses Length: Above Knee, Mini
Sleeve Style: Spaghetti Strap
Silhouette: Sheath
Neckline: Square Collar
Material: Nylon,Spandex,Rayon
Season: Summer
Style: Sexy & Club
Waistline: Empire
Sleeve Length(cm): Sleeveless
Length: About 75 cm
Material: 90%Rayon,9%Nylon,1%Spandex
Washing Instructions: Only Dry Cleaning
Quality Level: High Quality Real Bandage

【工作任务 4】根据提供的产品详细描述，设计一个详情页面文案。

Brand Name: YELANGU
Package: Yes
Model Number: S60T
Type: Handheld stazblizer
Type2: DSLR steadicam video steadycam
weight specification: 2 × 200g + 4 × 100g
rods material: carbon fiber
Net weight: about 1.8kg
Hight: 38.5-61cm adjustable
Weight Bearing Capability: 0.5kg～2.5kg
Apply to: DSLR Camera / Camcorder
FEATURES: steadicam dslr

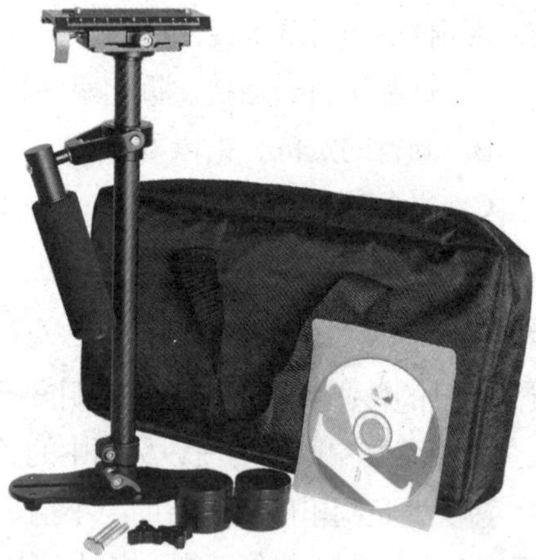

图 1

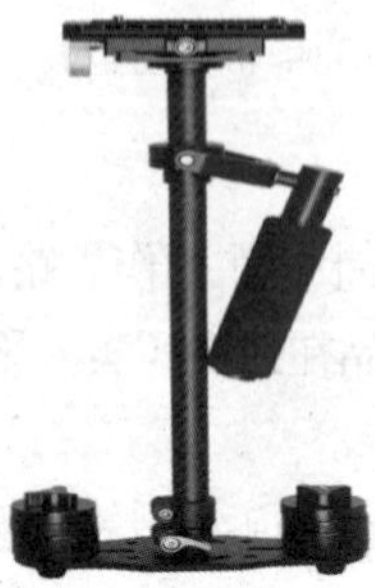

图 2

图 3

图 4

项目四 跨境物流与支付

学习目标

【知识目标】

1. 掌握邮政包裹、国际商业快递、海外仓等邮寄特点和寄送要求以及物流模板设置操作流程；
2. 熟悉速卖通邮政小包线上发货操作、海关清关流程及注意事项；
3. 掌握国际支付宝、PayPal、信用卡、借记卡、移动支付的优缺点、收费标准；能够创建速卖通美元收款账户并完成收款、提现。

【能力目标】

1. 能够选择中国邮政小包、e邮宝、四大商业快递、专线物流、海外仓作为跨境物流方式并计算各个物流方式下的跨境物流费用；
2. 能够在速卖通平台设置跨境物流模版，并依据不同的物流方式及国家设置标准运费、免运费、不发货等；
3. 能够对比不同跨境支付方式，在平台设置国际支付宝美元及人民币账户，完成放款及收款流程。

项目引入

一个好的运费模板，可以更加准确地展示物流的价格，能提高产品的竞争力，提高买家下单的概率。选择好的物流服务商，可以有效帮卖家节省物流成本，并且当卖家在发货过程中遇到各类问题时，可以更加高效地解决问题。

目前，在跨境物流中，主要有邮政物流（邮政大小包、EMS、e邮宝）、国际商业快递、专线物流、海外仓等。据不完全统计，我国跨境电商出口业务70%的包裹会通过邮政系统投递，其中，中国邮政占据50%左右的份额，香港邮政小包、新加坡邮政小包等也是跨境电商卖家常用的物流方式。

思考题

请查阅相关资料，明确中国邮政小包在中国跨境电商出口业务中所占的份额为多少。

任务一 跨境物流

一、跨境物流概述

对于跨境电商卖家来说，在接到海外订单之后，首先需要考虑的问题是，应该选择什么样的物流方式将产品递送给海外客户。

在跨境电商贸易过程中，物流发挥着重要的作用，是跨境电商发展的核心链条，在很大程度上决定了跨境电商的运作效率。电商平台需要物流企业在集货、仓储、运输、通关、配送等诸多方面的合作。倘若我们将网络购物发展的三个重要因素归结为信用、支付和物流的话，经过过去十年的发展，网络购物在信用和支付方面已经越来越成熟，而物流系统则成为网络购物亟待提升的系统。涉及跨境电商，国际物流需要提升的地方更多。随着跨境电商参与者数量的不断增长，行业间竞争越来越激烈，下游客户从早期的注重产品价格、品质等基本需求逐渐上升到对物流、售后等综合服务的高层次需求。目前，物流成为制约跨境电商发展的瓶颈，提高物流效率和服务能力成为跨境电商企业提高核心竞争力的关键内容之一。

（一）跨境物流的基本含义

跨境物流也就是国际物流（International Logistics，IL），指把货物从一个国家通过海运、空运或陆运运输到另一个国家或地区。跨境物流小件一般选择快递或空运，一般不需要报关、清关，能够提供门到门服务；大件一般走海运或铁路，需要单证清关，时间相对较慢，但价格便宜，是跨境电商卖家主要选择的运输方式。目前，跨境电商的物流模式多为国际邮政小包和国际快递等传统物流模式，也涌现出海外仓、边境仓、国际物流专线、保税区和自贸区物流、集货物流、第四方物流等新兴物流模式，但仍无法满足日益增长的跨境电商发展的需求。因此，应促进跨境物流与跨境电商的匹配与协调，实现跨境物流的纵向协调和横向协调及其与环境的协调发展，并积极发展混合式跨境物流模式以及物流外包和物流本地化。

广义的跨境物流（国际物流）包括国际贸易物流、非贸易物流、国际物流合作、国际物流投资、国际物流交流等领域。其中，国际贸易物流主要是指组织货物在国家与地区间的合理流动；非贸易物流是指国际展览与展品物流、国际邮政物流等；国际物流合作是指不同国别的企业完成重大的国际经济技术项目的国际物流；国际物流投资是指不同国家物流企业共同投资建设国际物流企业；国际物流交流则主要是指物流科学、技术、教育、培训和管理方面的国际交流。

狭义的跨境物流（国际物流）主要是指：当生产消费分别在两个或在两个以上的国家（或地区）独立进行时，为了克服生产和消费之间的空间间隔和时间距离，对货物（商品）进行物流性移动的一项国际商品或交流活动，从而完成国际商品交易的最终目的，即实现卖方交付单证、货物和买方收取货物。

（二）跨境物流操作流程

2013 年后，跨境电商呈现爆发性增长的态势，渐渐成为我国国际贸易新的增长点，因此跨境物流行业也快速发展，以满足超负荷运作的市场物流运输需求。跨境物流操作流程如图 4-1 所示。

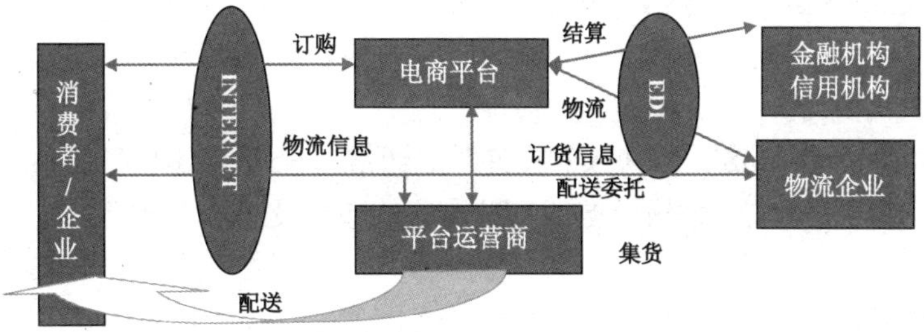

图 4-1

（1）消费者或者企业在电商平台下订单；

（2）电商平台将订货信息反馈给平台运营商；

（3）平台运营商联系物流企业，发出配送委托，并安排集货配送，将有关物流信息反馈给消费者或者企业；

（4）物流企业计价并进行信息处理；

（5）当地邮局按国际分理，做邮资，打价签（互封开拆），海关过机、关封；

（6）大邮局（直封地）互封开拆，直封封发；

（7）货物在机场进行交航；

（8）到达目的国后，办理清关、中转、转运和派送手续。

在跨境物流流程中，需要注意以下几个环节：信息处理、互封封发、派送。

信息处理：如果卖家自己处理好面单可以节省货代半天时间；另外，卖家要把所发往国家的当地信息情况处理好，如巴西、俄罗斯等一些特殊情况。

互封封发：就是从小邮局发往大邮局的一个过程，其中注意一点是只要带互字的信息就说明货物还在国内运输。

派送：分为三种情况：①妥投；②留门口，美国地区比较常见；③代取。要跟踪物流信息情况，及时和买家沟通。

对于跨境物流操作流程的规范化与合理化改进，我们可以从以下两个方面来实现。第一，健全跨境物流的法律机制；第二，在跨境电商企业之间进行物流合作，建立物流战略联盟，以达到减少物流成本的目的。

二、跨境物流的主要方式

（一）邮政物流介绍

邮政物流包括中国邮政速递物流分公司的 EMS、ePacket，以及各国邮政及中国香港邮政局的邮政航空大包、小包。

1. EMS

EMS（Express Mail Service，特快专递邮件业务）是中国邮政与各国及地区邮政合作开办的中国大陆与其他国家和地区以及我国台湾地区间寄递特快专递的一项服务。EMS 以高速度、高质量为用户传递国际紧急信函、文件资料、金融票据、商品货样等各类文件资料和物品，同时提供多种形式的邮件跟踪查询服务，还提供代客包装、代客报关、代办保险等一系列综合延伸服务。

由于是跟其他国家及地区的邮政合办，因此 EMS 在各国及地区邮政、海关、航空等部门均享有优先处理权，这是 EMS 区别于商业快递的根本所在。

（1）EMS 资费标准：EMS 国际快递的资费标准请参考 EMS 官网，不同分区折扣不同，卖家可与邮政或货代公司协商。

（2）EMS 参考时效：EMS 国际快递的投递时间通常为 3~8 个工作日，不包括清关时间。由于每个国家及地区海关处理的时间不一样，有些国家的包裹投递时间可能会长一些，具体以 EMS 官网公布的为准。

（3）禁/限寄物品：跨境电商出口禁/限寄的物品因卖家选择的物流方式不同而存在差异，具体以各物流公司官网公布为准。主要是国际航空规定的不能邮寄或限制邮寄的货物，如粉末、液体、易燃易爆物品等以及烟酒、现金及有价证券、侵权产品等不适宜寄递的物品，具体包括以下几个。

① 国家法律法规禁止流通或寄递的物品；

② 爆炸性、易燃性、腐蚀性、放射性和毒性等危险物品；

③ 反动报刊、书籍、宣传品或者淫秽物品；

④ 妨害公共卫生的物品；

⑤ 容易腐烂的物品；

⑥ 各种活的动物（包装能确保寄递人员安全的蜜蜂、水蛭除外）；

⑦ 各种货币；

⑧ 不适合邮寄条件的物品。

（4）EMS 的优缺点介绍如下。概括起来，EMS 主要有以下几个优点：①国际 EMS 快递计费简单，价格为中国邮政 EMS 的公布价乘以折扣，以人民币结算；②当天发货，当天交接邮局，当天上网跟踪，从而节省快件在国内运输的时间；③EMS 国际快递通关能力强，可走敏感货物，可发名牌产品、电池、手机、MP3、MP4 等产品，不容易产生关税问题；④不用提供发票都可以清关，而且具有优先通关的权利，即使通关不过的货物也可以免费被运回境内，其他快递一般都要收费；⑤货物不计体积，适合发体积大重量小的货物；⑥EMS 国际快递全世界通邮；⑦无燃油附加费及偏远附加费；⑧时效有保障，东南亚、南亚地区 3 天内可以妥投，澳洲 4 天可以妥投，欧美国家 5 天能妥投。

同时，EMS 也存在以下几个明显的不足：①EMS 国际快递相对于商业快递速度会偏慢一些；②查询网站信息滞后，一旦出现了问题只能做书面查询，查询时间较长；③EMS 不可以一票多件，大货价格偏高。

2. ePacket

ePacket 俗称 e 邮宝，是中国邮政速递物流旗下的国际电子商务业务。客户可以通过速递网站提供的对接端口自动同步数据，下载和打印收件人、寄件人地址包裹单及报关单据等，包裹上网后会与速递数据库系统对接，其可提供包裹追踪信息查询服务。目前，ePacket 包裹可以被发往美国、加拿大、英国、法国、澳大利亚、俄罗斯。

（1）ePacket 资费标准：可参考 EMS 官网。国际 e 邮宝运费=单位运价×重量×折扣率+挂号费。单件最高限重 2 千克。最大尺寸：单件邮件长、宽、厚合计不超过 90 厘米，最长一边不超过 60 厘米。圆卷邮件直径的两倍和长度合计不超过 104 厘米，长度不得超过 90 厘米。最小尺寸：单件邮件长度不小于 14 厘米，宽度不小于 11 厘米。圆卷邮件直径的两倍和长度合计不小于 17 厘米，长度不少于 11 厘米（见表 4-1）。

表 4-1　　e 邮宝业务资费标准表

路向	资费	最大收寄重量	备注
美国	国内一区：7 元/件+0.08 元/克； 国内二区：9 元/件+0.09 元/克； 国内三区：10 元/件+0.1 元/克（三区暂执行二区标准）	2 千克	1. 起重 60 克，不足 60 克按 60 克收取； 2. 单次交寄 5 件及以上免收揽收服务费，5 件以下每次收取 5 元。客户自送免收
英国	25 元/件+0.07 元/克	2 千克	单次交寄 5 件及以上免收揽收服务费，5 件以下每次收取 5 元。客户自送免收
澳大利亚	500 克及以内：25 元/件+0.08 元/克 500 克以上：30 元/件+0.08 元/克	2 千克	单次交寄 5 件及以上免收揽收服务费，5 件以下每次收取 5 元。客户自送免收
加拿大	25 元/件+0.07 元/克	2 千克	单次交寄 5 件及以上免收揽收服务费，5 件以下每次收取 5 元。客户自送免收

（2）ePacket 参考时效

中国邮政对 ePacket 业务是没有时限承诺的，正常情况下 7～10 个工作日即可完成妥投。

（3）ePacket 跟踪查询

美国、澳大利亚和加拿大 e 邮宝提供全程时限跟踪查询服务，但不提供签收证明服务。英国 e 邮宝提供收寄、出口封发和进口接收信息，不提供投递确认信息。卖家可以登录邮政官网或拨打客服热线 11183 查询。eBay 买家通过“my eBay”也可以查询。

（4）ePacket 的优点包括

① 经济实惠，支持按总重计费，50 克首重，续重按照每克计算，免收挂号费；②时效快，7～10 天即可妥投，帮助卖家提高物流得分；③专业，为中国 eBay 卖家量身定制；④服务优良，提供包裹跟踪号，系统与 eBay 完美对接，可一站式操作。

3. 中国邮政航空大包

中国邮政大包除了航空大包外，还包括水陆运输、空运水陆路运输的大包，本文提及的“中邮大包”仅指航空大包。中国邮政航空大包适合邮寄重量较重（超过 2 千克）且体积较大的包裹。此渠道全程航空运输，可以寄达 200 多个国家和地区，只要有邮局的地方都可以寄达。

（1）中邮大包资费标准

中邮大包的相关资费标准根据运输物品的重量及目的地不同而有所不同，详见中国邮政官网。其运费=首重 1 千克的价格+续重 1 千克的价格×续重的数量。此外，其还要收取 8 元/件的报关手续费。

（2）中邮大包跟踪查询

大家可在中国邮政网上查询到全程跟踪信息；如在邮包发出 1 个月后仍未妥投，可向邮局要求查询，邮局查询回复时间一般为 2～6 个月。

（3）中邮大包寄送限制

重量限制：0.1 千克≤重量≤30 千克（部分国家不超过 20 千克，每票快件不能超过 1 件）。体积限制：①单边≤1.5 米，长度+长度以外的最大横周≤3 米；②单边≤1.05 米，长度+长度以外的最大横周≤2 米。中国邮政大包最小尺寸限制：最小边长≥0.24 米、宽≥0.16 米。

（4）中邮大包优缺点

中国邮政大包拥有中国邮政的大部分优点，主要包括：①成本低。价格比 EMS 稍低，且和 EMS 一样不计算体积重量，没有偏远附加费，相对于其他运输方式（如 DHL、UPS、Fedex、TNT

等）来说，中国邮政航空大包服务有较好的价格优势。采用此种发货方式可最大限度地降低成本，提高价格竞争力。②交寄相对方便，可以寄达全球200多个国家和地区，只要有邮局的地方都可以寄达。③方便，快捷。由公司统一打印单一运单，减少了客户的麻烦。④提供包裹的追踪查询服务。包裹离开当天卖家可在中国邮政网查询到全程跟踪信息。

中邮大包的缺点包括：①部分国家限重10千克，最重也只能寄送30千克；②妥投速递慢；③查询信息更新慢。

4. 中国邮政航空小包

中国邮政航空小包（China Post Air Mail），俗称中邮小包、邮政小包、航空小包，及其他以收寄地市局命名的小包（如“北京小包”），是指包裹重量在2千克以内（阿富汗为1千克以内），外包装长宽高之和小于90厘米，且最长边小于60厘米，通过邮政空邮服务寄往境外的小邮包。国际小包包含挂号（China Post Registered Air Mail）、平邮（China Post Ordinary Air Mail）两种服务，可寄达全球各个邮政网点。挂号服务费稍高，可提供网上跟踪查询服务；平邮小包不提供查询服务，但卖家能通过面单条码以电话查询形式查询邮包在境内的状态。中国邮政航空小包出关不会产生关税或清关费用，但在目的地国家进口时有可能产生进口关税，具体根据每个国家海关税法的规定而各有不同（相对其他商业快递来说，航空小包能最大限度地避免关税）。由于价格便宜、投寄方便，中国邮政小包也是当前中国跨境电商卖家的主要物流方式。

（1）中邮小包资费标准

参照 aliexpress 网站。中邮小包分为挂号小包和平邮小包，其中，挂号资费=标准资费×实际重量×折扣+挂号费8元。平邮资费=标准资费×实际重量×折扣[注：中国邮政航空小包最低按100克收费（即首重为100克），如果包裹重量轻于100克，则按50克计算]。

【例】从中国寄送200克物品到韩国，当前折扣为7折，标准资费71.5元/千克。

平邮：71.5元/千克×0.2千克×7折=10.01（元）

挂号：71.5元/千克×0.2千克×7折+8元挂号费=18.01（元）

备注：挂号件每件加收挂号费8元

（2）中邮小包参考时效

由于中国邮政并未对中邮小包寄送时限进行承诺，因此卖家可通过查询社会公司的网站统计对寄送时效进行了解。当日中午12点以前交寄邮局，一般晚8时后可以在中国邮政官网查询包裹状态信息。其运输时效大致为：到亚洲邻国5～10天；到欧美主要国家7～15天；其他地区和国家7～30天。

（3）中邮小包跟踪查询

平邮小包无法查询；挂号小包在大部分国家可全程跟踪，部分国家只能查询到签收信息，部分国家不提供信息跟踪服务。

（4）中邮小包寄送限制

规格限制：①重量不超过2千克；②非圆筒货物，长+宽+高≤90 cm，单边长度≤60cm，长度≥14 cm，宽度≥9 cm；③圆筒形货物：直径的两倍+长度≤104 cm，单边长度≤90 cm，直径的两倍+长度≥17 cm，长度≥10 cm。

产品限制：①禁止邮寄国家规定的不能邮寄和出口的物品；②禁止邮寄带有危险性、爆炸性、放射性、易燃性的物品；③鲜活的动植物以及易腐烂的产品不能邮寄。

（5）中邮小包优缺点

概括起来，中邮小包主要有以下几个优点。①价格优势：资费低，直接按首重 50 克续重 1 克计费，最低5元即可以发到境外；②全球化：中国邮政航空小包可以将产品送达全球几乎任何一个国家或地区的客户手中，只要有邮局的地方都可以到达，大大扩展了外贸卖家的市场空间；③适用范围广：eBay、敦煌网等平台都可以使用，一般无特别的邮寄限制（除了国际违禁品和危险品以外）。

同时，中邮小包具有以下缺点：①限制重量，重量不超过 2 千克；②在邮政官方网站中只能跟踪境内部分物流信息，境外部分不能全程跟踪，卖家需要借助其他平台查询物流信息；③平邮包裹丢失，卖家将不能获得赔偿；④运送时间比较长，像俄罗斯、巴西这些国家超过 40 天才显示卖家签收是正常现象。

5. 其他国家或地区的邮政小包介绍

邮政小包是使用较多的一种国际物流方式，网点覆盖全球，然而不同国家和地区的邮政所提供的邮政小包服务或多或少存在一些差别，主要体现在不同优势区域会有不同的价格和时效，对于承运品的限制也有所不同。

为了让卖家灵活综合使用各种小包渠道，下面对常用的邮政小包的特点做一个简单介绍。

① 新加坡小包：价格低，相对于其他运输方式（如 DHL、UPS、Fedex、TNT 等）来说，小包服务有绝对的价格优势；速度快，到达多数国家的正常运输时间为 7 到 15 个工作日；安全性高，新加坡邮政提供的国际小包服务是世界认可的优质服务，掉包率低，既快速又安全，是目前手机、平板电脑等含锂电池商品的主要运输渠道。

② 瑞士邮政小包：在欧洲线路的时效较快，但价格较高；在欧洲的通关能力强，欧洲国家免报关。

③ 瑞典小包：在欧洲线路的时效较快，在俄罗斯通关及投递速度较快，且价格较低，是俄罗斯首选的物流方式，而且在某些时段安检对带电池产品的管制没那么严格，可用于寄送带电池产品。

（二）国际商业快递

国际商业快递（Express）是指在两个或两个以上国家（或地区）之间传递信函、商业文件及物品的递送业务，即通过国家之间的边境口岸和海关对快件进行检验放行的运送方式。国际快件到达目的国家之后，需要在目的国被再次转运，才能被送达最终目的地。

下面介绍国际商业快递的费用计算方法。首先需要区分什么是实重和体积重量（或材积）。

实重：是指需要运输的一批物品包括包装在内的实际总重量。

体积重量（或材积）：是指当需要寄递的物品体积较大而实重较轻时，因运输工具（飞机、火车、船、汽车等）承载能力及能装载物品的体积所限，需要采取量取物品体积折算成重量作为计算运费的重量的方法。

国际快递通用计算公式：

① 当需寄递物品实重大于材积时，运费计算方法为：

首重运费+[重量（千克）×2−1]×续重运费

例如，5 千克货品按首重 150 元、续重 30 元计算，则运费总额为：150+（5×2−1）×30=420 元。

② 当需寄递物品实际重量小而体积较大，运费需按体积标准收取，然后再按上列公式计算运费总额。求取体积公式如下：

UPS、DHL、TNT、Fedex 体积重量（千克）=长（cm）×宽（cm）×高（cm）/5 000

此外，国际快件有时还会加上燃油附加费。

下面介绍几家常用的提供国际商业快递服务的物流服务商。

1. DHL

DHL 又称敦豪航空货运公司，业务遍布全球 220 个国家和地区，是全球国际化程度最高的货运公司，是全球快递、洲际运输和航空货运的领导者，也是全球第一的海运和合同物流提供商。DHL 为客户提供从文件到供应链管理的全系列的物流解决方案。1986 年 12 月 1 日，敦豪国际（DHL）与中国对外贸易运输集团总公司各注资 50%在北京成立中外运—敦豪国际航空快件有限公司，它是中国成立最早的国际航空快递公司。

（1）DHL 资费标准

DHL 的标准资费详见其网站。

一票多件货物的总计费重量依据运单内每个包裹的实际重量和体积重量的较大者计算，并且不足 0.5 千克的按照 0.5 千克算，超过 0.5 千克不足 1 千克的按 1 千克算。每票包裹的计费重量为每件包裹的计费重量之和。

（2）DHL 参考时效

上网时效：从客户交货之后第二天开始计算，1～2 个工作日会有上网信息。妥投时效：3～7 个工作日（不包括清关时间，特殊情况除外）。

（3）DHL 的跟踪查询

卖家可全程跟踪查询，并可以查到签收时间和签收人名。跟踪网站是 DHL 官网。

（4）DHL 的体积和重量限制

DHL 对寄送大部分国家的包裹要求为单件包裹的重量不超过 70 千克，单件包裹的最长边不超过 1.2 米，但是不同国家要求不同，具体以 DHL 官网公布的为准。

（5）DHL 操作注意事项

① 物品描述：报品名时需要填写实际品名和数量，不接受礼物或样品的申报；②申报价值：DHL 对申报价值没有要求，卖家可以自己决定填写的金额，建议按货物的实际价值申报，以免产生高额关税及罚金；③收件人地址：部分国家不接受 PO Box 邮箱地址，卖家必须要提供收件人电话，填写的以上资料应该用英文填写。

（6）DHL 优缺点

概括起来，DHL 主要有以下几个优点。①服务区域。派送网络遍布世界各地，查询网站上的货物状态信息更新及时、准确，提供包装检验与设计服务、报关代理服务，在美国、欧洲等国有较强的清关能力，世界上绝大多数快递货物都通过 DHL 运转。②价格。一票多件，20 千克以下小货和 21 千克以上大货的运价较便宜。并且对于 21 千克以上物品更有单独的大货价格，部分地区大货价格比国际 EMS 还要低。③时效。正常情况下 2～4 个工作日通达全球，特别是在欧洲和东南亚的速度较快，到欧洲需 3 个工作日，到东南亚地区仅需 2 个工作日。④专线。建立了欧洲专线及周边国家专线，服务速度快，安全、可靠、查询方便。

DHL 的缺点包括以下几个。①需计算体积重量，走小货价格较贵不划算，DHL 适合发 5.5 千克以上，或者介于 21 千克和 100 千克之间的货物。②对托运物品的限制比较严格，拒收许多特殊商品，在部分国家 DHL 不提供包裹寄送服务。

DHL 快递面单如图 4-2 所示。

2. UPS

UPS（United Parcel Service，联合包裹速递服务公司）是世界上最大的快递承运商与包裹递送公司，1907 年成立于美国。UPS 在 200 多个国家和地域管理着物流、资金流与信息流。通过结合货物流、信息流和资金流，UPS 不断开发供应链管理、物流和电子商务的新领域，如今 UPS 已发展成为拥有 300 亿美元资产的大公司。

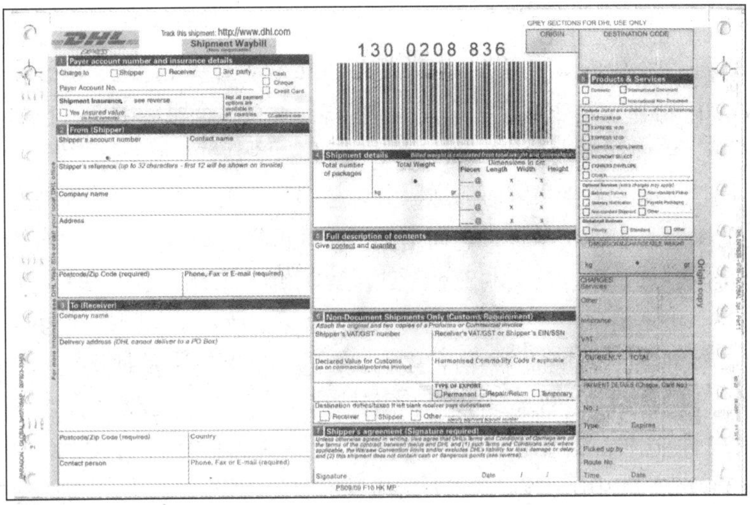

图 4-2

（1）UPS 资费标准

详见 UPS 网站。与 DHL 计费一样，需计算体积重量。

（2）UPS 参考时效

UPS 国际快递参考派送时间为 2～4 个工作日；派送时效为从已上网到收件人收到此快件为止；如果遇到海关查车等不可抗拒的因素，派送时效就要以海关放行时间为准。

（3）UPS 的跟踪查询

可登录 UPS 网站，选择“运输”栏目的“计算递送时间与费用”，进入资费计算界面（见图 4-3），并输入寄件有关信息，查询最晚取件时间、输送天数、递送时间等信息。

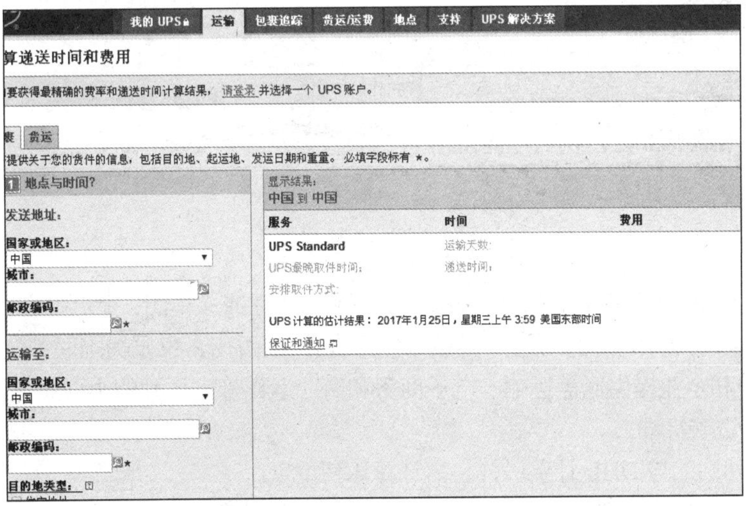

图 4-3

（4）UPS 的体积和重量限制

UPS 对寄送大部分国家包裹的要求为单件：包裹的重量不超过 70 千克，单件包裹的最长边不超过 270 厘米，每个包裹最大尺寸为长+周长[（2×宽）+（2×高）]=330cm。此外，若 UPS 国际快递接收超过以上重量和尺寸的包裹，需对每个包裹收取 378 元人民币的附加费，每个包裹最多收取一次。

（5）UPS 的优缺点

UPS 主要有以下几个优点。①服务区域。覆盖 200 多个国家和地区，UPS 在这 200 多个国家和地区设立了 4 400 个网点、1 300 个（全球）营业店、1 000 个服务中心、17 000 个授权服务点和 40 000 个投递箱，能快速派送包裹至北美洲和欧洲。②服务。提供全球货到付款服务，免费、及时、准确的上网查询服务，加急限时派送服务，超强的清关服务。强势地区为美洲地区，性价比最高、定点定时跟踪、查询记录详细、通关便捷。③价格。一票多件，价格 3.5～6.5 折不等，并且货物出口至美国、加拿大、澳大利亚和新西兰等国价格优势明显。UPS 主力打造美国专线、北美特惠。④时效。正常情况下 2～4 个工作日通达全球，特别是美国，48 小时能到达，在 200 多个国家和地区都有网络。⑤查询网站信息更新快，遇到问题解决及时。

UPS 主要有以下几个缺点。①运费较贵，需计算体积重量，适合发 6～21 千克，或者 100 千克以上的货物。②对托运物品的要求比较严格。③中国香港 UPS 代理停发澳大利亚件，中国内地 UPS 可以发澳大利亚件。④中国香港 UPS 大货尽量不要使用香港地址发货物（包括发票也不要使用香港地址和公司），在目的地清关一定需要使用香港地址时就找正规的货代公司发货。

UPS 快递面单如图 4-4 所示。

图 4-4

3. FedEx

联邦快递（FedEx）全称 Federal Express，是一家国际性速递集团，提供隔夜快递、地面快递、重型货物运送、文件复印及物流服务，总部设于美国田纳西州，隶属美国联邦快递集团（FedEx Corp），为客户和企业提供涵盖运输、电子商务和商业运作等一系列的全面服务。

（1）FedEx 资费标准

详见 Fedx 网站，与 DHL 计费一样，需计算体积重量。

（2）FedEx 参考时效

联邦快递优先型服务派送正常时效为 2～5 个工作日（此时效为快件已上网到收件人收到此快件为止），具体需根据目的地海关通关速度决定。联邦经济型服务派送正常时效为 4～6 个工作日（此时效为快件已上网到收件人收到此快件为止），具体需根据目的地海关通关速度决定。

（3）FedEx 的跟踪查询

可登录 FedEx 网站查询。

（4）FedEx 的体积和重量限制

FedEx 对寄送大部分国家的包裹要求为单票的总重量不能超过 300 千克，单件包裹或者一票多件中的单件包裹的重量不超过 68 千克，单件包裹的最长边不超过 274 厘米，最长边+其他两边的长度的 2 倍不能超过 330 厘米。单件包裹或者一票多件中的单件包裹的重量超过 68 千克，需要提前预约。

（5）FedEx 的优缺点

FedEx 主要有以下几个优点。①服务区域。通达全球 220 多个国家和地区；派送网络遍布世界各地，到达美洲和欧洲的包裹在价格和时效方面尤其具有优势。②时效。正常情况下 2～4 个工作日即可通达全球。③服务。FedEx 提供国际快递预付款服务，免费、及时、准确的上网查询服务，代理报关服务及上门取件服务。极快的响应速度让用户享受到了高效率的服务，清关能力极强。④价格。一票多件，到中南美洲及欧洲区域的价格有明显优势，与其他商业快递公司的公布价格相差 30%～40%；到东南亚 21 千克以上的大货，FedEx 的价格只有 DHL、UPS 的一半，但运输速度一样快。⑤查询网站信息更新快，遇到问题解决及时。

FedEx 主要有以下几个缺点。①运费较贵，需计算体积重量，适合发 21 千克以上的大件货物。②对托运物品的要求比较严格。

4. TNT

TNT 国际快递集团是全球领先的快递邮政服务供应商，为企业和个人客户提供全方位的快递和邮政服务。公司总部设在荷兰的阿姆斯特丹。TNT 拥有欧洲最大的空陆联运快通网络，能实现门到门的递送服务，并且正通过在全球范围内扩大运营分布范围来最大幅度地优化网络效能。TNT 于 1988 年进入中国市场，拥有 26 家国际快递分公司及 3 个国际快递口岸；拥有国内最大的私营陆运递送网络，服务覆盖中国 500 多个城市。

（1）TNT 资费标准

TNT 的运费包括基本运费和燃油附加费两部分，并且燃油附加费每个月都有变动，以其官网公布的信息为准。TNT 的标准资费详见 TNT 网站，与 DHL 计费一样，需计算体积重量。

（2）TNT 参考时效

TNT 一般在发货次日即可实现在网上追踪物流信息，全程时效 3～5 个工作日；经济时效 5～7 个工作日。

（3）TNT 的跟踪查询

可登录 TNT 网站查询。

（4）TNT 的体积和重量限制

TNT 对包裹重量和体积的限制均为单件包裹不超过 70 千克，长、宽、高分别不可以超过 240 厘米、150 厘米、120 厘米。

（5）TNT 操作注意事项

① TNT 快递费不包括货物到达目的地海关可能产生的关税、仓储费等费用，因货物原因无法完成目的地海关清关手续或收件人不配合清关，导致货物被退回发件地，所产生的一切费用如收件人拒付则需由卖家承担。②若因货物原因导致包裹被滞留，不能继续转运，其退回费用或相关责任由发件人自负。③如果卖家或买家需要申请索赔，则需在包裹上网后 21 天内提出申请，逾期 TNT 不受理。④TNT 不接收仿牌货物，由此造成的扣关 TNT 不负责。

（6）TNT 的优缺点

TNT 主要有以下几个优点：①速度快，通关能力强，提供报关代理服务；②可免费、及时、准确追踪、查询货物；③在欧洲和西亚、中东及政治、军事不稳定的国家有绝对优势；④2～4 个工作日通达全球，特别是到西欧，大概需要 3 个工作日，可送达国家比较多；⑤网络覆盖范围比较广、查询网站信息更新快、遇到问题响应及时；⑥纺织品类大货到西欧、澳大利亚、新西兰有优势；⑦可以通达沙特，但需提供正版发票。

TNT 主要有以下几个缺点：①运费较贵，需计算体积重量，适合发 21 千克以上的大件货物；②对托运物品的要求比较严格。

5. TOLL

TOLL（拓领）是亚洲地区领先的综合物流供应商，拥有 120 年历史，是澳大利亚最大的运输和物流供应商。TOLL 的服务范围涉及公路、铁路、航空和海路运输，以及仓储、配送和搬运，是澳大利亚唯一的一体化完全物流供应商。随着新技术和电子商务的兴起，市场快速向提供完整物流解决方案的方向转移，TOLL 偏重于电子商务。

（1）TOLL 资费标准

TOLL 的运费包括基本运费和燃油附加费两部分，燃油附加费每个月都有变动，以其官网公布的信息为准。与其他国际商业快递一样，其计算运费时需计算货物体积重量。

（2）TOLL 参考时效

TOLL 的参考时效如表 4-2 所示。

表 4-2　　TOLL 的参考时效

国家和地区	参考时效
东南亚	3～5 个工作日
美国/加拿大	6～10 个工作日
澳大利亚	3～5 个工作日
欧洲	6～10 个工作日
南美	8～15 个工作日
中东	8～15 个工作日

（3）TOLL 的跟踪查询

可登录网站查询。

（4）TOLL 的体积和重量限制

TOLL 的首重、续重均为 0.5 千克，对包裹重量限制为不超过 15 千克，需计算体积重量。单件货物任何一边长度超过 120 厘米，需另外加收每票 200 元人民币的操作费。

（5）TOLL 操作注意事项

① TOLL 快递费不包括货物到达目的地海关可能产生的关税、仓储费等费用，因货物原因无法完成目的地海关清关手续或收件人不配合清关，收件人拒付导致货物被退回发件地，所产生的一切费用需由卖家承担。②若因货物原因导致包裹被滞留在中国香港，不能继续转运，其退回费用或相关责任由发件人自负。③若因货物地址不详等原因在当地派送不成功，需要更改地址派送，TOLL 会收取每票 50 元的操作费；若因货物信息申报不实、谎报等原因导致无法清关或者被海关罚款等，一切费用由发件人承担，TOLL 会另外收取每票 75 元的清关操作费；TOLL 会进行两次派送服务，如果两次派送均不成功，第三次派送时会收取 75 元的派送费。④货物不能用金属或木箱包装或者严重不规范的包装，则否会收取 200 元的操作费。

6. 顺丰速运

顺丰速运于 1993 年 3 月 26 日在广东顺德成立，是一家主要经营国际、国内快递业务的港资快递企业。它建立了庞大的信息采集、市场开发、物流配送、快件收派等业务机构及服务网络。

近几年来，顺丰积极拓展国际件服务，目前已开通美国、日本、韩国、新加坡、马来西亚、泰国、澳大利亚等国家的快递服务，是目前中国速递行业中投递速度最快的快递公司之一。

（1）顺丰资费标准

目前，顺丰免收燃油附加费和正式报关费，具体费用以官网公布的为准。顺丰对于20千克以内的快件，以0.5千克为计算单位，不足0.5千克的算0.5千克。20千克以上的快件，以1千克为计算单位，不足1千克的算1千克。

（2）顺丰的跟踪查询

可登录网站查询。

（3）顺丰的体积和重量限制

目前，顺丰并未对重量进行限制，300 千克以上的货物也可接受，但其对体积进行了限制，具体为长、宽、高分别限长200厘米、80厘米、70厘米。

（4）顺丰的优劣势

顺丰的优势主要体现在国内服务网点分布广，收派队伍人员服务意识强，服务队伍庞大，价格有一定的竞争力。而劣势在于开通的国际线路较少，卖家可选的国家不多，且顺丰业务繁多，而具备国际快递专业知识的揽收员则相对缺乏。

（三）专线物流

专线物流（Special line）又称货运专线，指物流公司用自己的货车、专车或者航空资源，运送货物至其专线目的地。一般在目的地有自己的分公司或者合作网点，以便货车来回都有货装。

1. 专线物流的优缺点

开通专线的目的是节约成本，但要建立在货量充足的前提下，不然就很可能会亏本，所以专线公司一般运送时间不确定，货满车走，客户的运输成本也会随之降低。专线物流的主要优点是运输成本较低，缺点则是陆运货车班次时间不能确定，通过航空运输或者转包业务以满足较急的货物需求。

2. 专线物流的资费及信息查询

有关专线物流资费及物流信息可以登录有关国家邮政或者快递官方网站进行查询。

目前，业内使用最普遍的物流专线包括俄罗斯专线、美国专线、欧洲专线、澳洲专线等，也有不少物流公司推出了中东专线、南美专线。EMS的国际e邮宝、中环运的俄邮宝和澳邮宝、俄速通的Ruston中俄专线都是跨境专线物流推出的特定产品。以速卖通平台为例，速卖通平台上的物流专线有中东专线、中俄专线和其他专线。到俄罗斯的专线有速邮宝芬兰邮政小包（Posti Finland）、中俄航空（Ruston air）、中俄快递—SPSR；到西班牙的有中外运—西邮经济小包（Correos Economy）等，这些专线的共同特点是运费比普通邮政包裹便宜，清关能力比普通邮资包裹强，运达速度快。

（四）海外仓

海外仓是指本国以外的国家或者地区建立的海外仓库，主要用于发展海外电子商务。海外仓可以为全球卖家提供仓储、包装、分拣、派送等一站式控制与管理服务。卖家在买家所在国家建立海外仓库，货物从本国出口，通过海陆空形式被运输并储存到该国仓库，买家通过网上下订单购买所需货物，卖家只需在网上操作，即可对海外仓库下达指令完成订单。目前，中国卖家建立海外仓的主要国家有美国、英国、德国、澳大利亚等。

1. 海外仓的优势

① 改变传统的跨境物流方式，实现海外物流的本地化运输；

② 改善服务，提高海外客户的体验度和销售额；

③ 可以改变卖家身份，降低海外竞争的激烈程度；

④ 可以增加跨境货物的运输品类，降低跨境物流费用。

目前，由于优点众多，海外仓成为业内较为推崇的物流方式。例如，eBay 将海外仓作为宣传和推广的重点，联合万邑通推出 Winit 美国仓、英国仓、德国仓。出口易、递四方等物流服务商也大力建设海外仓储系统，不断上线新产品。

2. 海外仓的操作流程

整个海外仓的操作流程包括头程运输、仓储管理、本地配送和信息更新四个部分。

① 头程运输：卖家自己将商品运至海外仓储中心，或者委托承运商将货发至承运商海外的仓库。这段国际货运可采取海运、空运或者快递方式。

② 仓储管理：卖家使用物流商的物流信息系统，远程管理海外仓储的货物，并且保持实时更新。

③ 本地配送：根据物流商海外仓储中心自动化操作设备，严格按照卖家指令对货物进行存储、分拣、包装、配送等操作。

④ 信息更新：发货完成后系统会及时更新信息，以显示库存状况，让卖家实时掌握。

3. 海外仓的费用

海外仓的费用主要包括头程运费、订单操作费、仓租费和海外本地配送费。计算方法为：海外仓的费用=头程费用+订单操作费+仓租费+海外本地配送费用

头程费用：货物从中国到海外仓库产生的运费，包括国际海运运费、国际航空运输运费和国际快递费用。

订单操作费：产生海外订单后，对货物进行出库基本处理的费用。

仓租费：租用仓库产生的费用，一般前 30 天是免仓租费的。

海外本地配送费：在英国、美国、澳大利亚和欧洲对客户商品进行配送产生的本地快递费用。

三、跨境物流服务商的选择

（一）速卖通平台物流选择

速卖通的物流服务商主要有邮政物流、商业快递、专线物流和其他四类（见图 4-5）。

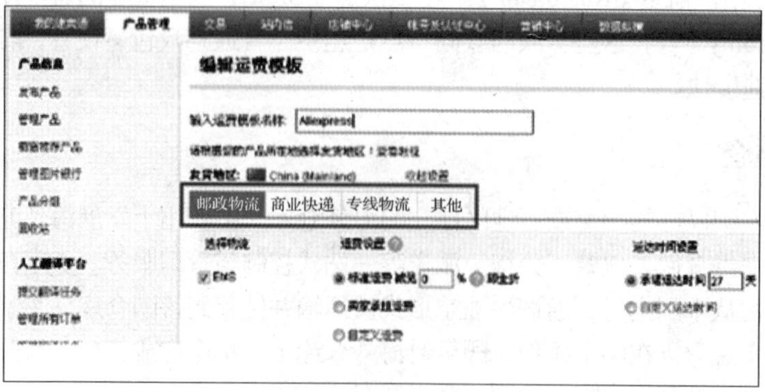

图 4-5

在邮政物流中，速卖通卖家较常选择的有e邮宝、中国邮政挂号小包、中国邮政平邮小包、新加坡邮政小包等。在商业快递中，卖家可选择UPS、DHL、FedEx、TNT、顺丰速运。而在专线物流中，卖家较多使用中东专线、速邮宝、中俄航空、燕文航空专线。此外，卖家还可以选择线上发货。

速卖通卖家在选择国际快递方式时应该综合考虑运费、安全度、运送速度及买家的实际需求，再根据卖家自身的实际情况选择合适的物流。在选择物流方式之前，卖家要明白这些渠道对包裹有什么限制，如长度限制和重量限制。了解了对包裹的限制之后，就要设置物流组合方案。

① 速卖通卖家应该为买家所购买的货物做全方面考虑，包括运费、安全度、运送速度、是否有关税等。

② 速卖通卖家尽量在满足物品安全和速度的情况下，为买家选择运费低廉的物流。EMS无论是服务还是时效都比其他四大国际快递公司（UPS、DHL、TNT、FedEx）要逊色，但EMS的价格优势是非常明显的。

③ 速卖通商品无须精美的外包装，安全快速到达买家手中才是重点。

④ 即使拥有再多的经验，也无法估计所有买家的情况，所以把选择权交给买家更为合适，卖家只需要在物品描述中表明所支持的运输方式，再确定一种默认的运输方式即可，如果买家有别的需要自会联系卖家。

⑤ 有的买家可能适合多种运送方式，速卖通卖家可以写出常用的方式及折扣，为买家省去部分运费，也为自己挣得更多的回头客。

案例分析

陈先生住在北京，现需要给澳大利亚的买家发送物品，买家希望运费能够低廉，在1周内收到货物。该订单商品是一个首饰盒，物品价值不高。此时，陈先生该用何种方式，何种具体方法才能在最短时间内，以相对便宜的价格安全寄出？大概花多少钱？多少时间？如何查询是否到达？

陈先生首先打电话给物流代理查询相关邮寄方式，由于物品重量约300克，物流代理建议张先生选择国际EMS（5～7天到达）。除了邮政提供的EMS国际快递，还有几家大的快递公司也提供同样的服务，如UPS、FedEx、DHL、TNT。目前这五个快递公司都提供快递状态查询服务，陈先生可在相关网站查询。陈先生称量了包裹，重量为304克，再次打电话询问包裹的运费。

EMS快递：5～7天，邮费为120元（具体请以中国邮政公布的价格为准）。

其他快递时间略快，价格为：UPS，300.5元（由第三方保险公司提供保价服务）；FedEx，203元（由第三方保险公司提供保价服务）；DHL，292.5元（由第三方保险公司提供保价服务）；TNT，289.9元（由第三方保险公司提供保价服务）（以上所有数据仅供参考，具体请以服务提供方公布的价格为准），最终陈先生选择使用EMS。

（二）Wish平台物流选择

Wish是一个简单化的平台，致力于让卖家简单，让买家也简单。Wish的客单价比较低，适合物美价廉、有创意的快消品，客单价在4～10美元，如果只计算挂号订单，客单价在10～15美元。目前，Wish上的卖家几乎都是通过邮政平邮和挂号小包发货，货物基本都是2千克以内的小包。对于一天能卖几百上千单的产品，卖家绝大多数都使用平邮发货（能查询到上网信息）。

但是，倘若没有妥投信息，卖家需要三个月后才能收到货款，因此，顶得住资金压力的Wish卖家发平邮是做Wish爆款的首选，这样见效快。而新手卖家基本都是发邮政挂号小包、e邮宝。Wish对“完成和配送表现”的要求是平均确认订单履行用时小于96小时，大于168小时会有警告。简单来说，就是从客户下单到该订单发货后产生跟踪信息的时间要小于 96 小时，如表 4-3 所示。

表 4-3　　可接受和警告时间范围

	申报完成平均时长（小时）	平均确认订单履行用时（小时）
可接受	<48 小时（2 天）	<96 小时（4 天）
警告（暂时交易风险）	>72 小时（3 天）	>168 小时（7 天）

配送数据越理想，卖家产品会得到越多的曝光和推送机会。如果包裹运送到美国，卖家可选择发 e 邮宝，隔天上网查询，一般 7～12 天就可妥投。此外，卖家还可发 Wish 邮。Wish 邮是邮政挂号小包的一种，是 Wish 和上海邮政合作推出的跨境小包物流渠道，相对于其他挂号小包，Wish 邮较方便，然而目前很多地方并不能享受到 Wish 邮揽件服务。

如果卖家货物重量超过 2 千克或者体积超过小包的限制，那么卖家就得选择发邮政大包或商业快递。邮政大包的运速慢、价格贵，Wish 卖家基本不用；如果卖家货物较特殊或体积大，则 EMS 或者 EMS 特快专递是首选。除了国内的 EMS，新加坡的 EMS 也比较有价格优势。如果卖家货物价值高、体积小，则可选择商业快递，如选择 DHL、UPS、FedEx、TNT 等。

（三）eBay 平台物流选择

从 2016 年 6 月 12 日开始，eBay 正式对 eBay 卖家选择的物流服务设置了一定的限制。

1. 考察交易

考察交易包括以下几类。

① 物品单价超过 5 美元（包括每个物品产生的运费）的，由中国内地以及中国香港地区售往美国买家的交易（除特殊品类外）。

② 物品单价超过 5 美元（包括每个物品产生的运费）的，由美国海外仓售往美国买家的交易（除特殊品类外）。

注：特殊品类指根据海关相关规定无法空运的物品，包括锂电池、液体、粉末、磁性物品等。

2. 考察指标

要求至少 90%的上述考察交易必须使用以下物流服务。

（1）直邮发货部分

- 国际 e 邮宝（ePacket）（只接受从 eBay—亚太物流平台上产生的追踪号）；
- 香港邮政易网递服务（e-Express）；
- 中国邮政/中国香港邮政 EMS 类服务；
- FedEx Worldwide Services（联邦快递全球服务）；
- DHL Express Services（DHL 国际快递服务）；
- UPS International Shipping Services（UPS 国际快递服务）；
- 香港邮政国际航空包裹（Hong Kong Post Air Parcel）。

（2）海外仓发货部分

- 美国邮政（USPS）美国境内服务；
- UPS 美国运输服务；
- 联邦快递美国运输服务（FedEx）；
- DHL 全球邮件（DHL eCommerce）。

四、速卖通同案例操作

（一）速卖通物流模板设置

1. 运费模板中的标准运费、物流折扣（减免）、卖家承担运费、自定义运费

（1）标准运费：平台按照各物流服务提供商给出的官方报价计算运费。决定运费的因素通常为：货物送达地、货物包装重量、货物体积重量。如果卖家设置了为不同运输方式产生的运费减免折扣费用，平台会将在官方运费的基础上加入折扣因素后计算出的运费值呈现给买家。

（2）物流折扣（减免）：在卖家联系货运代理公司时，货运代理公司会给卖家一定的折扣（折扣的多少视卖家与货运代理公司的协议而定，也可以使用平台线上发货的折扣），卖家可以将此折扣信息填写在产品的运输折扣里，以吸引买家下单。

（3）卖家承担运费，即包邮：卖家可以将运费成本添加到产品中，这时买家展示页会出现 free shipping 的字样，能吸引买家下单。

（4）自定义运费：卖家可以自由选择对不同的国家设定不同的运费；也可以根据卖家自己的买家群分布来定运费，从而吸引自己的主要买家群。

卖家在发布商品时，针对某些产品可能会使用相同的运费标准，而如果每次都要重新设置显然很浪费时间。卖家可以将常用的运费组合设置为模板，在发布产品的时候选择相应的模板即可。

2. 运费试算方式

【例】以中国邮政小包发往俄罗斯为例。

发往俄罗斯的运费单价是：96 元/千克

商品重量：0.3 千克

那么它的运费是 96×0.3+10=38.8 元（10 元是中国邮政收取的挂号费）

3. 运费模板设定

新增或编辑运费模板。

进入卖家后台—“产品管理”—“模板管理”—“运费模板”，单击“新增运费模板”按钮或选择现有运费模板进行编辑，如图 4-6 所示。

图 4-6

设置运费及限时达时间。

在“新增运费模板”中填写运费模板名称后，可针对不同的物流方式分别设置运费及承诺运达时间。

根据数据统计发现，绝大部分海外买家喜欢用带有 free shipping（包邮）的短语来搜索商品，所以针对这种情况，很多速卖通卖家在产品标题开头都加了 free shipping，但是如果所有国家都包邮，那么明显是不现实的，所以要想在标题中加 free shipping 关键词，又不想亏钱，那么设定一个合理的运费模板就非常重要了（以中国邮政小包为例，运费最便宜的国家是日本，只要 62 元/千克，而绝大部分非洲国家却要 176 元/千克）。

知识链接

运费设置注意事项

通常情况下都将运费设为 3 个等级：

- 等级 1：将运费在 100 元/千克以内的国家/地区设置成包邮（包括很多热门国家/地区）；
- 等级 2：将运费在 100 元/千克到 120 元/千克的设置成首重 3 美元，续重 1 美元；
- 等级 3：将其他国家/地区设置成标准运费，也就是速卖通官方给的运费单价。

在邮政物流中勾选“China Post Air Mail”（中国邮政小包）选框，在承诺运达时间框里填写 45，如图 4-7 所示。

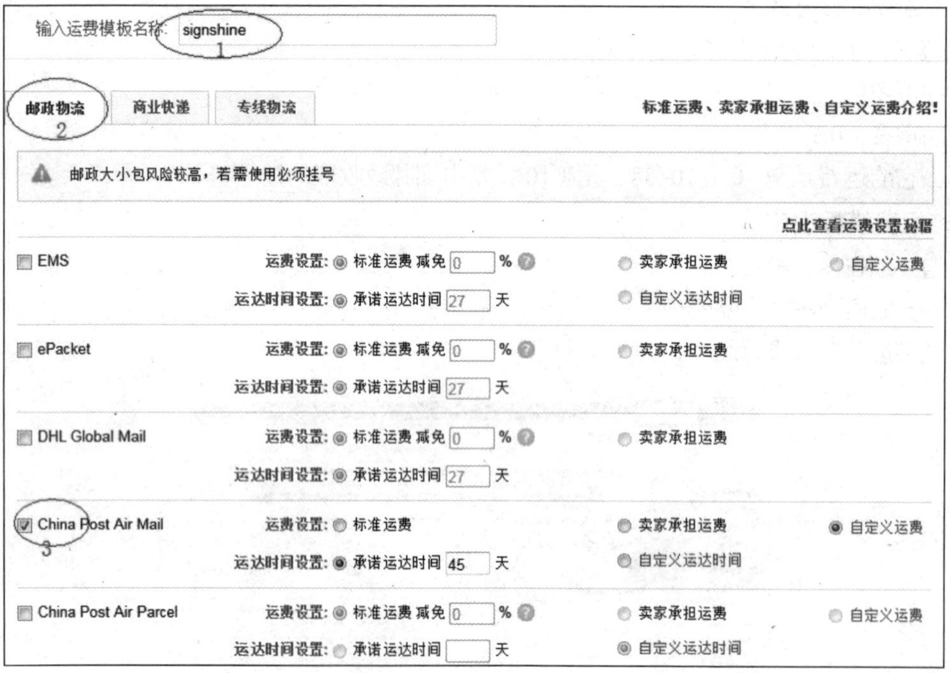

图 4-7

然后进行自定义运费设置，如图 4-8 所示。

注：每个运费组合都由两个部分组成，一个是送往的国家/地区，另一个是计算运费的方式。设置的运费组合 1，即根据中国邮政小包运费资费情况，按运费等级 1 进行设定，也就是包邮的等级，计算方式选择“卖家承担运费”，单击“确定添加”按钮即可，如图 4-9 所示。

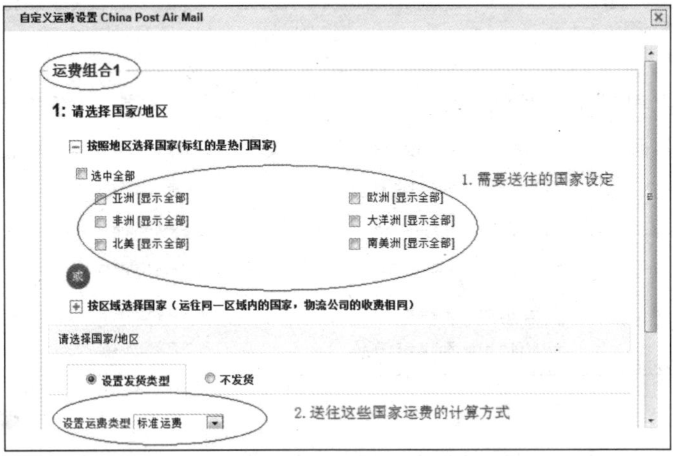

图 4-8

图 4-9

接下来，设定运费组合 2。单击“添加一个运费组合”，然后根据中国邮政小包运费资费情况，按运费等级 2 进行设定。计算方式选择“自定义运费”，单击“确定添加”按钮即可，如图 4-10 所示。

图 4-10

当运费组合 2 设定完后，接下来设定运费组合 3，如图 4-11 所示。

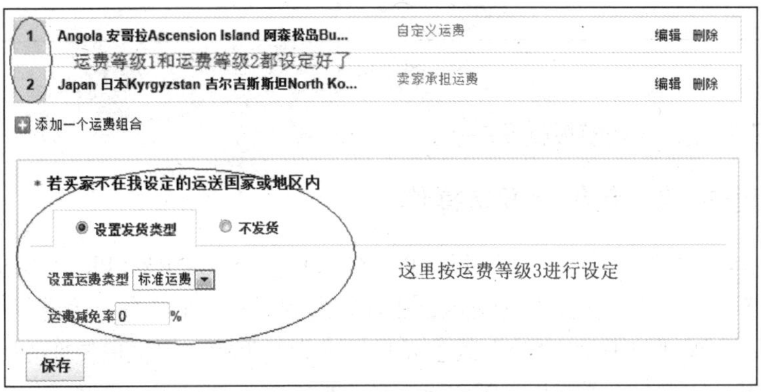

图 4-11

单击“保存”按钮，中国邮政小包的运费模板就设定好了。接下来，再设定商业快递的运费模板。回到运费模板，选择 DHL，进行相关设置，如图 4-12 所示。

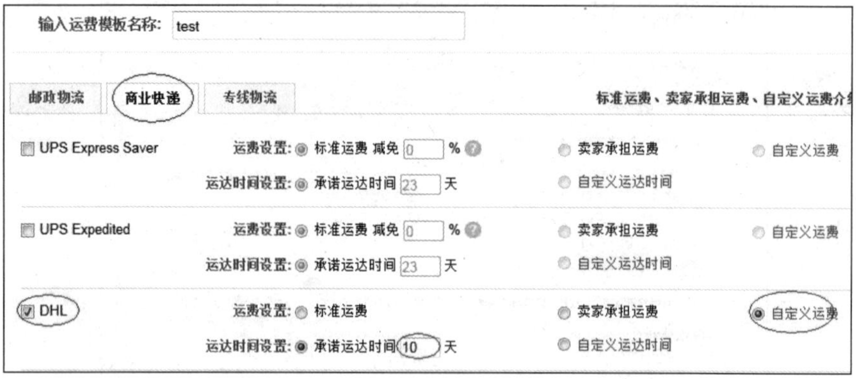

图 4-12

在自定义运费模板中，勾选所有发往国家/地区为红色的，然后设置运费类型，单击“确定添加”按钮，如图 4-13 所示。

图 4-13

为勾选的国家/地区设置运费类型为标准运费，如图 4-14 所示。

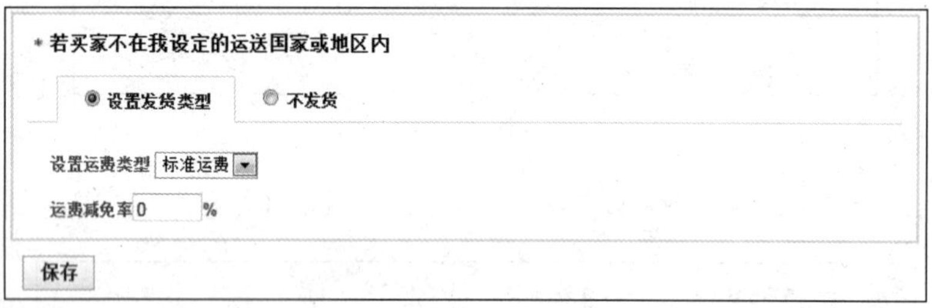

图 4-14

单击“保存”按钮，运费模板就设定好了。

（二）速卖通邮政小包线上发货操作

速卖通上“中国邮政平常小包+”（China Post Ordinary Small Packet Plus）线上发货是中国邮政针对订单金额 5 美元以下、重量 2 千克以下小件物品推出的空邮产品，运送范围通达全球 238 个国家和地区。“中国邮政平常小包+”线上发货旨在为线上卖家提供更便捷的国际小包服务，卖家获得在线订单、打印面单后直接由邮政上门揽收或将邮件交付中国邮政的集货仓，即可享受快捷、便利的国际小包服务。其特点是价格优惠，不需要挂号费，适合货值低、重量轻的物品。“中国邮政平常小包+”提供境内段邮件的收寄、封发、计划交航等信息，平台网规认可使用（部分集货仓发往某些国家不能提供这三个节点信息）。线上发货操作流程如下。

1. 选择“等待您发货”订单

进入“我的速卖通”—“交易”，选择“等待您发货”状态的订单，卖家可看到所有等待发货的订单。选择需要发货的订单，单击“发货”按钮，如图 4-15 所示。

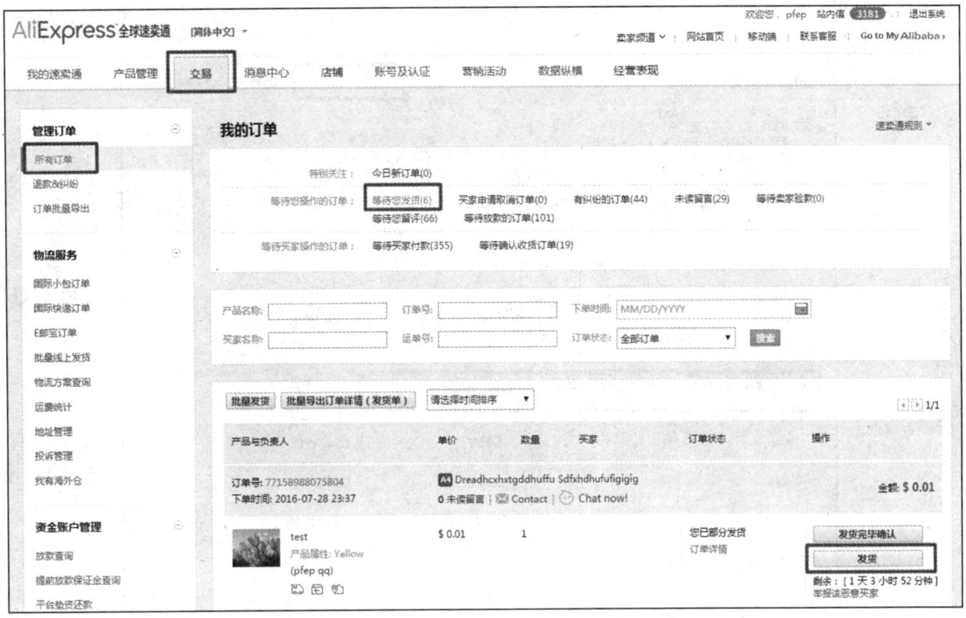

图 4-15

在图 4-16 所示的页面上单击“线上发货”按钮。

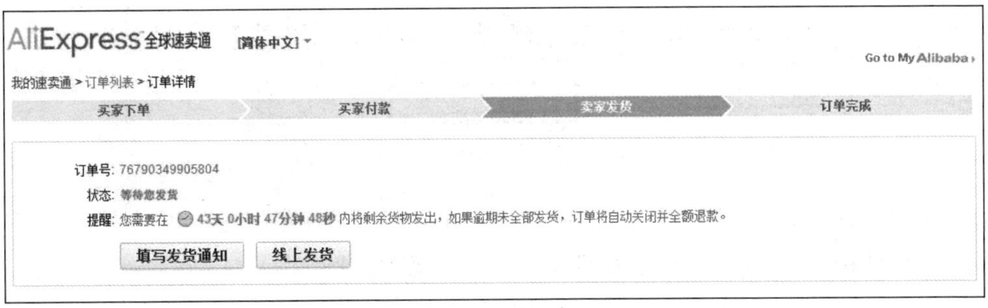

图 4-16

对于已部分发货的订单，会出现“填写发货通知”“发货完毕确认”和“线上发货”三个按钮，此时单击“线上发货”按钮，即可进入选择物流方案的环节，如图 4-17 所示。

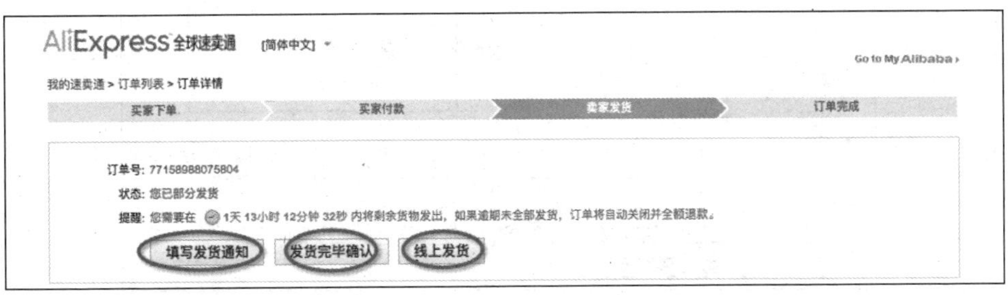

图 4-17

2. 选择物流方案

在“选择物流方案”页面里，选择需要的物流服务。当卖家选择的物流服务与买家下单选择的不一致时，系统会提示卖家确认。选择完毕后，单击“下一步，创建物流订单”按钮，创建相应物流订单，如图 4-18 所示。

图 4-18

3. 创建物流订单

选择“创建物流订单”之后，会出现图 4-19 所示的页面。

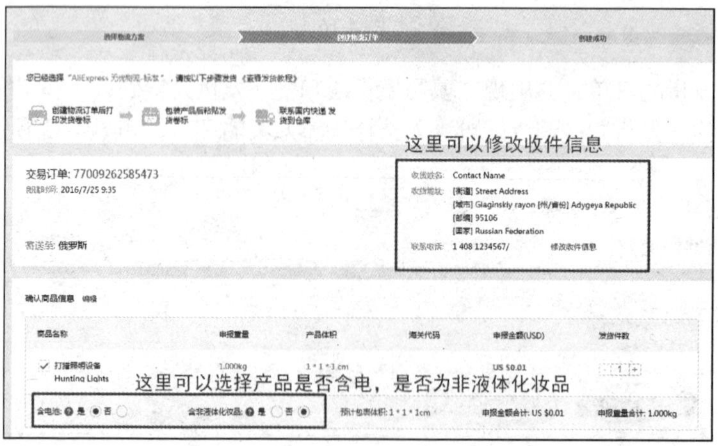

图 4-19

如需要修改买家收件信息，可以单击“修改收件信息”按钮，单击后出现图 4-20 和图 4-21 所示的弹窗，在此即可编辑收件信息。

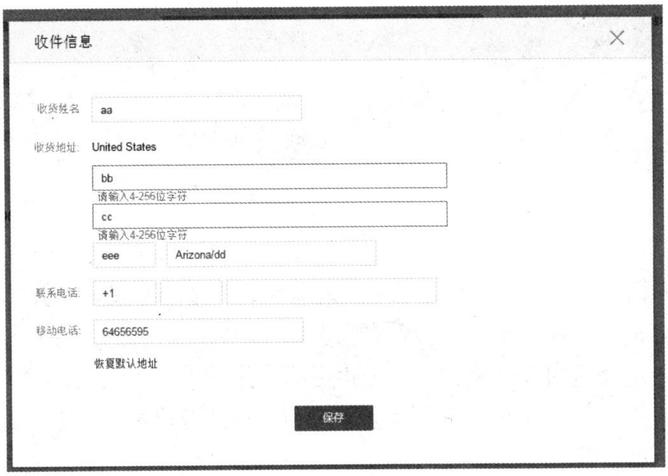

图 4-20

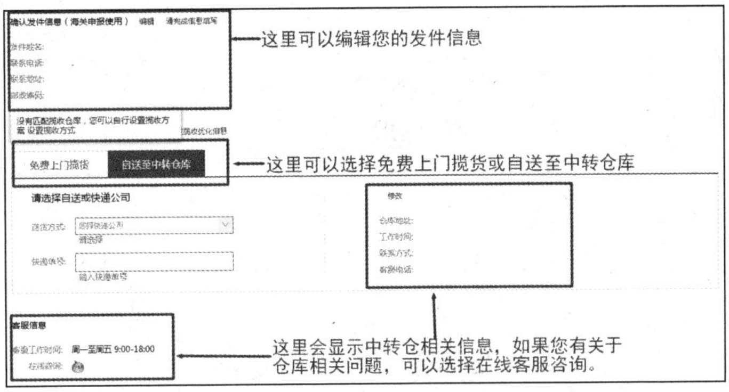

图 4-21

如发件地址在物流商揽收范围内，系统会自动配置对应的仓库；如所在的地址没有推荐的揽收仓，系统会提示“自寄至指定中转仓库”，如图 4-22 所示。

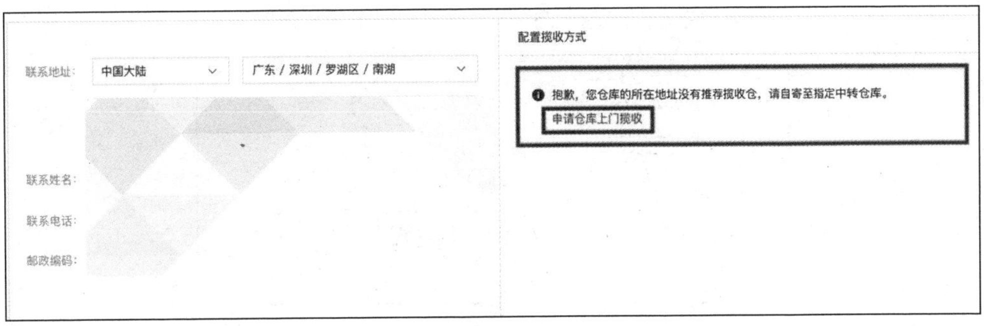

图 4-22

如选择“免费上门揽收”，可单击“申请仓库上门揽收”按钮。申请揽收仓库，请务必先与仓库沟通能否上门揽收，以免仓库拒单，如图 4-23 所示。

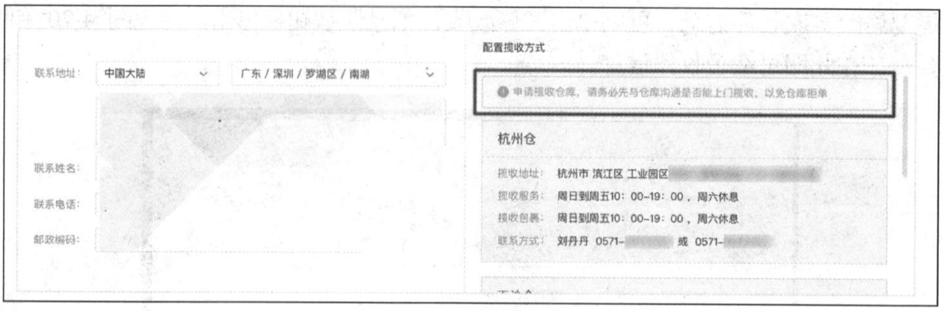

图 4-23

在创建物流订单时，在页面底部有关于无法投递包裹的处理方案。卖家可以根据自己的需要，选择是否需要将包裹退回，或者在海外销毁。当选择“退回”时，速卖通对每单会收取固定金额的退件服务费，对于选择退回的包裹，一旦发生目的国无法投递的情况，将不再收取退回运费。当选择“销毁”时，不产生退件服务费，将会免费为卖家销毁包裹，如图 4-24 所示。

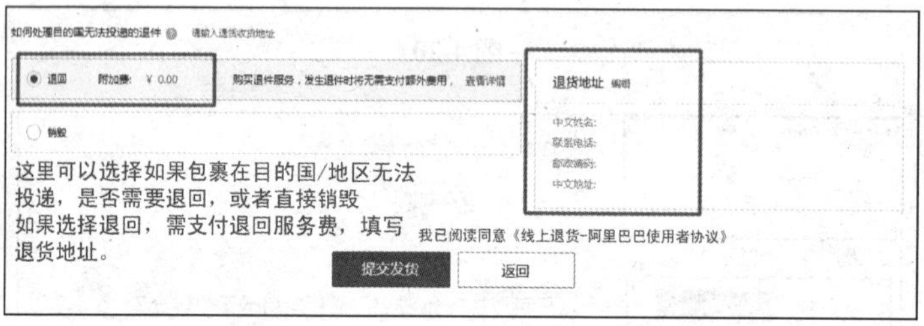

图 4-24

之后，勾选“我已阅读并同意《在线发货——阿里巴巴使用者协议》”，并单击“提交发货”按钮。至此，物流订单创建完毕。

4. 查看国际物流单号，打印发货标签

在物流订单创建完毕之后，会出现图 4-25～图 4-27 所示的页面，提示“成功创建物流订单”。此时单击“物流订单详情”链接，即可看到生成的国际物流单号，单击“打印发货标签”按钮可完成发货标签打印。

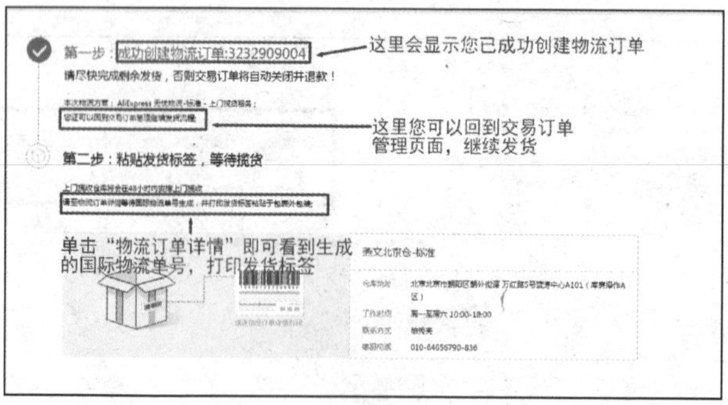

图 4-25

5. 填写发货通知

物流订单创建成功后，系统会生成运单号给卖家。卖家在完成打包发货，交付物流商之后，即可填写发货通知，如图 4-28 所示。

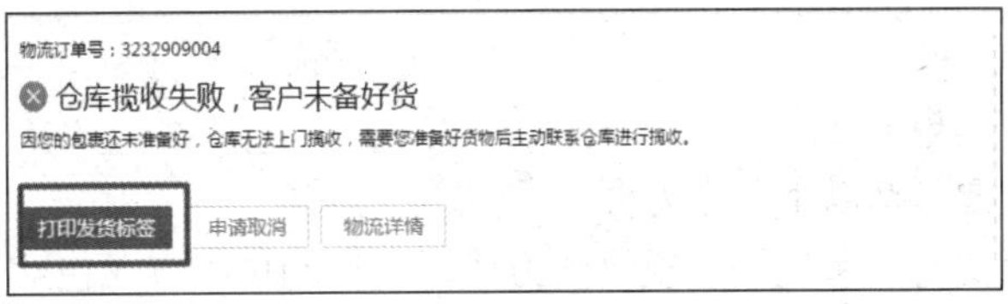

图 4-26

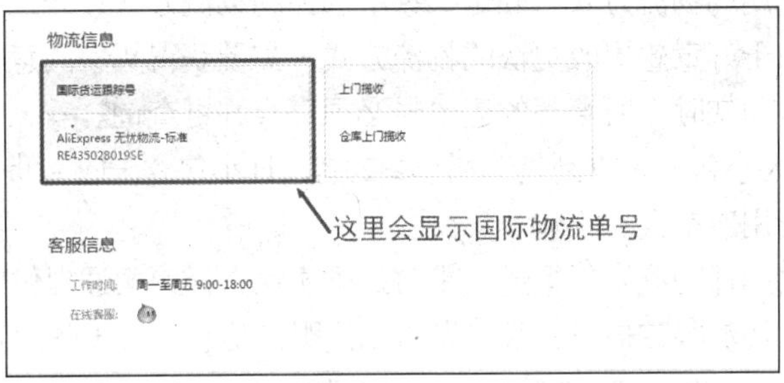

图 4-27

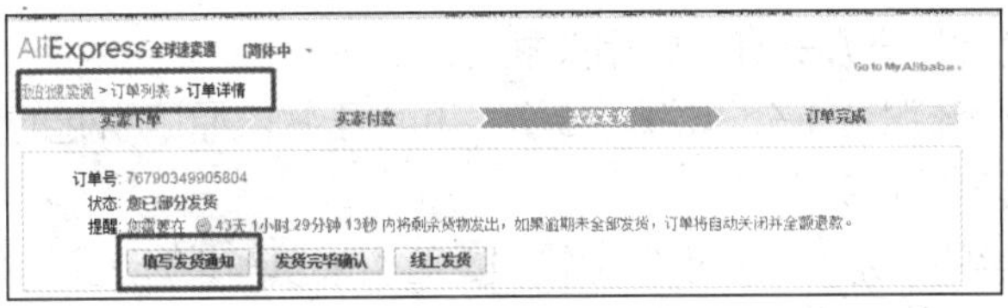

图 4-28

思考题

请问如何设置物流方案以最大化满足客户需求？

五、海关清关

清关（Customs Clerance）即结关，是指进口货物、出口货物和转运货物进出一国海关关境或国境必须向海关申报，办理海关规定的各项手续，履行各项法规规定的义务；只有履行各项义务，办理海关申报、查验、征税、放行等手续后，货物才能被放行，货主或申报人才能提货。同样，转运进出口货物的各种运输工具进出境或转运，也需向海关申报，办理海关手续，得到海关许可。货物在结关期间，无论是进口、出口或转运，都处在海关监管之下，不准自由流通。

知识链接

2014 年国家关于跨境电商包裹的海关特殊规定及说明以及 2016 年关于跨境电商零售进出口商品有关监管事宜及进口税收政策的通知。

扫一扫

六、国际物流网规

国际物流的网规主要包括以下几个方面。

（1）全球速卖通只支持卖家使用航空物流方式，支持的物流方式包括 UPS、DHL、FedEx、TNT、EMS、顺丰速递、中国邮政、相关邮政航空包裹服务及全球速卖通指定的其他物流方式。

（2）卖家发货所选用的物流方式必须是买家所选择的物流方式，未经买家同意，不得无故更改物流方式。卖家若出于好意想更改更快的物流方式，需要获得买家同意，以避免后续纠纷。

（3）卖家填写发货通知时，所填写的运单号必须真实并可查询。

（4）对于过去 30 天小包“未收到货”纠纷≥2 笔，且小包“未收到货”纠纷率>15%的卖家，速卖通有权限制卖家使用航空大、小包。

（5）卖家需要谨慎选择物流发货渠道，平台鼓励卖家选择速卖通提供的线上发货物流渠道。全球速卖通只认可以下物流跟踪信息：线上发货物流跟踪信息、各国邮政官网、UPS 官网、DHL 官网、TNT 官网、FedEx 官网、ToLL 官网、顺丰官网、EMS 官网提供的物流跟踪信息。对于无法核实真伪的物流跟踪信息，速卖通有权不予认可。

（6）对采用线上发货物流方式订单的相关规定。

① 若产生“DSR 物流服务 1 分、2 分、3 分”和由于物流原因引起的纠纷、仲裁、卖家责任裁决，平台会对该笔订单进行免责；

② 因物流问题产生的纠纷（如妥投地址错误，但卖家填写地址无误的情况），卖家可发起线上发货投诉。投诉方法如下。

知识链接

线上发货线路支持线上投诉的物流方式

中国邮政挂号小包、中国邮政平常小包+、4PX 新邮挂号小包、4PX 新邮经济小包、速优宝芬邮挂号小包、速优宝芬邮经济小包、中俄快递—SPSR、中俄航空 Ruston、燕文航空挂号小包、中外运—西邮经济小包、中外运—英邮经济小包、中外运—西邮标准小包、燕文航空经济小包、顺友航空经济小包、爱沙尼亚邮政经济小包。

- 投诉入口如图 4-29 所示。

图 4-29

- 投诉处理流程。

在速卖通平台上产生的线上发货投诉由菜鸟客服处理，投诉处理流程如下。

A. 商家应根据不同的投诉项目，在相应时限约定期内通过系统向物流商发起投诉。

B. 在投诉发起的 10 个自然日内，商家与物流商相互协商达成一致，物流商须把处理结果反馈给平台；若 10 个自然日内未达成一致，商家可在投诉发起 48 小时后发起申诉，申诉有效期为 15 天，菜鸟承诺一个工作日内介入。

C. 若在 10 个自然日内物流商未处理，商家发起的投诉将由系统自动申诉，菜鸟在一个工作日内介入处理。菜鸟介入后判为物流商责任的，按照相应赔付标准判定物流商应向商家赔付的金额。

D. 对于买家签收后发起的投诉，在外包装完好，且无明显证据显示为物流商的责任的前提下，物流商将不予赔付。

- 投诉举证和赔付标准。

A. 对于商家通过系统向物流商发起的投诉，按照投诉举证规则进行判责，在投诉成立的情况下，赔付均由菜鸟在物流商保证金或代收的物流服务费用中直接扣减相应的由物流商承担的赔偿费用并支付给商家。

B. 所有物流线路的赔付款均以人民币支付，美元兑人民币的汇率以赔付生成时间所在月份的第一个自然日的汇率为准。

C. 各条物流线路赔付标准有差异，具体标准请参考线路介绍。

D. 对于本协议之外的其他投诉，菜鸟不介入处理，由商家与物流商自行解决。

（7）对采用无忧物流发货的订单的相关规定。

① 若产生“DSR 物流服务 1 分、2 分、3 分”和由于物流原因引起的纠纷、仲裁、卖家责任裁决，平台会对该笔订单进行免责；

② 因物流问题产生的纠纷，直接由平台介入核实物流状态并判责；

③ 物流导致的纠纷退款，由平台承担（标准物流赔付上限为 800 元人民币，优先物流赔付上限为 1 200 元人民币）。

任务二　跨境支付

跨境支付（Cross-border Payment）是指两个或两个以上国家或地区之间因国际贸易、国际投资及其他方面所发生的国际债权债务，借助一定的结算工具和支付系统实现的资金跨国和跨地区转移的行为。跨境支付有两大类：一是网上支付，包括电子账户支付和国际信用卡支付，适用小金额交易；二是银行汇款，适用大金额交易。信用卡和 PayPal 目前使用比较广泛，其他支付方式可当作收款的辅助手段，尤其是 WebMoney、Qiwi wallet、CashU 对于俄罗斯、中东、北非等国家和地区的贸易来说不可或缺。

一、常用的跨境支付方式

（一）国际支付宝

国际支付宝由阿里巴巴与支付宝联合开发，是为保护国际在线交易中买卖双方的交易安全所设的一种第三方支付服务。如已经拥有国内支付宝账户，只需绑定国内支付宝账户，即可拥有国际支付宝账户。如果还没有国内支付宝账号，可以先登录支付宝网站申请国内的支付宝账号，再绑定即可。

使用国际支付宝有很多显而易见的优势。

（1）支持多种支付方式：支持信用卡、T/T银行汇款、Moneybookers、借记卡多种支付方式。如果买家使用信用卡进行支付，资金通过美元通道，则平台会直接将美元支付给卖家；如果资金是通过人民币通道，则平台会将买家支付的美元换算成人民币支付给卖家。如果买家使用T/T银行电汇进行支付，平台会直接将美元支付给卖家。

（2）提供安全保障：先收款，后发货，全面保障卖家的交易安全。国际支付宝是一种第三方支付服务，而不是一种支付工具。国际支付宝风控体系可以保护客户在交易中免受信用卡盗卡的威胁，而且国际支付宝只有当且仅当收到了货款，才会通知卖家发货。

（3）使用方便快捷：线上支付，直接到账，足不出户即可完成交易。使用国际支付宝收款无须预存任何款项，速卖通会员只需绑定国内支付宝账号和美元银行账户就可以分别进行人民币和美元收款。

（4）拥有品牌优势：背靠阿里巴巴和支付宝两大品牌，海外潜力巨大。

国际支付宝目前暂不支持海运产品，而且只能支持单笔订单金额在10 000美元以下（产品总价加上运费总额）的交易。

（二）Paypal

PayPal是美国eBay公司的全资子公司。1998年12月由 Peter Thiel和Max Levchin建立。PayPal允许资金在使用电子邮件来标识身份的用户之间转移，改变了传统的邮寄支票或者汇款的支付方式。PayPal集国际流行的信用卡、借记卡、电子支票等支付方式于一身，可以帮助买卖双方解决各种交易过程中的支付难题。目前，在跨国交易中超过 95%的卖家和超过 85% 的买家认可并正在使用PayPal电子支付业务。

PayPal的优势包括以下几个。

（1）用户遍布全球。PayPal在全球190个国家和地区有超过2.2亿用户，可实现24种外币间的交易。

（2）品牌效应强。PayPal在欧美的普及率极高，是全球在线支付的代名词，强大的品牌优势，能让平台轻松吸引众多海外客户。

（3）资金周转快。PayPal独有的即时支付、即时到账功能，让卖家能够实时收到海外客户发送的款项。最短仅需3天，即可将账户内款项转账至国内的银行账户，及时高效地帮助卖家开拓海外市场。

（4）有安全保障。完善的安全保障体系，丰富的防欺诈经验，业界最低风险损失率（仅0.27%，不到使用传统交易方式的六分之一），确保交易顺利进行。

（5）使用成本低。无注册费用、无年费，手续费仅为传统收款方式的二分之一。

（6）使用数据加密技术。当用户注册或登录PayPal的站点时，PayPal会验证网络浏览器是否正在运行安全套接字层3.0（SSL）或更高版本，传送过程中，信息受到加密密钥长度达168位（市场上的最高级别）的SSL保护。

PayPal的劣势主要包括以下几个。

（1）资料审查严格，提供错误的资料会被冻结账号。

（2）对收款人限制特别多。①收款后立马提现有可能导致被冻结。②提现金额过高有可能导致被冻结（一般提现金额为总金额的 80%比较安全）。③投诉率超过 3%，退单率超过 1%就会被 PayPal 公司终止合作。④PayPal 禁止交易仿牌或者假货。

（3）收款手续费高。收款的手续费根据金额的不同，从 3.9%+0.3 美元～2.9%+0.3 美元不等。

PayPal 账户分三种类型：个人账户、高级账户和企业账户。用户可根据实际情况进行注册，个人账户可以升级为高级账户再升级为企业账户，反之企业账户也可以降为高级或者个人账户。

① 个人账户。适用于在线购物的买家用户。主要用于付款，可以收款，但比起高级或企业账户少了一些商家必需的功能和工具，如查看历史交易记录的多种筛选功能、商家费率、网站集成、快速结账等集成工具，因此不建议卖家选择。

② 高级账户。适用于在线购物或在线销售的个人商户。可以付款、收款，并可享受商家费率，使用网站付款标准，可使用快速结账等集成工具以及集中付款功能，帮助商家拓展海外销售渠道，提高销售额。推荐进行跨国交易的个人卖家使用。

③ 企业账户。适用于以企业或团体名义经营的商家，特别是使用公司银行账户提现的商家用户。拥有高级账户的所有商家功能，可以设立多个子账户，适合大型商家使用，可在每个部门设立子账户进行收款。另外，企业账户需要添加以企业名开办的电汇银行账户进行转账，添加个人名字开办的电汇银行账户可能导致转账失败。

速卖通平台在 2010 年 4 月 26 日正式接入了 PayPal 支付方式，增加了 AliExpress 平台的支付方式，为 AliExpress 平台上的供应商带来更多跨国采购的职业买家，提高了供应商产品的曝光率，增加了订单交易量。

买家使用 PayPal 付款后，卖家收到的是美元。卖家无须设置 PayPal 账户，只要设置速卖通平台的美元收款账户，就可以正常提现货款（中国会员需要设置美元收款账户后，其产品才支持 PayPal 支付方式；普通会员产品默认支持 PayPal，但需要设置美元账户提取货款）。速卖通为卖家提供了企业账户和个人账户两种账户：使用企业账户收款，必须办理正式报关手续，并在银行端完成相关出口收汇核查、国际收支统计申报之后，才能顺利收汇、结汇；如果使用个人账户收款，会受到每年 5 万美元的限制。

（三）信用卡、借记卡

1. 信用卡

国际上有五大信用卡品牌，分别是威士国际组织（Visa International）、万事达卡国际组织（MasterCard International）两大组织及美国运通国际股份有限公司（American Express）、大来信用卡有限公司（Diners Club）、日本国际信用卡公司（JCB）三家专业信用卡公司（前两家的信用卡为大家广泛使用）。其中，Visa 卡是威士国际组织于 1982 年年末发行的信用卡，被世界各地 2 900 多万个商户交易点受理，并能够在 180 万台自动提款机上提取现金。全球流通的 Visa 卡超过 18.5 亿张，是最受欢迎的信用卡支付品牌。万事达卡国际组织是全球第二大信用卡国际组织。

Visa 和 MasterCard 在全球范围构建了一个刷卡消费的联盟跨境电商网站，可通过与 Visa、MasterCard 等国际信用卡组织合作，或直接与海外银行合作，开通接收海外银行信用卡支付的端口，国内银行发行的信用卡就能在它们联盟范围内刷卡消费。买家可以使用 Visa 及 Mastercard 对订单进行支付，如果买家使用此方式进行支付，平台将会将订单款项按照买家付款当天的汇率结算成人民币支付给卖家。

2. 借记卡

国际通行的借记卡外表与信用卡一样，并于右下角印有国际支付卡机构的标志。它通行于所有接受信用卡的销售点。唯一的区别是，当使用借记卡时，用户没有 credit line，只能用账户里的余额支付。

（四）移动支付

移动支付也称手机支付，就是允许用户使用其移动终端（通常是手机终端）对所购买的商品或服务进行账务支付的一种服务方式。单位或个人通过移动设备、互联网或者近距离传感直接或间接向金融机构发送支付指令产生货币支付与资金转移行为，从而实现移动支付。移动支付将终端设备、互联网、应用提供商以及金融机构相融合，为用户提供货币支付、缴费等金融业务。

移动支付主要包括远程支付和近场支付。远程支付指通过移动网络，利用短信、GPRS、Wi-Fi 等空中接口，和后台支付系统建立连接，实现各种转账、消费等支付功能的支付方式；近场支付指通过具有近距离无线通信技术的移动终端实现信息交互，进行货币资金转移的支付方式。

移动支付的优点是：具有信息量大、防伪安全性高、可脱机作业、可多功能开发、数据传输稳定、存储容量大、数据传输稳定等优点。

移动支付的缺点是：存在安全隐患，移动支付已成为恶意程序攻击的新目标；支付标准不统一。

移动支付的适用范围是：移动支付所适用的移动终端主要为手机、PDA、移动 PC 等。

二、常见支付方式收费标准

全球速卖通就提供的交易服务收取服务费，只在交易完成后对卖家收取，买家不需支付任何费用。全球速卖通对卖家的每笔订单收取 5%的服务费。5%的服务费目前是全球同类服务中最低的。以下为常用支付方式收费标准（见表 4-4）。

表 4-4　　常用国际支付方式收费标准

支付方式	开户费	月租费	银行系统占用费	交易服务费/转账手续费	跨境附加费	提现手续费	管理费
PayPal	免	免	0.3 美元	按月交易量定：3 000 美元以下，3.4%；3 000～10 000 美元，2.9%；1 万～10 万美元，2.7%；10 万美元以上，2.4%	0.5%	35 美元	—
Payoneer	免	—	—	转账收取 1%手续费	1%～2%	2%	29.95 美元
支付宝	无	—	—	5%（部分 3%）	—	美元账户收取 15 美元手续费	—
Wordfirst	—	—	—	1 000 美元以下转账每笔 30 美元；1 000 美元以上免手续费	1%～2.5%	—	—
LevelUP 移动支付	—	—	—	交易一笔手续费 2%	—	—	—

续表

支付方式	开户费	月租费	银行系统占用费	交易服务费/转账手续费	跨境附加费	提现手续费	管理费
Casphy	—	—	—	2.5%收款方费率	—	—	—
Moneybookers	—	—	—	免	—	少量费用	—
电汇	—	—	—	买卖双方各自承担所在银行费用	—	—	—
西联汇款	—	—	—	手续费由买家承担	—	—	—
MoneyGram	—	—	—	400 美元以下，10 美元；400～500 美元，12 美元；500～2 000 美元，15 美元；2 000～5 000 美元，25 美元；5 000～10 000 美元，33 美元	—	—	—

三、其他支付方式

（一）MoneyBookers

MoneyBookers 是国际领先的在线支付系统和电子货币的在线支付服务商，诞生于 2002 年 4 月，是英国伦敦 Gatcombe Park 风险投资公司的子公司之一，由英国和欧盟的法律授权，受英国金融服务管理局（FSA）监管，是目前欧洲比较热门的支付服务商之一。

MoneyBookers 共支持 50 余种欧洲各国流行的支付方式，包括信用卡、借记卡（没有透支功能的银行卡，类似于国内的一卡通）和一些欧洲国家当地的支付方式。其中，速卖通平台为 Maestro、Solo、Carte Bleue、PostePay、CartaSi、4B、Euro6000 七种借记卡开通了快速付款通道，因此买家使用这七种借记卡支付货款，卖家会在订单管理里看到“借记卡支付成功”；买家用其他 MoneyBookers 提供的支付方式支付货款，卖家会在订单管理里看到“MoneyBookers 支付成功”提示。

MoneyBookers 的优点主要如下。

（1）注册方便。只要有 E-mail 地址就可以注册，无需信用卡，省去了 PayPal 必须用信用卡来激活的麻烦。直接凭借电子邮件地址以及带照片的身份标识，如身份证、护照、驾照便可以完成认证。

（2）安全。世界上第一家被政府官方所认可的电子银行，登录时以变形的数字作为登录识别方法，以防止自动化登录程序对用户账户的攻击；只支持 128 位加密的行业标准。

（3）手续办理方便。Moneybookers 的最大好处是不用申请美元支票，多个国际中介公司提供兑换人民币的业务，另外也可以直接把美元、欧元转账到国内的外币存折或卡上，如中行的“本、外币一本通”或招行的一卡通借记卡等。Moneybookers 可以直接从账户中申请支票邮寄到用户手中。

（4）手续费低。没有付款手续费，收款手续费低廉。

需注意的是：如果你激活了，便可以直接申请支票；如果你不能激活，也可以收款或者付款给别人。

MoneyBooker 的缺点主要有：不允许客户注册多个账户，一个客户只能注册一个账户；目前不支持未成年人注册，需年满 18 岁才可以。

（二）Qiwi Wallet

Qiwi Wallet 是俄罗斯最大的第三方支付工具，运营着俄罗斯最大规模的自助购物终端设备，以及提供在线支付和手机支付服务，其服务类似于支付宝。Qiwi Wallet 电子支付系统 2007 年年底在俄罗斯被推出。该系统使客户能够快速、方便地在线支付水电费、手机话费，网上购物采购款，银行贷款。

（三）WebMoney

WebMoney（简称 WM）是由成立于 1998 年的 WebMoney Transfer Techology 公司开发的一种在线电子商务支付系统，是俄罗斯最主流的电子支付方式。WebMoney 的主要特点如下。

（1）安全性。转账需要手机短信验证，异地登录 IP 保护等多重保护功能。

（2）即时性。即时到账。

（3）稳定性。俄罗斯最主流的电子支付方式，在俄罗斯各大银行均可自主充值取款。

（4）国际性。人人都能在网上匿名免费开户，可以零资金运行。

（5）方便性。只需要知道对方的钱包号即可转账汇款。

（6）隐私性。匿名申请，隐私保护。

（7）通用性。全球许多外汇、投资类站点、购物网站都接受 WebMoney 付款。

（四）Boleto

Boleto 全称 Boleto Bancário，是受巴西中央银行监管的巴西官方的一种支付方式，每年大约有 20 亿笔交易，其中 30%的交易来自在线交易。另外 Boleto 通常是公司以及政府部门唯一支持的支付方式，可以说 Boleto 是跨境电商打通巴西支付的不二之选。我国的速卖通、兰亭集势都支持 Boleto 支付。类似的本地购买商还有智利的 Barcode Santander、阿根廷的 PAGO Fácil。Boleto 主要有以下几个特点。

（1）非实时交易。与 PayPal 或者信用卡的实时交易不同，买家一般可在 3～5 天内完成支付，具体取决于 invoice 上的 Vencimento 日期。

（2）不会拒付，一旦付款，不会产生拒付和伪冒，100%保证商家的交易安全。

（3）交易有限额。每个巴西人每月累计支付不超过 3 000 美元，单笔消费不能低于 10 美元。

（4）交易费用低。PayPal 对中国商家的费率是 4.3%+0.3 美元，另外还有每笔 30 美元的提现费用，而 Boleto 的一般低于 4%。

（5）无保证金或者循环保证金，而使用 PayPal 或者信用卡一般都需交纳一定的交易保证金，以及 10%的循环保证金，这对商家的资金周转造成很大的压力。

（五）西联汇款

西联汇款是国际汇款公司（Western Union）的简称，是世界上领先的特快汇款公司，迄今已有 150 年的历史，它拥有全球最大、最先进的电子汇兑金融网络，代理网点遍布全球近 200 个国家和地区。西联公司是美国财富五百强之一的第一数据公司（FDC）的子公司。中国农业银行、光大银行、中国邮政储蓄银行 、中国建设银行、浦发银行等多家银行是西联汇款的中国合作伙伴。使用这种方式支付大概要花费 15 分钟的时间。

使用西联汇款的手续费由买家承担，汇款时需要买卖双方到当地银行实地操作。使用西联汇款后，若卖家未领取钱款，买家可以将支付的资金撤销回去。

西联汇款的优点：安全，先收钱后发货，对商家最有利。

西联汇款的缺点：①汇款手续费按笔收取，对于小额交易来说手续费高；②先收钱后发货，很多时候买家会不相信而放弃交易，容易造成卖家的巨大损失；③属于传统型的交易模式，不能很好适应新型的国际市场。

四、速卖通收款账户设置

（一）收款账户的类型

在全球速卖通平台，需要设置两个收款账户：人民币收款账户和美元收款账户。买家通过信用卡支付时，根据国际支付渠道不同，款项会以美元或人民币的形式进入国际支付宝账户，然后分别以美元提现或人民币提现。

买家通过 T/T 银行汇款支付时，款项将以美元的形式进入卖家的国际支付宝账户。也就是说，买家采用不同的支付方式支付，货款会相应打入卖家不同的收款账户。

（二）创建、绑定和修改支付宝收款账户的流程

（1）如果以前没有设置支付宝收款账户（可以通过创建或登录支付宝的方式进行绑定），具体操作流程如下。

① 登录全球速卖通账号，单击“交易”进入“收款账户管理”界面，选择“人民币收款账户”。如果卖家还没有支付宝账户，可以单击“创建支付宝账户”按钮创建相应账户；也可以使用已有的支付宝账户，单击“登录支付宝账户”按钮进行设置，如图 4-30 所示。

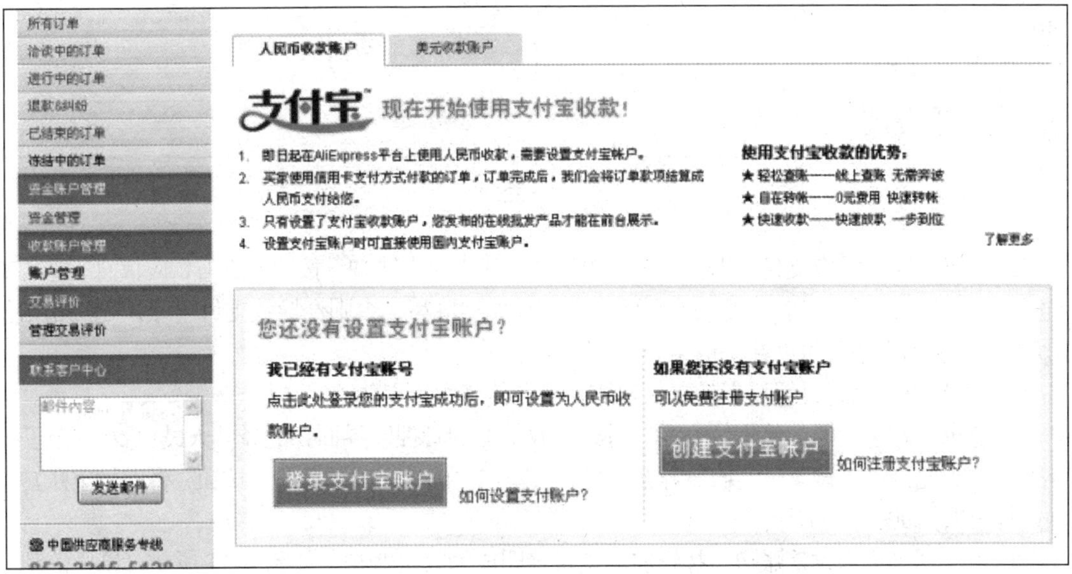

图 4-30

② 进入支付宝账户登录页面，如图 4-31 所示，依次填写“账户名”“登录密码”“校验码”等必填项，填写完毕后单击“登录”按钮。登录成功后，即完成收款账户的绑定，这时还可以对收款账户进行编辑，如图 4-32 所示。

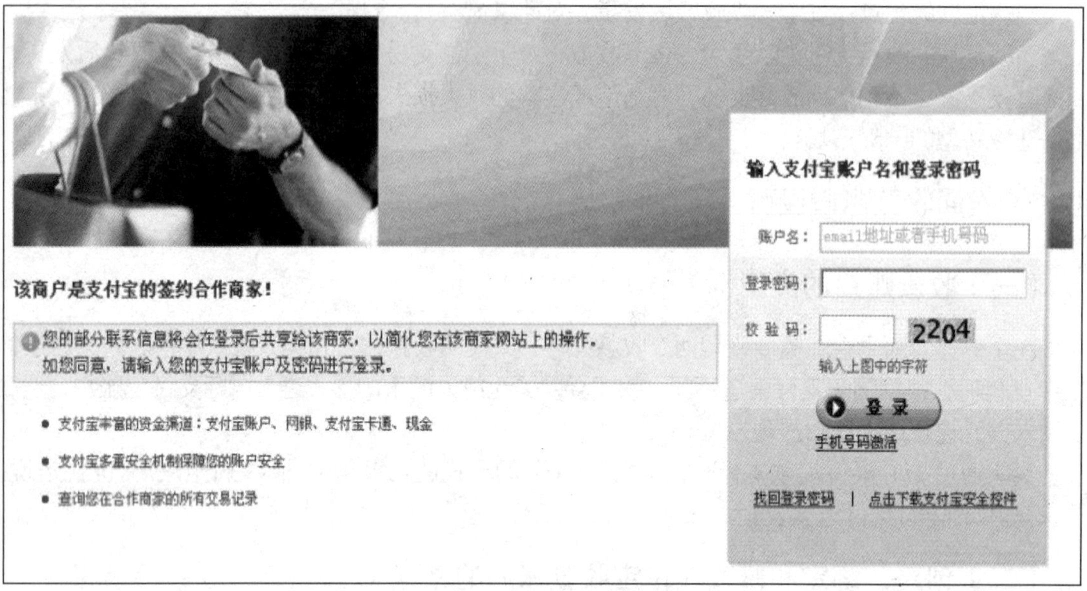

图 4-31

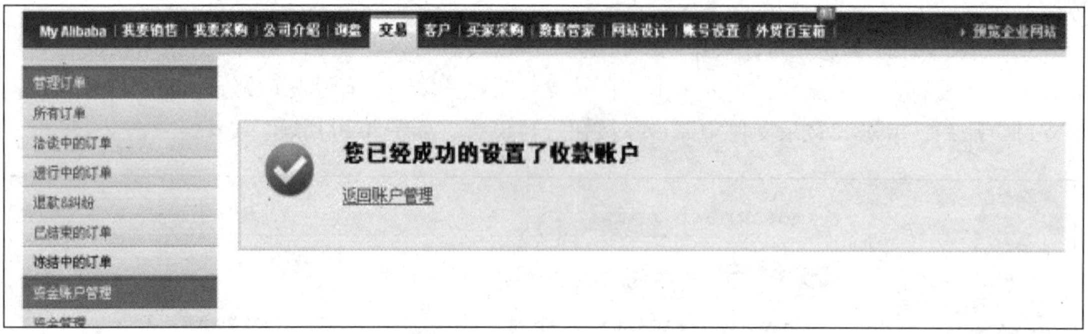

图 4-32

③ 如果此时还没有支付宝账户，可以单击“创建支付宝账户”按钮，填写相应信息，完成支付宝注册。输入注册信息时，要按照页面中的要求如实填写，否则会导致支付宝账户无法正常使用。单击“填写全部”可以补全信息。

（2）如果以前已经设置过支付宝收款账户，具体操作流程如下。

① 登录全球速卖通，单击“交易”进入“收款账户管理”界面，选择“人民币收款账户”。

② 因为已经设置过支付宝收款账户，可直接单击“确认为收款账户”按钮，将支付宝账户作为收款账户，如图 4-33 所示。

③ 单击“确认为收款账户”按钮后，支付宝即成为收款账户，如图 4-34 所示，以后的新订单款项都会进入支付宝账户中，以前的个人及公司账户将不再使用。

（3）如果需要修改已绑定的支付宝收款账户，具体操作流程如下。

① 在“收款账户管理”页面，单击“编辑”按钮，即提示“登入支付宝”，如图 4-35 所示，输入新的支付宝账户号码。

图 4-33

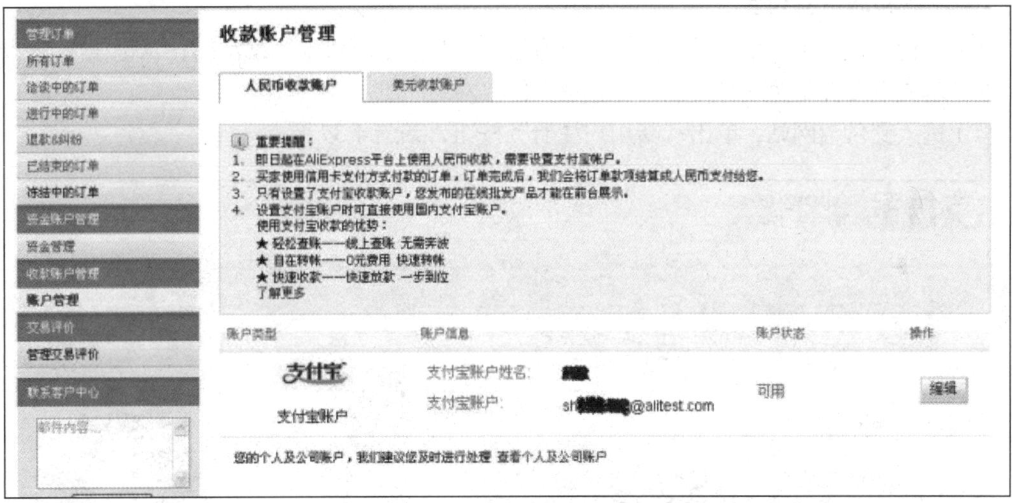

图 4-34

图 4-35

② 单击“登入支付宝”按钮，显示登录支付宝界面，依次填写“账户名”“登录密码”“校验码”等必填项，填写完毕后单击“登录”按钮。登录成功后，显示如图 4-36 所示的界面。

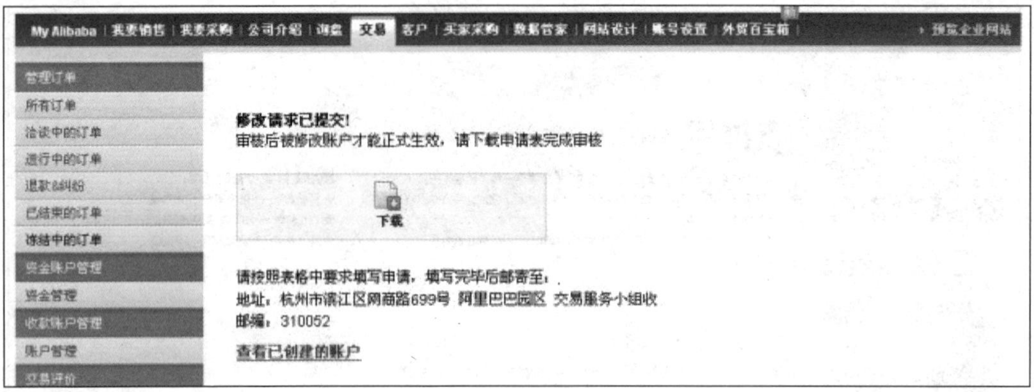

图 4-36

③ 同时填写账户修改申请表，请公司法人签字盖章后邮寄至阿里巴巴。阿里巴巴工作人员会在收到邮寄资料之后的 2 个工作日内完成审核。

（三）注册和激活支付宝，查询银行的 Swift Code

1. 注册和激活支付宝

注册支付宝账户可以采用以下两种注册方法：一是登录支付宝网站注册；二是在淘宝网站进行注册。本文主要介绍第一种方法——登录支付宝网站注册。

（1）进入支付宝网站，单击“新用户注册”按钮，如图 4-37 所示。

图 4-37

（2）可使用手机号码或 E-mail 注册，如图 4-38 所示。支付宝账户分为个人和公司两种类型，根据自己的需要慎重选择账户类型。公司类型的支付宝账户一定要有公司银行账户与之匹配。

图 4-38

（3）以使用 E-mail 注册为例。输入注册信息时，须按照页面中的要求如实填写，否则会导致支付宝账户无法正常使用。填写完成后单击“同意以下协议并提交”，如图 4-39 所示。

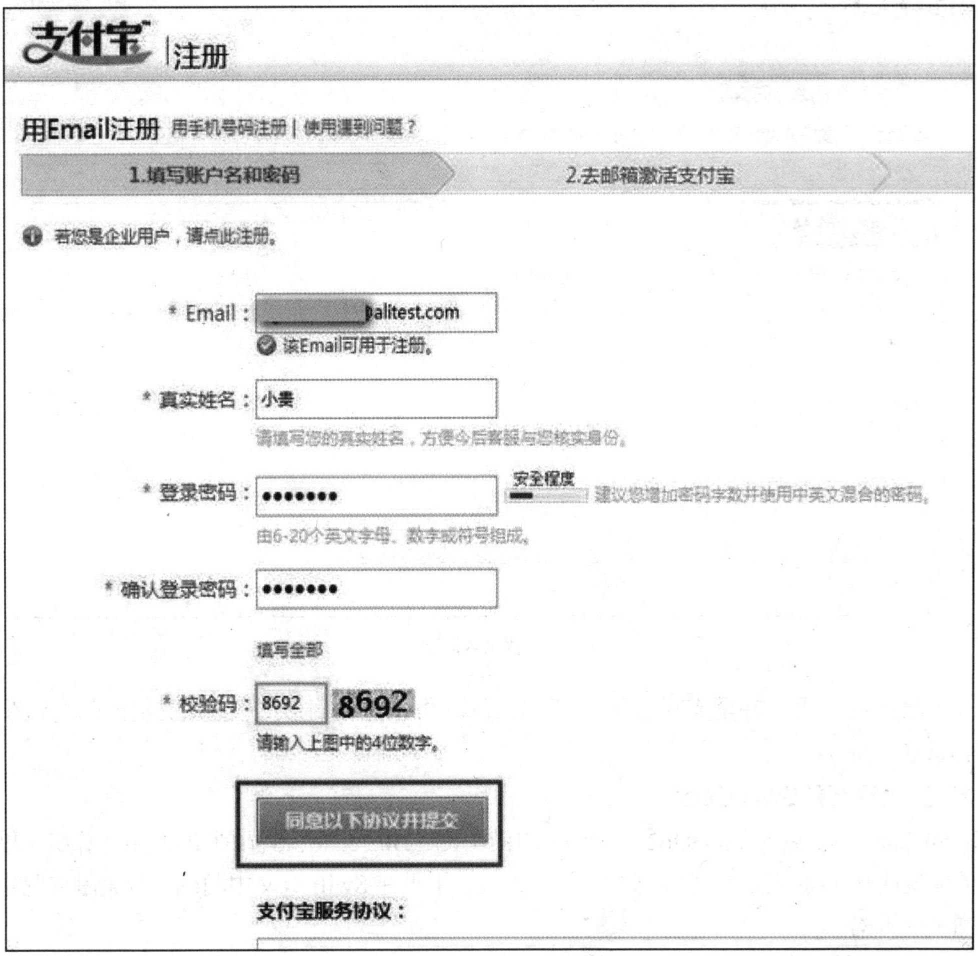

图 4-39

（4）进入邮箱查收激活邮件，如图 4-40 和图 4-41 所示。

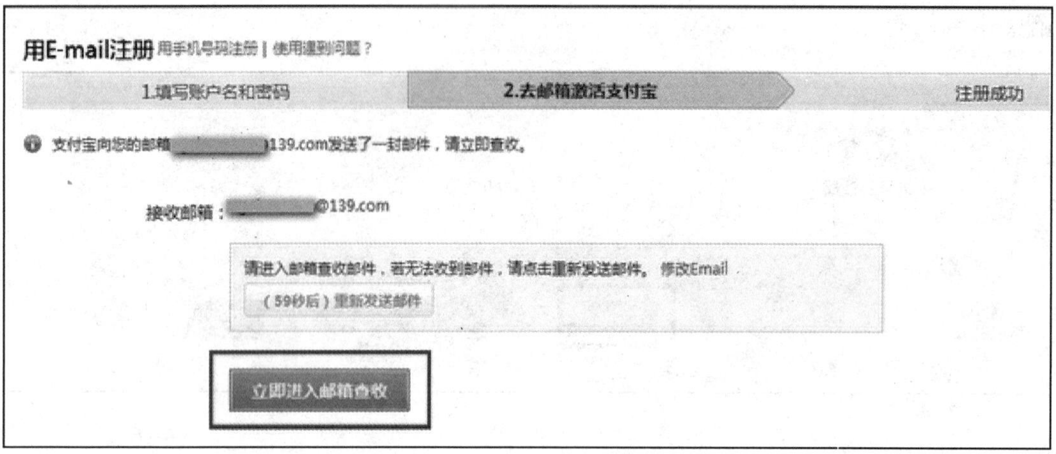

图 4-40

图 4-41

（5）激活成功后，补全支付宝账户基本信息就可以进行付款、充值的操作了，如图 4-42 所示。

2. 查询银行的Swift Code

Swift Code 其实就是 ISO 9362，也叫 SWIFT-BIC、BIC code、SWIFT ID，由计算机可以自动判读的 8 位或是 11 位英文字母或阿拉伯数字组成，用于在 Swift 电文中明确区分金融交易中相关的不同金融机构。

Swift Code 的 11 位数字或字母可以被拆分为银行代码、国家代码、地区代码和分行代码四部分。以中国银行上海分行为例，其银行识别代码为 BKCHCNBJ300，可拆分为：BKCH（银行代码）、CN（国家代码）、BJ（地区代码）、300（分行代码）。

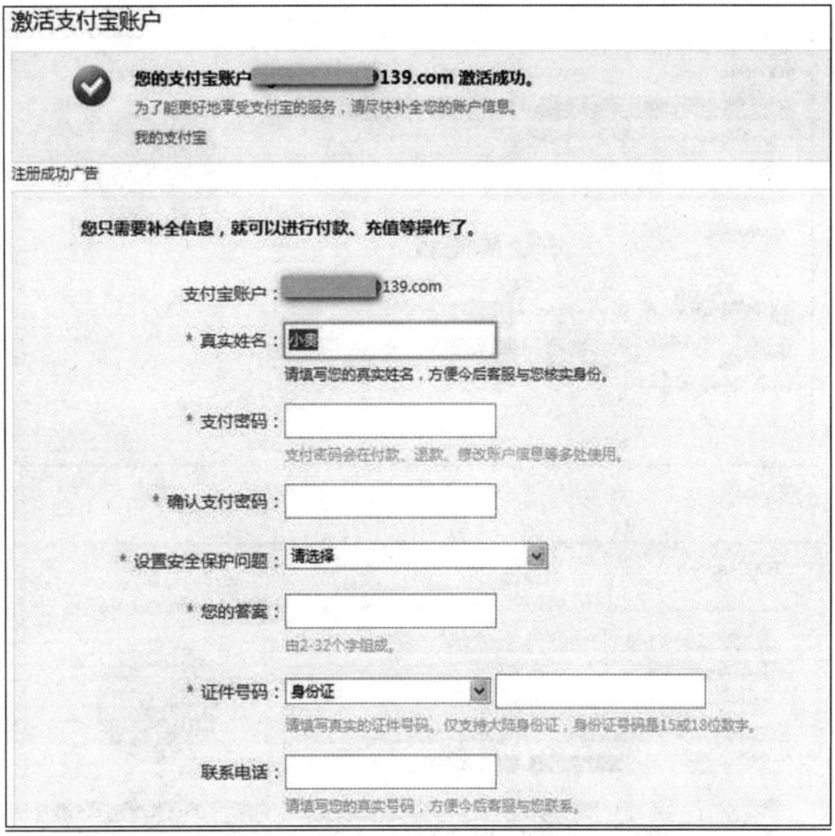

图 4-42

查询银行的 Swift Code 的方法如下。

（1）可以通过拨打银行服务电话和登录 Swift 国际网站两种方式来查询某个银行的 Swift Code。

（2）可以通过登录 Swift 国际网站查询页面来查询我国某个城市具体某家银行的 Swift Code。

知识链接

查询银行的 Swift Code，首先需要要知道具体某家银行的缩写统一代码。国内可以转账的银行统一代码是：

中国银行：BKCHCNBJ；中国工商银行：ICBKCNBJ；中国农业银行：ABOCCNBJ；中国建设银行：PCBCCNBJ；中国交通银行：COMMCN；招商银行：CMBCCNBS；民生银行：MSBCCNBJ；华夏银行：HXBKCN；工行国际借记卡：ICBKCNBJICC。

以中国银行上海分行为例，登录 Swift 国际网站查询页面后，根据提示填入查询的银行信息。在 BIC or institution name 中填入中国银行的统一代码：BKCHCNBJ；在 City 中填入要查询的城市拼音：shanghai；Country 选择 China；最后在 Challenge response 中填入所看到的验证码。完整填写需要查询的银行信息后，单击 Search 按钮，如图 4-43 所示。在系统显示的搜索结果中，就可以看到所要查询的银行 Swift Code 了，如图 4-44 所示。

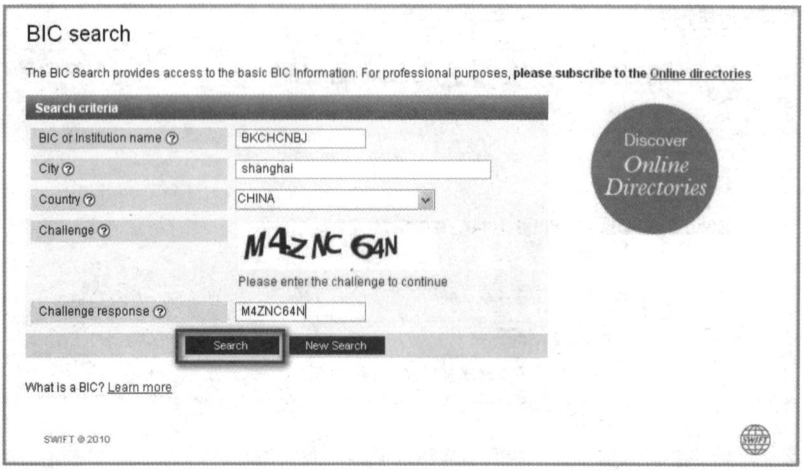

图 4-43

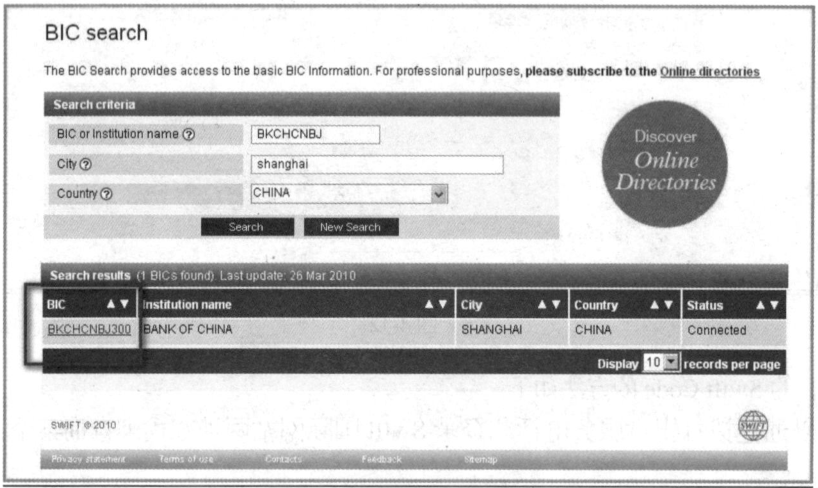

图 4-44

（四）支付宝账户认证流程

1. 个人支付宝账号认证流程

（1）登录个人支付宝账户，在“我的支付宝”首页，单击“申请认证”，如图 4-45 所示。

图 4-45

（2）进入支付宝实名认证的介绍页面，输入校验码，单击“立即申请”按钮，如图 4-46 所示。

图 4-46

（3）仔细阅读支付宝实名认证服务协议后，单击“我已经阅读并同意接受协议”按钮，如图 4-47 所示，进入支付宝实名认证页面。

图 4-47

（4）此时，有两种进行实名认证的方式可选，选择其中一种，单击“立即申请”按钮，如图 4-48 所示。

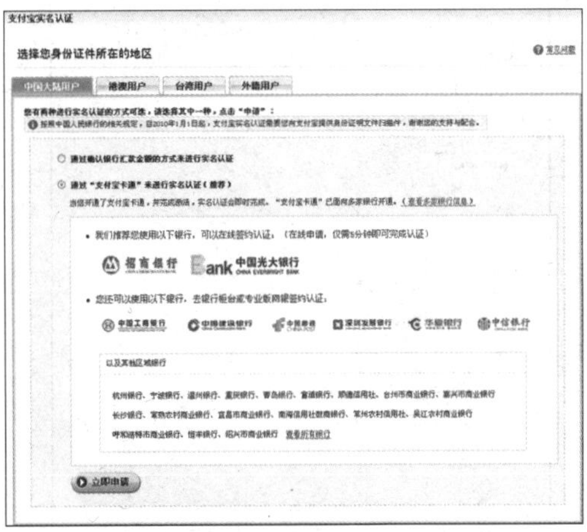

图 4-48

（5）正确选择身份证件所在的地区，完成支付宝实名认证。

2. 企业支付宝账号认证流程

（1）登录支付宝首页，找到认证入口，单击“申请认证”，如图 4-49 所示。

图 4-49

（2）填写认证信息，单击“继续”按钮，如图 4-50 所示。

图 4-50

（3）进入填写认证信息页面，正确填写公司名称、营业执照号和校验码，公司名称需与营业执照上的完全一致，单击“下一步”按钮，如图 4-51 所示，进入具体信息提交页面。

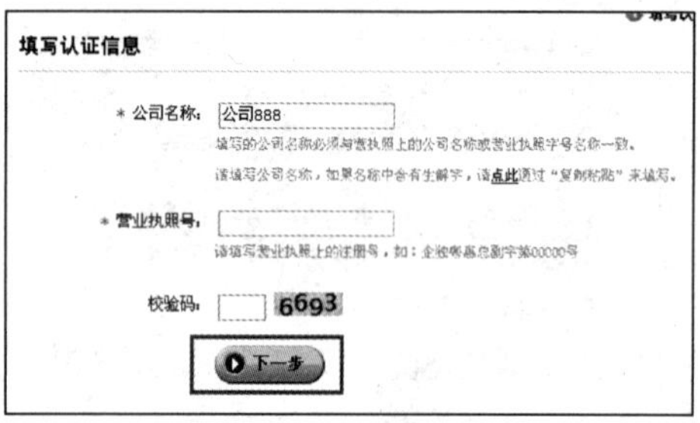

图 4-51

（4）如申请人不是公司法定代表人，需下载并填写委托书。组织机构代码、企业经营范围、企业注册资金、营业执照有效期可以选择填写，如图 4-52 所示。

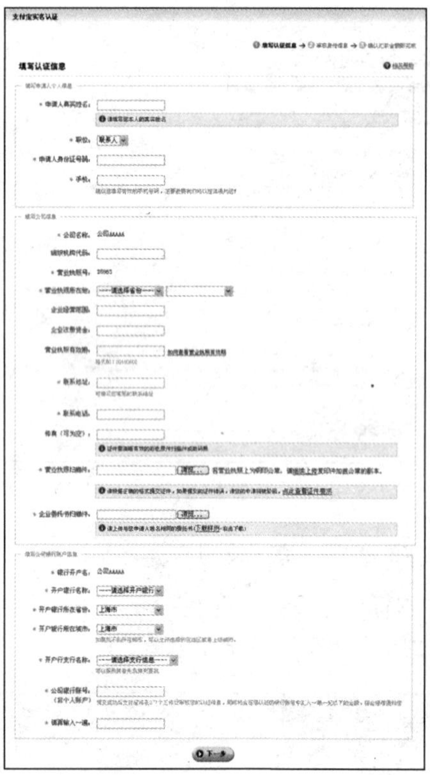

图 4-52

（5）核对提交的信息是否正确，如果出现错误则返回修改，如图 4-53 所示。

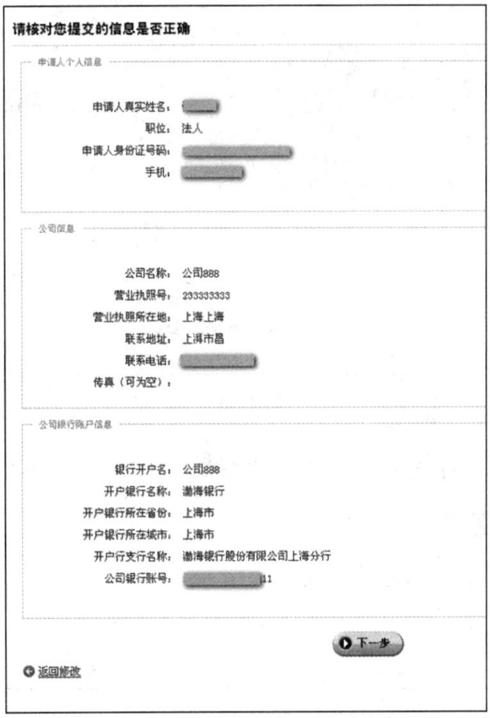

图 4-53

（6）确认所有信息无误后，单击“下一步”按钮，进入审核页面，审核次数为两次，如图 4-54 所示。

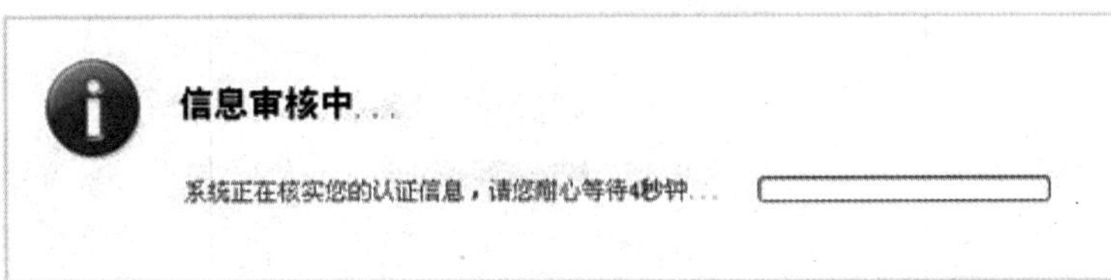

图 4-54

（7）信息审核成功后，等待客服人员对营业执照的审核，如图 4-55 所示。

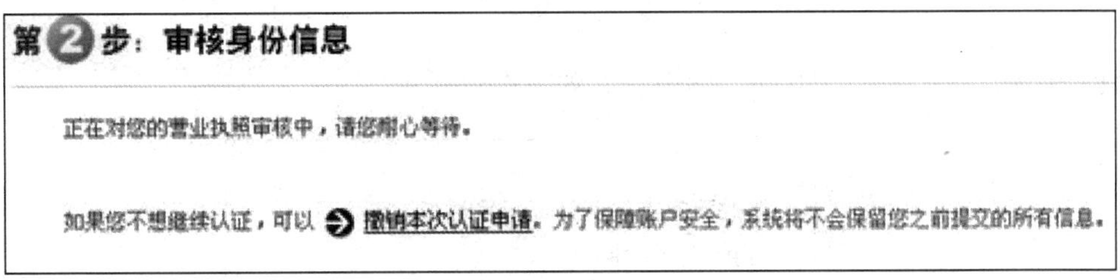

图 4-55

（8）商家所有信息被审核通过后，支付宝后台将在 1～3 个工作日内给新注册的支付宝银行卡打款，确认后继续操作，如图 4-56 所示。

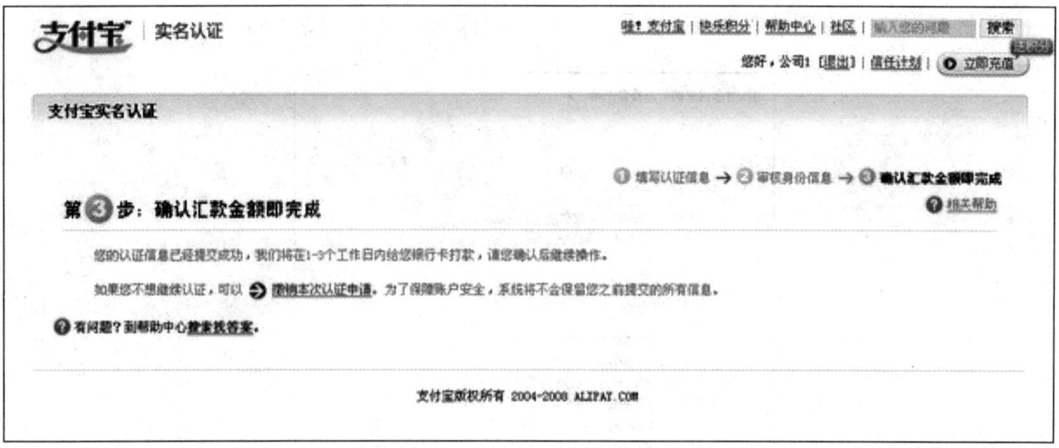

图 4-56

（9）确认支付宝给账户的打款金额，单击“继续”按钮，如图 4-57 所示。

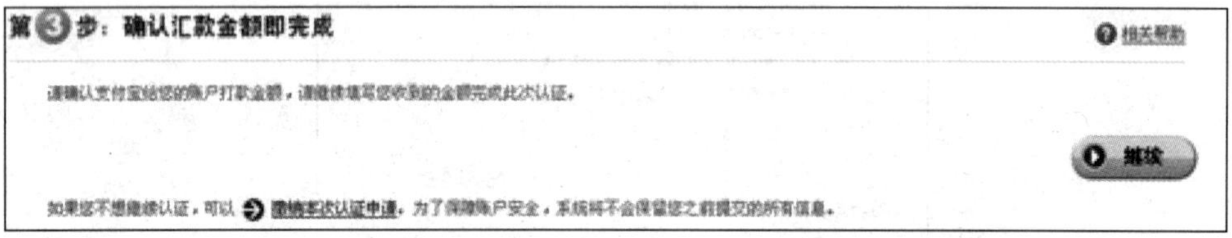

图 4-57

（10）进入填写金额页面，查询近期对公银行账户中支付宝打入的小于 1 元的金额，如图 4-58 所示。

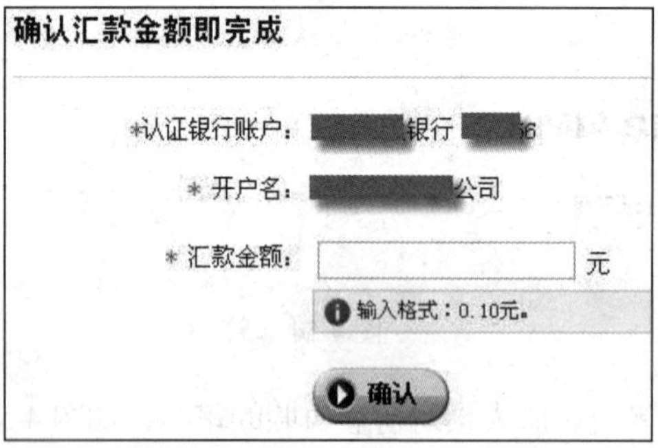

图 4-58

（11）确认金额成功后，即完成商家认证，如图 4-59 所示。

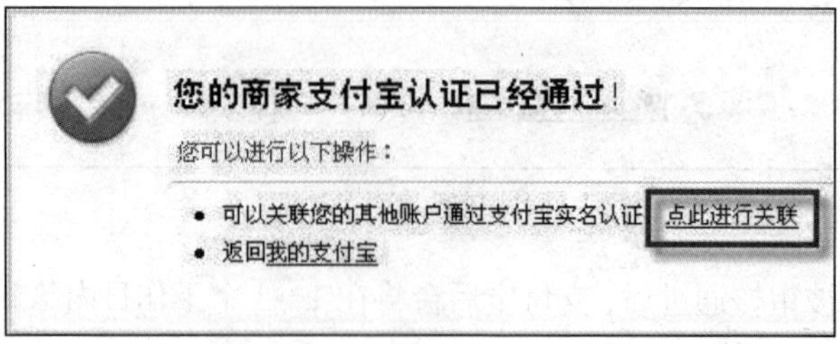

图 4-59

（五）创建美元收款账户

为了规避信用卡支付存在的拒付风险，目前全球速卖通平台为卖家开设了外币收款账户功能，主要用于收取买家用 T/T 银行汇款或其他支付方式支付的美元。目前外币收款账户的主要功能有美元收款账户管理、T/T 汇款和退款，卖家可以查看可提款资金、提款记录。

知识链接

美元提现手续费按提取次数计算（每笔 20 美元），建议卖家减少提款次数，当可提款资金累积到一定金额时再进行提现操作。

美元账户创建流程如下。

（1）中国供应商会员登录 My Alibaba，单击“交易”—“银行账户管理”，进入“收款账户管理”—“美元收款账户”界面，单击“创建美元收款账户”按钮；普通会员登录“我的速卖通”，单击“交易”—“银行账户管理”，进入“收款账户管理”界面，单击“创建美元收款账户”按钮，如图 4-60 所示。

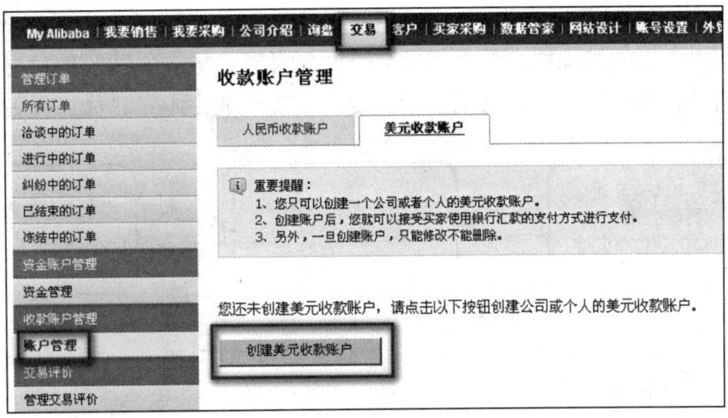

图 4-60

（2）单击进入新建美元收款账户页面之后，用户可以设置三个美元账户提现银行账号，美元账户提现银行账号需要区分是公司账户还是个人账户。

① 公司账户

第一，所有信息不要使用中文填写，否则将导致放款失败，从而产生重复的放款手续费损失；第二，设置的公司账户必须是美元账户或是能接收美元的外币账户；第三，在中国大陆地区开设的公司账户必须有进出口权才能接收美元并结汇；第四，使用公司账户收款的订单，必须办理正式报关手续，才能顺利结汇。

② 个人账户

第一，所有信息不要使用中文填写，否则将导致放款失败，从而产生重复的放款手续费损失；第二，创建的个人账户必须能接收海外银行（新加坡花旗银行）并且是公司对个人的美元打款；第三，个人账户收汇额度没有限制，年提款总额可以超过 5 万美元；第四，注意结汇需符合外汇管制条例。

（3）选择账户后，依次填写“开户名（中文）”“开户名（英文）”“开户行”“Swift Code”

“银行账号”等必填内容。填写完毕后，单击“保存”按钮。

（六）国际支付宝收款提现

国际支付宝提现无须申请，只要买家确认收货且货物妥投后，国际支付宝会直接将钱汇到卖家的国内支付宝账户或绑定的银行账户中。

买家通过信用卡支付时，卖家在收款时会出现两种货币收款情况：如果付款方式为“信用卡（人民币通道）”，款项会汇入阿里巴巴的担保账户，在买家确认收货并同意放款，物流信息显示妥投，该交易达到放款条件以后，国际支付宝会按照买家支付当天的汇率将美元转换成人民币支付到卖家的国内支付宝或银行账户中（特别提醒：速卖通普通会员的货款会直接支付到国内支付宝账户），具体流程如图 4-61 所示。

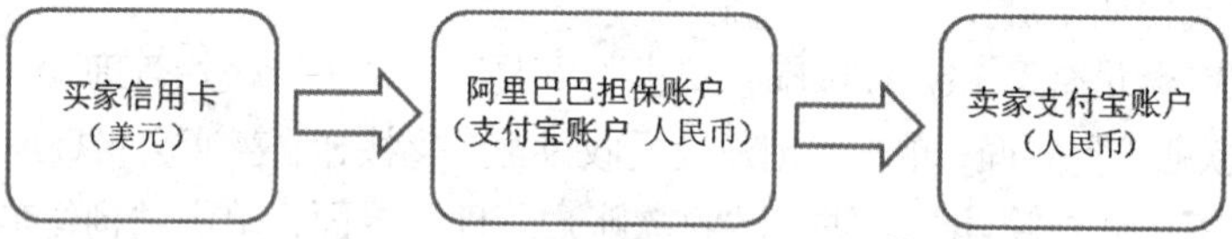

图 4-61

如果买家选择“信用卡（美元通道）”、T/T 银行汇款、西联汇款、Moneybookers、Bank Transfer 等，款项会汇入阿里巴巴的担保账户，在买家确认收货并同意放款，物流信息显示妥投，该交易达到放款条件以后，订单款项将会被放款到卖家支付宝美元账户中。具体流程如图 4-62 所示。

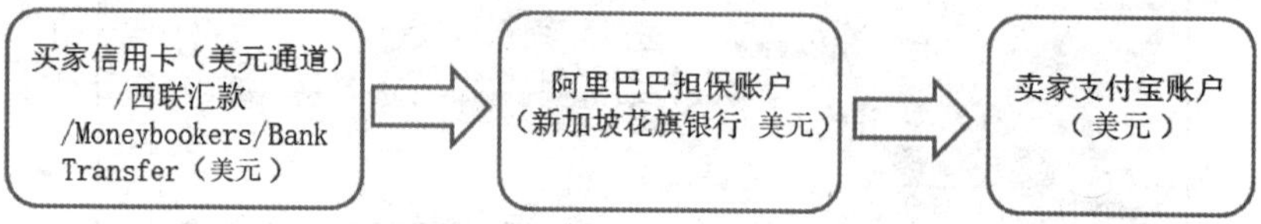

图 4-62

具体的提现流程如下。

（1）进入“我的账户”，查看可提现的人民币金额和美元金额，以及冻结的人民币金额和美元金额，如图 4-63 所示。

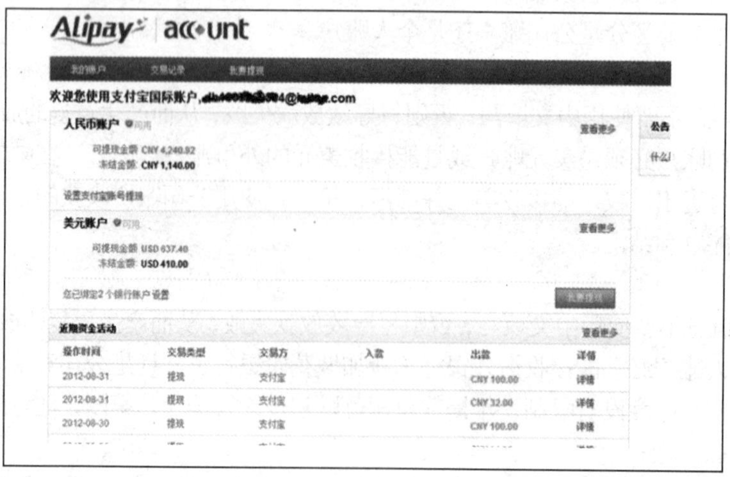

图 4-63

（2）单击人民币账户或美元账户对应的“我要提现”按钮，如图 4-64 和图 4-65 所示。

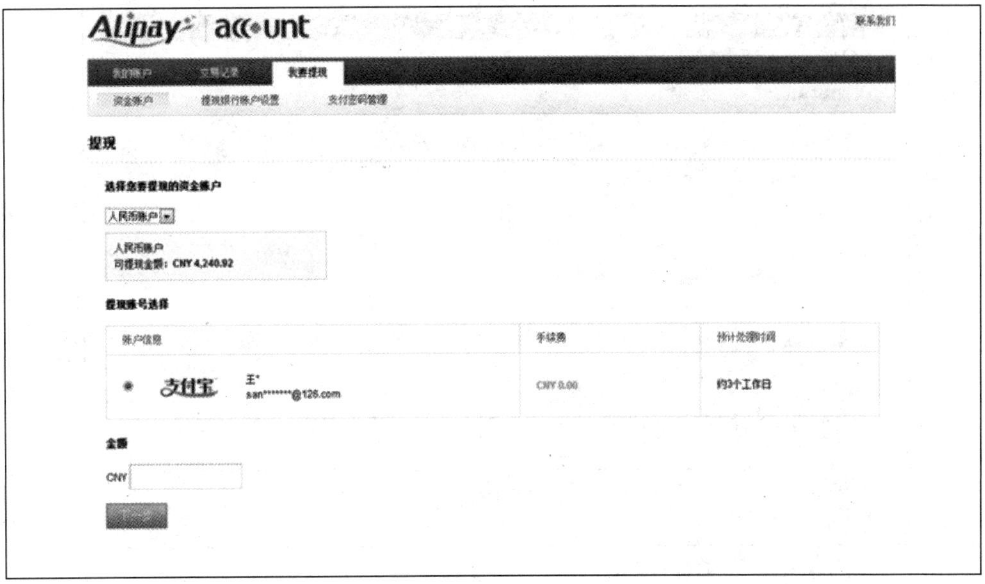

图 4-64

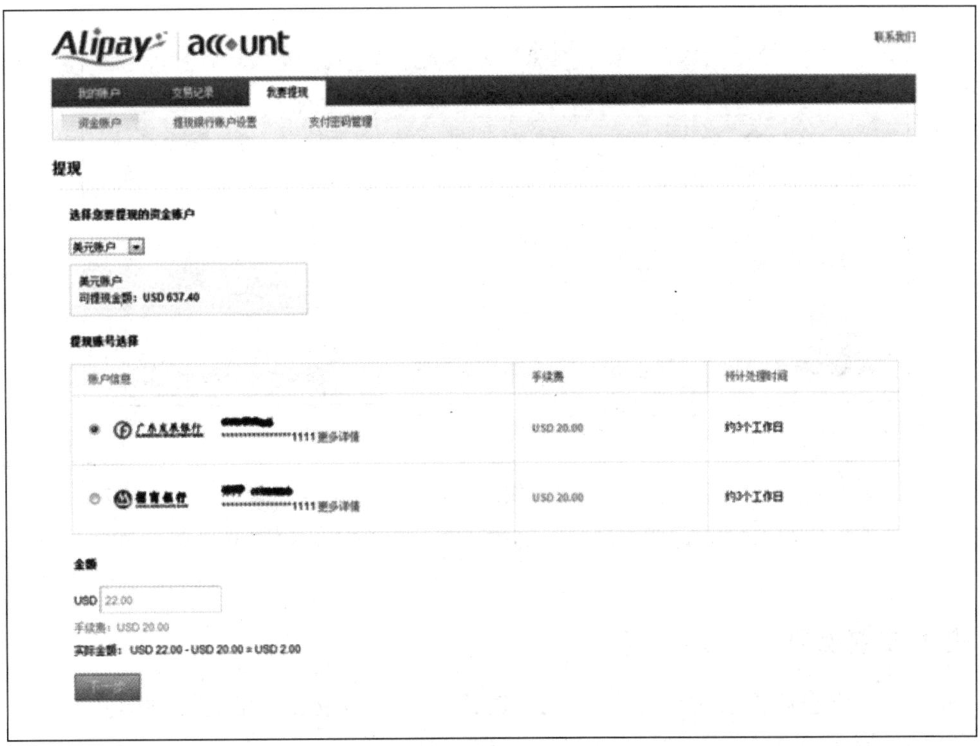

图 4-65

（3）输入要提现的金额，单击“下一步”按钮，到达提现信息确认页面。注意：由于每一次从美元账户提现都要交纳银行收取的 20 美元手续费，以及花旗银行要求到账金额必须大于 1 美元，所以美元提现金额必须大于 21 美元。从人民币账户提现不用交纳手续费，如图 4-66 和图 4-67 所示。

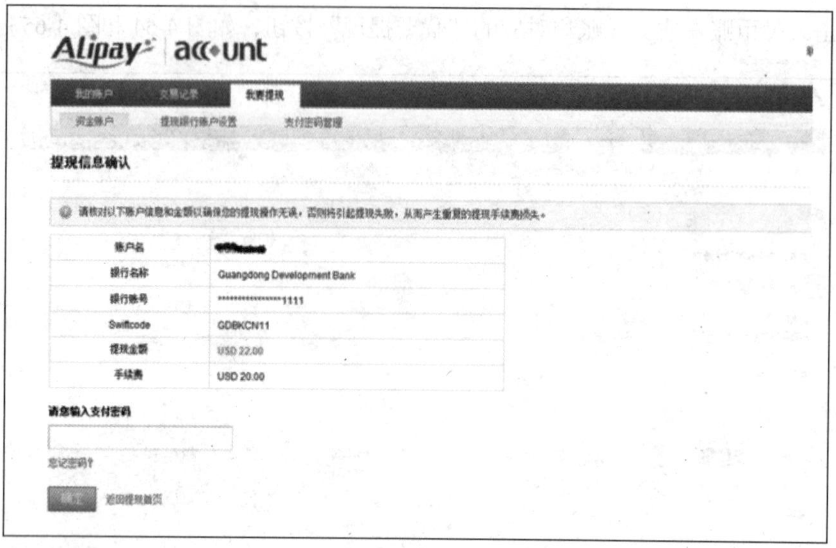

图 4-66

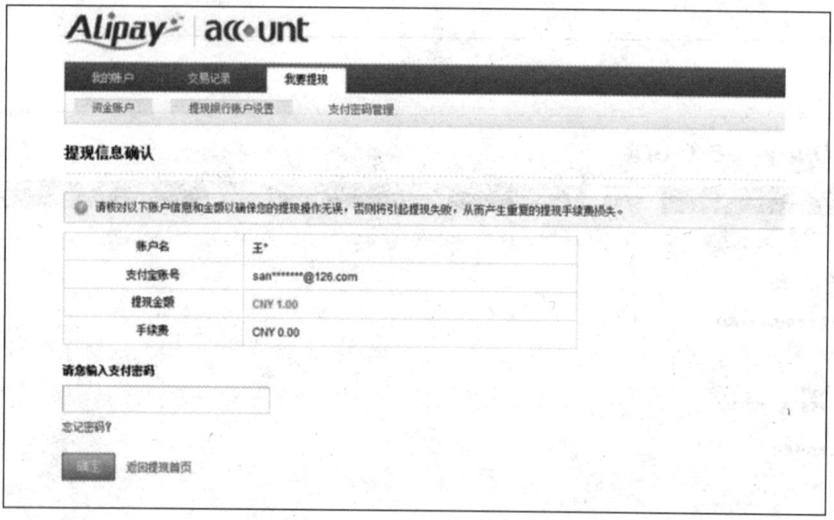

图 4-67

（4）确认提现信息后，输入支付密码，单击“确认”按钮，如果支付密码正确，系统将进行手机验证。系统会发送验证码到用户绑定的手机，用户输入正确的验证码后确认提交，即提现成功。

（七）放款规则

目前，阿里巴巴速卖通平台支持 EMS、DHL、UPS、FedEx、TNT、顺丰速运、邮政航空包裹 7 种物流运输方式。针对以上方式，放款规则如下。

（1）总则。在买家确认收到货物或买家确认收货超时情况下，系统会自动核实订单中所填写的货运跟踪号（以下简称“运单号”）是否正常、妥投地址是否与订单中的收货地址一致等信息。

如运单号通过系统审核，系统会自动将款项支付到卖家的相应收款账户中。

如运单号未通过系统审核，订单将会进入人工审核流程。

（2）人工审核规则。所有进入人工审核流程的订单，客服人员都会根据运单号的查询情况进行判断。目前主要有以下几种情况。

① 地址不一致（运单号妥投地址与买家提供的收货地址不一致）：客服人员会联系卖家，请卖家提供发货底单。

② 未妥投（订单中部分或全部运单号的查询结果未正常显示妥投）：客服人员会联系买家，核实买家是否已经收到货物，如买家表示收到货物，正常放款；如未收到，请卖家配合向快递公司进行查询。

③ 运单号无效（无法查询到该运单号的任何信息）：客服人员会联系卖家提供发货底单。

④ 货物被退回（运单信息显示货物已经被退回）：客服人员会联系卖家核实是否收到货物，并做退款处理。

（3）为了保证卖家能够及时收到货款，须注意以下几点：第一，尽量使用平台支持的货运方式，并在发货期内填写真实有效的运单号；第二，及时更新运单号。如运单号在货运途中发生变更，须及时更新；第三，卖家须配合服务人员提供相应的证明；第四，在买家确认收货或者确认收货超时，且货运信息正常的情况下，卖家会在3～5个工作日内收到相应的订单款项。

思考题

如果买家使用西联汇款或其他美元信用卡付款，速卖通卖家应该怎么收款？操作流程是什么？

五、国际支付宝

国际支付宝申请：如果速卖通用户已经拥有国内支付宝账户，只要直接登录“My Alibaba”后台（中国供应商会员）或“我的速卖通”后台（普通会员），管理收款账户，绑定国内的支付宝账户即可；如果还没有国内支付宝账号，可以先登录支付宝网站申请国内的支付宝账号，再绑定。绑定国内支付宝账户后，即可通过支付宝账户收取人民币。国际支付宝会按照买家支付当天的汇率将美元转换成人民币支付到卖家的国内支付宝或银行账户中。卖家还可以通过设置美元收款账户的方式来直接收取美元。

1. 国际支付宝与国内支付宝的区别

国际支付宝的第三方支付服务是由阿里巴巴国际站同国内支付宝联合提供的。全球速卖通平台只是在买家端将国内支付宝改名为国际支付宝。在使用上，只要有国内支付宝账号，无须再另外申请国际支付宝账户。

支付宝名称的变化对收款影响不大，但是需要理解国际支付宝是一种第三方支付服务，而不是一种支付工具。它的风控体系可以保护卖方在交易中免担信用卡盗刷的风险，而且只有当且仅当国际支付宝收到了买方的货款，才会通知卖方发货，这样可以避免买方在交易中使用其他支付方式导致交易欺诈。

扫一扫

2. 国际支付宝的支付方式

目前国际支付宝支持多种支付方式，如信用卡、T/T 银行汇款、Moneybookers、借记卡。

如果买家使用信用卡进行支付，资金通过美元通道结算，则平台会直接将美元支付给卖家；如果资金是通过人民币通道结算，则平台会将买家支付的美元转换成人民币支付给卖方。如果买家使用 T/T 银行电汇进行支付，平台会直接将美元支付给卖方。

3. 国际支付宝的收款限制

当买家使用信用卡支付时，所有的外币都将由中国银行按照买家支付当天的平均汇率直接转换为人民币，卖家收到的是人民币，因此没有 5 万美元的收款限制。如果设置了美元收款账户收取美元，使用公司账户收款时，卖家必须办理正式报关手续，并在银行端完成相关出口收汇核查、国际收支统计申报之后，才能顺利收汇、结汇；如果使用个人美元收款账户，会受到每年 5 万美元的限制。

4. 国际支付宝卖家保护指南

为了保护全球速卖通平台买卖双方交易的合法权益，让卖家能够更加放心和顺利地在速卖通平台完成交易，避免不必要的纠纷，支付宝特别推出《国际支付宝卖家保护指南》，当买家投诉货物没有收到或者收到货物与描述不符时，《国际支付宝卖家保护指南》可以协助和保护卖家在最短时间里解决纠纷。国际支付宝保护全球速卖通的卖家在全球速卖通平台上合法进行交易。

扫一扫

职业技能训练

一、单选题

1. 中国邮政小包的包裹重量一般不超过（　　）。

A. 1 千克　B. 2 千克　C. 30 千克　D. 70 千克

2. 中国邮政小包非圆筒货物长+宽+高不超过（　　），单边不超过（　　）。

A. 90 厘米　60 厘米　B. 100 厘米　50 厘米

C. 90 厘米　50 厘米　D. 100 厘米　60 厘米

3. 国际 e 邮宝单件最高限重（　　）。

A. 1 千克　B. 2 千克　C. 30 千克　D. 70 千克

4. 国际 e 邮宝非圆筒货物单件邮件的最小尺寸，长度不小于（　　），宽度不小于（　　）。

A. 90 厘米　60 厘米　B. 100 厘米　50 厘米

C. 90 厘米　50 厘米　D. 100 厘米　60 厘米

5. EMS 寄送每票只能走一件，单件货物不超过（　　）。

A. 1 千克　B. 2 千克　C. 30 千克　D. 20 千克

6. 下面（　　）的跨境货物可以发 e 邮宝物流。

A. 美国　B. 新西兰　C. 冰岛　D. 南非

7. 下面（　　）不能发中国邮政小包。

A. 衣服　B. 鞋子　C. 带有电池的玩具　D. 游泳护臂

8. 速卖通平台不能卖（　　）产品。

A. 衣服　B. 手机　C. 邮票　D. 玩具

9. 速卖通美元账户一年的收款限额为（　　）。

A. 2 万美元　B. 5 万美元　C. 5 万元人民币　D. 无限额

10. 速卖通卖家必须提取大于（ ）的款项，才可以成功提取。
A. 15 美元 B. 20 美元 C. 21 美元 D. 无限额

二、多选题

1. 对于卖家，支付宝的安全交易流程包括（ ）。
A. 发布商品 B. 收到银行收款通知
C. 收到支付宝收款通知，及时给买家发货 D. 支付宝打款给卖家，交易成功
2. 使用 Trade Manager，能发送（ ）。
A. 产品图片 B. 报价单 C. 合同 D. 产品样品实物
3. 阿里巴巴国际站会员可以对 Trade Manager 的聊天记录进行（ ）。
A. 浏览 B. 查询 C. 编辑 D. 删除
4. 卖家若想收到美元，则买家可以选择（ ）支付方式。
A. Moneybooks B. T/T C. Paypal D. VISA
5. 以下（ ）提供收件人签收信息。
A. e 邮宝 B. 速邮宝 C. e 特快
D. EMS E. 邮政挂号小包 F. 邮政平邮小包

三、判断题

1. 重量在 2 千克以内的小包可以叫作中国邮政小包。（ ）
2. 中国邮政小包可以寄送文件。（ ）
3. 一般情况下，e 邮宝比邮政小包快，比 EMS 慢。（ ）
4. 国际 e 邮宝、e 特快、e 速宝都是 EMS 旗下的产品。（ ）
5. 选择跨境物流渠道需要根据目的地、货物的重量、货物的性质、对货物的时效要求、清关要求等进行选择。（ ）
6. 速卖通平台可以随便卖食品类的产品。（ ）
7. 跨境物流可以有很多选择，如中国邮政小包、e 邮宝、DHL 等，卖家可随便选择使用哪种物流方式。（ ）
8. 采取 T\T 付款、Moneybooks 等，卖家收到的货币是人民币。（ ）

四、能力拓展题

【工作任务 1】调研电子产品、服装、家具、运动器材四类产品的包装尺寸、物流方式与物流费用。

【工作任务 2】上海徐汇区张小姐主营时尚配件产品，近日接到价值 24 美元的速卖通订单（20 副耳坠，产品规格 25 克/副），张小姐为了让客户能够快速收到产品，决定将货物用 EMS 发往英国，货代给出的折扣为四七折，请据此计算为该笔订单张小姐预计支付货代运费是多少元？（英国物品类首重 280 元，续重 75 元。）

【工作任务 3】西班牙客人在某知名服装定制品牌网站定制了一件衬衫，包装重量为 450 克，包装尺寸为 20/10/8，选择 UPS 商业快递邮寄。请据此计算运费。UPS 报价：中国到西班牙的报价为 230 元/0.5 千克，货物重量每增加 0.5 千克，运费增加 62 元。

【工作任务 4】上海辉达进出口贸易有限公司物流包装部处理完订单将包裹交付货代处。其中两个包裹的重量分别为 6.14 千克和 3.89 千克，前者发往美国加利福尼亚州，后者发往美国华盛顿。

据此分别计算EMS运费（折扣：五二折，美国物品类首重240元，续重75元）。

【工作任务5】俄罗斯客户在速卖通店铺买了2个人造水晶项链，重量为15克/条，纸箱为10克，若采用邮政小包运输，请计算运费（见表4-5）。

表4-5

代码	国名	计费区	资费标准（元/千克）	挂号费
RB	日本	1	62.00	8
HG	韩国	2	71.50	8
DG9	德国	3	89.00	8
ELS	俄罗斯	11	96.3	8

【工作任务6】美国客户从速卖通店铺买了一副太阳眼镜，包装后重量为0.15千克，若选择国际e邮宝运输，请计算运费（见表4-6）。

表4-6

<table>
<tr><td>处理费/件</td><td colspan="2">7元/件</td></tr>
<tr><td>包裹运费/克</td><td colspan="2">0.08元/克（起重60克）</td></tr>
<tr><td rowspan="2">上门揽收费/次</td><td>少于5件</td><td>5件及以上</td></tr>
<tr><td>5.00元</td><td>免收</td></tr>
<tr><td>挂号费/件</td><td colspan="2">免</td></tr>
<tr><td>退还费/件</td><td colspan="2">免</td></tr>
</table>

【工作任务7】设置一个只使用中国邮政挂号小包的运费模版。要求：1. 新增运费模板；2. 全部红标热门国家包邮，其余国家按标准运费收取50%；3. 承诺到货时间设置为1区39天、2区39天、3区35天、4—10区55天。

【工作任务8】按要求设置一个1千克的运费模板。1. 中国邮政包：1—5区免运费，6—9区为标准运费并给予正确的运费折扣，10区不发货；2. EMS：1—8区按照标准运费的4折收取，9区不发货。

【工作任务9】创建人民币收款账户及美元收款账户。

项目五 跨境电商营销推广

学习目标

【知识目标】

了解现有跨境电商营销模式、速卖通店铺自主营销、平台活动、联盟营销的含义与主要形式。

【能力目标】

1. 能够制订营销方案，进行推广并根据店铺和产品的流量表现情况调整营销策略；
2. 能够设置速卖通店铺自主营销活动、平台活动、联盟营销、直通车，并利用搜索引擎推广、视觉营销等营销推广方法推广店铺，并达到一定推广效果；
3. 掌握速卖通店铺限时限量折扣、满立减、全店铺打折与店铺优惠券活动四种自主营销的设置和展示规则、创建操作流程；
4. 掌握速卖通平台活动、直通车与联盟营销等的创建与设置操作流程。

项目引入

“三分长相七分打扮”恰到好处的店铺营销活动能获得客户信赖。卖家开展速卖通营销推广活动是为了让买家更便捷快速地找到他需要的产品，引入流量、提高销量。销量=流量×转化率，要想提高销量，就必须引流，并且提高转化率，而引流的前提是曝光，在速卖通平台就表现在如何合理使用橱窗推荐位、参与平台产品推荐活动、利用联盟营销/国外的行业论坛等社会化的方式推广自己的店铺商品。

思考题

请问，速卖通卖家该如何提高流量与转化率？

任务一 跨境电商营销模式

一、电子邮件营销

电子邮件营销（E-mail Direct Marketing，EDM）是在客户事先许可的前提下，通过电子邮件的方式向目标客户传递价值信息的一种网络营销手段。电子邮件营销有三个基本要素：客户许可、电子邮件传递信息、信息对客户有价值，三个要素缺一不可。电子邮件营销是利用电子邮件与受众客户进行商业交流的一种直销方式，同时也广泛应用于网络营销领域。电子邮件营销是网络营销手法中最古老的一种。穷游网是目前国内最大的旅游信息分享社区之一。它建立了区别于传统在线旅游商业形态中“人一产品”的单一模式，巧妙搭建了“人一网站产品一人”产品服务生态，通过邮件营销的方式与客户进行交流，发展了成一个具有一定规模盈利的公司。

二、搜索引擎营销（SEO）

搜索引擎营销（Search Engine Optimization）是指利用搜索引擎、分类目录等具有在线检索信息功能的网络工具进行网站推广的方法。SEO 从网站结构、内容建设方案、客户互动传播、页面等角度进行合理规划，使网站更适合搜索引擎的索引原则的行为，从而从搜索引擎中获得更多的免费流量。使网站更适合搜索引擎的索引原则又被称为对搜索引擎优化，对搜索引擎优化不仅能够提高SEO的效果，还会使搜索引擎中显示的网站相关信息对客户更具有吸引力。搜索营销能够告知客户在购买周期内关注的细节是什么，以及如何把握这些细节。如能在营销活动中提高与客户的信息传达能力，并且时刻优化这些信息，让市场营销人员和客户保持互动循环，就能对销售产生实际的促进作用。

美国联合航空公司（United Airlines）充分利用搜索营销手段，在消费者做出机票购买决策前就与之充分互动，将消费者最想预先知晓的机票信息做最有效的传达，在广告预算没有增长的情况下，搜索营销产生的销售业绩增长超过两倍。在 2007 年第一季度，通过调研获知，有 65%的消费者在做出旅行决定前，会进行至少 3 次搜索；有 29%的消费者会进行 5 次以上的搜索。而用户关注的信息主要体现在三个层面：价格、服务和关于航空公司的详细信息。因此，针对这三个层面的信息，美联航空分别对关键词的选择以及结果的呈现方式做了优化，使消费者在决策前知晓相关的信息，从而带动了机票的销售。

三、社交媒体营销

“社交”即“社会上人与人的交际往来”，是指人们运用某种方式来传递信息、交流思想，以达到某种目的而开展的活动。显然，人类的社交活动具备了扩散某件事情的能力，如果这件事情恰好是关于某个商品的，也就成了企业所期望的“营销”或“推广”行为，正所谓“口口相传”。如果有人能有意识地利用他人的社交活动开展营销活动，就形成了所谓的“社交化营销”。“社交化营销”的本质就是“基于社交关系开展的营销”，也就是“社交媒体营销”。

与搜索引擎、电子邮件等营销方式相比，社交媒体营销以信任为基础的传播机制以及用户的高主动参与性，更能影响网民的消费决策，并且为品牌提供了大量被传播和被放大的机会。社交媒体用户黏性和稳定性高，定位明确，可以为品牌提供更细分的目标群体。社交媒体营销的市场仍在不断扩大，它不再是朋友们共享的场所，而成为一种全新的商业竞争模式。

四、名人效应营销

名人效应营销是指利用名人作为营销手段帮助企业做宣传来推动产品销售的营销方式。

重庆奥妮百年润发的营销活动就是一个很成功的名人效应营销案例。“百年润发”电视广告品牌形象的独特定位、商业性和文化气质的完美结合，带给消费者心灵上的震撼，堪称是具有中国特色的广告经典之作。百年润发的成功不仅归功于该广告的广告主题和广告定位准确，很大程度上离不开它的代言人的选取成功。

五、视觉营销

视觉营销是一种营销方法，更是一种可视化的视觉体验。为便于理解，我们称之为通过视觉的冲击和审美视觉感观提高客户（潜在的）兴趣，以达到产品或服务推广的目的。

例如，大众汽车在 Facebook 上为品牌曾经的“光辉岁月”创建了可视化的时间轴，品牌拥趸们在大众汽车发展史中徜徉时，会对这家始于 1938 年的德国汽车公司有更深入的了解。当读者滚动时间轴时，他们将会见证大众汽车最初的沃尔夫斯堡工厂的建立，参与大众汽车突破百万生产量的庆典，如图 5-1 所示。这种方式不仅有趣，而且是一个适用于所有受众的策略，能最大限度地加强产品（或服务）与消费者之间的联系，最终实现销售（购买）。

图 5-1

任务二 跨境电商营销活动

一、店铺自主营销活动

店铺自主营销活动是与无店铺营销活动相对应的概念，它是指在固定的营业场所进行商品的销售和服务的提供以获取利润的活动。对于线上销售模式而言，固定的营业场所特指固定的电子商务平台。不同的平台有不同的规则，卖家首先要遵循规则，然后需要掌握营销技巧。利用好技巧可以使店铺经营非常轻松。例如，在店铺运营过程中，可以通过购物篮管理快速解决盈利障碍，并有效提高经营业绩。在运营整顿上，购物篮管理与时效管理紧密关联。

时效指的是店铺在单位营业时间内每小时所产生的销售额。例如，店铺一天的正常营业时间是 24 小时，假设每天销售额是 24 000 元，则平均每小时的效率是 1 000 元，即时效为 1 000 元；当日时效最低时段（扣除晚上休息时段）就是店铺需要整改的地方。在整顿店铺的过程中，时效是非常有效的整顿依据，通过时效表现，我们可以分析出单个时间段内的客单分布状况，从而推断出店铺每日的淡旺场时段。购物篮管理是通过分析客户群构成状况来采取对口的营销措施，简单来说，我们可以根据最后成交的销售品类再结合消费时间来确定每个时间段消费群体的构成。

二、平台活动

不同的平台会针对不同的受众群体适时推出不同主题的促销活动，卖家应该密切关注所在平台所举办的各种活动，如团购、VIP 惠售、发行优惠券、节假日促销等，此时，卖家可以利用一些活动低价出售库存，在消化库存的同时为自己的店铺带来人气。因此，卖家应该掌握好节奏，在适当的时候参与适当的特卖活动。一般来说，这样的方法不太会损害卖家的信誉、形象，也不容易影响与批发商的关系。

三、直通车

P4P（Pay for Performance）广告是按照单击收费的广告模式，当买家搜索一个关键词时，设置了该关键词推广的商品就会在相应的展示位上出现，当买家单击了所推广的商品时，系统才会对广告主进行扣费，这就是典型的单击付费广告。

通过直通车卖家可以自主设置多维度关键词，免费展示产品信息，通过大量曝光产品来吸引潜在买家，并按照点击收费的全新网络推广方式，让广告主在推广与成交之间畅通无阻，迅速获得切实的推广效果。

直通车可以在短时间内提高曝光度、流量和交易量，不过直通车花费高，一般小卖家负担不起。同时，也有可能花了钱没效果，这需要卖家做好心理准备。

四、联盟营销

联盟营销即网络联盟营销，是一种按营销效果付费的网络营销模式，是指商家利用专业联盟营销机构提供的网站联盟服务拓展其线上及线下业务，扩大销售空间和销售渠道，并按照营销实际效果支付费用的新型网络营销模式。商家通过联盟营销产生一定的收益后才有必要向联盟营销机构和会员支付佣金。因为这种方式是无收益无支出、有收益才有支出的营销，所以联盟营销也被公认为最有效、低成本、零风险的营销模式。

联盟营销的三要素包括广告主、联盟会员和联盟营销平台。广告主按照联盟营销的实际效果向联盟会员支付合理的广告费用，以节约营销开支，提高营销质量；联盟会员是通过网络联盟营销平台选择合适的广告主并通过播放广告主广告提高收益，同时节约销售费用，把网站访问量变成收益。

联盟营销的形式有以下三种：①按单击数付费：联盟网络营销管理系统记录每个客户在联盟会员网站上单击链接商家网站的文字或者图片的次数，商家按单击数来支付广告费。②按引导数付费：访问者通过联盟会员的链接进入商家网站后，若填写并提交了某个表单，管理系统就会给这个联盟会员提供一个对应的引导记录，然后商家就会按引导记录数给会员付费。③按销售额付费：指通过联盟会员的链接发展的客户在商家网站上产生了实际的购买行为后，商家才给联盟会员付费，一般是设定一个佣金比例。

任务三　速卖通营销推广

一、店铺自主营销

目前，速卖通的自主营销工具包括限时限量折扣、全店铺打折、全店铺满立减活动和店铺优惠券活动。

限时限量折扣是由卖家自主选择活动商品和活动时间，设置商品折扣率及促销数量的店铺营销工具。利用不同的折扣推新品、造爆品、清库存，是卖家最爱的一款工具。

全店铺打折是一款可根据商品分组对全店商品批量设置不同折扣的打折工具，可帮助卖家在短时间内快速提高流量和销量。

全店铺满立减活动是由卖家在自身客单价基础上设置订单满一定金额系统自动减一定金额的促销规则，这是一款可刺激买家多买，提高客单价的店铺营销工具。

店铺优惠券活动是由卖家自主设置优惠金额和使用条件，买家领取后在有效期内使用的优惠券，可以刺激新买家下单和老买家回头购买，提高购买率及客单价。

扫一扫

（一）限时限量折扣

设置限时限量折扣的具体操作如下。

【Step 1】登录用户后台，进入“营销中心”，单击“店铺活动”，选择“限时限量折扣”，然后单击“创建活动”，如图 5-2 所示。

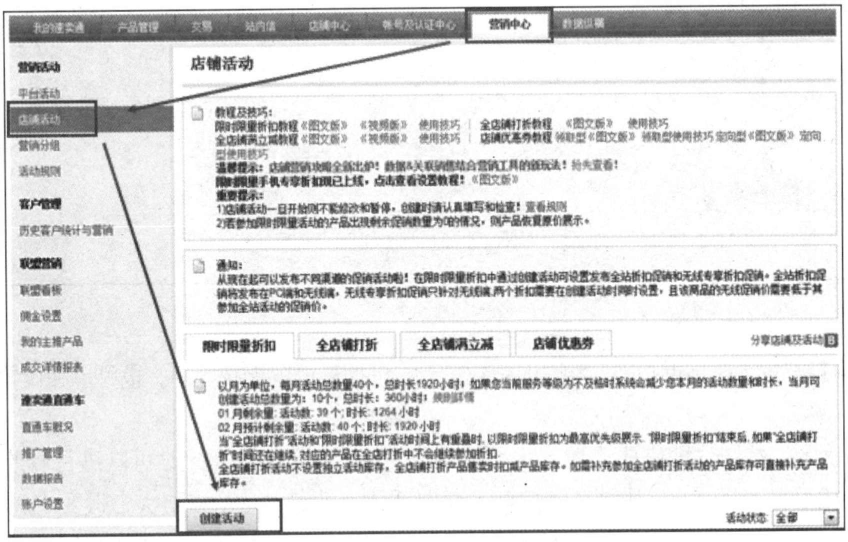

图 5-2

【Step 2】进入“创建店铺活动”页面，如图 5-3 所示。活动开始时间为美国太平洋时间，打折商品 12 小时后展示给买家，卖家应提前 12 小时创建好活动。

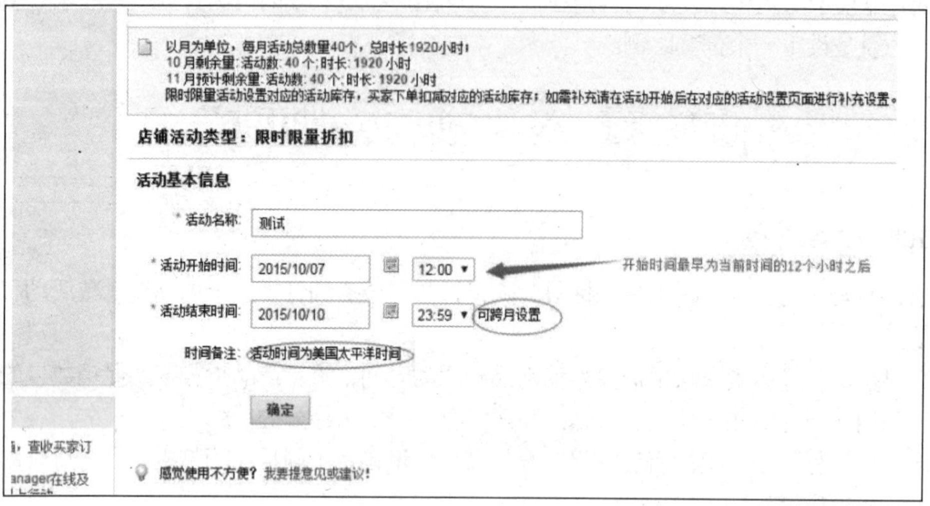

图 5-3

【Step 3】创建好店铺活动后，选择参与活动的商品，每个活动最多只能选择 40 个商品，如图 5-4 所示。

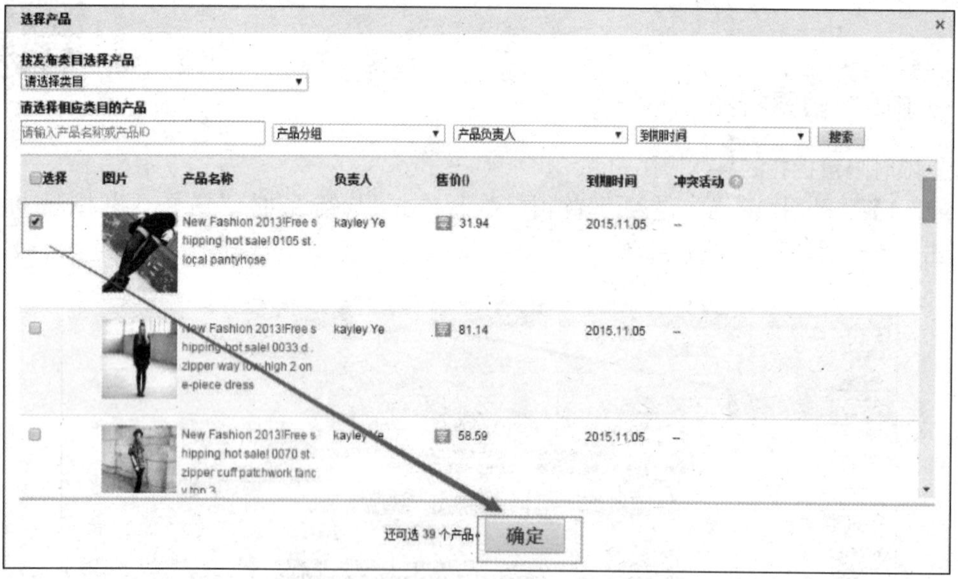

图 5-4

【Step 4】设置“商品折扣率”和“促销数量”，可批量设置折扣库存，也可单独设置，如图 5-5 所示。

单击“确定”按钮后即完成设置，活动将处于“未开始”状态，此时可以进行修改活动时间、增加和减少活动商品等操作。活动在开始前 6 小时将进入审核状态，活动状态将变成“等待展示”，活动开始后将处于“展示中”状态。“等待展示”和“展示中”状态下的活动商品信息不可编辑，活动也不可停止，如图 5-6 所示。

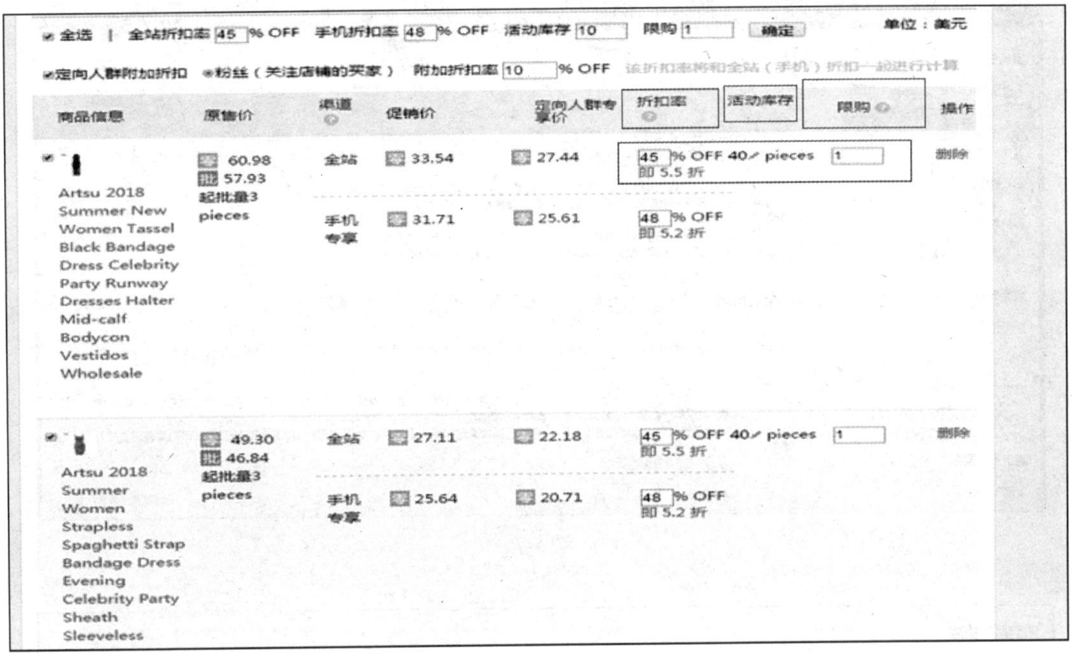

图 5-5

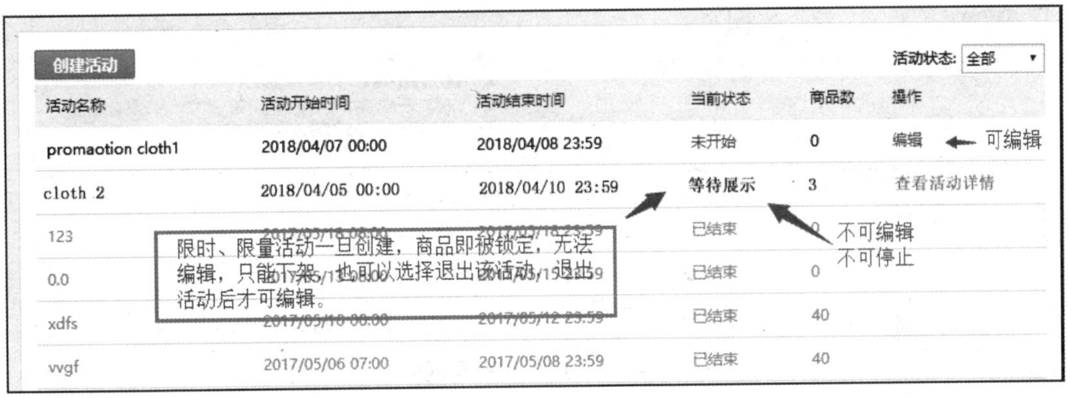

图 5-6

（二）全店铺打折

全店铺打折的适用时间：平台大促销期间，借平台大量引流的力量，提高自身店铺竞争力；多款新品上市，换季时节，全店铺打折既可以提高新品销量又可以对过季商品进行清仓。

设置全店铺打折的具体操作流程如下。

【Step 1】登录“我的速卖通”，进入“营销中心”，在“店铺活动”中选择“全店铺打折”，单击“Greate Promotion”，如图 5-7 所示。

【Step 2】填写活动基本信息。卖家需提前 48 小时创建活动，活动开始和结束时间必须在同一个月，但可提前创建下一个月的活动，如图 5-8 所示。

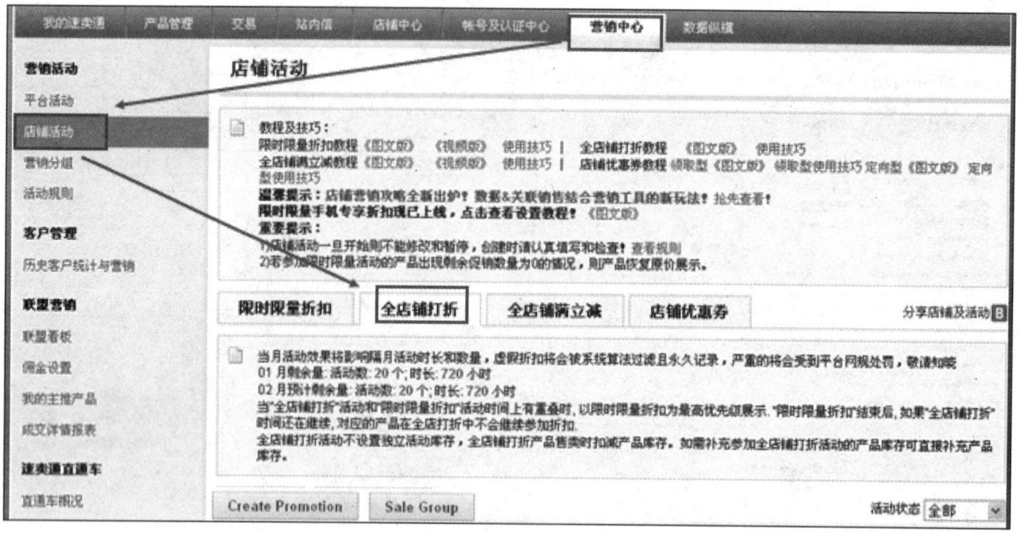

图 5-7

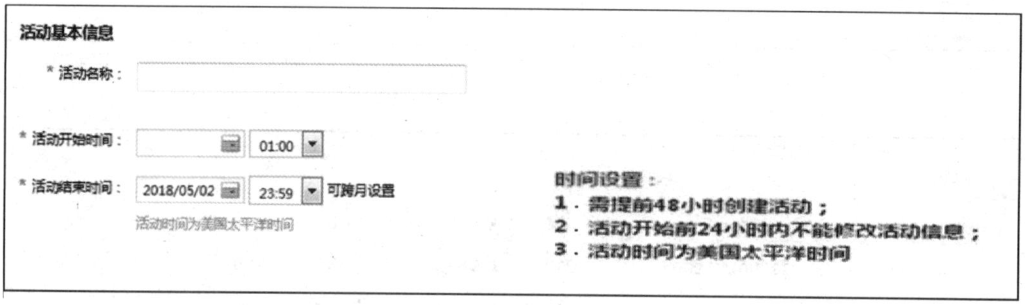

图 5-8

知识链接

全店铺打折活动设置规则

1. 月初是活动数量最少的时候，卖家应该抓住机会，提前设置好月初开始的活动，争取更多曝光和订单。

2. 如果卖家选择了当月的最后一天做活动，需要将活动开始时间设为活动前一天的 23:00，否则该活动会在最后一天的 0 点结束。

3. 全店铺打折活动持续时间不宜过长，一般在 7 天之内结束较为合适。

活动规则填写样例如图 5-9 所示。

特别提示：

（1）当活动处于“等待展示”和“展示中”状态时，活动商品不能被编辑，折扣信息也不能被修改。活动开始前的 24 小时活动将处于“等待展示”状态。

（2）当“全店铺打折”活动和“限时限量折扣”活动时间有重叠时，以限时限量折扣为最高优先级展示。例如，商品 A 在全店铺打折中的折扣是 10% off（即 9 折），在限时限量折扣中是 15% off（即 85 折），则买家页面上展示的是 15% off 的限时限量折扣。

图 5-9

（三）全店铺满立减活动（Fixed Amount Off）

全店铺满立减活动每月可设置 3 次，共 720 小时，活动在设置 48 小时后生效。

全店铺满立减活动可以作为店铺常规活动、长期活动，刺激买家多买，提高客单价，但必须配合使用“关联商品”工具，方便买家快速找到关联商品；可在做“限时限量折扣”或“全店铺打折”活动时，配合折扣刺激买家多买。

设置全店铺满立减活动的具体操作流程如下。

【Step 1】登录用户后台，进入“营销中心”，单击“店铺活动”后，在“店铺活动”中选择“全店铺满立减”，开始创建活动，如图 5-10 所示。

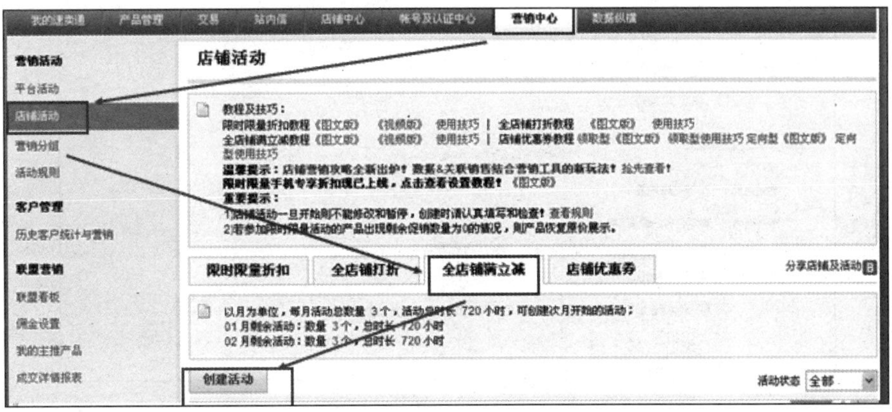

图 5-10

【Step 2】填写活动基本信息，如图 5-11 所示。

注意：时间不能跨月，并且需提前 48 小时创建活动。

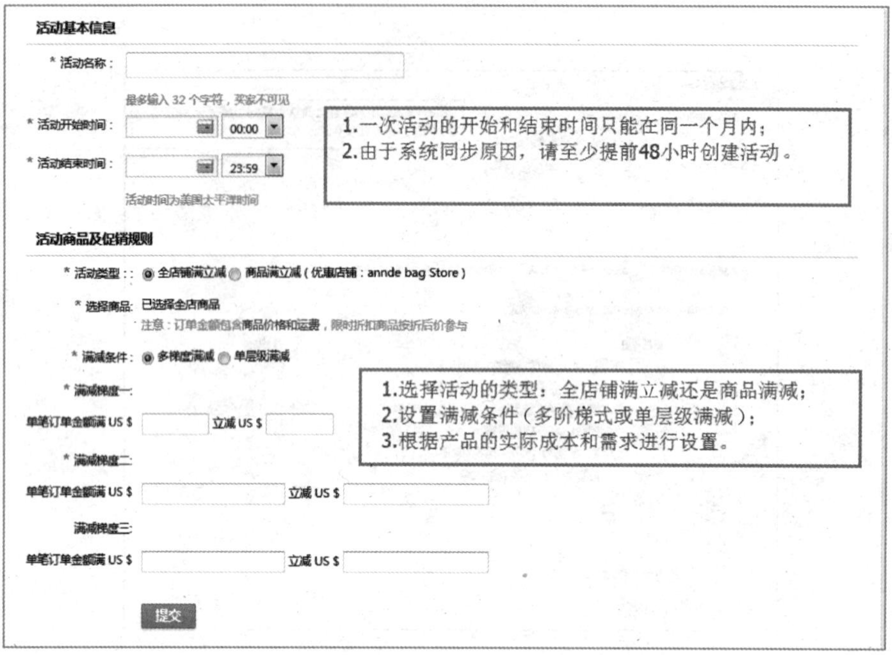

图 5-11

【Step 3】填写促销规则。注意，折扣和满立减的优惠是可以叠加的，设置时一定要考虑折上折的利润问题，填写范例如图 5-12 所示。

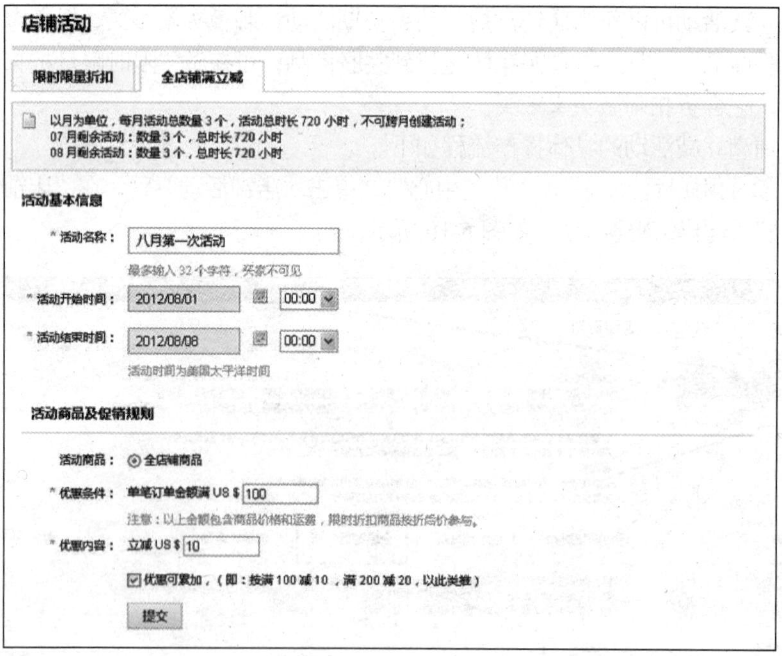

图 5-12

特别提示：当活动处于“等待展示”和“展示中”状态时，活动信息不能被修改。活动在开始前的 24 小时将处于“等待展示”状态，此时与折扣商品不同，满立减活动中的商品信息可以被编辑修改。

（四）店铺优惠券活动

设置店铺优惠券活动的具体操作流程如下。

【Step 1】登录用户后台，进入“营销中心”，在“店铺活动”中选择“店铺优惠券”，开始创建活动，如图 5-13 所示。每月共有 5 场活动，活动开始和结束时间必须在同一个月内，但是可以提前创建下一个月活动。卖家可提前 48 小时创建活动，在活动开始前可关闭活动，在活动开始后则无法修改和关闭。

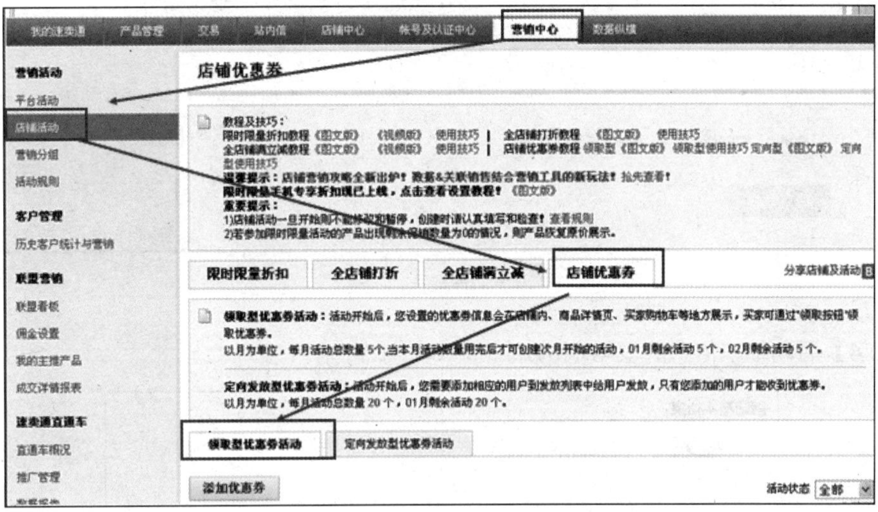

图 5-13

【Step 2】填写活动基本信息。活动开始和结束时间表示买家可领取优惠券的时间，如图 5-14 所示。买家可使用该优惠券的时间在“优惠券使用规则设置”中的“有效期”中设置。例如，活动时间为 12 月 14 日至 12 月 31 日，有效期为 7 天，买家在 12 月 21 日领取优惠券，领用后可立即使用，最晚使用日期为 12 月 28 日。

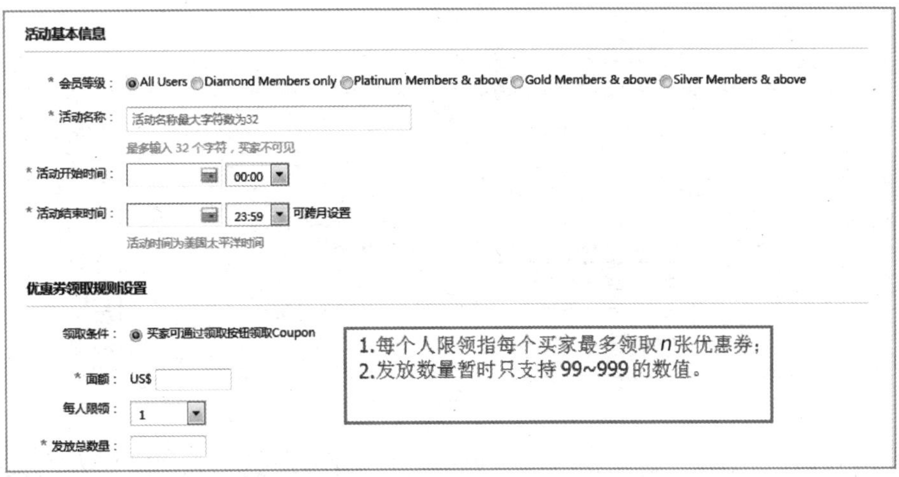

图 5-14

【Step 3】优惠券的使用规则设置如图 5-15 所示。

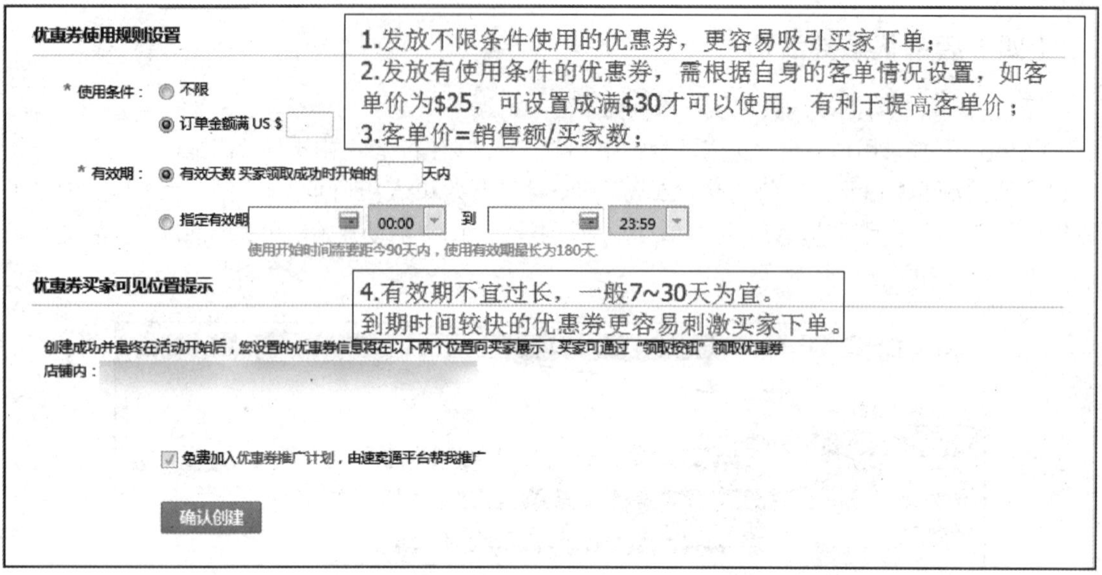

图 5-15

【Step 4】活动基本信息的填写范例如图 5-16 所示。

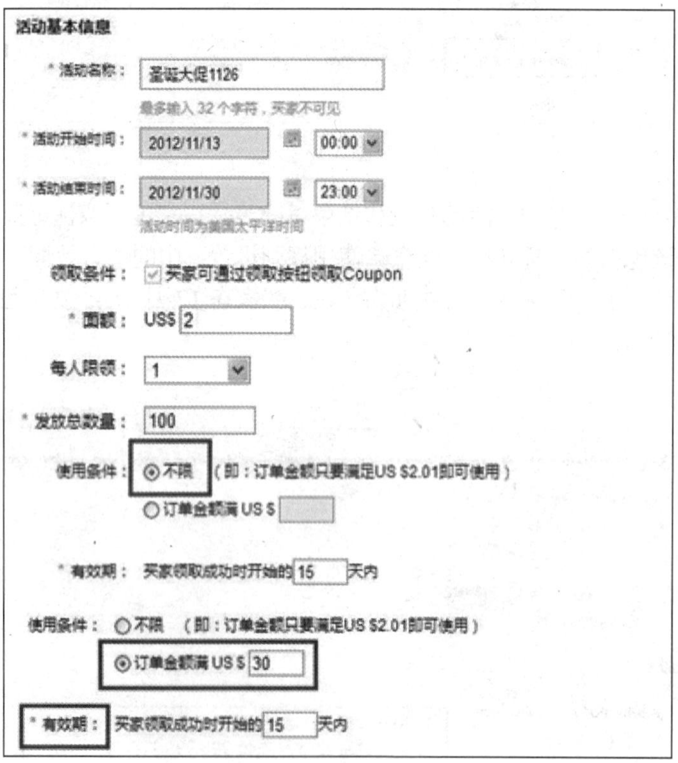

图 5-16

活动一旦生效，卖家应立刻将店址链接发给老买家，让老买家最先抢到优惠券。买家领取优惠券的页面如图 5-17 所示。

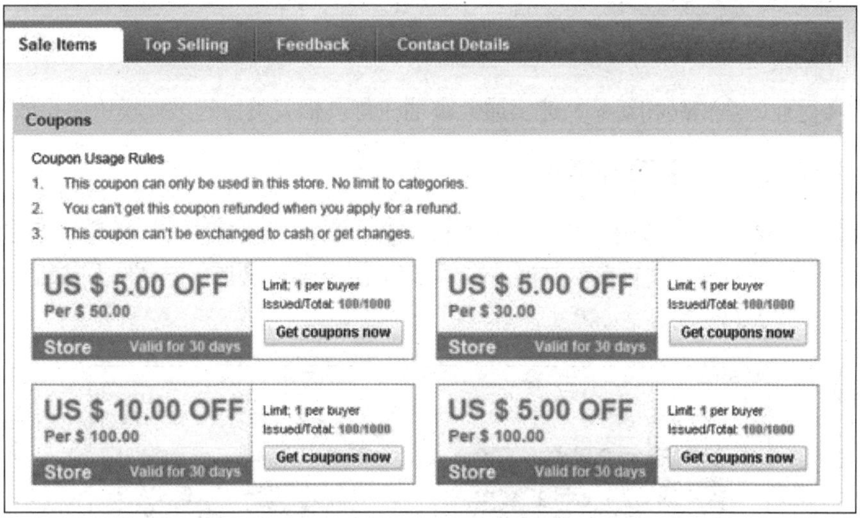

图 5-17

二、平台活动

平台活动是速卖通面向卖家推出的免费推广服务，是速卖通效果最明显的营销利器之一，它能快速实现店铺的高曝光量、高点击量、高转化率等一系列目标。所以，平台活动这一营销利器对于店铺发展十分重要。

目前，速卖通的平台活动主要有 Superdeals（秒杀）、团购、行业 Hot&New、行业 Sales 主题频道等，每个活动都有不一样的规则和效果。

（一）Superdeals（秒杀）

平台的秒杀活动根据工作日和周末又细分为 Daily Deals、Weekend Deals 等。Superdeals 的入口在买家首页非常明显，如图 5-18 所示。

图 5-18

（二）团购

速卖通平台针对主要国家市场，会陆续开放单独的国家团购页面，如现在已经开放的俄罗斯团购、巴西团购，还有即将开放的美国团购等。针对单一国家的团购活动，是打开这些国家市场非常好的敲门砖。

（三）行业 Hot&New

针对不同行业的热销品和新品，速卖通会定期在首页相关类目的推广模块中投放资源。

（四）行业 Sales 主题频道

对于周年庆、情人节、“双十一”等各类节日，速卖通也会及时推出针对相关主题的促销活动，如图 5-19 所示。对于大多数电商网站来说，首页会不断地更新和改版，但是作为网站大广告横幅的位置，往往不会有大的变动。

图 5-19

要做好平台活动，卖家可以先到后台了解活动的报名条件，从而更容易有针对地选择和完善能满足相应指标的产品，并不断为将来的平台活动做准备。

特别提示：平台活动不是想报名就可报的，有条件限制，当卖家服务等级是优秀时，可优先参加平台活动；此外，即使报名成功也未必可以生效，有报名竞争；卖家报名参加平台活动时，需要提供较大的折扣，因此在前期产品定价时需慎重。

平台活动报名流程如下。

【Step 1】登录速卖通后台，进入“营销中心”，单击“平台活动”，找到报名入口，选中“可参加的活动”，单击“我要报名”按钮，如图 5-20 所示。

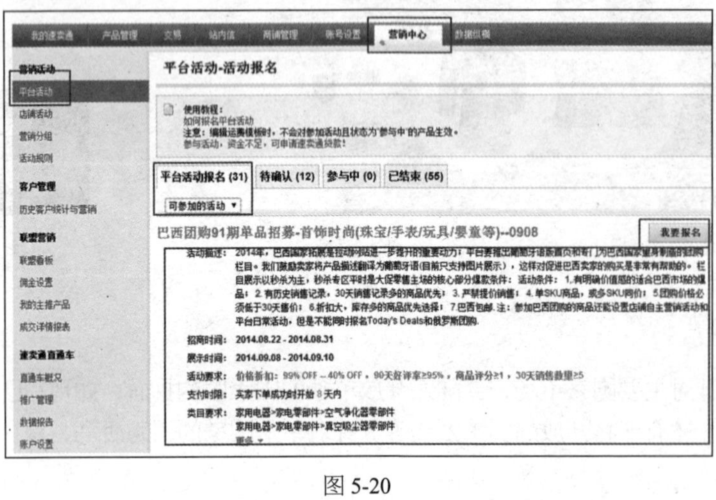

图 5-20

【Step 2】根据提示单击“选择产品”，出现如图 5-21 所示的界面，通过“按发布类目选择产品”浏览可以参选的产品。出现在列表中的产品都是符合基本条件的产品，在其右侧的方框内打钩即可选中。勾选好所有产品之后，单击“确定”按钮。

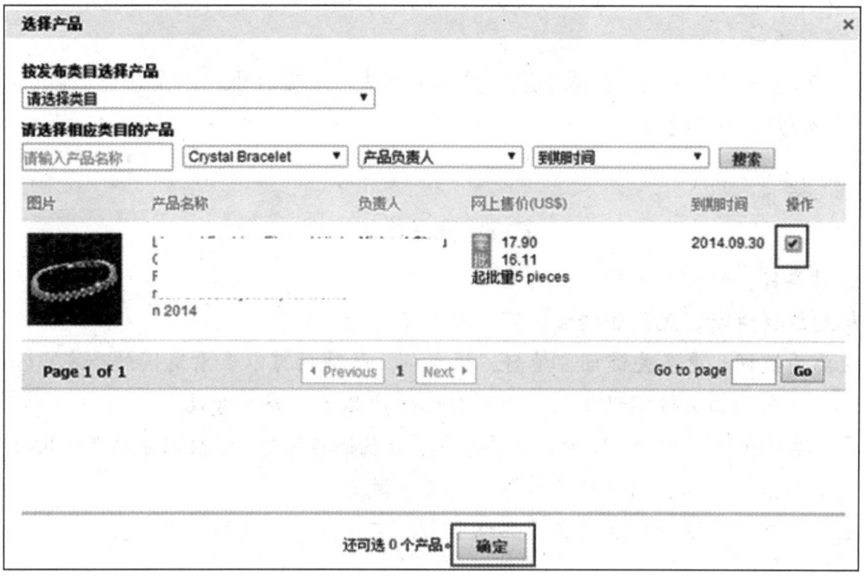

图 5-21

【Step 3】选择产品的折扣力度、库存以及限购数量，如图 5-22 所示，折扣范围必须满足 99%OFF～40%OFF，活动库存必须≥200，否则系统会报错提示修正。限购是指当前客户 ID 以该折扣能买到的最大组数，卖家应按照自身的承受能力填报折扣和库存。选择完毕之后，单击下方的“确定”按钮。

图 5-22

【Step 4】此时会弹出确认信息对话框，单击“确认”按钮即可完成报名。完成报名之后，可以查看所有已经报名的平台活动，有些平台活动在报名之后，在产品被锁定之前允许修改库存和折扣等数据，有些不行，具体得看活动的类型和规则。报名成功后需要等待审核，不管是否入选，速卖通平台都会发邮件通知。

三、直通车

速卖通直通车是速卖通平台会员通过自主设置多维度关键词，免费展示产品信息，通过大量曝光产品来吸引潜在买家，并采取点击付费的全新网络推广方式。如果卖家想在短期内收到好效果，就可选择直通车。

那么直通车应该怎么开通呢？速卖通经验卖家认为：“要在保证产品优化好的前提下，再开通直通车，不然就是浪费钱。”

知识链接

怎样将商品优化好

（1）选对类目，错放类目后果很严重。

（2）标题逻辑清晰，无语法错误，不要乱加不相干的词汇。

（3）主要关键词、更多关键词要填好，填大词。稀缺词可以多看看国外杂志、Google 新品介绍，发现介绍新品的关键词记下来，用到自己的产品上，会有奇效。

（4）属性填写准确，自定义 10 个属性要填满，且属性与标题、宝贝描述要有关联而没有冲突。

（5）主图 6 张要放满，创意标题与图片要提前做好。

（6）描述丰富。把描述重点放在产品细节上，文字描述应使用多种语言。

在打折开始当天就要开通直通车引流，在前期折扣力度不大的时候先小量引流，保持有一两个销量即可，在后期超低价的那几天就得超大量引流，快速积累销量，提高产品排名。

直通车设置操作流程如下。

【Step 1】登录后台，进入“营销中心”，单击速卖通直通车相关链接，如图 5-23 所示。进入以后，如果需要启用直通车功能，则需要进行充值，如图 5-24 所示，不过就算没有充值，也可以进入相关后台设定关键词。

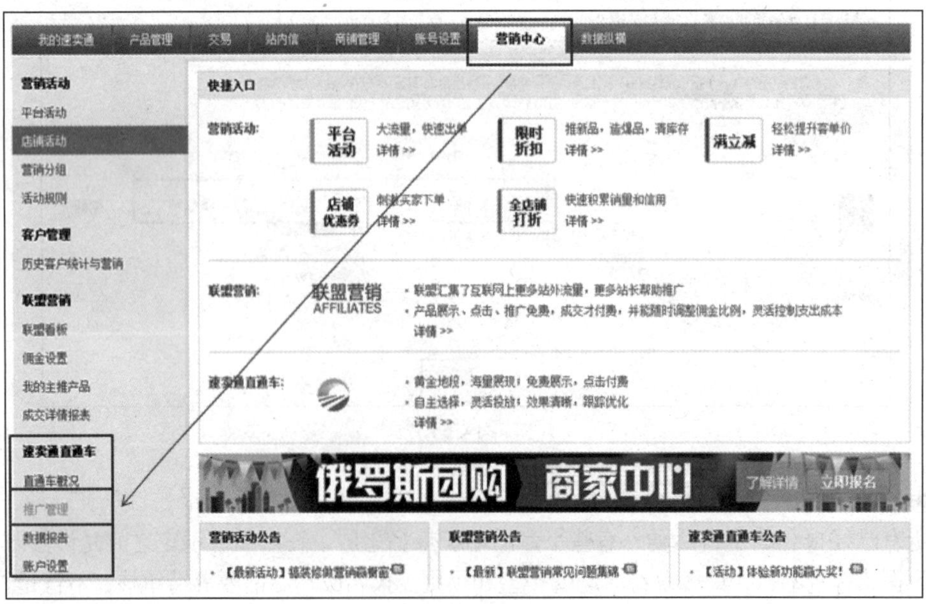

图 5-23

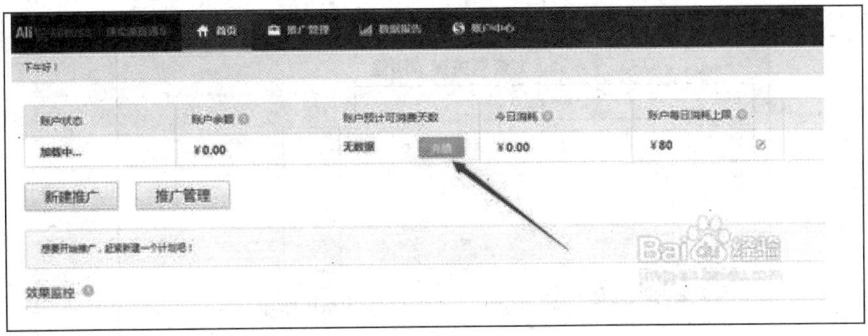

图 5-24

【Step 2】新创推广计划，设置推广计划名称，然后选择需要推广的商品，如果卖家在速卖通上面有多个产品分类，卖家也可以选择某一个分类进行设置。进入下一页面，速卖通直通车会根据卖家产品给卖家推荐关键词，这里的关键词建议卖家都选上，因为后台匹配的关键词还是比较准确的，如图 5-25～图 5-27 所示。

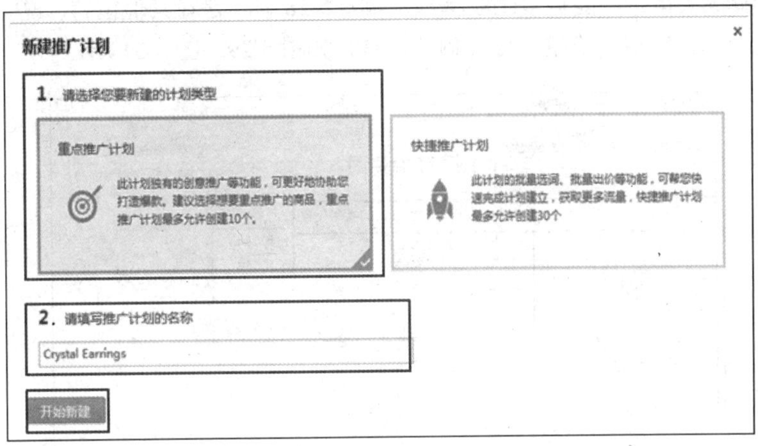

图 5-25

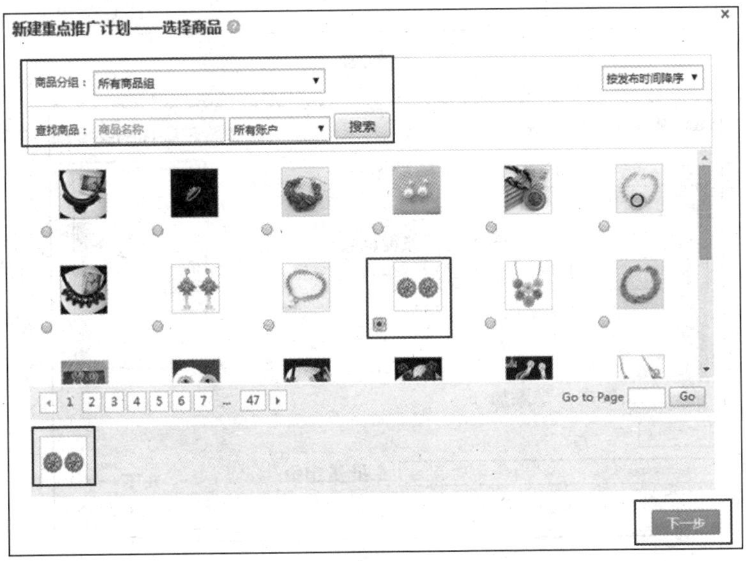

图 5-26

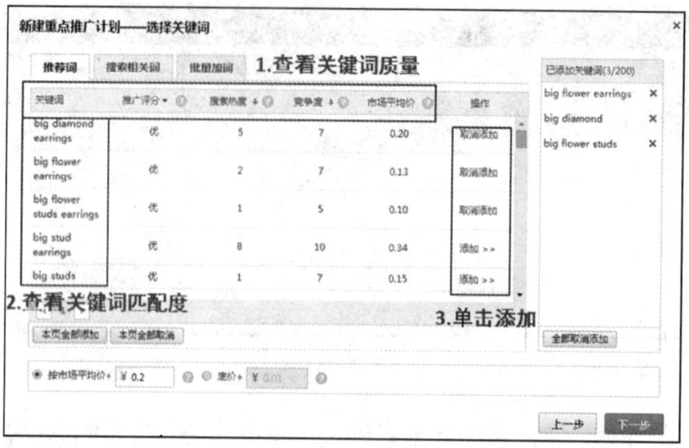

图 5-27

【Step 3】这时关键词选择完成，但是卖家还需要针对每个关键词进行出价，价格高的才能有好的排名，如图 5-28 所示。这时还可以修改出价价格。建议卖家根据自己的情况来设定关键词的位置，如卖家选择的关键词可能竞争比较激烈，如图 5-28 显示是在其他位置，说明这个关键词卖家的出价比较低，因此要提高价格，提高预估位置，如图 5-29～图 5-31 所示。

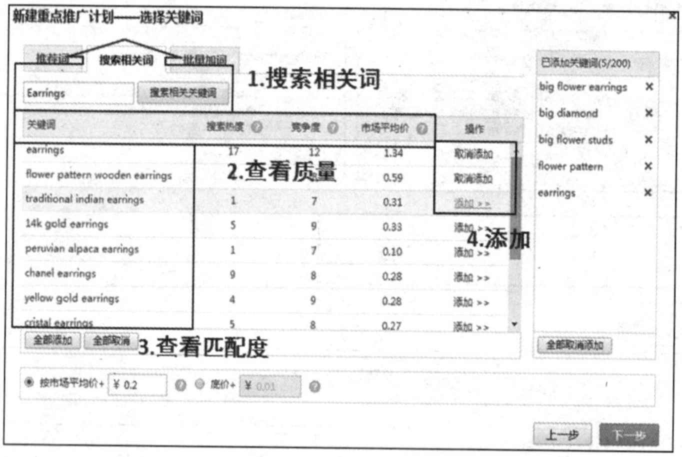

图 5-28

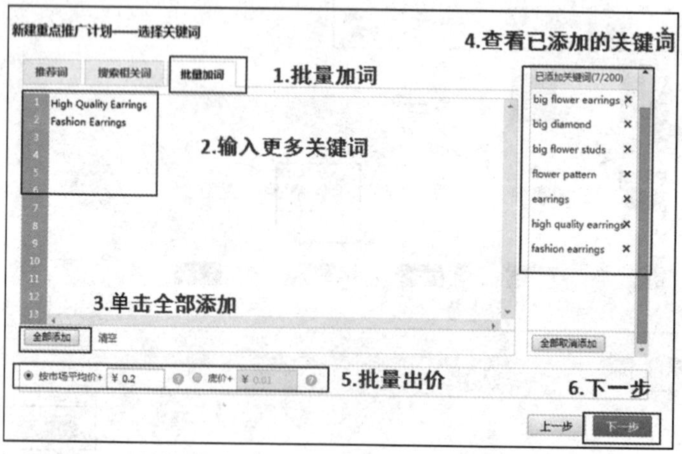

图 5-29

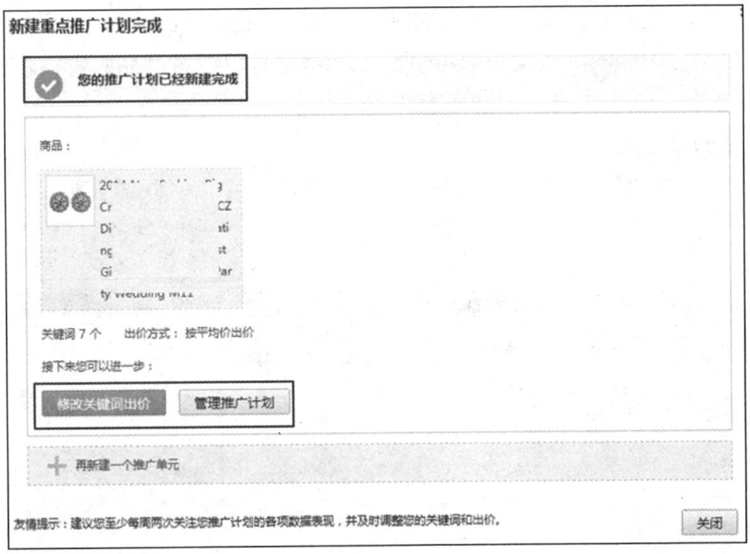

图 5-30

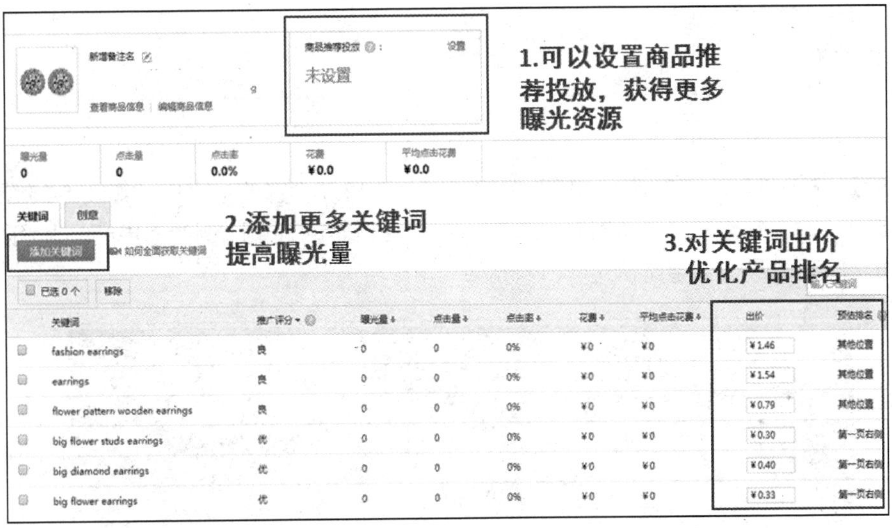

图 5-31

思考题

请问对于速卖通直通车，是不是购买的关键词越多越好？

四、联盟营销

联盟营销是一种“按效果付费”的推广模式，即卖家通过联盟营销渠道收到订单，按照事先设定的交易比例支付佣金。佣金由卖家决定，每个顶级类目都有平台限额，为 3%～50%不等，若有退款和订单折扣则按比例削减佣金，运费无需付佣金。联盟营销为免费营销，只有订单成交卖家才支付佣金，因此是成交付费、不成交不付费的一种营销方式。对于卖家而言，如果参加联盟营销，则全店铺所有产品都要参与，可设置 40 个联盟营销主推商品，参加联盟专属的推广活动。

联盟营销的收费规则：订单交易达成才收费；主推产品按主推产品设定佣金率收费，其余产品根据默认佣金收费；按照实际成交价收取佣金，而不是订单或者产品原价；若通过联盟营销购物的客户在每次购买后 30 天内再来消费卖家需支付佣金。

设置联盟营销的操作流程如下。

【Step 1】进入“我的速卖通”—“营销中心”—页面，单击“联盟看板”，如图 5-32 所示。进入相应页面后，勾选“我已阅读并同意此协议”，单击“下一步”按钮。

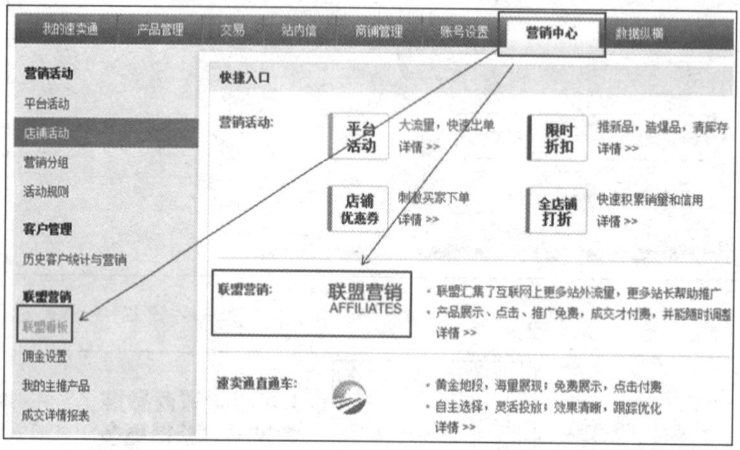

图 5-32

【Step 2】进入佣金设置页面，选择联盟营销产品类目，设置佣金比例，如图 5-33 所示。

特别提示：由于联盟营销是所有产品都加入，因此设置的佣金比例要考虑产品利润问题。平台要求的每个类目的最低佣金比例是不一样的。

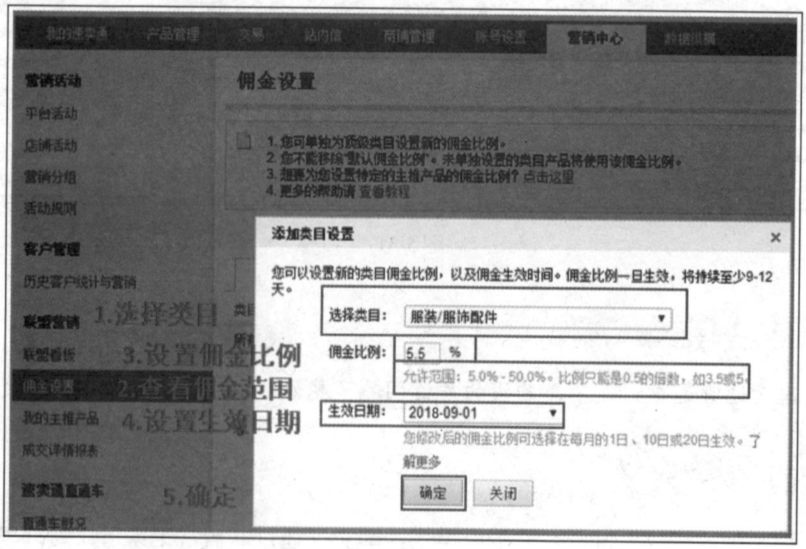

图 5-33

【Step 3】进入“营销中心”，单击“我的主推产品”，进入“我的主推产品”页面，单击“添加主推产品”，设置主推产品，如图 5-34 所示。联盟营销中的主推产品和其他产品不一样，只有主推产品才能参加联盟专属的推广活动，没有设置为主推产品的产品是不可以的，因此，卖家在设置主推产品时，最好能选出店铺比较热销的产品，以达到推广目的。

特别提示：如果全店铺的联盟营销佣金为 5%，那么可选择爆款进行主推，佣金比例可以为 6%、7%、8%不等。

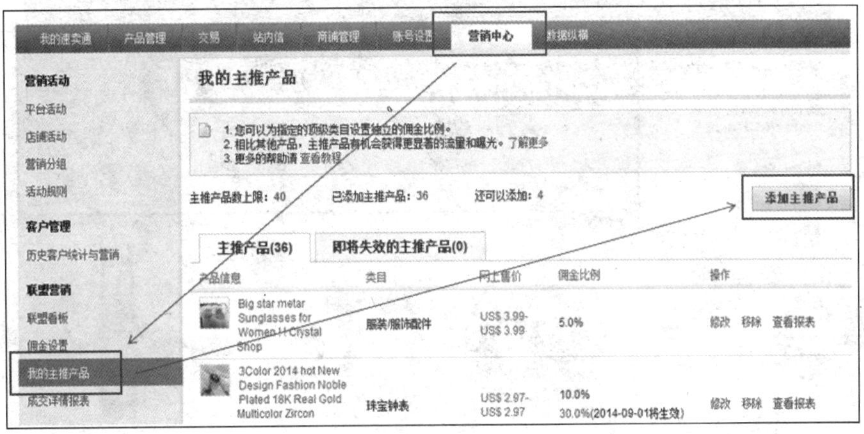

图 5-34

设置好主推产品之后，在正常情况下，可以以两个月为周期，进行主推产品检测。检测后将能为卖家带来订单的主推产品保留，不能的就删除（见图 5-35）；通过几个月的循环，最终留下来的都是能带来订单的主推产品。

特别提示：重新设置主推产品，在每月的 1 日、10 日、20 日才会生效，在生效之前，所有的设置都维持原样。

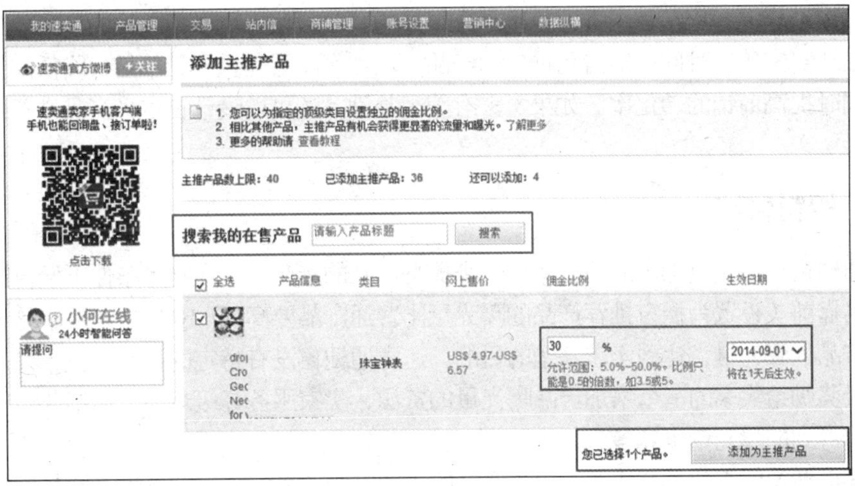

图 5-35

五、视觉营销

（一）店铺首页营销

店铺首页不仅是一个门面，更是一种营销手段，如图 5-36 所示。要充分利用店招和滚动横幅来打造爆款，通过店招和滚动横幅为产品带来曝光量和订单。

图 5-36

在进行店招和滚动横幅营销时，一定要注意观察数据。假如把店招和滚动横幅放上去两个星期，曝光量和订单量都没有太大的变化，则说明产品或者设计有问题，要及时更换产品或者改变视觉设计。只有不断更换产品和设计风格，才能得出最适合做店铺首页营销的产品和设计风格。除了店招和滚动横幅，店铺首页推荐位也是个很好的营销板块。可以把主推的产品放到店铺首页推荐位上，让买家第一时间就能看到推广的产品，增加产品曝光量和订单量，降低商铺商品管理的成本，同时提高商铺的转化率。如果卖家有美工基础，还可以设计自定义产品推荐，进行单个产品营销。

（二）橱窗营销

速卖通橱窗位通过增加产品的排序分值来提高产品的曝光量，在同等条件下橱窗产品比非橱窗产品排名靠前（设置为橱窗推荐产品的曝光量比普通产品要高 8～10 倍）。也就是说，橱窗营销可增加产品的曝光量，达到卖家营销的目的。速卖通橱窗没有特定的展示位置，只是平台根据店铺的等级奖励给卖家的一个增加产品曝光量的资源，卖家服务等级越高，店铺获得的橱窗位就越多，从而得到的曝光量也越多。

目前获得橱窗位有两种方式：①根据卖家的不同等级，系统会自动分配不同数量的橱窗位作为奖励；②通过参加一定的活动，获取额外橱窗位的奖励。

橱窗营销方法如下。

首先打开卖家店铺，查看店铺等级，店铺等级有对应的橱窗位，观察店铺是否有橱窗位还没有使用，如果还有橱窗位没有使用，可以通过以下两种方法设置橱窗产品。

方法一：进入“我的速卖通”，单击“产品管理”中的“橱窗推荐产品”，进入橱窗推荐页面，根据产品名称、产品分组和售卖人搜索并选择要推荐的产品，如图 5-37 所示。

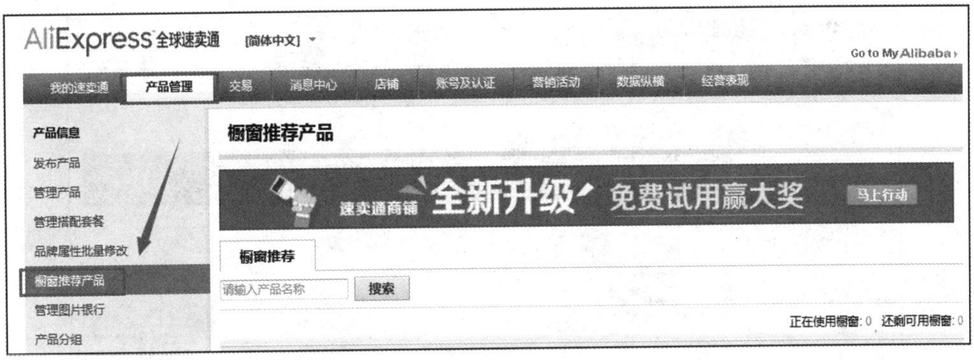

图 5-37

方法二：进入“产品管理”页面，单击“正在销售”，选择想要推荐产品后的“编辑推荐”选项卡，如图 5-38 所示。

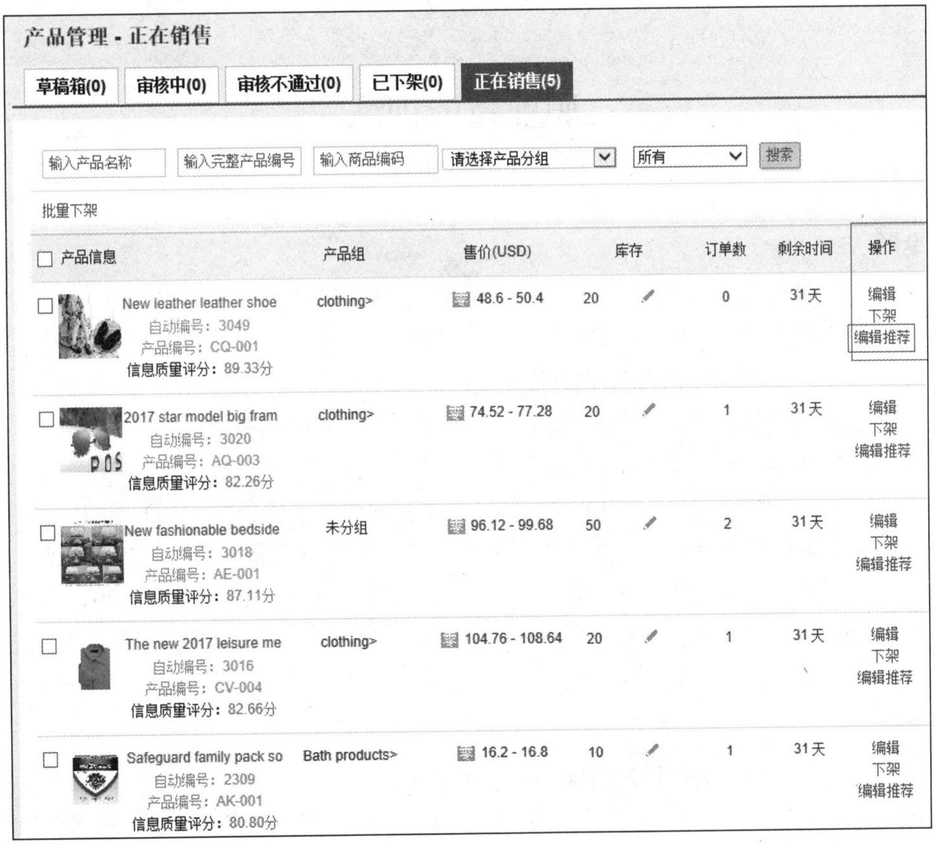

图 5-38

卖家在选择产品进行橱窗营销时，一定要选择好产品，有目的地去进行橱窗营销。通常情况下，可以通过橱窗位推新款、打造爆款和活动款，这样才能充分利用好橱窗，然而，卖家所选择的新款、爆款、活动款并不是固定的，要通过观察数据，不定期更换橱窗产品，这样才能做好橱窗营销。

如果需要取消已经推荐的橱窗产品，单击进入“橱窗推荐”界面，勾选需要取消的橱窗推荐产品，单击“批量取消橱窗推荐”即可，如图 5-39 所示。

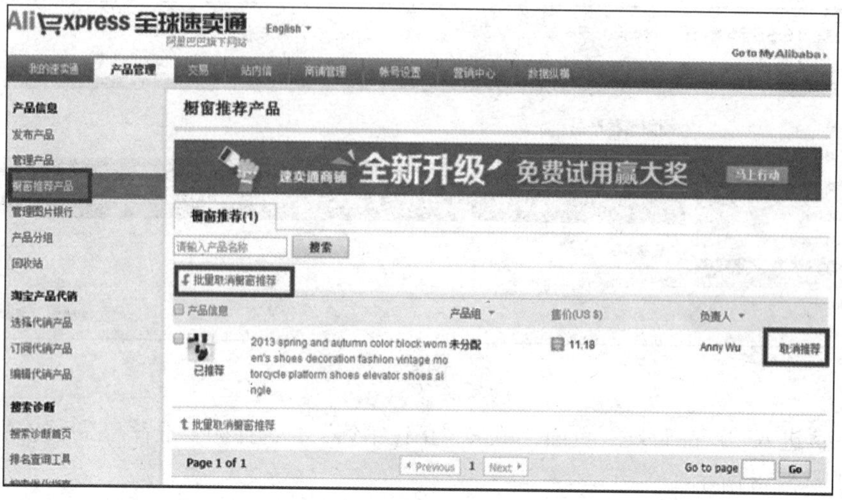

图 5-39

职业技能训练

一、单选题

1. （　　）是按点击付费的。

A. 联盟营销　　B. 视觉营销　　C. 直通车　　D. 平台活动

2. 想要提高产品曝光度，卖家需要（　　）。

A. 提高产品价格　　B. 降低产品价格　　C. 优化产品标题　　D. 打折

3. （　　）可以吸引买家点击产品。

A. 优化产品属性　　B. 优化产品价格　　C. 完善售前服务　　D. 优化产品主图

4. 速卖通限时限量折扣活动一个月可以创建（　　）次，需提前（　　）小时创建。

A. 40，48　　B. 40，12　　C. 20，48　　D. 20，12

5. 全店铺打折活动一个月可以创建（　　）次，需提前（　　）小时创建。

A. 20，48　　B. 5，48　　C. 3，48　　D. 40，48

二、多选题

1. 卖家（　　）的行为在促销活动中属于违规行为。

A. 优化产品图片　　B. 退出促销活动　　C. 降低促销产品数量　　D. 提高折扣

2. 以下说法错误的是（　　）。

A. 速卖通卖家平台活动想参加就可参加

B. 速卖通联盟营销按点击付费

C. 速卖通直通车按成交付费，且平台佣金比例为 5%～50%

D. 4P 理论中的 P 分别是 Price、Place、Promotion、Product

三、判断题

1. 速卖通直通车又名竞价排名、P4P（pay for performance），是速卖通平台推出的全球在线

推广服务，可以让卖家的产品在多个黄金位置免费优先展示，当买家浏览产品时，系统就会对这次浏览进行扣费。（　　）

2. 速卖通店铺活动就是自主创建的日常促销活动，包括限时限量折扣、全店铺打折、店铺满立减、店铺优惠券活动等。（　　）

3. 全店铺打折与限时限量折扣同时生效时，买家看到的折扣/享受到的折扣以限时限量折扣为先。（　　）

4. 全店铺打折活动创立前，卖家需先创立促销分组，并设置相同的折扣。（　　）

5. 跨境电商营销模式主要包括电子邮件营销、SEO、社交平台营销、名人效应营销、视觉营销。（　　）

四、能力拓展题

【工作任务 1】请阐述店铺自主促销活动与平台活动有什么区别。

【工作任务 2】请阐述促销活动有哪几种。

【工作任务 3】写一封营销邮件，首先感谢客户对本店铺一直以来的支持和对本店商品的喜欢，通知客户本店铺正在进行的促销活动，时间自拟，并附上活动链接，提醒客户促销时间及商品数量有限请及时购买。

项目六 跨境电商数据分析

学习目标

【知识目标】

1. 熟悉主流跨境电商平台数据分析工具；

2. 掌握速卖通行业情报、选品专家、搜索词分析、商铺概况分析、商品分析等的定义和操作流程；

3. 掌握速卖通店铺流量来源分析、交易情况分析、直通车账户报告数据等。

【能力目标】

1. 能够运用 Google Trends、Alexa、Watched Item、Watechcount 等数据统计工具进行分析；

2. 能够运用速卖通行业情报、选品专家等工具选出适宜平台销售的产品，并运用关键词分析工具优化产品发布；

3. 能够运用速卖通商品分析、商铺概况分析等掌握店铺经营动态，并制作方案，不断调整经营产品，并运用营销推广软件，优化店铺经营。

项目引入

要玩转速卖通，最核心的部分就是引流、打造爆款。爆款=最多的流量，流量=曝光量×点击率，要打造爆款，要获取曝光量，就要做好选品工作。打造爆款的目的在于提高订单数，订单数=流量×转化率=曝光量×点击率×转化率。提高曝光量、点击率、转化率的关键在于合理运用分析工具分析数据，帮助进行选品和店铺商品优化。

思考题

请问如何有效提高买家点击率呢？

任务一　跨境电商数据分析概述

一、跨境电商数据分析概述

学习跨境电商数据分析，首先需要了解各数据项名称的含义。本章每节内容基本都以跨境电商数据指标说明开始。所谓数据分析是指有针对性地收集、加工、整理数据，并采用统计、挖掘技术分析和解释数据的科学和艺术。

速卖通平台适合不同类型、不同等级的卖家在上面开店，每家店铺具有不同的规模，制定合适的目标、做好定位很重要。基础卖家或初次接触速卖通的卖家，要学会选品、编辑商品、采购货物、正常发货；核心卖家要把客户服务做好，开通直通车，做好店铺活动营销，店铺销售平稳增长是重点；平台的明星卖家、超级卖家，要整合供应链，提高库存周转率和议价能力，建立品牌意识，做行业 TOP10 店铺。

二、跨境电商数据分析的对象和作用

速卖通平台提供了“数据纵横”工具，它拥有庞大的平台数据和卖家自己店铺的所有数据，卖家可运用图表对数据进行直观分析，也可用 Excel 的公式和数据透视表功能进行统计运算，从而得到数据分析结果，为店铺的成长提供动力。

速卖通数据分析分为两大部分：行业分析选品和店铺商品分析。第一部分可以帮助店铺选好行业、选好产品，让店铺发展起来；第二部分是根据繁多的指标，对店铺和产品开展优化工作和营销活动，为店铺的成长提供动力。

速卖通数据分析可以给不同的卖家带来不同的分析结果，如图 6-1 所示。

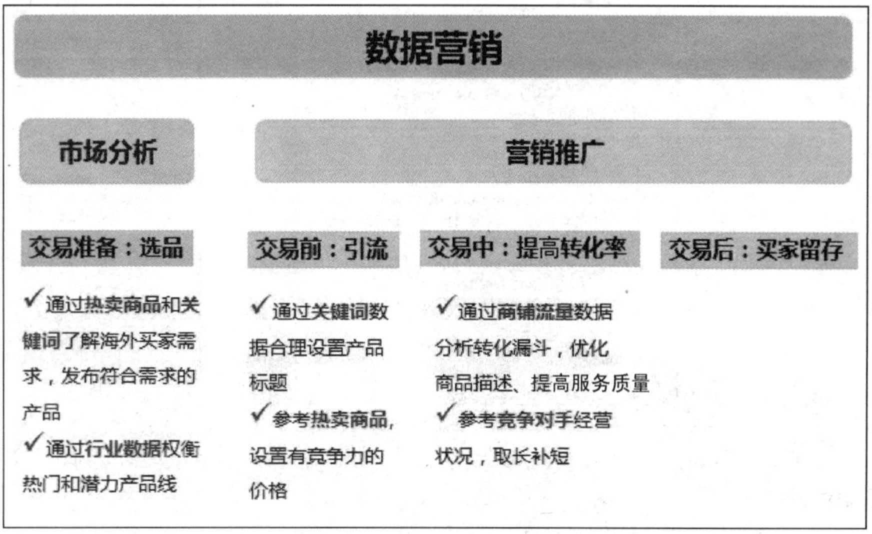

图 6-1

三、常用跨境电商数据分析工具

（一）数据统计工具

目前分析流量、访问量、页面点击量、排名可选用的数据分析工具主要包括以下几种。

1. Alexa

Alexa 工具用于网站对目标市场流量的分析，它是 Alexa 公司推出的一款 IE 浏览器插件。下载安装该工具后，地址栏的下面会出现一条 Alexa 工具条，当访问某个网站时，Alexa 工具条中就会出现该网站的 Alexa 世界排名情况。通过 Alexa 排名，我们可以很清晰地看出电子商务平台在同质网站中所占的市场份额。

2. Google Trends

使用 Google Trends 可以洞悉你最喜欢的网站来自任意地理位置的流量趋势，它最多可以比较 5 个网站的数据，并且可以支持使用者浏览相关网站和每个网站的热门搜索，这对电子商务平台的商品更替无疑起到很重要的作用，因为它可以告诉你目前哪些才是客户肯买的热销产品。例如，搜索关键词“泳装（swim wear）”，选择国家为美国，搜索结果显示：美国 5 月至 7 月为泳装搜索的高峰期，对于美国市场的产品开发，要在 3 月至 4 月完成，如果不知道目标市场品类热度的周期规律，就会错过市场高峰。

3. Ebay Pluse

使用 eBay Pluse 可以很方便地查看美国 eBay 35 个大类目下被买家搜索次数最多的前 10 个关键字，进入某个大类目可以查看二级、三级、四级等类目下被买家搜索次数最多的前 10 个关键字，如图 6-2 所示。

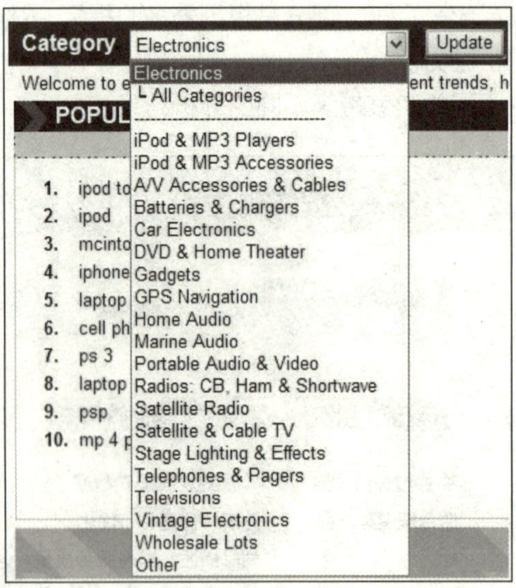

图 6-2

4. Compete

Compete 是一种新兴的网络分析工具，有一套新的被称为是“关注度”的机制，这个机制对于用户对网站的访问程度有着更好的衡量手段。“关注度”是指所有美国用户在某网站上的访问时长占所有美国用户访问所有网站时长的百分比，类似于 Alexa 的“到达”机制（跟踪的人数占整个互联网用户的百分比）。Compete 的“关注度”就像电影时间，而 Alexa 的“到达”更像观众人数，在同类服务中，它有着最大的在线用户行为资料库。Compete 也是仅有的在线竞争情报服务网站，集网站分析和搜索分析于一身。

5. Statbrain

通过 Statbrain 可以查到任何网站的访问数。Statbrain 估算出的访问数基于站外因素，如反向链接、Alexa 排名等。

6. Quantcast

通过 Quantcast 可以免费查看网站用户群的性别、年龄、所在位置、企业信息、收入、教育等重要数据。这些数据对电子商务平台进行客户分析、客户分群等有直接的意义，同时作为一种新的媒体评价服务，可以使广告客户看到数以百万计的网站的观众报告。这项免费服务允许出版商通过给网站、视频和游戏添加标签来展示他们的价值，并直接得到观众的评价。Quantcast 允许发布者量化它们的网站——通过将脚本放入网页来直接测量流量。

（二）优化网站工具

优化网站工具可以用统计数据找出拖慢网站载入速度的原因。目前优化网站工具主要有以下几种。

1. Pingdom

使用 Pingdom 可以查看网站载入顺序、每个文件的大小、总文件数量等数据。另外，它还可以保存每次测试的数据并且提供经济而可靠的服务器、网络和网站追踪。你可以查看列表中每一项的载入速度，也可以做分层查看。通过分层查看可以了解项目间的相互联系，还可以了解一些全面的统计数据，如文件总数、完全载入时间、文件总大小等。它能有效地帮助电子商务平台管理人员优化网站用户体验，提高网站易用性。

2. Webslug

Webslug 可以被看作是一种全面测试网站性能的工具。它可以测出网站的载入时间，也可以测算指令从发出到完全载入的时间，还可以提供两个网站的载入时间对比。

3. WebWait

WebWait 是一个网站计时器，可以测试网站的链接速度。WebWait 会将整个网站都下载到浏览器中，包括 Ajax/JavaScript 的处理、图片的载入速度以及其他工具的速度，所以它测出的时间十分准确。

4. Internet Supervision

Internet Supervision 可以监测网站的可用性、性能和内容，这对于主要客户来自境外的外贸电子商务平台来说尤其重要，因为只有让客户顺畅地打开网页，才能让他顺利地下订单。

（三）其他工具

如卖家想查看海外市场的热卖商品，可使用以下几个工具。

1. Watched Item

可以查看 eBay 各级类目下热卖的商品，如图 6-3 所示。

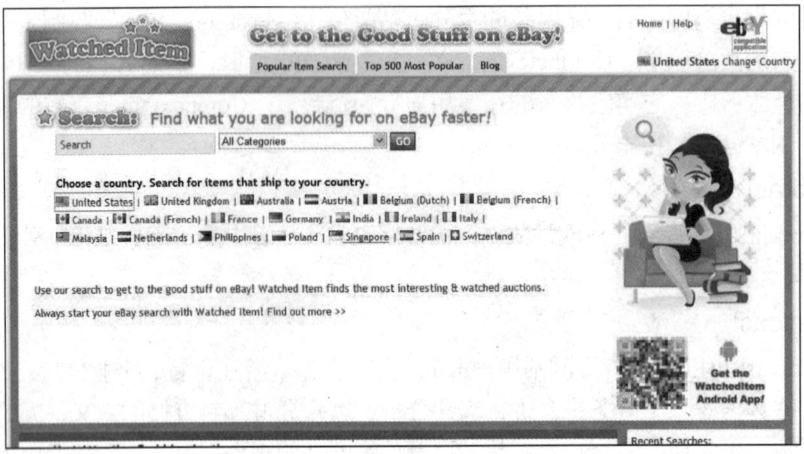

图 6-3

2. Watchcount

可以查看 eBay 各国站点受关注度最高的商品，如图 6-4 所示。

图 6-4

3. Terapeak

Terapeak 由 eBay 和国际速递公共平台运营商 4PX Express（递四方速递）合作开发，是 eBay 官方唯一推荐的分析工具，是一款教你怎样卖得更好的工具。它通过整合全球最大的两个电商平台数据，帮助网络销售商和个人卖家全面分析 eBay 和亚马逊平台市场数据，从而优化产品结构和售后服务。目前，全球每年有超过 24 亿笔的网上交易，交易总额超过 680 亿美元。Terapeak 工具所提供的数据和分析可以帮助卖家更好地明白市场现状，从而扩大业务范围，增加利润，并提高客户的满意度和忠诚度。

任务二 速卖通数据分析

目前，对于速卖通数据产品主要运用“数据纵横”进行分析，分析内容包括行业情报、选品专家、搜索词分析、商铺分析、商品分析和实时风暴，如图 6-5 所示。

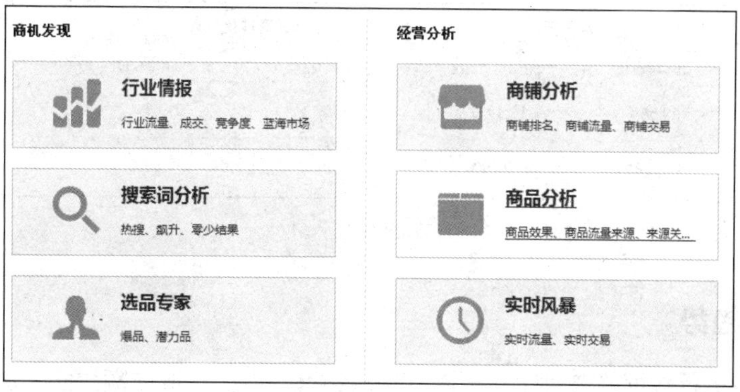

图 6-5

下面重点介绍行业情报、选品专家及搜索词分析。

一、行业情报

行业情报主要帮助卖家了解各级行业的需求、竞争情况、TOP 店铺和买家国家分布，卖家可以通过它了解某个子类目的行业趋势。

行业情报中各项指标的说明如下。（1）访客数占比：在统计时间段内，行业访客数占上级行业访客数的比例。（2）浏览量占比：在统计时间段内，行业浏览量占上级行业浏览量的比例。（3）成交额占比：在统计时间段内，行业支付成功金额（排风控）占上级行业支付成功金额（排风控）的比例。（4）成交订单数占比：在统计时间段内，行业支付成功订单数（排风控）占上级行业支付成功订单数（排风控）的比例。（5）供需指数（竞争力）：在统计时间段内的商铺指数/流量指数；供需指数越小，竞争越小。

下面重点介绍行业对比、行业趋势、趋势数据明细及行业国家分布的分析方法。

（一）行业对比

行业对比指与相关行业进行数据趋势对比，数据纵横可分别从访客数占比、成交额占比、浏览量占比、成交订单数占比和供需指数等方面进行对比分析。

具体操作流程如下。

（1）查看行业概况：选择自己的行业，查看该行业最近 7 天/30 天/90 天的流量、成交转化和市场规模数据，了解市场行情变化情况，如图 6-6 所示。

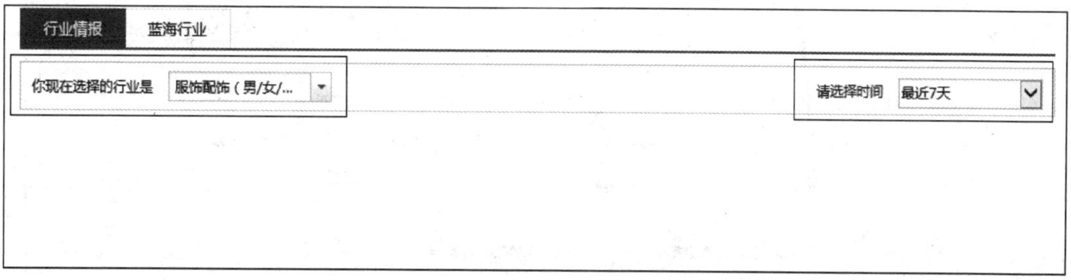

图 6-6

（2）选择类目和时间范围，下载 7 天/30 天/90 天数据，分析访客数占比、成交额占比、浏览量占比、成交订单数占比和供需指数，一般供需指数越小，竞争越小，如图 6-7 所示。

	流量分析		成交转化分析		市场规模分析
	访客数占比	浏览量占比	成交额占比	成交订单数占比	供需指数
最近7天均值	23.55%	12.44%	13.98%	21.0%	58.91%
环比周涨幅	↑ 6.18%	↑ 0.73%	↑ 3.25%	↑ 1.69%	↓ -5.35%

图 6-7

（二）行业趋势

选择相关行业进行数据趋势对比，可以分别从访客数占比、成交额占比、浏览量占比、成交订单数占比和供需指数进行对比分析，如图 6-8、图 6-9 所示。

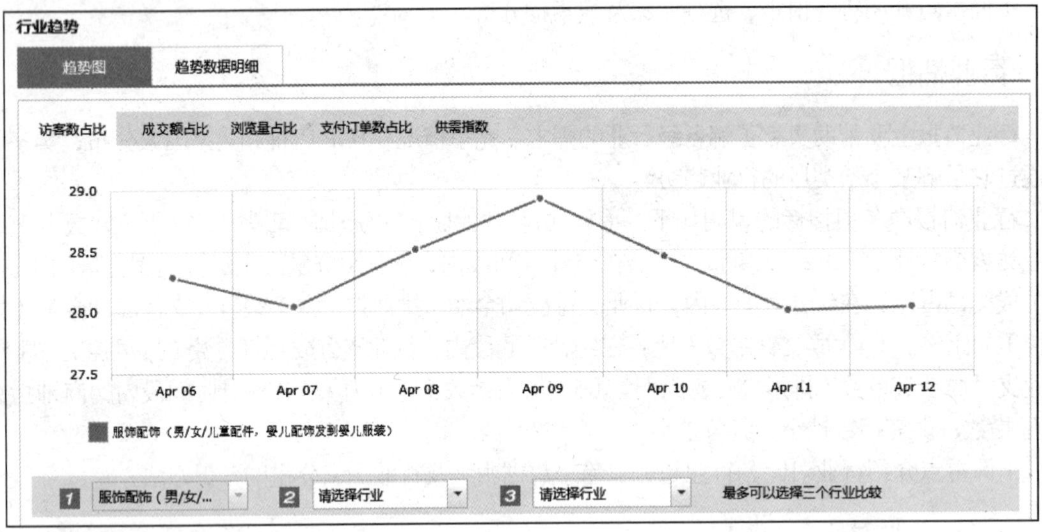

图 6-8

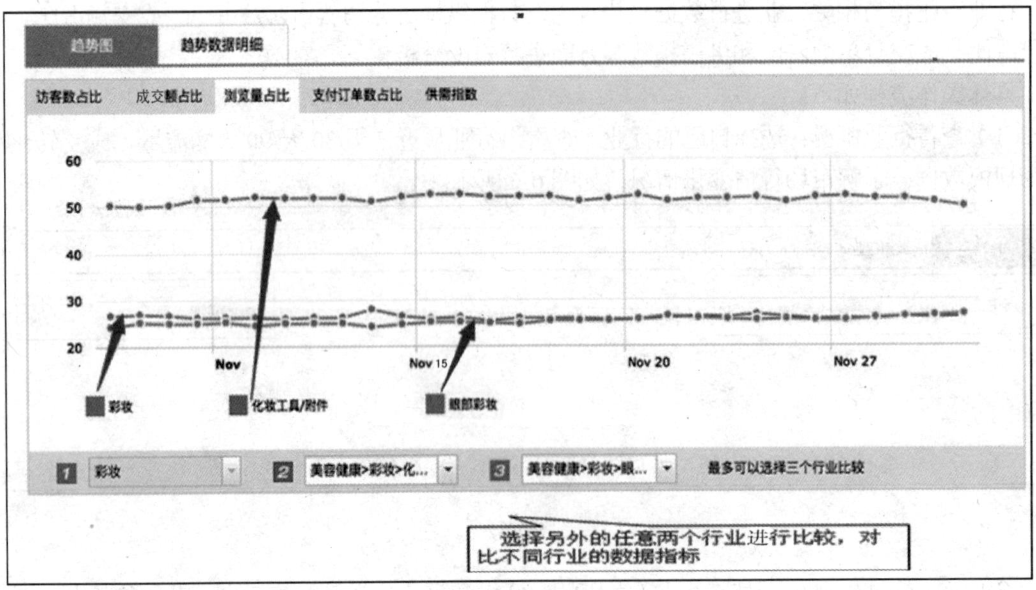

图 6-9

（三）趋势数据明细

查看行业在选定时间段内的明细数据情况，并且可以单击右上方“下载”下载该行业的数据，进行更进一步的数据分析，如图 6-10 所示。

行业趋势

趋势图　趋势数据明细　下载

	流量分析		成交转化分析		市场规模分析
	访客数占比	浏览量占比	成交额占比	支付订单占比	供需指数
2018-04-06	28.28%	17.53%	16.41%	27.24%	71.19%
2018-04-07	28.04%	17.5%	16.66%	26.86%	71.78%
2018-04-08	28.51%	17.69%	16%	26.21%	70.23%
2018-04-09	28.92%	18.22%	16.72%	26.79%	68.77%
2018-04-10	28.44%	17.86%	17.28%	27.74%	69.91%
2018-04-11	27.99%	17.48%	17.33%	27.98%	71.15%
2018-04-12	28.02%	17.4%	16.74%	27.08%	71.17%

图 6-10

（四）行业国家分布

根据选定行业的访客数和成交额的情况，在进行商品发布及运费设置时，做更多的针对性操作，让目标国家的买家可以更加方便地购买商品，提高商品的转化率。

二、选品专家

选品专家帮助卖家了解爆品和潜力点，提供热销和热搜数据。

（一）热销

热销数据是从卖家角度给出的数据，如图 6-11 所示，圆圈越大，代表产品的销量越高。

热搜数据指标主要有以下几个。

① 成交指数：在所选行业及所选时间范围内，累计成交订单数经过数据处理后得到的对应指数。成交指数不等于成交量，指数越大，成交量越大。

② 购买率排名：在所选行业及所选时间范围内，产品词的购买率排名。

③ 竞争指数：在所选行业及所选时间范围内，产品词对应的竞争指数，指数越大，竞争越激烈。

获得热销数据的具体操作流程如下。

（1）根据国家和行业的组合，选择热搜和热销的商品品类；选择好之后，可以根据竞争的激烈程度，选择适合的商品，并且根据热卖国家特点发布对应商品，如图 6-11 所示。

（2）除了本身商品的销量以外，也可以查看买家对关联产品的购买习惯，选择竞争程度适中的关联产品，进行关联商品推荐，提高店铺客单价，如图 6-12 所示。

（3）针对选择的热卖品类，查看关联属性的组合，在发布商品时完整填写属性组合，可以优化商品的曝光转化率，如图 6-13 和图 6-14 所示。

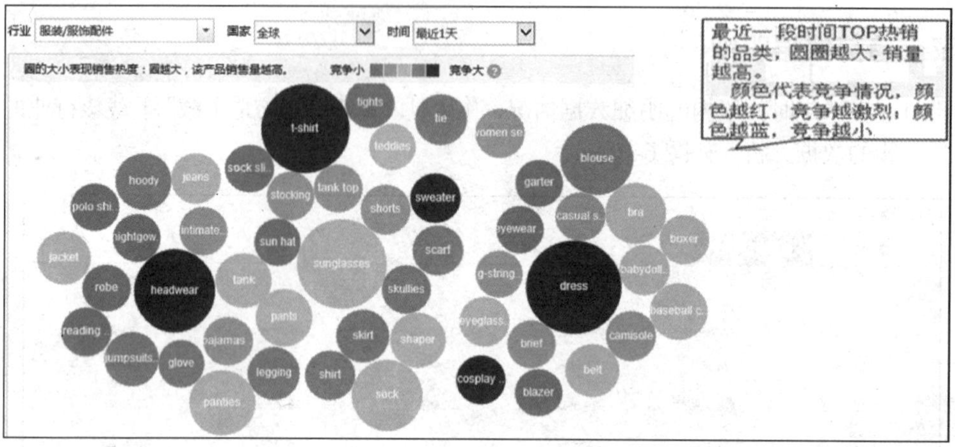

图 6-11

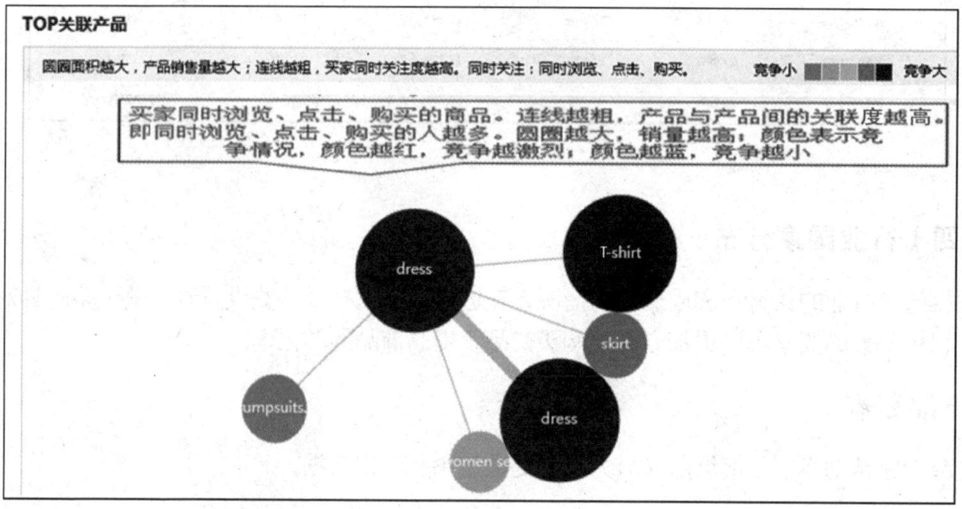

图 6-12

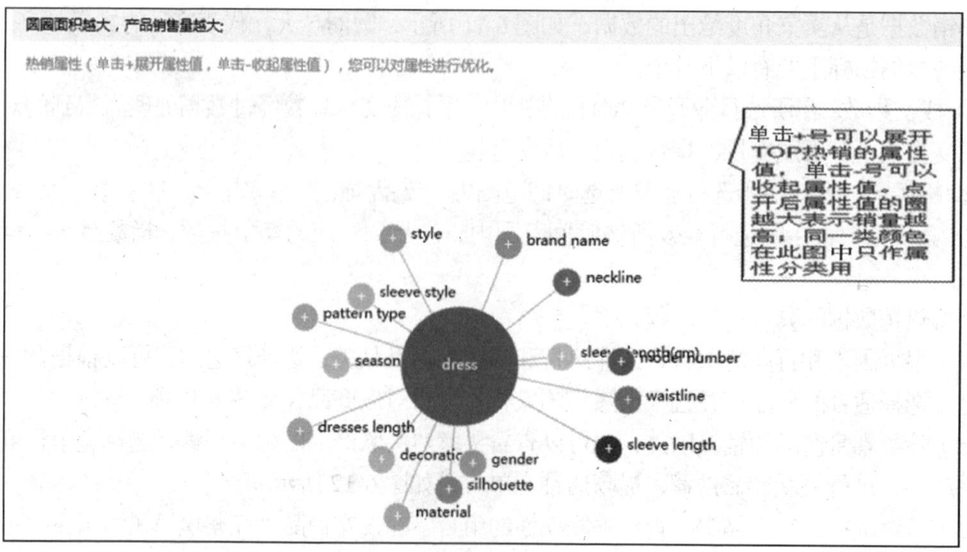

图 6-13

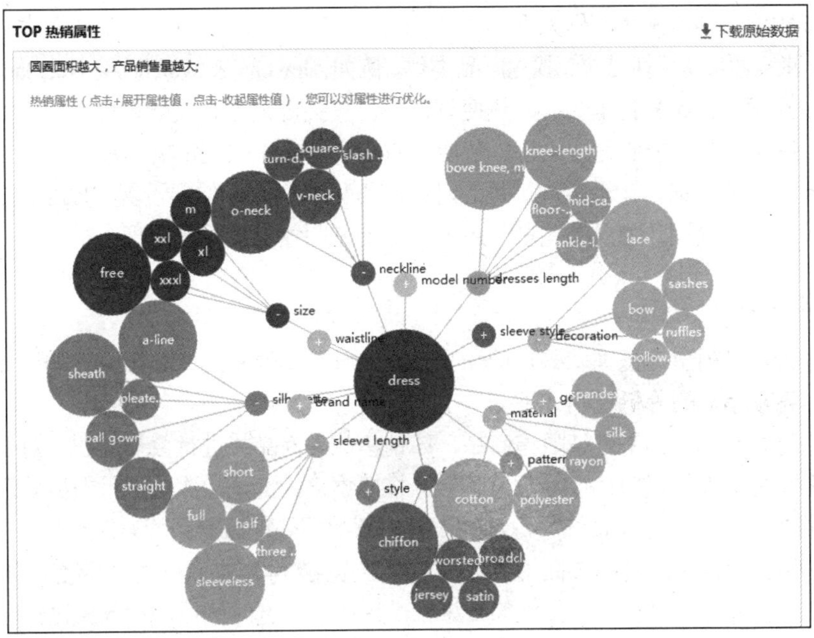

图 6-14

（二）热搜

热搜数据是从买家角度给出的数据，如图 6-15 所示，圆圈越大，代表产品的搜索量越高。

热搜数据指标包括以下几个。

① 搜索指数：在所选行业及所选时间范围内，将买家搜索该关键词的次数进行数据处理后得到的对应指数。搜索指数不等于搜索次数，指数越大，搜索量越大。

② 搜索人气：在所选行业及所选时间范围内，将买家搜索该关键词的人数进行数据处理后得到的对应指数。搜索人气不等于搜索次数，人气越大搜索量越大。

③ 购买率排名：在所选行业及所选时间范围内，该关键词的购买率排名。

④ 竞争指数：在所选行业及所选时间范围内，产品词对应的竞争指数，指数越大，竞争越激烈。

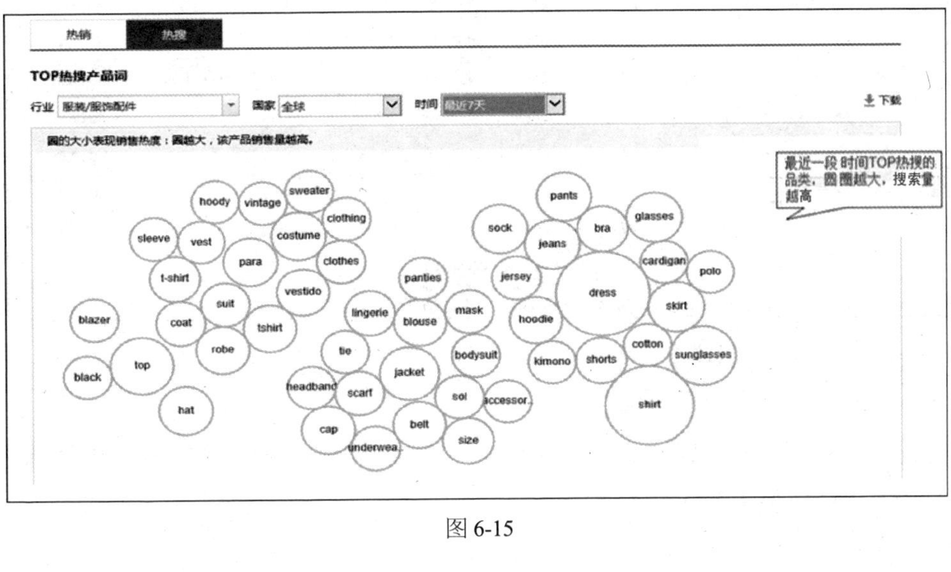

图 6-15

获取热搜数据的具体操作流程如下。

（1）打开速卖通买家模块首页，找到产品类目。例如，Jewelry & Watches— Necklaces & Pendants 类目下有很多搜索词，这些就是买家的热搜词，在设置关键词的时候就可用上。

（2）打开速卖通买家模块的搜索框，若搜“glove”，下面弹出的 gloves leather/gloves 等词就是近一段时间内的热搜词，在设置关键词的时候就可用上。假如你要设置“leather gloves”，可以去搜索对手设的关键词，如果浏览量都还不错，那说明关键词设置合理。

三、搜索词分析

搜索词分析可以列出热搜词、飙开词和零少词，以帮助卖家找到关键词，如图 6-16 所示。

搜索词中各项指标的分析说明如下。

（1）是否品牌原词：如果是禁限售商品，你销售此类商品将进行会被处罚。对于品牌商品，需要拿到授权才可以进行销售；（2）搜索指数：将搜索该关键词的次数进行数据处理得到的对应指数；（3）将搜索人气：将搜索该关键词的人数进行数据处理后得到的对应指数；（4）点击率：搜索该关键词后并单击进入商品页面的次数；（5）浏览-支付转化率：关键词带来的成交转化率；（6）竞争指数：供需比经过指数化处理的结果。供需比：所选时间段内每天关键词曝光出来的最大产品数/所选时间段内每天平均搜索人气，该值越大，竞争越激烈；（7）TOP3 热搜国家：在所选时间段内搜索量最高的 TOP3 的国家；（8）热搜指数飙升幅度：在所选时间段内，累计搜索指数同比上一个时间段内累计搜索指数的增长幅度；（9）曝光商品数增长幅度：在所选时间段内，每天平均曝光商品数同比上一个时间段内每天平均曝光商品数的增长幅度；（10）曝光卖家数增长幅度：所选时间段内，每天平均曝光卖家数同比上一个时间段内每天平均曝光卖家数增长幅度。

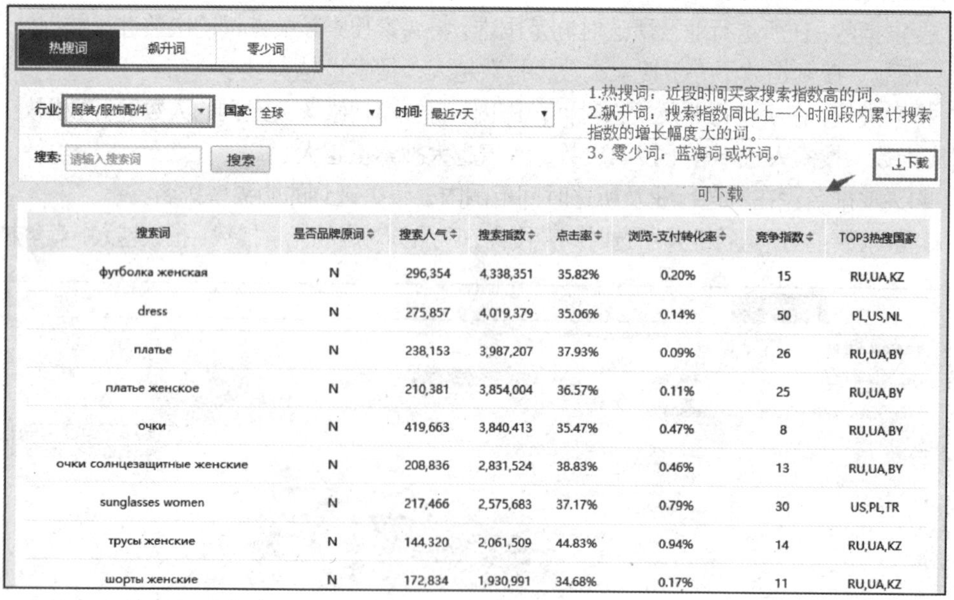

搜索词	是否品牌原词	搜索人气	搜索指数	点击率	浏览-支付转化率	竞争指数	TOP3热搜国家
футболка женская	N	296,354	4,338,351	35.82%	0.20%	15	RU,UA,KZ
dress	N	275,857	4,019,379	35.06%	0.14%	50	PL,US,NL
платье	N	238,153	3,987,207	37.93%	0.09%	26	RU,UA,BY
платье женское	N	210,381	3,854,004	36.57%	0.11%	25	RU,UA,BY
очки	N	419,663	3,840,413	35.47%	0.47%	8	RU,UA,BY
очки солнцезащитные женские	N	208,836	2,831,524	38.83%	0.46%	13	RU,UA,BY
sunglasses women	N	217,466	2,575,683	37.17%	0.79%	30	US,PL,TR
трусы женские	N	144,320	2,061,509	44.83%	0.94%	14	RU,UA,KZ
шорты женские	N	172,834	1,930,991	34.68%	0.17%	11	RU,UA,KZ

图 6-16

具体操作流程如下。

（1）直接在表格中查看热搜词、飙升词、零少词的各项指标数据，各指标数据可以根据结果被排序，如图 6-17 所示。

搜索词	是否品牌原词	搜索人气	搜索指数	点击率	浏览-支付转化率	竞争指数	TOP3热搜国家
футболка женская	N	296,354	4,338,351	35.82%	0.20%	15	RU,UA,KZ
dress	N	275,857	4,019,379	35.06%	0.14%	50	PL,US,NL
платье	N	238,153	3,987,207	37.93%	0.09%	26	RU,UA,BY
платье женское	N	210,381	3,854,004	36.57%	0.11%	25	RU,UA,BY
очки	N	419,663	3,840,413	35.47%	0.47%	8	RU,UA,BY

图 6-17

（2）在国家筛选框中，可以查看全球以及某一国家的搜索词情况。选择“全球”，即可查看某一行业的搜索词在所有国家的情况；还可以从下拉列表中选取查看某一行业最近 30 天成交额最高的相关国家的搜索词情况，方便卖家了解行业主要市场的需求，如图 6-18 所示。

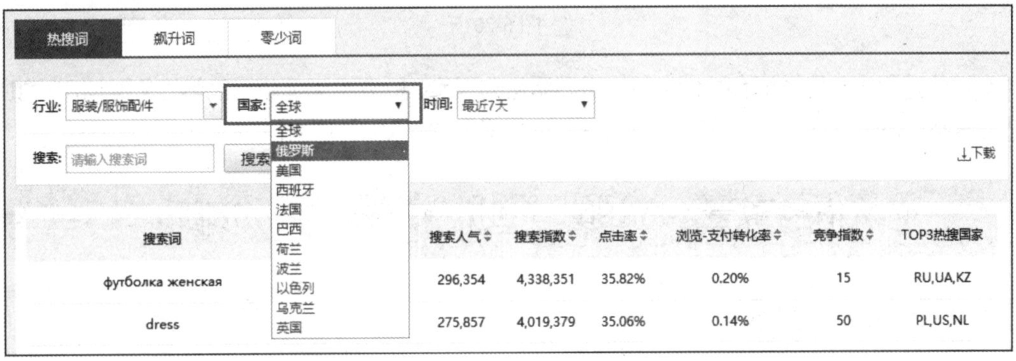

图 6-18

（3）在行业筛选框中选择某一行业，即可查看该行业的搜索词情况，如图 6-19 所示。

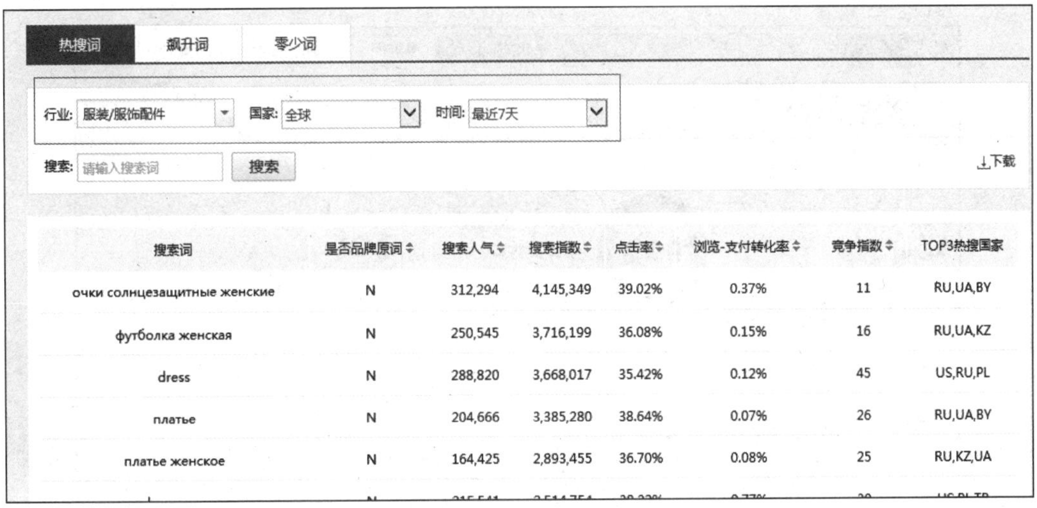

图 6-19

（4）速卖通还提供了品牌搜索词识别功能，识别搜索词是否是品牌商品特别重要，对于品牌商品卖家必须拿到授权才能销售，这个功能可以避免卖家因为对某些品牌不了解而销售了相关的非品牌产品而被处罚，如图 6-20 所示。

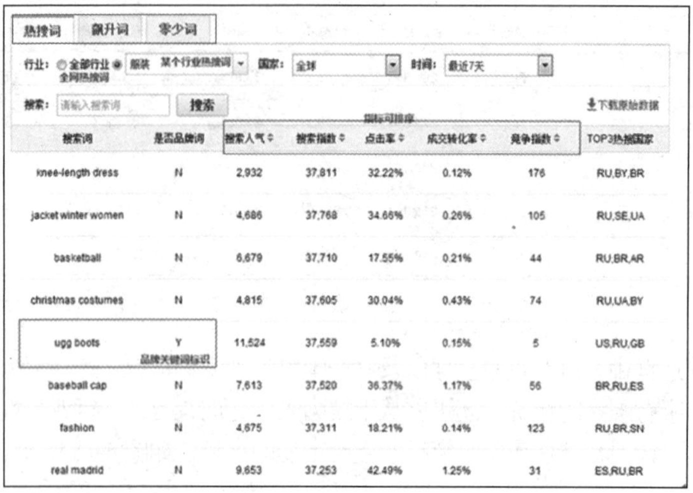

搜索词	是否品牌词	搜索人气	搜索指数	点击率	成交转化率	竞争指数	TOP3热搜国家
knee-length dress	N	2,932	37,811	32.22%	0.12%	176	RU,BY,BR
jacket winter women	N	4,686	37,768	34.66%	0.26%	105	RU,SE,UA
basketball	N	6,679	37,710	17.55%	0.21%	44	RU,BR,AR
christmas costumes	N	4,815	37,605	30.04%	0.43%	74	RU,UA,BY
ugg boots	Y	11,524	37,559	5.10%	0.15%	5	US,RU,GB
baseball cap	N	7,613	37,520	36.37%	1.17%	56	BR,RU,ES
fashion	N	4,675	37,311	18.21%	0.14%	123	RU,BR,SN
real madrid	N	9,653	37,253	42.49%	1.25%	31	ES,RU,BR

图 6-20

在销售过程中，搜索词有时会出现严重同质化的现象，所有卖家都想用最热的关键词，但如此关键被搜索到的概率反而小了，这时候我们可以运用飙升词库提供的数据来优化标题。

任务三　速卖通店铺经营分析

一、全球市场实时风暴

学习对自己店铺的经营概况进行查询是每一位卖家的必修课，卖家只有通过查询流量和转化数据，及时做出应对市场变化的举措，才能在跨境电商市场上立于不败之地。图 6-21 所示为某店铺每天的实时数据，可以看出该店铺的实时交易额超过了 99%的同行卖家。

图 6-21

知识链接

速卖通时间（GMT-8）AM11:00=Beijing（GMT+8）AM3:00

速卖通时间（GMT-8）AM11:00=Moscow（GMT+4）PM11:00

速卖通时间（GMT-8）AM11:00=Rio de Janeiro（GMT-3）AM6:00

二、商铺概况分析

商铺的核心指标分为曝光量、商品页浏览量、商品页访客数、创建订单数、支付成功买家数、成交金额等，如图 6-22 所示。卖家依据各个核心指标进行分析。

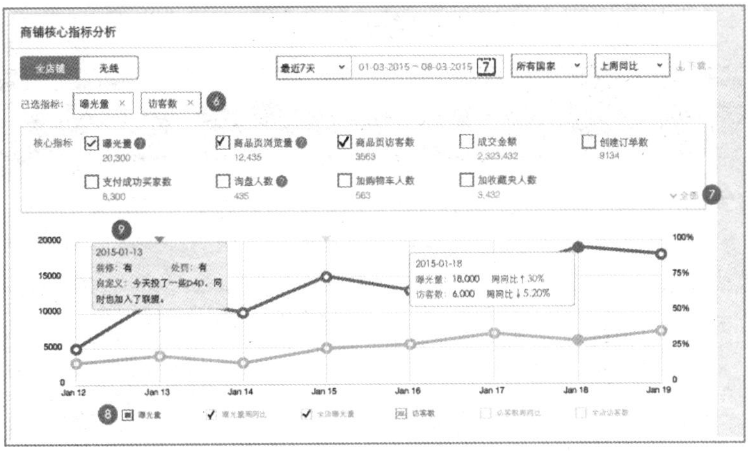

图 6-22

（一）商铺流量来源

通过进行店铺流量来源分析，可以查看商铺内流量的构成，如图 6-23 所示。分析不同渠道的流量占比和走势，可以帮助卖家了解及优化店铺流量来源，提高商铺流量。商铺流量主要由付费流量（P4P、联盟营销）、自然搜索、回头客流量（收藏夹、购物车）以及站外流量（SNS 营销）组成，商铺流量来源如图 6-24～图 6-27 所示。

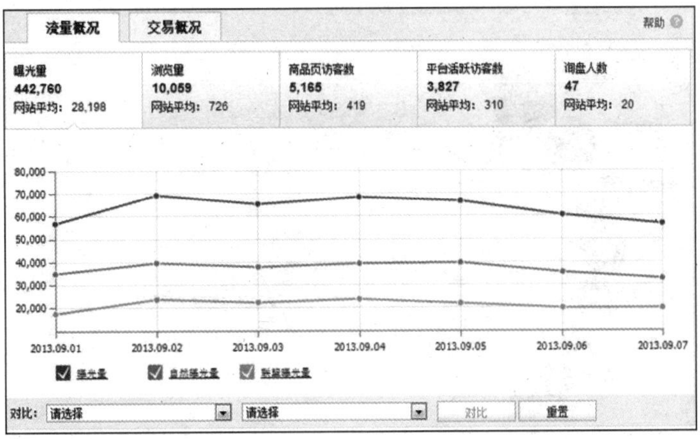

图 6-23

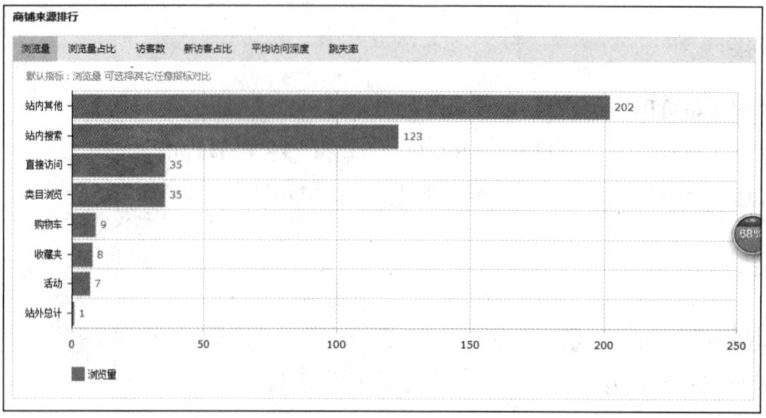

图 6-24

详细数据

下载最近30天原始数据

来源	浏览量	浏览量占比	访客数	新访客数	新访客占比	平均访问深度	跳失率	提升秘籍
全部	**474**	**100.00%**	**328**	**324**	**98.78%**	**1.45**	**88.99%**	
站内总计	473	99.79%	327	323	98.78%	1.45	88.96%	
站内其他	202	42.62%	166	163	98.19%	1.22	87.50%	店铺装修，关联营销
站内搜索	123	25.95%	96	95	98.96%	1.28	80.41%	用搜索词分析提升排序
直接访问	35	7.38%	23	23	100.00%	1.52	74.07%	
类目浏览	35	7.38%	33	33	100.00%	1.06	93.94%	选好类目，填好属性
购物车	9	1.90%	8	8	100.00%	1.13	100.00%	引导买家添加购物车
收藏夹	8	1.69%	5	5	100.00%	1.6	66.67%	引导买家收藏商铺商品
活动	7	1.48%	5	5	100.00%	1.4	60.00%	马上报名参加活动
站外总计	1	0.21%	1	1	100.00%	1	100.00%	

图 6-25

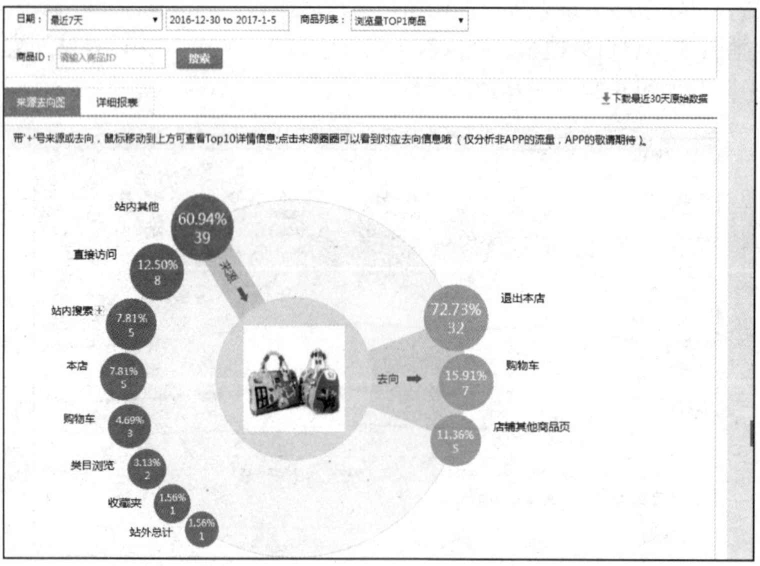

图 6-26

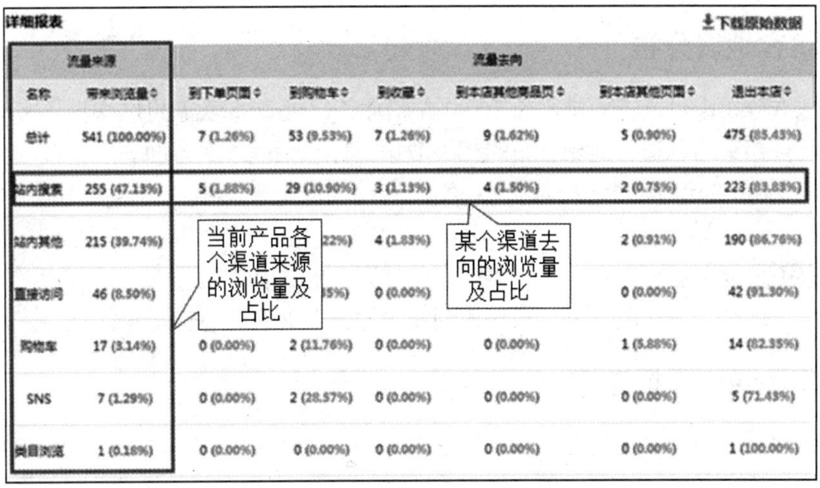

流量来源		流量去向					
名称	带来浏览量	到下单页面	到购物车	到收藏	到本店其他商品页	到本店其他页面	退出本店
总计	541 (100.00%)	7 (1.26%)	53 (9.53%)	7 (1.26%)	9 (1.62%)	5 (0.90%)	475 (85.43%)
站内搜索	255 (47.13%)	5 (1.88%)	29 (10.90%)	3 (1.13%)	4 (1.50%)	2 (0.75%)	223 (83.83%)
站内其他	215 (39.74%)	[illegible]	[illegible]22%)	4 (1.83%)	[illegible]	2 (0.91%)	190 (86.76%)
直接访问	46 (8.50%)	[illegible]	[illegible]5%)	0 (0.00%)	[illegible]	0 (0.00%)	42 (91.30%)
购物车	17 (3.14%)	0 (0.00%)	2 (11.76%)	0 (0.00%)	0 (0.00%)	1 (5.88%)	14 (82.35%)
SNS	7 (1.29%)	0 (0.00%)	2 (28.57%)	0 (0.00%)	0 (0.00%)	0 (0.00%)	5 (71.43%)
类目浏览	1 (0.18%)	0 (0.00%)	0 (0.00%)	0 (0.00%)	0 (0.00%)	0 (0.00%)	1 (100.00%)

图 6-27

初始商铺付费流量占比可稍多，导入流量以测试市场；成长型商铺付费流量占比增大；稳定阶段商铺付费流量占比减少。

（二）交易情况

商铺交易情况可让卖家实时掌握商品买家数、下单数、支付成功订单、支付成功订单金额以及客单价，帮助卖家找到提升商铺整体优势的措施，如图 6-28 所示。

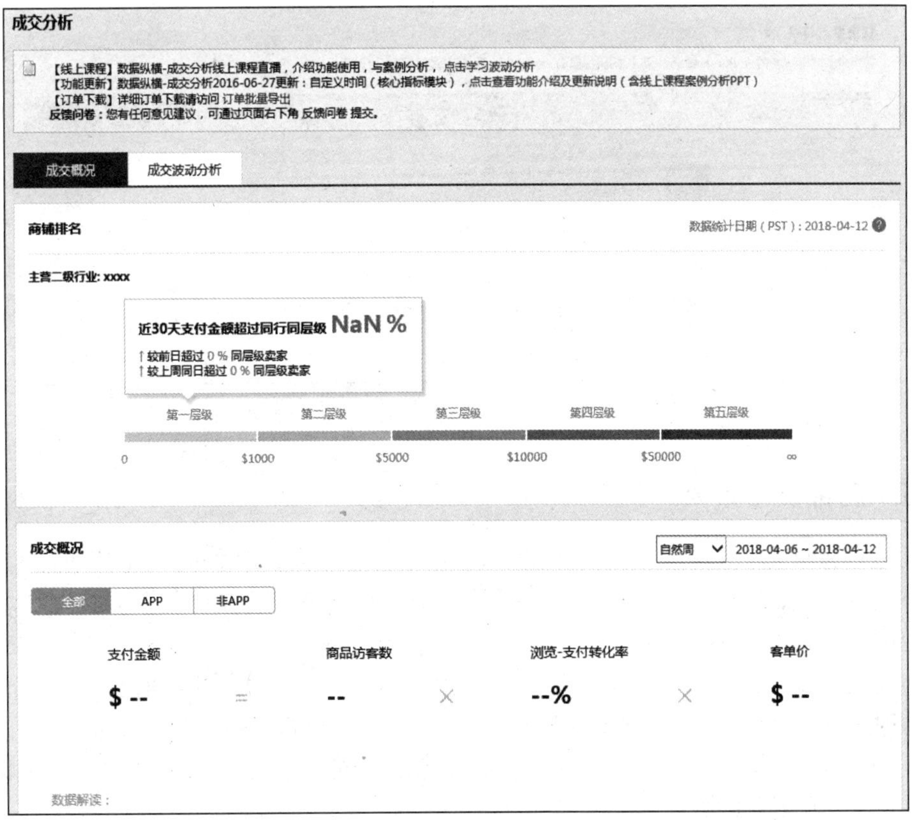

图 6-28

（三）访客地域分布

在访客地域分布中可以查看排名前 10 的访客国家（地区），卖家可以根据访客地域制定差异化的产品线及营销策略。访客地域分布的相关数据指标包括以下 3 方面。

（1）排名前 10 的访客国家（地区）：卖家商铺的流量来源中，访客占比最大的 10 个国家（地区）。

（2）国家（地区）访客人数：来自该国家（地区）的访客人数。

（3）国家（地区）访客浏览量：来自该国家（地区）访客的总浏览量。

（四）商铺经营看板详情

在商铺经营看板详情中可查看卖家责任裁决率和提起裁决的订单数，如图 6-29 所示。

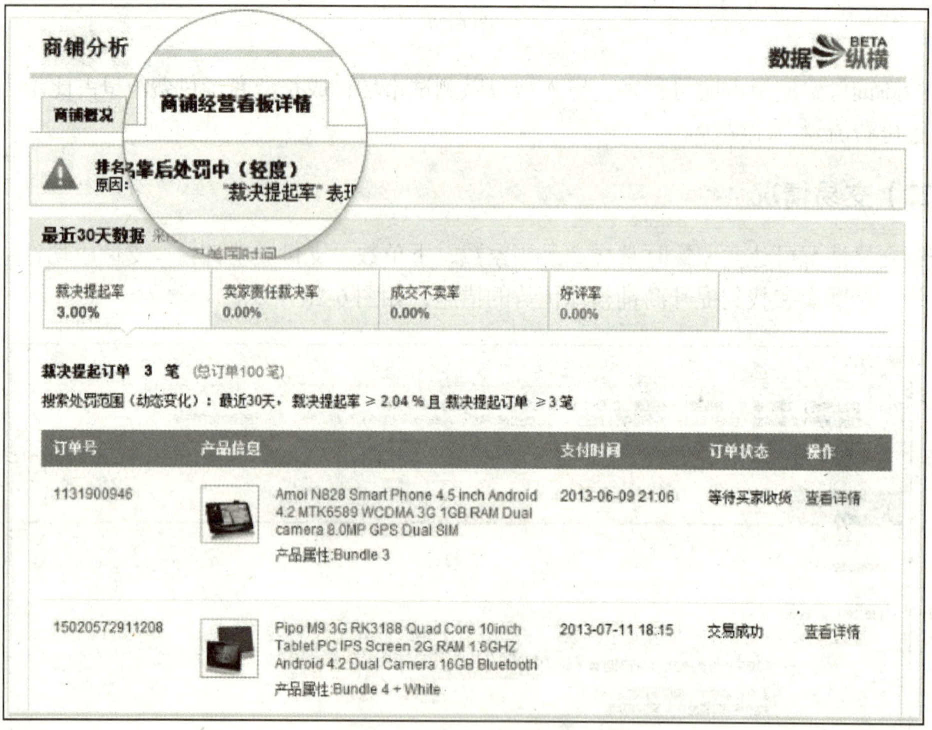

图 6-29

（五）店铺装修效果

要想进行装修效果分析，可以查看最近 30 天内进行店铺装修的时间，对比装修前后店铺的流量、平均访问深度、平均访问时间及跳失率等的变化，以此来衡量店铺装修的效果。

装修效果分析指标说明如下。

平均访问深度：该渠道带来的访客每次入店后在店铺内的平均访问页面数，即人均访问页面数。一段时间的平均访问深度=访问深度日均值，即每天访问深度平均值。

平均访问时间：访问时间为用户在一次访问内访问店铺页面的时长，平均访问时间即所有用户每次访问时访问时长的平均值。

跳失率：访客只访问了该店铺一个页面就离开的次数占总入店次数的比例。一段时间的跳失率=跳失率日均值，即每天跳失率平均值。

购买率：访问该页面的访客中当天下单的访客/访问该页面的总访客数。

装修事件：当日发生的装修事件总数。

图 6-30～图 6-32 所示为装修效果数据分析图。

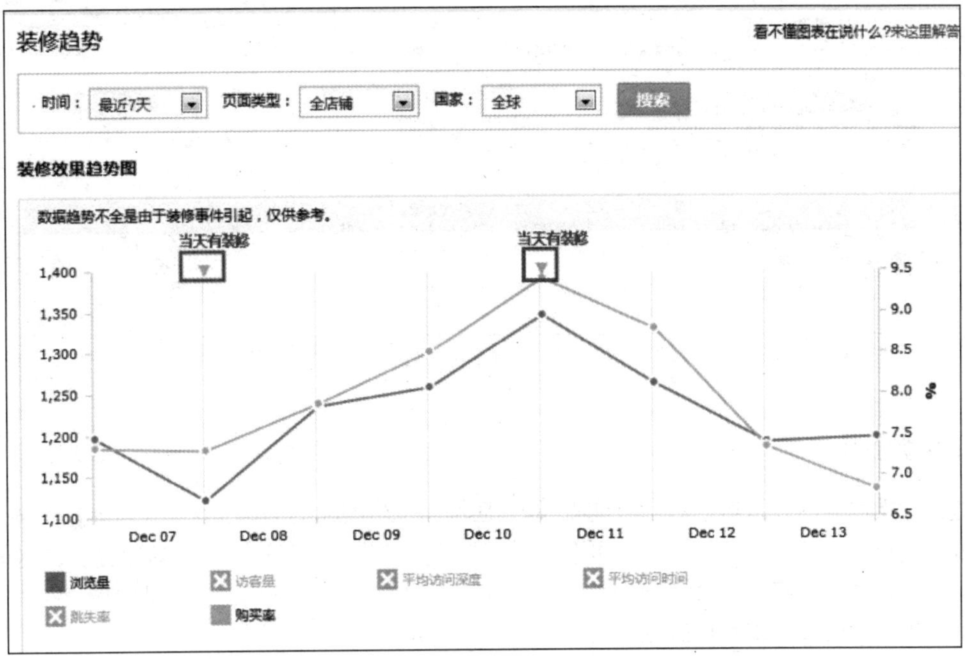

图 6-30

装修事件数据报表　　　　下载原始数据

日期	浏览量	访客量	平均访问深度	平均访问时间	跳失率	购买率	是否装修
2013-12-7	1,196	776	2	88	13.01%	7.35%	N
2013-12-8	1,121	766	1	75	18.10%	7.31%	Y
2013-12-9	1,235	838	1	83	13.80%	7.88%	N
2013-12-10	1,258	870	1	80	15.62%	8.51%	N
2013-12-11	1,345	767	2	77	14.59%	9.39%	Y
2013-12-12	1,262	763	2	89	15.97%	8.78%	N
2013-12-13	1,190	695	2	97	16.19%	7.34%	N
2013-12-14	1,197	659	2	81	14.08%	6.83%	N

图 6-31

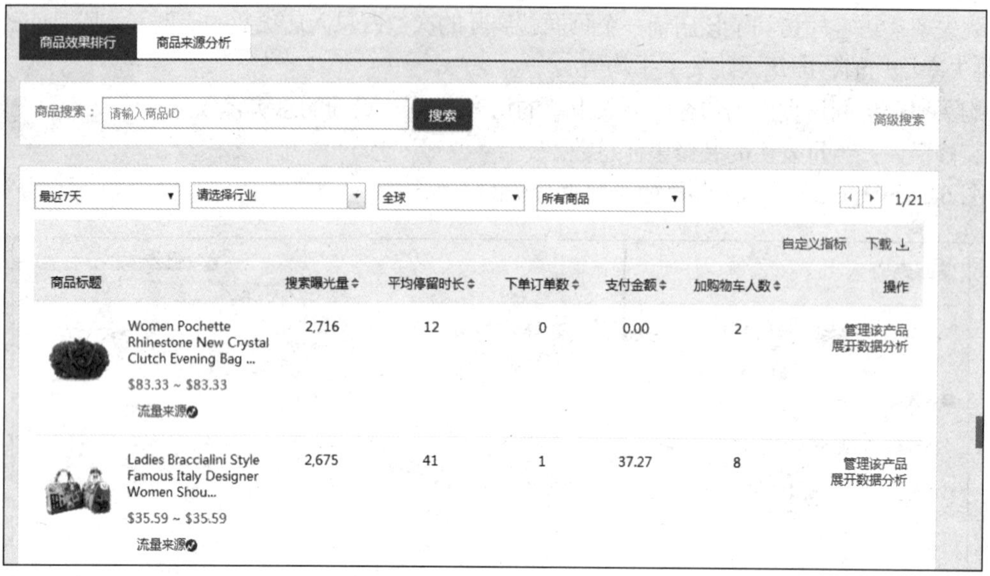

图 6-32

三、商品分析

通过速卖通商品分析可查看 7 天或者 30 天店铺内每个商品的关键指标。包含流量来源、交易指标等。另外，在“商品效果排行”页面可对商品的关键指标趋势进行同行对比分析，这里提供商品指标行业均值与行业 TOP 商品均值，同时提示可能影响数据波动的“活动”与“处罚”事件点，方便卖家了解与分析数据波动背后的原因，如图 6-33 所示。

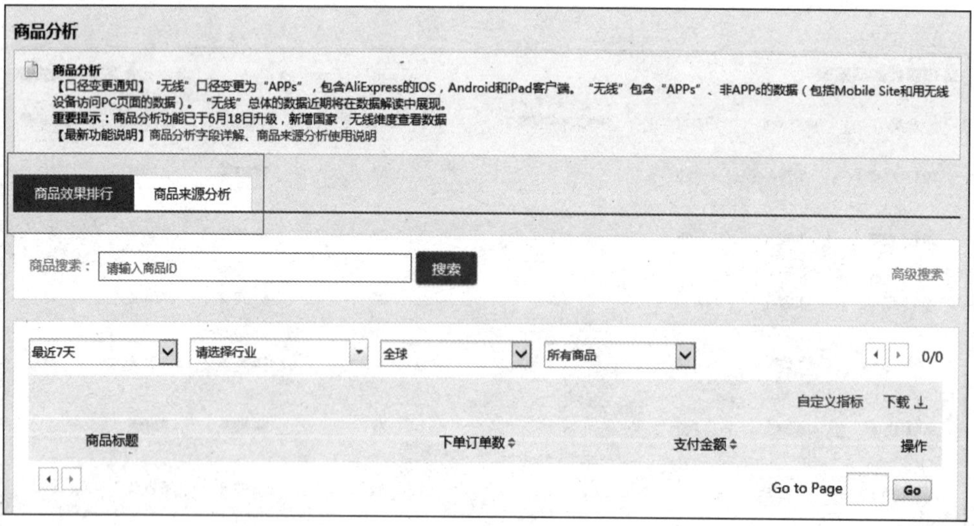

图 6-33

具体操作流程如下。

（1）分行业查看店铺商品最近 7 天或者 30 天的曝光量、浏览量等多维度数据，单击单个指标名称可实现排序功能。利用“自定义数据项”可以修改优先展示的数据项，利用“批量导出数据”可完整导出数据，如图 6-34 所示。

图 6-34

（2）查看指定商品的相关指标数据与发展趋势。可与行业均值或行业订单 TOP10 产品均值做对比，判断该商品各项指标的竞争力，并有针对性地优化商品，如图 6-35 所示。

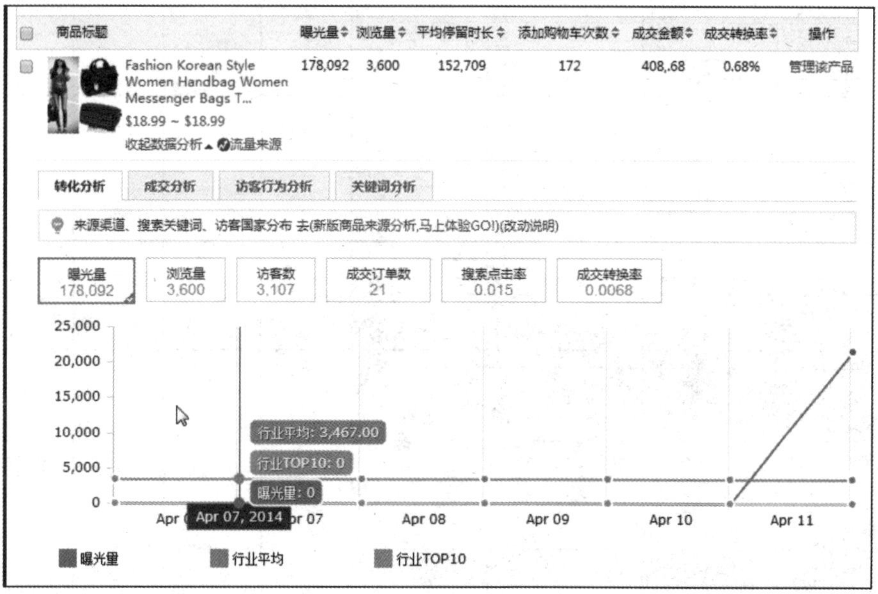

图 6-35

任务四　速卖通直通车数据分析

进入直通车后台，单击“数据报告”按钮，进入数据页面，查看并分析数据。

一、账户报告

账户报告是针对速卖通直通车账户的整体营销状况提供的效果统计分析报告。账户报告分为图形和报表两部分内容，反映曝光量、点击量、花费等多项指标数据，可以自定义类型、时间段、指标进行查看，也可下载报告，如图 6-36 和图 6-37 所示。

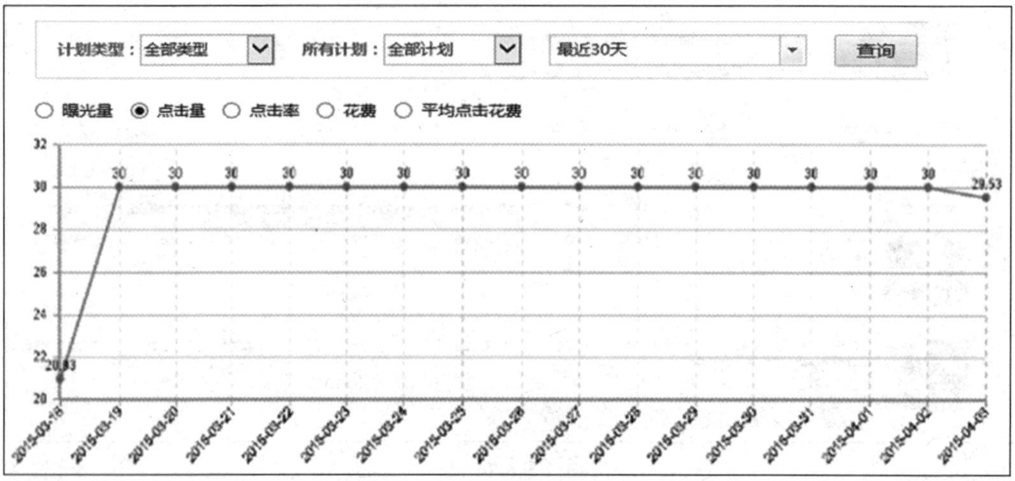

图 6-36

日期	曝光次数	成交订单数	支付金额	周	曝光次数	成交订单数	支付金额
2015-3-1	371,924	186	1,204				
2015-3-2	366,856	190	1,376				
2015-3-3	309,305	128	978				
2015-3-4	317,676	96	570				
2015-3-5	280,694	86	441				
2015-3-6	286,638	128	917				
2015-3-7	265,217	141	1,001	1	2,198,310	955	6,487
2015-3-8	288,209	138	997				
2015-3-9	340,526	161	1,374				
2015-3-10	293,689	109	794				
2015-3-11	286,002	119	732				
2015-3-12	295,702	152	817				
2015-3-13	283,730	121	887				
2015-3-14	279,107	182	1,020	2	2,066,965	982	6,621
2015-3-15	300,584	160	1,201				
2015-3-16	300,428	132	823				
2015-3-17	283,591	82	524				
2015-3-18	287,427	90	616				
2015-3-19	303,678	105	1,001				
2015-3-20	288,316	138	1,075				
2015-3-21	280,569	145	1,492	3	2,044,593	852	6,732
2015-3-22	332,182	132	830				
2015-3-23	311,319	112	915				
2015-3-24	297,667	171	1,199				
2015-3-25	314,545	134	1,196				
2015-3-26	302,188	157	1,140				
2015-3-27	282,015	156	1,353				
2015-3-28	308,216	149	1,403	4	2,148,132	1,011	8,036
2015-3-29	402,752	181	1,403				
2015-3-30	361,791	176	1,252				
2015-3-31	336,686	220	1,650				
2015-4-1	293,624	120	619				
2015-4-2	310,104	147	978				
2015-4-3	245,498	159	1,251				
2015-4-4	233,228	125	777	5	2,183,683	1,128	7,930
2015-4-5	260,710	146	890				
2015-4-6	264,446	165	1,193				
2015-4-7	261,465	196	1,395				
2015-4-8	242,384	95	619				
2015-4-9	268,785	162	1,099				
2015-4-10	265,165	190	1,301				
2015-4-11	227,699	115	841	6	1,790,654	1,069	7,338

图 6-37

二、商品报告

推广商品后，还需要了解推广商品的数据，包括曝光量、点击量、花费等核心指标数据来确认下一步的优化方向。商品报告入口在“数据报告”处。在报告中可查看对应商品、对应时间内的曝光量等数据，如图 6-38 所示，该报告支持数据导出。导出数据后，可以对相关维度数据进行排序，选择需要重点关注的数据，还可以根据不同的数据增加或者更改推广商品，同时也可以根据数据继续添加更多的长尾关键词，增加点击量，降低平均点击费用。

商品成交数据分析					
产品名称	开始日期	结束时间	曝光量	成交量	转化率
june cloth sex	2018/3/1	2018/4/1	5363	221	4.10%
june cloth blue	2018/3/1	2018/4/1	8189	848	10.40%
june cloth female	2018/3/1	2018/4/1	332	122	36.70%
june women	2018/3/1	2018/4/1	432	89	20.50%

图 6-38

思考题

数据分析与营销推广的联系主要体现在哪些方面？

职业技能训练

一、单选题

1. （　　）是指用适当的统计分析方法对收集来的大量数据进行分析，提取有用信息和形成结论而对数据加以详细研究和概括总结的过程。

A. 数据分析　B. 数据采集　C. 数据管理　D. 过程改进

2. 跨境电商相对于传统外贸行业来说，最大的特点就是一切都可以通过（　　）来监控和改进。

A. 数据化　B. 结构化　C. 层次化　D. 信息化

3. （　　）是指在统计周期内，平均每个访客所浏览的页面量。

A. 页面访问时长　B. 跳出率　C. 人均页面浏览量　D. 页面浏览量

4. （　　）是进行目标市场流量分析的工具。

A. Google Trends　B. Alexa　C. Google Adwords　D. eBay Pluse

5. （　　）提供了热卖产品及热门关键词数据，是选品、取名、定价必备的数据工具。

A. 行业分析　B. 关键词分析　C. 选品专家　D. 商品分析

二、多选题

1. 如卖家想查看海外市场的热卖商品，可使用（　　）两个工具。

A. Watched Item、Watchcount　B. Google Trends、Google Adwords

C. Watched Item、Google Trends　D. Watchcount、Google Adwords

2. 店铺流量主要由（　　）构成。

A. 付费流量　　B. 自然搜索　　C. 回头客流量　　D. 站外流量

三、判断题

1. 外部数据分析是指灵活综合运用各个外部分析工具，全面掌握品类选型的数据依据。（　　）

2. Terapeak 是 eBay 官方唯一推荐的分析工具。（　　）

3. 红海行业指那些竞争尚不大，但又充满买家需求的行业。（　　）

4. 商铺的核心指标分为：曝光量、店铺浏览量、店铺访客数、浏览—下单转化率、下单买家数、支付买家数、支付金额、成交金额。（　　）

四、能力拓展题

【工作任务 1】依据平台现有数据，选择蓝海行业并选择所需售卖的产品，利用 PPT 阐述整个选品过程，进行汇报。

【工作任务 2】查看现有店铺经营状况，分析并诊断现有店铺流量及流量来源，制作 PPT 进行汇报。

【工作任务 3】运用站内外数据分析工具，选择一款适合美国客户的产品。

【工作任务 4】运用站内外数据分析工具，选择一款适合俄罗斯客户的产品。

项目七 跨境电商客户服务与管理

学习目标

【知识目标】

1. 了解电子商务客户服务管理的特点，熟悉跨境电商客服的工作内容与工作性质；
2. 掌握客户售前服务、售中服务与售后服务的工作内容；
3. 掌握调整价格、提示买家付款、卖家发货、打包货物等操作，进行客户交易管理与评价，处理客户纠纷。

【能力目标】

1. 能够履行跨境电商客服工作职责，及时催促买家付款、处理退换货及其他纠纷；
2. 能够做好海外客户的沟通与服务工作；
3. 能够维护老客户和开发新客户。

项目引入

调查表明，卖家在 30 分钟内回复买家询盘，订单成交率提高 79.68%。买家的购买潜伏期一般在 15:00～22:00，此时买家会浏览相关产品，会询问一些产品的相关信息；买家购买的高峰期在 24:00～5:00，买家的询盘会集中在这个时段，建议卖家在购买的高峰期保证客服在线，以便及时对买家的询盘进行回复。

思考题

请问如何有效提升买家的购物体验？

任务一 认知跨境电商客户服务管理

对于电商企业来说，沟通环节对交易达成有着重要的作用。前面的工作做得再好，流量再多，如果与客户沟通不畅，很难实现订单转化。跨境电商客户服务管理与电商客户服务管理内容基本一致，下面重点介绍电商客户服务管理。

一、传统客户服务管理与电商客户服务管理的区别

电子商务环境下的客户服务管理与传统的客户服务管理存在区别，主要表现在以下几点。

（一）主动性

传统企业对客户的服务是被动的，要客户找上门来，而且服务的内容也是被动地去满足客户要求，即出现问题、改正问题的问题驱动方式。而电商客户服务中心能为客户提供 7×24 小时个性化服务，它可以根据客户的资料，有预见性地推测客户可能会出现的情况，并通过多种渠道满足客户需求。由于客户服务中心能为客户提供个性化的服务，它超越了被动式满足客户需求的阶段，即在客户满意的基础上让客户为企业说好话，做宣传。

（二）对待客户的态度

传统客服认为，客户打电话过来只是为了解决问题，因为客户打来电话不是产品有问题，就是对产品的使用有疑问，甚至投诉。但在电商客户关系管理观念下，客户没反应、不联络、不响应等是疏离的表现，比抱怨还可怕。疏离，则代表客户对产品、对企业完全漠视。电商客户关系管理强调的是，不但要在客户抱怨阶段就化解客户的不满与失望，更要在不断接触联络的过程中，提高客户对新产品的兴趣，创造对新产品的期望，最终构成客户对新产品的购买行为。

（三）与营销的关系

传统客户服务与营销是分开的，营销单靠拥有说服技巧的业务人员进行，客户服务大多是维修工程师等提供的。电商客户服务管理是将营销与客户服务合为一体，将客户服务视为另一种营销通路，自身也变成了一种营销工具。把新产品推销给老客户，或依照老客户的需求创造新产品，都可以通过客户服务中心处理。以客户关系管理观念建立的客户服务中心，通过网络、电话等低成本渠道，成为企业的协调中心、新产品的开发中心。

二、电商客户服务管理的特点

电子商务环境下的客户服务管理是在传统商务环境下，以信息技术和网络技术为平台的一种新兴的客户服务管理理念与模式。在电子商务环境下客户服务管理主要有以下特点。

（一）高效的信息沟通

互联网及时的沟通方式，有效支持客户随时、准确地了解企业信息。客户只要进入企业网站，就能了解企业的各种产品和服务信息，寻找决策依据及满足需求的可行途径。同时营销人员借助先进的信息技术，及时、全面地把握企业的运行状况及变化趋势，以便根据客户的需要提供更为有效的信息，改善信息沟通效果。

（二）较低的客户服务管理成本

电子商务模式下，任何组织或个人都能以低廉的费用从网上获取所需要的信息。在这样的条件下，客户服务管理系统不仅是企业的必然选择，也是广大在线客户的要求。因此，在充分沟通的基础上，相互了解对方的价值追求和利益所在，以寻找双方最佳的合作方式，无论对企业或在线客户，都有着极大的吸引力。

（三）企业较高的信息化水平

企业信息化水平、企业管理水平的提高都有利于客户服务管理的实现。现在，信息化、网络化的理念在我国很多企业中已经深入人心，很多企业有了相当的信息化基础。电子商务正改变着企业做生意的方式，通过互联网，企业可开展营销活动，向客户销售产品，提供售后服务，以很低的成本收集客户信息，给客户带来更好、更优质的服务。

任务二 跨境电商客服的岗位设置

一、客服主管

客服主管负责管理各类客服人员，其岗位职责有：（1）熟悉商品信息，了解客户需求，熟练掌握沟通技巧，正确解释并生动描述相关产品的特征与优点；（2）准确、简洁、高效、友好地回复客户购买商品时提出的各种问题，以每次贴心、周到的服务在客户群中建立专业、负责任、值得信赖的店铺形象；（3）在接待工作中遇到无法顺利沟通的客户，必要时可以求助同事或上级领导；（4）及时正确地做好备注工作并能确保第一时间告知打单人员，避免发错货的情况；（5）没有客户咨询时，应多浏览熟悉店铺商品；（6）接待客户热情大方、细心周到，积极主动地帮助客户解决任何售后问题，做到最完美的售后服务；（7）对于客户在咨询过程中出现的问题、需办理的手续，需帮助客户妥善解决；（8）定期开展客服团队体系培训，性格开朗，能迅速营造团体工作氛围；（9）完成领导交办的其他任务。

二、销售客服

销售客服在进行客户服务之前需要熟知库存情况，并对产品属性、邮费情况、活动情况、销售政策、平台规则等了然于胸。当客服接到客户咨询后，首先热情问好，在明确库存情况的前提下，对客户提出的问题进行解答，如客户要求产品打折或送赠品，视情况进行特价申请或赠品申请并回复客户直至订单达成并确定订单，但是如果客户跳失，则客服应分析跳失原因，并将问题记录上交，以便改进工作。订单生成后，销售客服还要对买家要求进行备注。

三、产品管理客服

产品管理客服应具备产品的专业知识及其周边知识，产品的专业知识包括产品的种类、材质、尺寸、用途、注意事项等，还包括行业的有关知识、产品的使用方法、洗涤方法、修理方法等。此外，产品管理客服还需要负责产品数据在线维护管理、整理货物等。

四、售后客服

售后客服是指负责商品售后咨询的客服。客户进售后咨询一般来说出于以下三种原因。

（1）客户没有收到货，提出快递查件申请。售后客服应立即根据快递单号进行网络查件或电话查件，若出现快递遗失或其他情况，应联系快递公司妥善解决，并把查询结果及时通知客户。

（2）客户因为色差、大小等其他原因提出退货。售后客服应耐心听客户倾诉，并对其进行安抚，提出解决方案，若客户执意退货，客服确定退款金额后，请客户将货物发回，待验收无误后，做退款处理。

（3）出现产品质量问题。客服应仔细了解情况，如果是因快递公司在装卸、配送过程中出现的质量问题，应追究快递公司责任，同时提醒售前客服告知客户收货时应先开箱验货；若是产品本身质量问题，客服应让客户拍摄问题产品照片或视频，对问题进行查证后协商解决办法。通常有三种方法：一是折价，在不影响使用的前提下，客服可提出折价申请，通过审核后把折价款退还客户，当然，折价处理应该在折价成本不高于换货成本的情况下实施；二是采取换货处理，收到客户发出的货物并查验质量后，将无质量问题的货物调换给客户；三是退货，经过审核入库后，将货款退还客户。

任务三　跨境电商客服的工作职责

一、客户沟通与服务

（一）售前服务

在售前服务阶段主要是做好产品信息服务及咨询服务工作，使用的工具有 E-mail、Facebook、各种即时通信工具等。通常很多客户在购买产品之前，会进一步询问产品的属性、功能、运输等详细状况，客服需要充分了解所售卖的产品以及掌握物流方式，除此之外，如有客户需要线下交易（不通过平台订单），客服需要为客户计算产品的价格，并制作线下交易订单，通过该阶段的工作，将潜在客户转化为最终客户。

询盘回复的沟通模板如下。

1. 买家光顾你的店铺，询问产品信息

Hello, my dear friend,

Thank you for your visiting to my store, you can find the products you need from my store. If there are no what you need, you can tell us, and we can help you to find the source, please feel free to buy anything!

Thanks again.

2. 鼓励买家提高订单金额和订单数量，提醒买家尽快确认订单

Thank you for your patronage, if you confirm the order as soon as possible, I will send some gifts. A good news: Recently there are a lot of activities in our store. If the value of goods you buy count to a certain amount, we will give you a satisfied discount.

3. 货物断货，推荐其他款

Hi friend,

We are really sorry that the shoes you order is out of stock at the moment. I will contact the factory to see when they are going to be available again. I would like to recommend you some other pretty shoes which have the same style. Hope you like them as well. You can click on the following link to check them out. If there's anything I can help, please feel free to contact us.

Best Regards,

(Your name)

4. 大量订购，询问价格

Hi friends,

Thank you for your inquiry, we very much hope to complete the order with you for me, here is the products link you need, if you buy 100 pieces, we can give you a wholesale price, $25/piece. If you have any idea, Please let us know, and we will try our best to help you. Looking forward to your reply.

Best Regards,

(Your name)

5. 回应买家砍价

Hi friends,

Thank you for your interests in my item. I am sorry but we can't offer you that lowprice you asked for. We feel that the price listed is reasonable and has been carefully calculated and leaves me limited profit already. However, we'd like to offer you some discounts on bulk purchases. If your order is more than X pieces, we will give you a discount of ××% off. Please let me know for any further questions. Thanks.

Sincerely,

(Your name)

6. 如果买家希望提供样品，而贵公司不支持样品时，可以这样回复

Dear X,

Thank you for your inquiry; I am happy to contact you. Regarding your request, I am very sorry to inform you that we are not able to offer free samples. To check out our products we recommend ordering just one unit of the product (the price may be a little bit higher than ordering by lot). Otherwise, you can order the full quantity.

We can assure the quality because every piece of our product is carefully examined by our working staff.

We believe trustworthiness is the key to a successful business.

If you have any further questions, please feel free to contact me.

Best Regards,

(Your name)

（二）售中服务

售中是指从订单产生到订单妥投之间的状态，当买家已经下单并成功付款后，客服需及时、人性化地与买家沟通，让买家清楚了解所有货运过程，提升买家的交易感受。此外，在售中，客

服需做到：

➢ 发货前检查货物的状态，尽可能避免残次物品的寄出；

➢ 避免产品描述与产品实际状况不相符，以免影响买家的购物体验甚至引发纠纷和投诉；

➢ 注重物品的包装，专业整洁并注重细节的包装能提高买家的认可度，树立优质产品的良好形象；

➢ 随产品附赠礼品，给买家创造意外的惊喜，会给买家留下较好的购物印象，有利于买家后期回头购买。

售中服务的沟通模板如下。

1. 买家拍下后

Hello Sir/Madam

Thank you for your positive comment. Your encouragement will keep us moving forward. We sincerely hope to see you again in the future. I will give you the best discount， when you buy again.

And my store has some good price products, welcome to my store: ××××××

Best Wishes,

(Your name)

2. 买家付款后

例 1：

Hi Dear,

Thanks for your order and payment. Your item will be sent out in X business days as promised. After doing so, we will send you a notification letter with tracking No. By the way,

1）Please confirm your address, post code and phone number is updated.

2）To avoid you paying high import taxes, we usually declare the item name "XXX" and item value "under USDXXX", is it OK?

Any special requirements please reply within 24 hours, thanks!

例 2：

Dear, your order has been closed because your credit card has not been approved by AliExpress, if you want the item now, we have prepared for you and you can put a new order. Besides, you can pay through western union , T/T payment or try other way too. Also, please contact with the Ali initiatively! Good luck!

3. 发货后，告知买家相关货运信息

Hello Sir/Madam,

It's a pleasure to tell that the postman just picked up your item from our warehouse. It's by EMS, 5-7 working days to arrive.

Tracking number is：×××××××××

Tracking Web is：××××××××

You can view its updated shipment on the Web, which will be shown in 1-2 business days. Also our after sales service will keep tracking it and send message to you when there is any delay in shipping.

We warmly welcome your feedback.

4. 货物到达海关，告知货运相关进展

Hello Sir/Madam,

This is ××. I am sending this message to update the status of your order. The information shows it was handed to customs on Jan. 19. Tracking number：××××××. You can check it from Web: ××××××.

You may get it in the near future. Apologize that the shipping is a little slower than usual. Hope it is not a big trouble for you.

Best Wishes,

(Your name)

5. 货物到达邮局，提醒买家给予好评

Hello Sir/Madam,

This is ××. I am sending this message to update the status of your order. The information shows it is still transferred by Sydney post office. Tracking number：××××××. Please check the Web ××××××.

You will get it soon, Please note that package delivery. Hope you love the product when get my products. If so please give me a position feedback. The feedback is important to me. Thank you very much.

Best Wishes!

(Your name)

6. 感谢评价，为二次交易作铺垫

Hello Sir/Madam,

Thank you for your positive comment. Your encouragement will keep us moving forward. We sincerely hope to see you again in the future. I will give you the best discount，when you buy again.

And my store has some good price products, welcome to my store: http://www.××××××.com/store/××××××

Best Wishes,

(Your name)

7. 物流延误

Hi, friend,

Nice day, I am Charles, really sorry for the slowly shipping, please do not worry, we have already sent out your item, for your reference, the postal tracking number is below:

Tracking number：××××××

Status: departure from outward office of exchange

Ship-out Date: 2016-12-17

My friend, the standard ship times are approximately 7-15 business days, however with increased holiday demand, there may be a delay in international parcel delivery times. If the item is not delivered after 20 days, please let me know, we promise a full refund. Your satisfaction is our utmost priority; please contact us if you have any concerns.

We apologize for any inconvenience. Your understanding is greatly appreciated.

Best Wishes,

(Your name)

知识链接

如何提升买家客户物流体验

良好的物流体验包括发货速度、物流运送时间、货物完整与否、送货员的服务态度等重要内容。

（1）当买家付款后，最好能在最短的时间内发货。发货后及时填写物流单号，并第一时间联系买家，告知物流情况。

（2）选择合适的物流公司和物流方式，不同的国际快递的服务重点会有所区别。同是UPS，UPS Worldwide Express Saver 注重速度，而 UPS Worldwide Expedited 注重安全。需要结合买家的需求、买家所处的国家（地区）的人文习惯，选择适合的物流公司和适合的物流方式。最好先与买家沟通，一起确定物流公司和物流方式。

8. 安检不合格或其他异常物流

Hi, friend,

Nice day, I am Charles, really sorry for this trouble to you, I asked the post office, they replied that your item is returning to us because it didn't pass the customs security inspection, but please do not worry my friend, we will resend it to you and provide new tracking number, there is no further cost to you, but hope you could wait for it in patience.

Or if you do not want to wait any more, we could also give full refund to you, your satisfaction is our utmost priority.

This problem happens occasionally in international shipping, your understanding will be greatly appreciated.

Best Wishes,

(Your name)

9. 包裹无跟踪信息或未上网

Hi, friend,

Have a nice day friend, so sorry for this trouble to you, please do not worry, usually it may take one week to update the tracking info, so please wait for a few days more , if there still has no info, please let me know, I will ask post office and work it out , and if there is any problem with your item, we will inform you in first time :)

Your patience will be greatly appreciated.

Kind regards,

(Your name)

整体而言，在售中，物流延误及未按期妥投是日常客户提及最多的问题，此时，客服应该分情况进行处理。

（1）对于物流延误的问题，一定要妥善处理，应根据运输国家的预计妥投日期做出判断，如果货物在预计到达日期内，只需安抚客户，告诉客户货物运输一切顺利，并提供跟踪信息，让客户耐心等待。

（2）对于超过正常妥投日期的订单，要先安抚客户，告知货物正在运输途中，提供包裹拍照和跟踪信息，告知此延误可能是天气和旺季导致，请其耐心等待，并向客户承诺会逾期退款并让客户承诺收到货物后重新付款或者拒收；同时，要与货代取得联系，查询包裹状态，及时向客户反馈信息，让客户知道我们一直在跟进。

（3）对于超长时间未到货（一般 60 天以上）的订单，向客户提供发货证明及跟踪信息，并建议客户致电邮局查询包裹信息，如果当地邮局仍无包裹信息，应及时向货代索赔，并按照订单金额酌情给客户安排重发或者退款，前提条件是客户承诺收到货会重新付款或者承诺货到拒付。

（三）售后服务

完美地结束一笔交易之后，后续跟进的优秀服务是让买家留下深刻印象及优于其他供应商的服务的重要方式。具体而言售后客服需要做到：

➢ 承诺的售后服务一定要兑现；

➢ 买家收到货物后，可以联系买家进行确认；

➢ 定期进行客情维护，卖家可在节假日定期为买家送去祝福及问候，让买家心中感到温暖；

➢ 如果买家对你做出好评，要表示感谢；

➢ 当纠纷出现时，主动及时进行沟通并努力消除误会，争取给出令买家满意的结果，并能对不良的评价及时做出解释。

售后常见问题主要涉及产品、服务、物流和买家 4 个方面。

（1）产品方面主要包括产品质量问题、色差问题、码数问题、瑕疵问题、发错货问题、多发漏发问题、宝贝图片与实物不符问题以及缺货等。其中，产品质量问题是售后中最常见的问题，通常是由质检不过关、运输损坏、产品本身质量不稳定、客户非正常使用等原因造成的。

（2）服务方面主要包括售前客服服务态度问题、售前客服销售误导问题；售后客服服务态度问题、售后客服处理效率问题等。

（3）物流方面主要包括发错快递问题、快递延迟派送问题、快递员素质问题、快递丢件问题等。

（4）买家方面主要包括拍下后需要修改收货信息问题、拍下付款后商家未发货申请退款问题、商家发货后买家申请退款问题、买家留错收货信息导致快递无法正常派送问题、买家出差或离开收货地问题、7 天无理由退换货问题及超过 7 天无理由退换货问题等。

售后服务的沟通模板如下。

1. 推广新产品，可根据自己的经验，给买家推荐热销的产品

Hi friend,

Right now Christmas is coming, and Christmas gift has a large potential market. Many buyers bought them for resale in their own store, it's high profit margin product, here is our Christmas gift link, Please click to check them , if you want to buy more than 10 pieces, we also can help you get a wholesale price. Thanks.

Best Wishes,

(Your name)

2. 退换货

Dear friend,

I'm sorry for the inconvenience. If you are not satisfied with the products, you can return the goods back to us.

When we receive the goods, we will give you a replacement or give you a full refund. We hope to do business with you for a long time.

We will give you a big discount in your next order.

Please follow the process to return it back:

1）Please keep the item as new without scratch.

2）Please send back the device with all accessories and packing

3）Please leave a note in the parcel write "To Charle" as well as your eBay buyer ID, order ID or any other thing so that I can read it is from you.

4）Please send me the tracking number once you return it.

5）Send to this address:

Addressee's name: Charles

Business: Minzhi Avenue, Longhua New District

Address: 33,5th Floor,Minle Building

Postcode:518000　　　City: Shenzhen

State/Provice: Guangdong　　　Country: CN

You could choose your local post registered international airmail to send it back, it will save much money for you.

Best regards,

(Your name)

3. 漏发货

Dear friend,

Thank you so much for your great support and sorry for keeping you waiting. We checked the tracking information found there is no update information as you said. We will contact the post office to find out the problem. We wonder would you still want the item, if yes, inform us the size and we will resend you asap, if not, we will make you the refund.

Waiting for your reply.

Any inconvenience hope your kind understanding.

Best regards,

(Your name)

4. 发错地址

Dear friend,

Thank you so much for your great support on us.

What a big mistake we made! Sorry, but will you still want the items? If yes, we will resend you immediately, if not, we will make you the full refund.

Waiting for your reply and hope your kind understanding.

Best regards,

(Your name)

5. 买家以不想要为由要求退货，卖家接受退款请求

Dear friend,

Thank you for contacting us regarding your inquiry.

Your return request has been approved. You will be receiving a return shipping label and RMA instructions via AliExpress. Please be advised that the return shipping cost is the responsibility of the buyer. The initial shipping cost cannot be refunded and a 25% restocking fee may be applied if the merchandise is used or damaged visually.

Also, please make sure that the correct merchandise is being shipped us, xx. We are a seller by the name of xx on AliExpress and we will only accept returns of our merchandise. If merchandise purchased from a different seller is shipped to us, we will need to ship the merchandise back to you and we will also ask you for the shipping cost incurred.

We appreciate your cooperation.

Best regards,

(Your name)

6. 因购买的商品大小不合适申请退货

Dear friend,

Thank you so much for your great support on us.

So sorry for the inconvenience that the swimming suit did not fit you. Will it be possible to give others as a gift? Or how about we make you a partial refund as a way to make up for this? Just suggestion, if you insist on returning it back, we will go to the further step.

Waiting for your reply.

Best regards,

(Your name)

整体而言，对于售后的产品质量问题，首先应该了解产品，只有了解产品才能为客户解答疑惑，解决问题，很多时候客户所反馈的问题其实是使用不当导致，可以通过简单的设置解决，因此，当客户提起投诉的时候，应该首先告知客户我们一定会为客户解决问题，同时需要将客户提出的质量问题反馈到公司采购或者技术部门，以提供解决方案，如果无法解决，则与客户商议退回返修、换新或者退款。

二、交易管理与评价

（一）交易管理

客服的交易管理工作主要如下。

（1）调整价格：在买家付款之前，客服可以调整价格。如果买家要求调整价格，在双方协商一致后，客服可以在“进行中的订单”页面中，选择需要修改的订单，单击“调整价格”按钮，进入“订单详情”页面，对折扣信息进行修改，如图 7-1 所示。如果买家已经付款，买家及客服则无法再调整交易价格。

（2）提示买家付款：客服可以在“交易”—“管理订单”—“进行中的订单”页面中查看订单信息。如果买家付款成功，订单状态会显示为“等待您发货”状态，如果买家未付款，则显示为“等待买家付款”状态，如图 7-2 所示；如果买家还未付款，客服可以通过订单详情查看买家剩余付款时间，如图 7-3 所示。如果买家逾期未付款，订单将会自动关闭。此时，客服需要时刻关注买家付款的剩余时间，通过邮件提醒买家尽快付款，同时注意在买家付款成功过后发货。

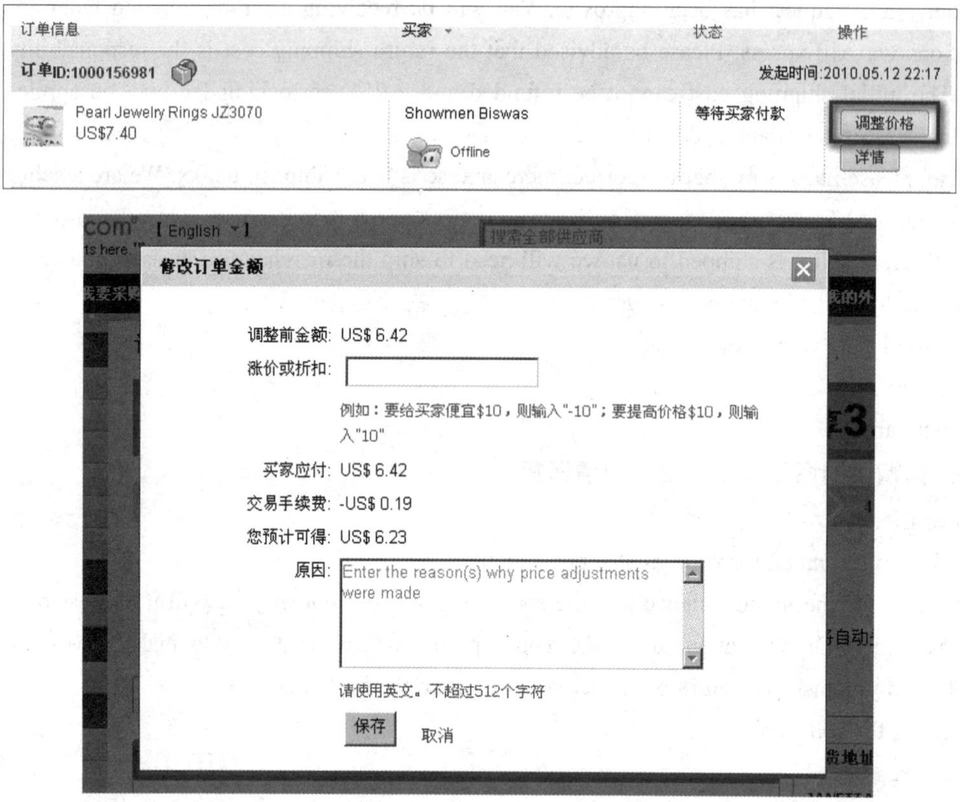

图 7-1

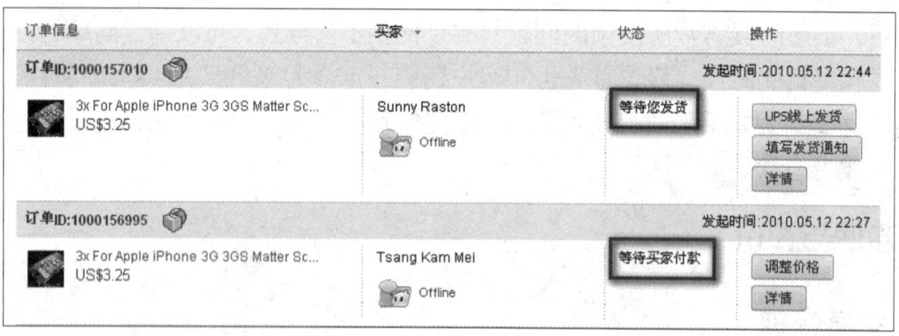

图 7-2

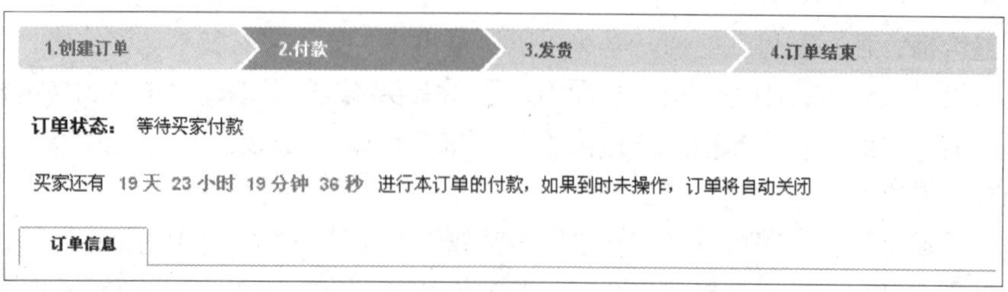

图 7-3

（3）卖家发货：买家付款成功后，客服进入“进行中的订单”页面，选择“等待卖家发货”查询订单信息。此时，卖家可以自己联系货代公司发货，也可以使用速卖通线上发货功能发货。在发货页面，可以查看剩余的发货时间，如图 7-4 所示。

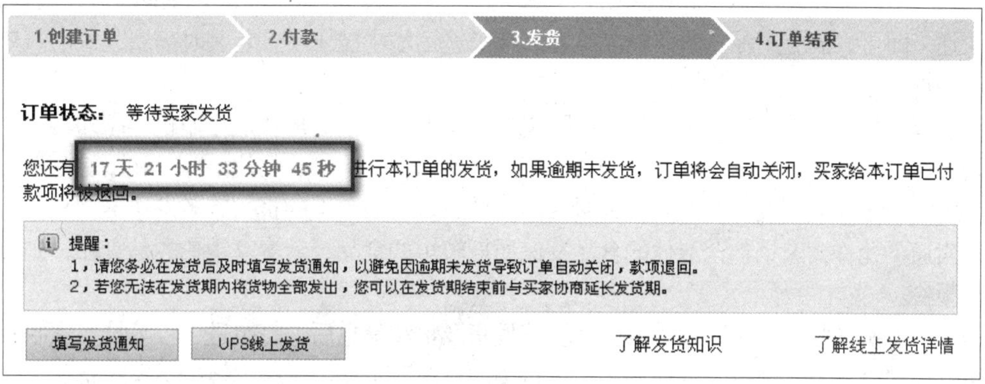

图 7-4

特别提醒：如果卖家未在发货时间内将货物发出并填写有效货运跟踪号，订单会自动关闭，订单款项将会退回给买家。这种情况为“发货超时”，属于卖家“成交不卖”行为，该行为在速卖通平台属于违规行为。当判定卖家有“成交不卖”行为后，平台将根据违规的严重程度，按照全球速卖通卖家“成交不卖”行为规范对卖家进行处罚。

发货后，客服需将正确的发货详细信息填写到“发货及物流信息”中，填写完成后单击“提交”按钮即可，如图 7-5 所示。

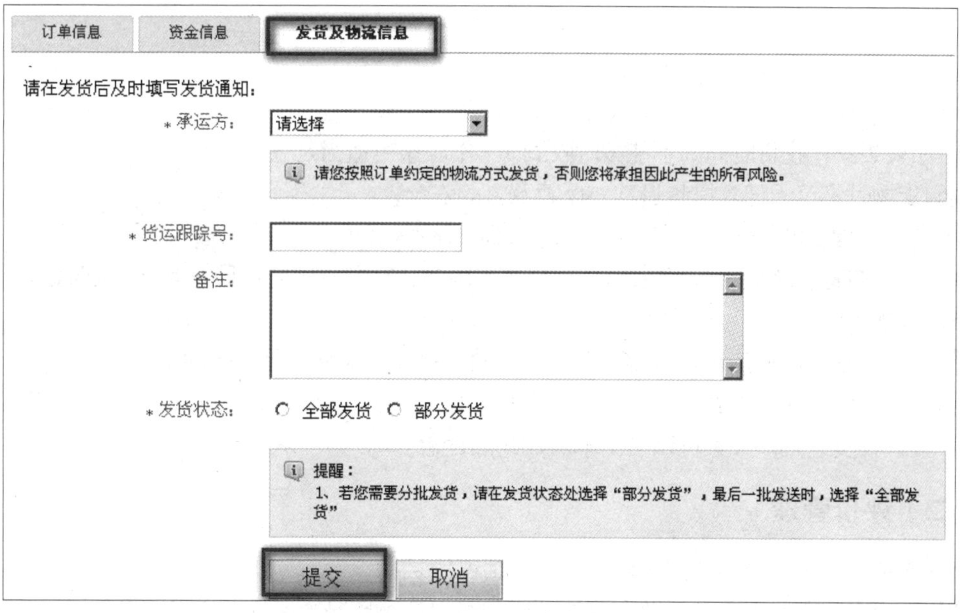

图 7-5

特别提醒：

① 如果卖家全部发货则订单状态显示为卖家已发货，等待买家确认；

② 如果卖家部分发货则订单状态显示为部分发货，等待卖家完成发货；

③ 卖家在发货时间内，应及时与买家沟通，如果在发货时间截止前确认无法发货，可以在截止时间前要求买家延长发货时间。

（4）打包货物：客服在发货时需针对买家所购买的货物进行包装，由于产品类目繁多，有服饰、数码产品、玩具、五金产品等，因此，包装也应不一样。例如，服装类产品的包装比较简单，一般快递袋即可；五金产品、数码产品等容易在长途运输中被压坏，包装时需要包几层气垫以防止产品的损坏。

（5）填写物流单据（面单）并打印：跨境物流单据（面单）用普通打印机打印即可，面单上会有境外客户的具体收货地址、联系方式、产品基本信息、价格、物流跟踪号和跟踪条形码。

（6）填写报关凭证及商业发票：客服打印面单后，将面单上的报关签条发送给客户。特别提示：速卖通不允许卖家销售含液体的食品及保质期较短的食品，若卖家销售的是食品，则货物还需进行报检。

（7）买家确认收货：客服发货成功并填写发货及物流信息后，订单进入“等待买家收货”状态。可以在“交易”—“管理订单”—“进行中的订单”页面中选择“等待买家收货”，查询订单信息，如图 7-6 所示。

图 7-6

特别提醒：

① 如果买家在收货时间内不能按时收到货物，卖家可适当延长买家确认收货的时间，使买家在未收到货物时不至于随意提起退款，保障双方的安全；

② 卖家发货后可以告诉买家已经发货，请买家注意查收；

③ 在买家收到货物之后，卖家应及时与买家沟通让其验货，进行服务指导，及时跟进买家确认收货和放款事宜；

④ 如果买家逾期未确认收货，则订单将自动结束，订单款项将会自动支付给卖家；

⑤ 买家在发货期内收到货物，对货物进行验收，若无异议则确认收货，并打款给卖家；

⑥ 确认收货之后，买家可以给出本次购物的评价。

（二）评价管理

全球速卖通的评价分为信用评价和卖家分项评价。

信用评价是指交易双方在订单交易结束后对对方信用状况的评价，信用评价包括五分制评分和评论两部分。

卖家分项评分是指买家在订单交易结束后以匿名方式对卖家在交易中提供的商品描述准确性（Item as Described）、沟通质量及回应速度（Communication）、物品运送时间合理性（Shipping Speed）三方面服务做出评价，是买家对卖家的单向评分。

对于信用评价，卖家对买家给予的中差评有异议的，可在评价生效后 30 日内联系买家，由买家对其评价进行自行修改；买家可在评价生效后 30 日内对自己做出的该次评价进行修改，但修改仅限于中差评，修改次数仅限 1 次。

对于信用评价，买家对卖家给予的中差评有异议的，可在评价生效后 30 日内联系卖家，由卖家对其评价进行自行修改；卖家可在评价生效后 30 日内对自己做出的该次评价进行修改，但修改的仅限于将中差评改为好评，修改次数仅限 1 次。

对于卖家分项评价，一旦买家提交，评价即时生效不得修改。若买家信用评价被删除，则对应的卖家分项评价也随之被删除。

速卖通有权删除内容包含人身攻击或者其他不适当言论的评价。

速卖通保留变更信用评价体系包括评价方法、评价率计算方法、各种评价率等的权利。

具体而言：卖家进入后台，会看到“等待卖家评价”“等待买家评价”和“生效的评价”三类评价，单击“生效的评价”后，会看到最近所有订单的评价，也可以根据需要去寻找中评和差评的订单。速卖通的规则是，在收到买家评价之后，先对买家评价，然后才能看到买家给予卖家的反馈。

（1）如果收到差评，客服应该及时联系买家，尝试挽回，平台支持卖家去自行挽回一些差评问题。如果实在挽回不了，卖家应该有理有据说明原因，表明自己接受客户的差评，并会在将来做得更好。

（2）如果收到中评或者好评，可采取 Feedback 营销策略，回复客户好评，让好评的客户有回头购买的欲望，此外，还可让那些第一次购买的客户放心进店购买。

（3）如果一直没收到客户评价，客服则可以使用平台的“催评价功能”，单击“催评”按钮进入该订单留言板。可以留下这样一段话：

Dear friend, thank you very much fou your order! We are looking forward to do more business with you, If you have any question, please feel free to contact with us directly,our telephone number is …we will give you the best service.We will be appreciated if you can leave positive feedback as we will do same for you.Have a good day!

三、纠纷处理

（一）eBay 纠纷处理

1. 纠纷的定义

eBay 纠纷是 eBay 买家和卖家就交易问题提出的。eBay 所有的纠纷记录均可在 eBay 纠纷调解中心（Resolution Center）查看和处理。纠纷有四种类型：第一种是由卖家或 eBay 代替卖家（通过设置 UnPaid Item Assistant）针对未及时付款的买家而发起的出价不买纠纷；第二种和第三种是由买家向卖家发起的“未收到物品”或“物品与描述不符”纠纷（SNAD）；第四种是退货纠纷。

2. 纠纷对店铺的影响

纠纷一旦产生，对 eBay 卖家的店铺账号将产生一定的影响，主要体现在不良交易率、卖家服务评级以及账号的信用评价体系上，进而影响排名和销量。

3. 解决纠纷的流程

纠纷调解流程如下：买家在纠纷调解中心发起投诉→卖家有 7 天时间和买家沟通解决此纠纷

→卖家提出异议→eBay 做出裁决（卖家可以申诉）→卖家无过失（纠纷处理结束）；或者：卖家不做回应→卖家有过失（退款给买家）→向卖家追索赔偿。

（二）速卖通纠纷处理

1. 纠纷定义

在速卖通交易过程中所产生的纠纷属于交易纠纷，即在交易过程中产生了误会或者一方刻意隐瞒，从而无法使交易满意完成。目前，在速卖通平台上产生纠纷的原因有两大类，分别是未收到货物以及收到的货物与约定的不符，这两大类又分别可分为不同的小类，未收到货物：运单号无效、发错地址、物流途中、海关扣关、包裹退回；收到的货物与约定的不符：货物与描述不符、质量问题、货物破损、货物短装、销售假货。

2. 纠纷对店铺的影响

如表 7-1 所示，纠纷对速卖通店铺的影响主要如下。

表 7-1　　纠纷对速卖通店铺的影响

指标	考核点	影响
纠纷率	卖家被提起纠纷的情况	影响卖家的产品曝光
裁决提起率	卖家未解决的纠纷提交到全球速卖通的情况	严重影响卖家的产品曝光，比率过高，会导致卖家的产品在一段时间内无法被买家搜索到
卖家责任裁决率	速卖通裁决的卖家责任纠纷订单的情况	

3. 解决纠纷的流程（见图7–7）。

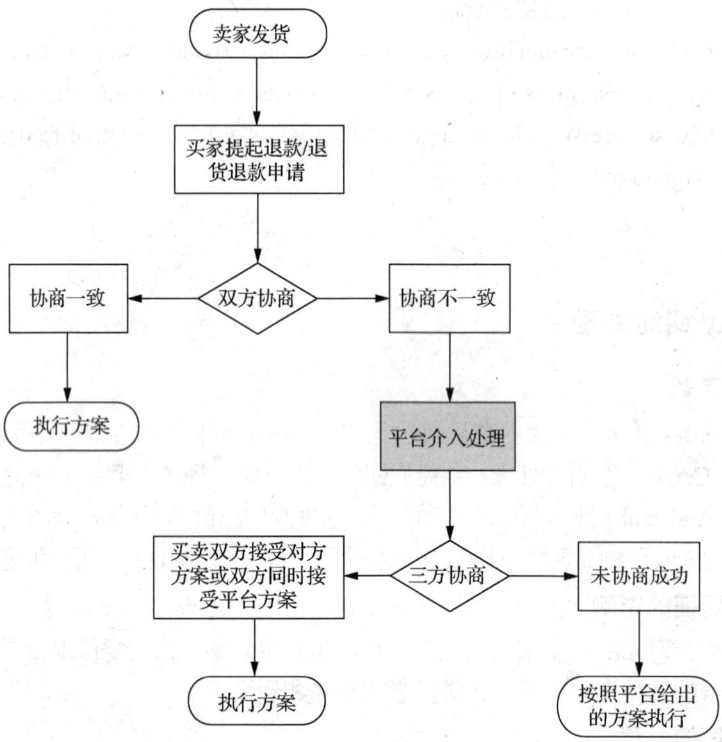

图 7-7

（三）亚马逊纠纷处理

1. 纠纷定义

亚马逊平台常见的纠纷包括未收到货物和收到的货物与买家下单的不相符两类。未收到货物的原因可能是：订单填写错误；收货地址错误；海关扣押；包裹正在运输途中；包裹在当地邮局；卖家忘记发货；收到的货物与买家下单的不相符的原因可能是：货物与描述不相符，如尺寸不符、颜色不符、材质不符、款式不符；质量问题，如货物破损、假货；产品短装。

2. 纠纷对店铺的影响

纠纷对亚马逊店铺的影响体现在不良交易率、卖家服务评级以及账号的信用评价体系方面，进而会影响店铺排名和销量。

3. 解决纠纷的流程

（1）当卖家收到差评是因为买家没有注意尺寸而直接购买，结果货到后觉得尺码偏小，不经过任何沟通，直接差评时，卖家首先通过站内信和邮件与买家沟通，请求修改评价，若买家没有任何回应，一周之后继续通过邮件联系；若再没反应，卖家可以适当给买家好处，如“改差评返 3 美元或下次给 5% discount”；若此时还没反应，卖家可以每天给买家留言，用“诚心”感动他们。

（2）对于物流速度问题，虽然卖家无法控制国际物流的时间，但有两点卖家可以做得更好：第一，在发布产品时，以表格的形式注明到达各个国家的物流时间，让买家有清楚的认识；第二，发货后要及时告知买家跟踪信息以及预计到达时间。

（3）及时沟通。首先是主动沟通，发货后及时提醒；然后是被动沟通，回复买家要及时；最后每周六做总结，抽出几个小时时间跟进发出去的货物，有异常的要记录下来并及时告知买家，这样也能避免纠纷。

四、保障账号安全

（一）eBay 平台

1. 卖家服务等级的定义

eBay 用不良交易率（Defect Rate）来衡量卖家服务等级。

不良交易率是指有下列不良行为的不良交易占卖家所有成功交易的比例。

（1）买家对“物品与描述相符（Item as Described）”一项给予了 1 分、2 分或 3 分；

（2）买家对“运送时间（Shipping Time）”一项给予了 1 分；

（3）买家留下中评或差评；

（4）买家要求退货，且原因与“物品与描述不符”相关；

（5）买家通过 eBay 退款保障（又称 eBay 买家保障）或 PayPal 购物保障提起了物品未收到或物品与描述不符纠纷；

（6）因卖家过失而取消交易。

自 2014 年 8 月 20 日起，为达到 eBay 的卖家最低标准，在考核期内，卖家不良交易率不能超过 5%。与此同时，卖家的未解决纠纷比例不能超过 0.3%。

2. 卖家服务等级对店铺的影响

卖家服务等级越高，店铺排名越靠前，产品曝光率也就越高。

3. 影响卖家服务等级的因素

表 7-2 所示为各 eBay 站点对卖家等级的要求。

表 7-2　　eBay 站点对卖家等级的要求

	美国		英国		德国		其他站点	
卖家等级要求	优秀评级卖家	所有卖家	优秀评级卖家	所有卖家	优秀评级卖家	所有卖家	优秀评级卖家	所有卖家
最高不良交易率（数）	≤2%或<5 笔	≤5%或<8 笔	≤2%或<5 笔	≤5%或<8 笔	≤2%或<5 笔	≤5%或<8 笔	≤2%或<5 笔	≤5%或<8 笔
描述获 1 分、2 分、3 分的原因	—	√	√	√	√	√	√	√
买家开店的物品与描述不符纠纷	√	√	√	√	√	√	√	√
因物品与描述不符导致的退货	√	√	√	√	—	—	—	—
运送时间项获 1 分	√	√	√	√	√	√	√	√
买家提起的物品未收到纠纷	√	√	√	√	√	√	√	√
获得中评或差评	√	√	√	√	√	√	√	√
卖家取消交易	√	√	√	√	√	√	√	√
最高未解决的纠纷率（数）	≤0.3%或<2 笔		≤0.3%或<2 笔		≤0.3%或<2 笔		≤0.3%或<2 笔	
在声明的处理时间内上传有效的物流追踪号	≥90%	—	—	—	—	—	—	—
年度交易数	100	—	100	—	100	—	100	—
年度交易额	1 000 美元	—	1 000 美元	—	1 000 美元	—	铜量级超级卖家	—

（二）速卖通平台

1. 卖家服务等级的定义

卖家服务等级每月月末评定一次，下月 3 日前在后台更新，考核过去 90 天卖家的经营能力，包括买家不良体验订单率、卖家责任裁决率、好评率等，重点考核体现卖家交易及服务能力的一项新指标——买家不良体验订单率（Order Defect Rate，ODR），即买家不良体验订单占所有考核订单的比例。根据考核结果将卖家划分为优秀、良好、及格和不及格卖家，不同等级的卖家将获得不同的平台资源。

2. 卖家服务等级对店铺的影响

不同等级的卖家将在橱窗数量、搜索排序曝光、提前放款、平台活动、店铺活动等方面享有不同的资源。等级越高的卖家享受的资源奖励越多，等级较低的卖家将无法报名平台活动，且在搜索排序上会受到不同程度的影响（见表 7-3）。

表 7-3　不同服务等级卖家的资源获取情况

奖励资源	优秀	良好	及格	不及格
橱窗推荐数	曝光优先+特殊标识	曝光优先	正常	曝光靠后
搜索排序曝光	有机会享受最高放款比例	无法享受最高放款比例	无法享受最高放款比例	无法享受最高放款比例
提前放款特权	放款比例	高放款比例	高放款比例	高放款比例
平台活动	优先参加	允许参加	允许参加	不允许参加
营销邮件数	500	200	100	无

每月3日前平台会更新评级结果，每次评级结果影响当月的资源分配。对于卖家服务等级被连续评为不及格卖家或给买家带来严重不良体验的卖家，平台保留清退的权利。

3. 影响卖家服务等级的因素

历史累计结束的已支付订单数≥30笔的卖家，将根据在考核期内的表现被分为优秀、良好、及格和不及格四个等级。各等级要求如表7-4所示。

表 7-4　速卖通卖家等级要求

评级	优秀	良好	及格	不及格
评定标准	符合以下所有条件： 1. 在考核期内结束的已支付订单数≥90笔 2. ODR<2.5% 3. 卖家责任裁决率<0.8% 4. 90天好评率≥97%	符合以下所有条件： 1. ODR<4% 2. 卖家责任裁决率<0.8%	符合以下所有条件： 1. 4%≤ODR<8% 2. 卖家责任裁决率<0.8%	符合以下所有条件： 1. ODR≥8% 2. 卖家责任裁决率≥0.8%
历史累计结束的已支付订单<30笔的卖家，属于成长期卖家，不参与卖家服务等级考核				

特别说明：

（1）考核订单量指考核期内ODR的分母。

（2）90天好评率=过去90天内产生的好评数/过去90天内的好评数、中评数和差评数总和。

（3）卖家责任裁决率指过去90天内提交至平台进行裁决且最终被判为卖家责任的订单数与过去90天的订单数之比。

计算方法：卖家责任裁决率=过去90天提交至平台进行裁决且最终被判为卖家责任的纠纷订单数/过去90天（买家确认收货/确认收货超时+买家提起退款<dispute>并解决+提交到速卖通进行裁决<claim>并裁决结束）的订单数总和。

（4）若考核期内，买家不良体验的订单来自2个及以下买家时，将不考核ODR。

（5）若考核期内，卖家责任裁决订单数仅为1，将不考核其卖家责任裁决率。

（三）亚马逊平台

1. 卖家服务等级的定义

亚马逊客户满意度中有一项Selling Rating，它代表的是销售评级，是对卖家销售服务的评价打分，也能反映卖家的账户表现，对提高产品的销量也有着很大的影响。Selling Rating的数值是亚马逊平台的卖家服务等级。

在Seller Rating页面里有Fair/Good/Very Good/Excellent四部分，当卖家的销售分数在0.00～84.49，评价为Fair；当分数在84.50～96.49，则评价为Good；而分数在96.50～98.49，就可以

获得 Very Good 的评价；当卖家想获得 Excellent，它的分数需要达到 98.50 分及以上（总分值是 100 分）。

Selling Rating 分数的计算方法是：将一年里所有订单的分数都加起来（它包括加分和扣除分），用得到的总分来除以一年内的所有订单数。Selling Rating 是一年的平均数值，也就是说卖家对每一笔订单都要重视。

2. 卖家服务等级对店铺的影响

Selling Rating 的分数直接影响亚马逊产品的搜索排名和类目排名。

3. 影响卖家服务等级的因素

Selling Rating 的扣分项。

（1）卖家如果在确认发货前擅自取消了客户订单，会被扣 100 分；

（2）如果是卖家原因而引发的 A-to-Z 保证索赔，则卖家会被扣除 500 分；

（3）如果评价中含有多个 1～2 星的负面反馈，卖家将会被扣 500 分；

（4）如果客户的开卡行发起了服务退款索赔，卖家将会被扣 500 分。

（5）卖家如果有过期订单会被扣 500 分，过期订单是指超过发货期 30 天还没发货的订单。

Selling Rating 的加分项。

（1）如果一个订单从始至终都没有任何问题，那么这个订单就是 perfect order（完美订单），平台会给卖家加 100 分。

（2）想要赢得加分还可以在订单没有任何问题的情况下，提供有效的跟踪信息，并在 3 天（工作日）内投递成功，同时能够遵守最快到达的承诺，最重要的是还要没有任何的退款行为，在这样的情况下，卖家会得到 10 分的奖励。

职业技能训练

一、单选题

1. 表示速卖通店铺当月服务及格的分数标准为（　　）。

   A. 60 分以下　　B. 80 分以下　　C. 60 分到 80 分　　D. 70 分到 80 分

2. 有买家提起纠纷，我们应该（　　）。

   A. 不管他，让平台处理　　B. 联系买家，及时沟通，合理处理纠纷

   C. 退款　　D. 重新发货

3. 以下（　　）不是卖家分项评分标准。

   A. 商品描述准确　　B. 沟通质量及回应速度

   C. 物品运送时间合理　　D. 商品纠纷率

4. 以下说法错误的是（　　）。

   A. 卖家责任裁决率=过去 90 天提交至平台进行裁决且最终被判为卖家责任的纠纷订单数/过去 90 天

   B. 若考核期内，买家不良体验的订单来自 1 个及 1 个以下买家时，将不考核 ODR

   C. 若考核期内，买家不良体验的订单来自 2 个及 2 个以下买家时，将不考核 ODR

   D. 若考核期内，卖家责任裁决订单数仅为 1，将不考核卖家责任裁决率

5. 对于信用评价，买家可在评价生效后 30 日内对自己做出的该次评价进行修改，但修改仅限于中差评，修改次数仅限（　　）次。

A. 1　　B. 2　　C. 0　　D. 不限

二、判断题

1. 速卖通卖家的 DSR 评分代表着交易结束后买家对于商品、卖家服务能力的评价，是买家满意与否的最直接的体现，速卖通会优先推荐 DSR 评分高的商品和卖家，给予更多曝光机会和推广资源，对于 DSR 评分低的卖家进行大幅的排名靠后处理甚至使其不参与排名。（　　）

2. 售中服务主要是做好产品信息服务及咨询服务工作，使用的工具有 E-mail、Facebook、各种即时通信工具等。（　　）

3. 跨境电商客服只负责回答客户的问题，不需要了解产品。（　　）

4. 速卖通有权删除评价内容包含人身攻击或者其他不适当言论的评价。（　　）

三、能力拓展题

【工作任务 1】买家下订单后发来邮件：Can you send this item as a gift? 查看库存之后，发现这款产品断货了，卖家应该怎样回复?

【工作任务 2】收到来自巴西客户的邮件：I didn’t receive this item, I need it is my birthday gift, please refund me. 但是查看该客户订单详情，是 12 天前发货的，目前包裹跟踪信息显示已经发往目的国。卖家应该怎样回复?

【工作任务 3】收到一个来自俄罗斯客户的差评，查看他的购买记录发现他留给其他卖家的大多数是好评。此时卖家怎样回复?

【工作任务 4】收到一个美国客户的订单，但迟迟未付款，查看他的购买记录，发现客户未曾购买过类似的产品，于是采取降价策略，刺激客户付款，请你写一封邮件，内容包括：（1）感谢客户的关注与下单；（2）由于他是新客户，给予调价 0.5 美元优惠，且有效期为 3 天；（3）以该产品为新品受青睐、库存紧张为由，催促客户付款。

【工作任务 5】收到客户的站内信，信里写着“衣服与图片”不符，要求退货并且退款。鉴于客户态度强硬与运费较高，决定折价处理，即给客户退还部分款项，同时索要 5 星好评。请试着和客户沟通。

模块三　跨境电商实务篇

项目八　敦煌网平台操作实训

实训一　敦煌网店铺注册与验证

【实训目的】

能够完成敦煌网平台卖家注册并进行实名认证。

【实训要求】

1. 要求学生在实训室完成分组实操；
2. 对店铺进行实名认证。

【实训步骤】

要想成为一个敦煌网卖家，首先必须在敦煌网完成注册，在注册页面，要准确完整地填写注册信息。注册分两步：填写商户信息、激活账号。

【Step 1】登录卖家首页。

打开敦煌网首页，单击页面左上角的“免费注册”，如图 8-1 所示。

【Step 2】进入如图 8-2 所示的注册页面：①填写用户名和登录密码。②填写正确的手机号码，方便平台在紧急情况下联系到卖家，同时也能便于卖家收到平台的各种交易短信提醒。③填写正确的邮箱，以便激活账号，且注册成功后可以顺利收到平台的各种交易信息、促销活动信息和培训等信息。

【Step 3】激活账号。

提交注册信息后，开始账号激活。此时，敦煌网需要卖家同时验证手机号码和邮箱，只有全部验证通过后，才算注册成功，如图 8-3 所示。

图 8-1

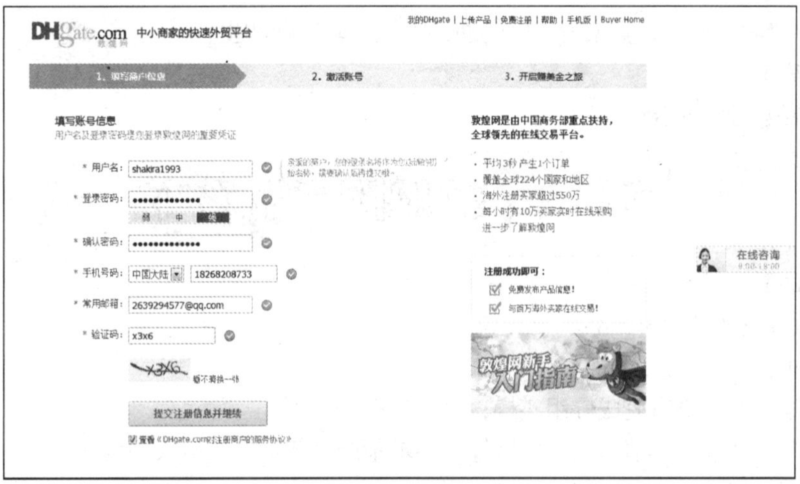

图 8-2

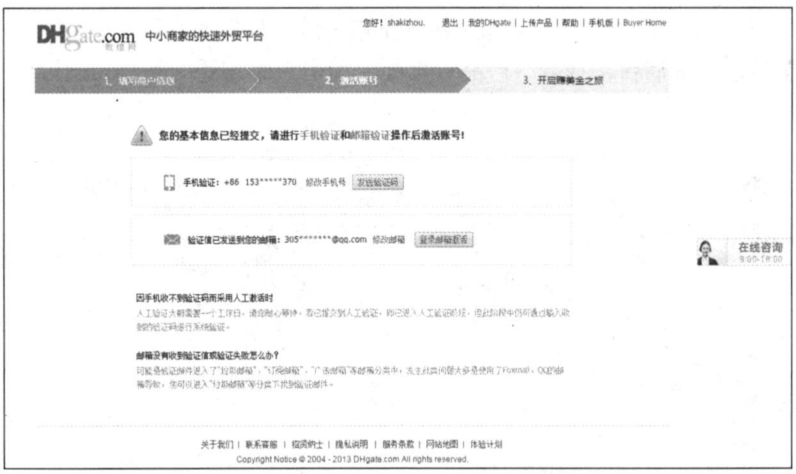

图 8-3

注册成功后，卖家就可以开始上传产品了。但为了不影响买家购买卖家的产品，卖家必须通过身份认证，才能保证买家可以成功支付，如图 8-4 所示。

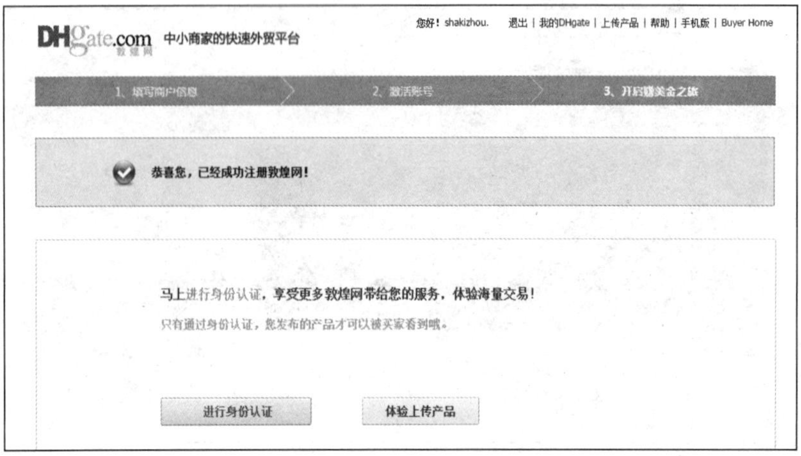

图 8-4

以上三个步骤完成后，卖家就可以畅通无阻地在敦煌网做生意了。

【实训成果】

成果：每组开通的店铺。

实训二　敦煌网产品发布

【实训目的】

能够在敦煌网成功发布产品。

【实训要求】

1. 要求学生在实训室完成分组实操；
2. 发布产品图片、详情页面、标题等，要求不产生知识产权侵权问题；
3. 要求店铺产品发布平台得分超过 80 分。

【实训步骤】

敦煌网产品发布参考速卖通产品发布，步骤基本一致，具体操作如下。

【Step 1】登录卖家后台，找到“产品”页面，单击“添加新产品”，进行产品添加，如图 8-5 所示。

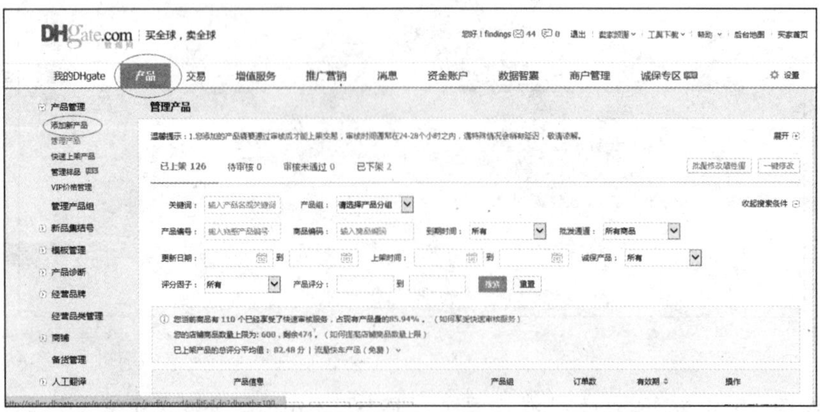

图 8-5

【Step 2】依据所发布产品的类型寻找产品类目，如图 8-6 所示，与速卖通一样，在敦煌网，类目选择正确可以方便买家迅速定位并找到所需产品，所以一定要避免将产品发布在与产品属性不符的类目中。注意：在上传产品前敦煌网会先让卖家绑定经营品类，而且每个店铺只允许选择一种品类绑定经营，一旦确定不可修改。例如选择“C 类”，那么在发布产品时只能发布表、珠宝、时尚配件产品，其他产品则不允许发布，如图 8-6 和图 8-7 所示。

图 8-6

图 8-7

【Step 3】确定产品类目后，开始填写产品信息，如图 8-8 所示，产品信息包括①产品基本信息：产品标题（140 个字符以内）、产品关键词（最多 3 个）、产品基本属性；②产品销售信息：销售计量单位、销售方式、备货状态、备货数量、备货期、产品价格区间；③产品内容描述：

产品图片（最多 8 张，2MB 以内）、产品组、产品简短描述、产品详细描述；④产品包装信息：包装后的重量及尺寸；⑤运费模板；⑥其他信息：产品有效期、售后服务模板。产品信息的填写规则及填写技巧参考速卖通的，在此不再赘述，如图 8-8 所示。

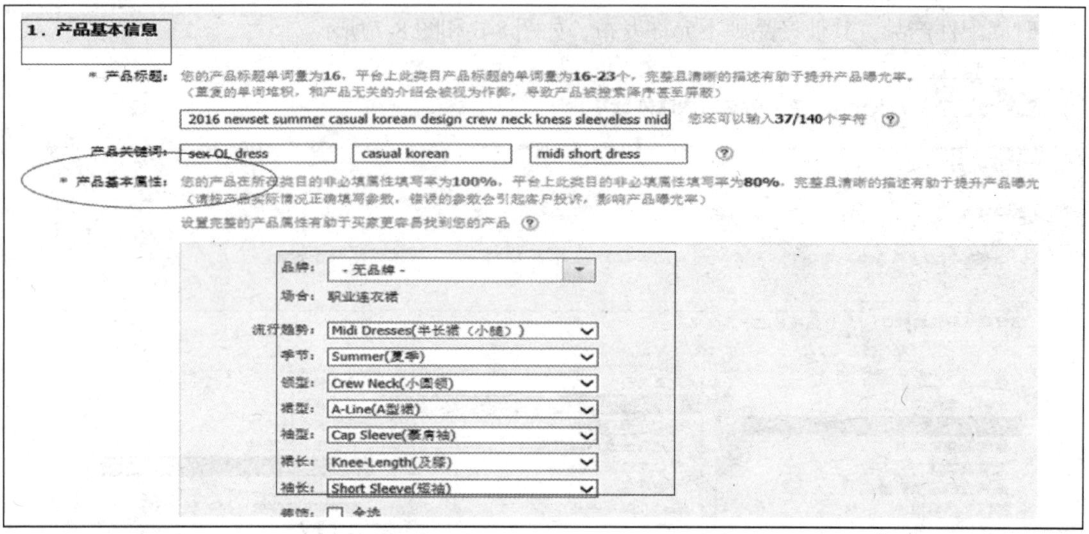

图 8-8

注意：在敦煌网上发布产品时，系统会自动依据发布完整性进行评分，如图 8-9 所示，评分依据来自于产品属性、产品标题、产品短描、产品图片以及运费模板，因此卖家提升产品描述的完整性会增加产品发布得分，获得产品优先权限。

图 8-9

【实训成果】

成果：每组发布产品的页面截图。

实训三　敦煌网产品管理

【实训目的】

能够管理产品并设置店铺产品分组，设置并管理售后服务模板、运费模板、关联产品模板、尺码模板等。

【实训要求】

1. 要求学生在实训室完成分组实操；

2. 要求店铺产品分组不超过 20 组，且促销组合不超过 3 个，对店铺售后服务模板、运费模板等的设置需符合店铺经营现状；

3. 管理产品分组需客观、合理。

【实训步骤】

一、管理产品

登录卖家后台，找到“产品”页面，单击“管理产品”，查看店铺产品情况，如图 8-10 所示。产品基本会呈现四种状态：已上架、待审核、审核未通过、已下架。此外，对已经发布的产品，可以进行编辑、添加类似产品、更改价格操作。

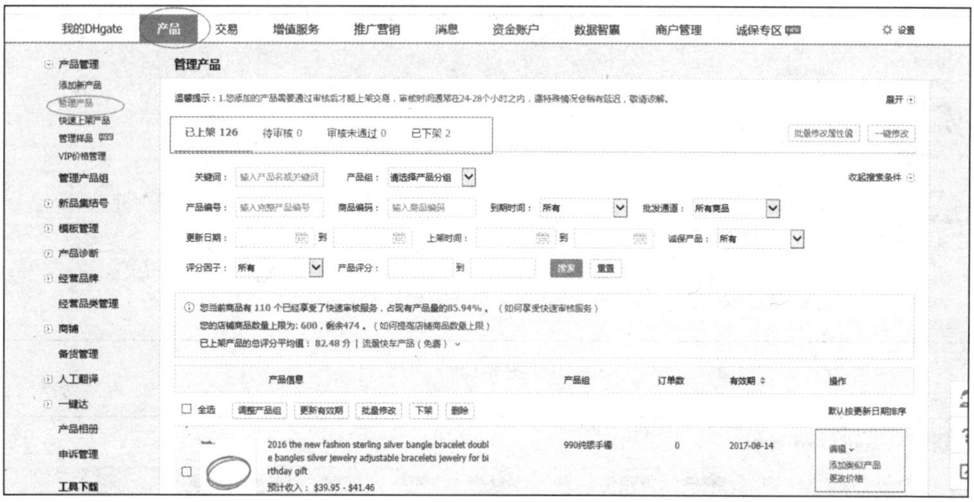

图 8-10

二、设置产品分组

登录卖家后台，找到“产品”页面，单击“管理产品组”，可以查看现有产品分组情况，也可对产品分组进行修改、删除、管理组内产品、组内产品排序四种操作，如图 8-11 所示。若需新建产品分组，可单击“添加产品组”按钮，进入如图 8-12 页面，为产品组命名，如命名为“new arrvial”“Top selling”“Sale”等。添加产品组名后，单击“保存”按钮，进入“添加产品”页面，如图 8-13 所示。将已经发布的产品添加到新建立的分组里，单击“确定”按钮即可，如图 8-14 所示。

注意：产品分组不可太多，平台最高产品分组数为 20，且促销组最好不超过 3 个。

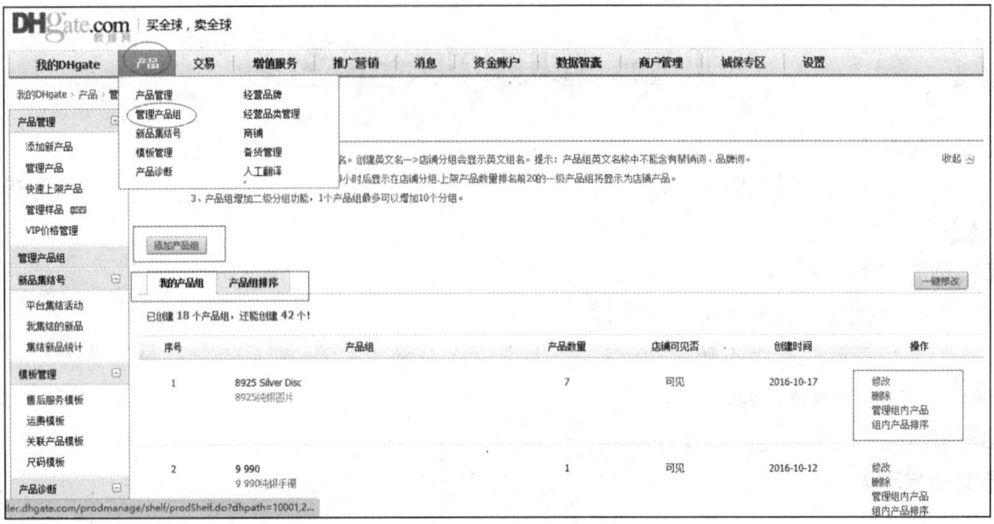

图 8-11

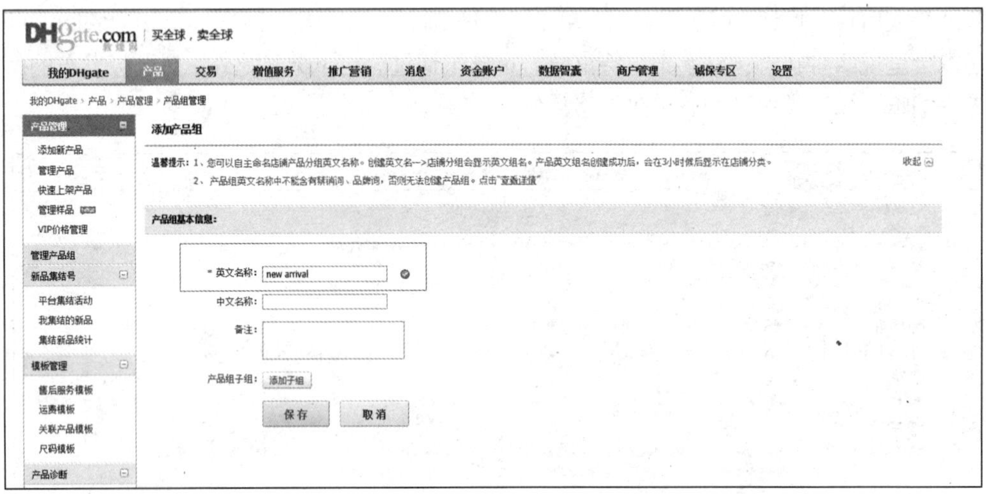

图 8-12

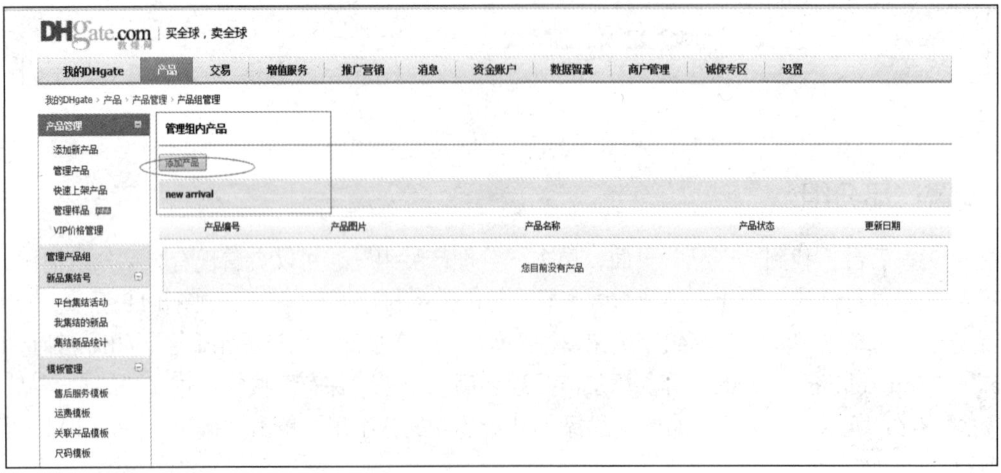

图 8-13

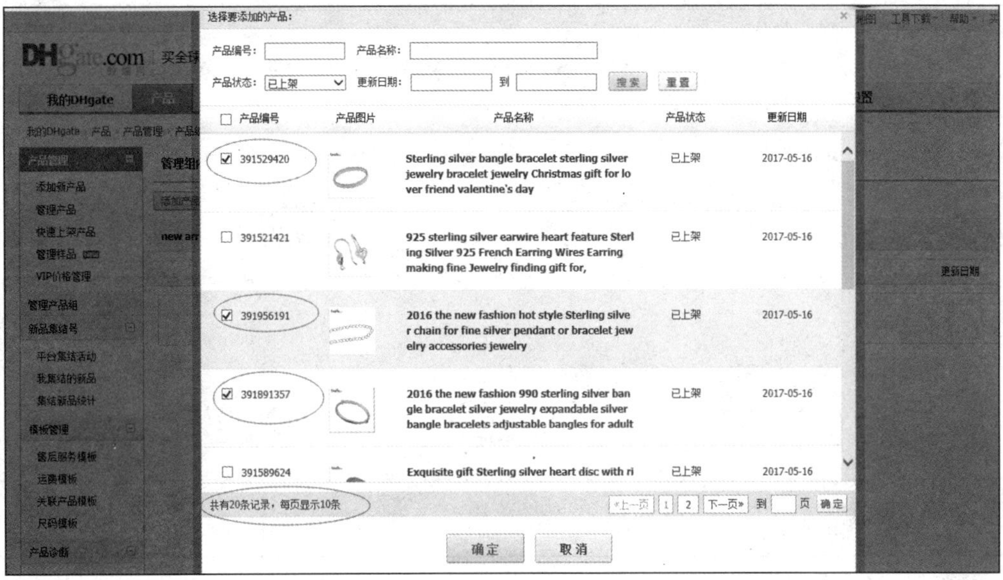

图 8-14

三、模板管理

目前，敦煌网模板管理包括四个：售后服务模板、运费模板、关联产品模板和尺码模板。卖家在发布产品前可先对这四个模板进行设置，在发布时只需勾选所设置的模板类型即可，如图 8-15 所示。

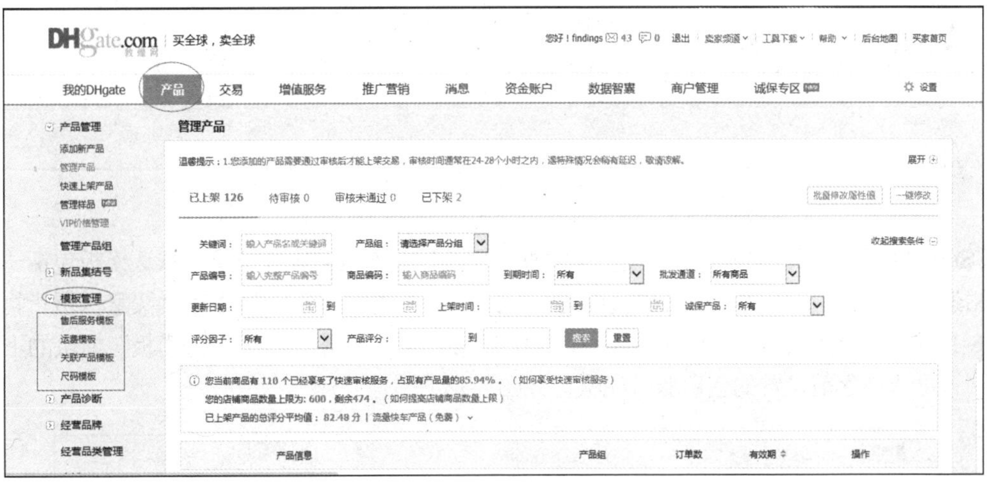

图 8-15

（一）售后服务模板

【Step 1】登录卖家后台，打开“产品管理”—“模板管理”—“售后服务模板”页面，单击“添加”按钮进行模板设置，或对已经设置的售后服务模板进行修改、删除，如图 8-16 所示。

【Step 2】为该售后服务模板设置一个名称（不超过 30 个字符），然后在页面中进行相应设置，设置完成后，单击页面下方的“确定”按钮即可完成服务模板设置，如图 8-17 所示。

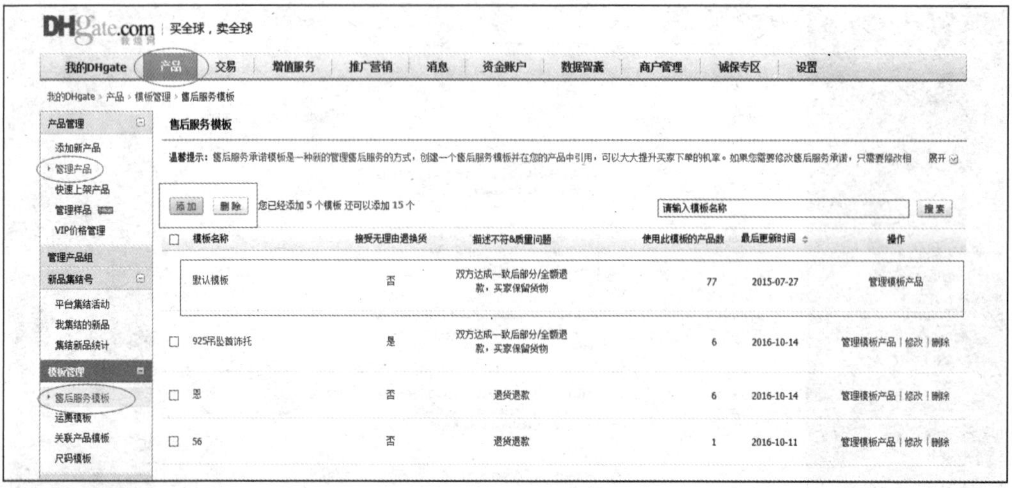

图 8-16

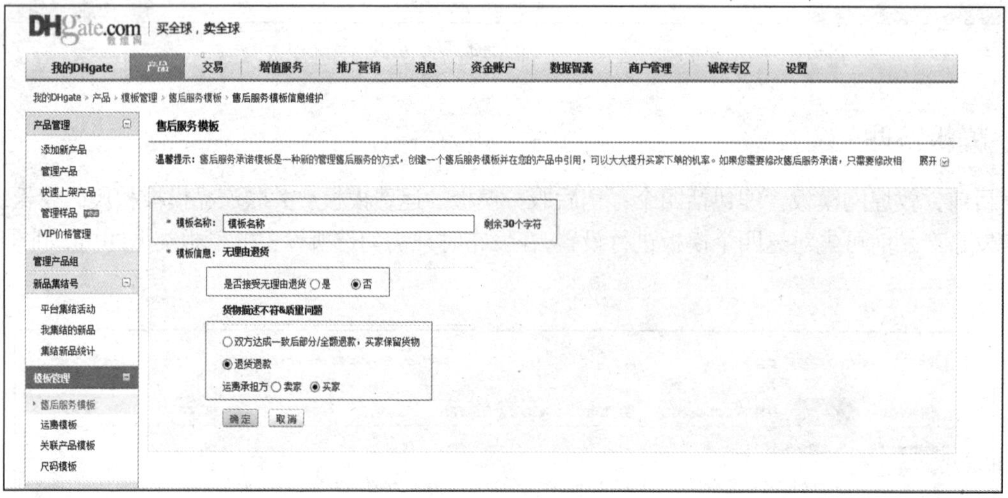

图 8-17

【Step 3】系统自动为新手卖家设置了“默认模板”，不可编辑或删除，默认模板包括“接受无理由退换货—否”“描述不符&质量问题—双方达成一致后部分/全额退款，买家保留货物”，如图 8-16 所示。当售后服务模板设置好后，在“产品”页面单击“售后服务模板”模块的下拉列表按钮，可选择之前设置的售后服务模板，如图 8-18 所示。

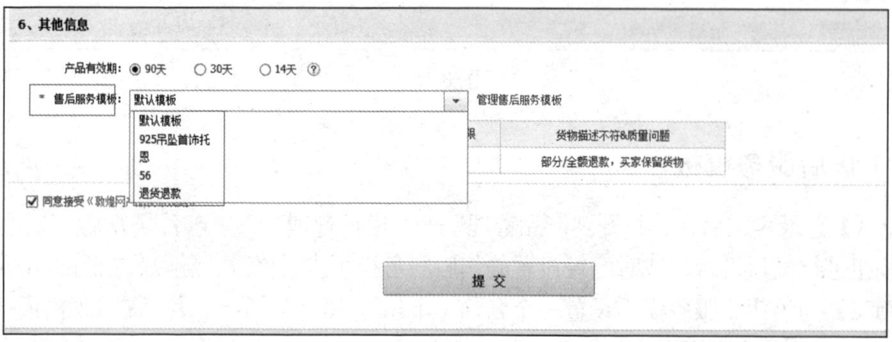

图 8-18

（二）运费模板

【Step 1】登录卖家后台，打开“产品”—“模板管理”—“运费模板”页面，单击“添加新模板”按钮进行模板设置，如图 8-19 所示。

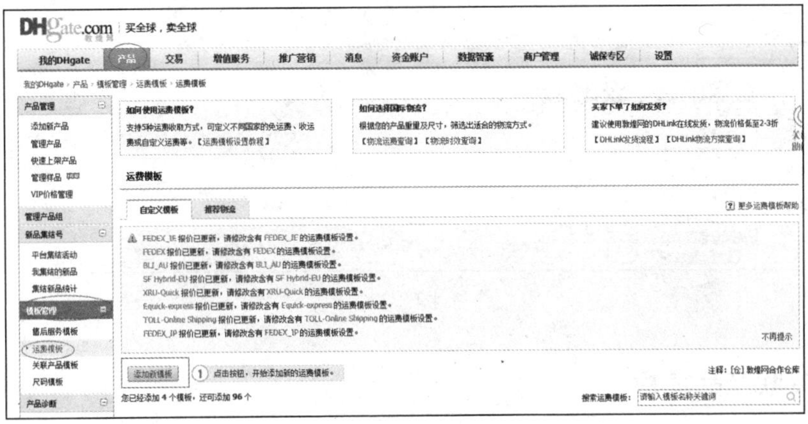

图 8-19

【Step 2】为该运费模板设置一个名字（支持中英文），如图 8-20 所示，然后在如图 8-21 所示的页面中选择并设置物流方式。以 UPS 为例，单击 UPS 运费设置，会出现“免运费、标准运费、自定义运费及不发货”四个运费设置方式，卖家可事先与 UPS 代理商确认发货的区域及价格再设置。可设置某几个国家免运费；某几个国家为标准运费（可设置折扣）；某几个国家为自定义运费（按数量设置运费或按重量设置运费）；某几个国家不发货。此外，在设置运费标准时需设置承诺到达时间，可参考平台给出的时间，稍延后 2～3 天即可。

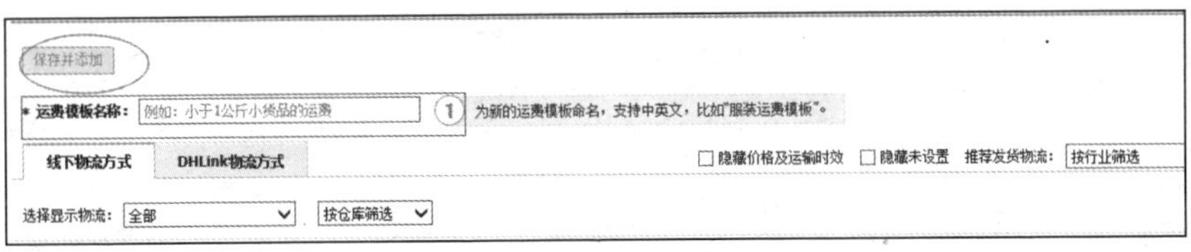

图 8-20

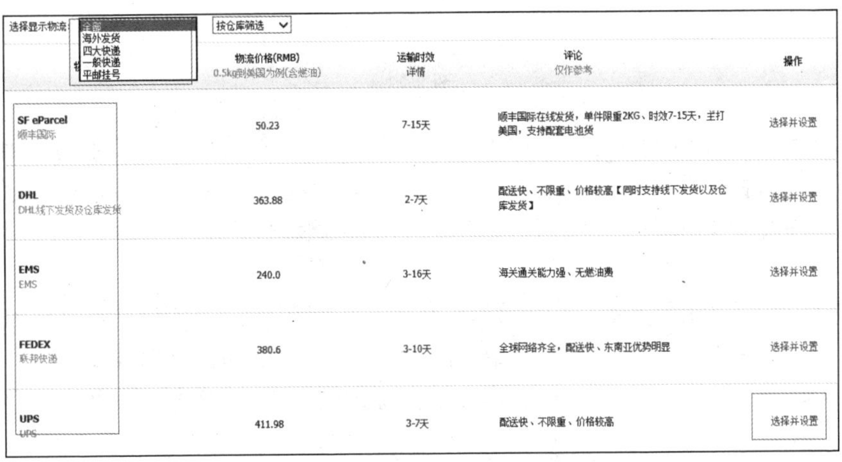

图 8-21

【Step 3】设置完 UPS 物流模板后，可按相同方法设置 EMS、中国邮政大小包等，运费组合设置后单击“保存”按钮即可。在发布产品时，在“运费模板”选项中选择“自定义模板”选项，在“运费模板”下拉列表框中选择之前设置的物流模板即可，如图 8-22 所示。

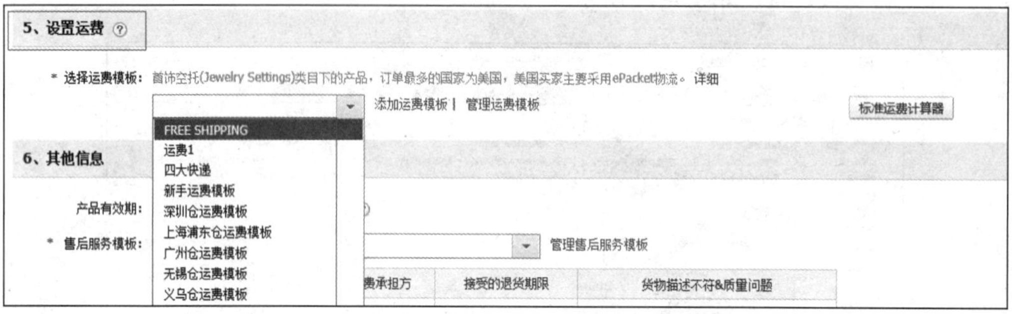

图 8-22

（三）关联产品模板

【Step 1】登录卖家后台，打开“产品”—“模板管理”—“关联产品模板”页面，单击“添加”按钮打开“添加”页面，如图 8-23 所示。若卖家之前已设置“关联产品”模板，即可对模板产品进行预览、修改及删除操作。

图 8-23

【Step 2】为模板设置名称（字符在 150 个以内）。单击“添加产品”按钮，如图 8-24 所示，选择所需添加的产品（最多可以添加 6 个）。卖家在设置关联产品模板时最好将类似的产品或相互补充的产品放在一个模板中，切记不要将买家不了解的产品放一个模板中，如图 8-25 所示。

【Step 3】建立好“关联产品模板”后，卖家在发布新产品时，可以在“产品详细描述”编辑器中单击“插入关联产品”按钮，如图 8-26 所示。目前，敦煌网允许卖家在发布一个新产品时插入最多 3 个关联产品模板，如图 8-27 所示。此外，添加的关联产品模板可以随意拖动位置，如图 8-28 所示。

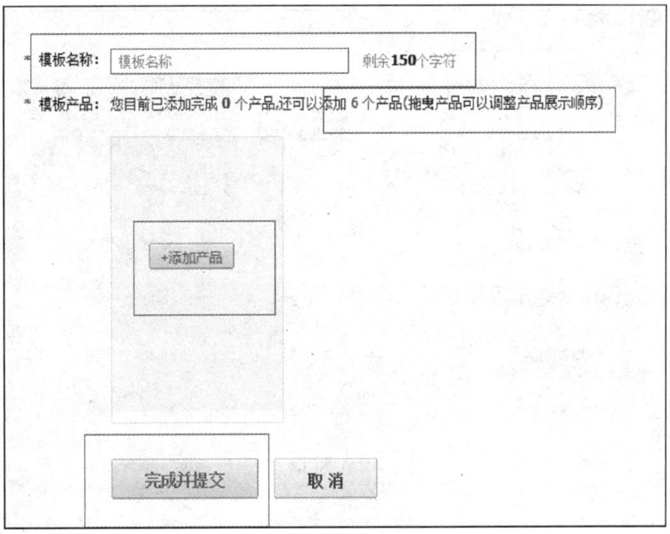

图 8-24

图 8-25

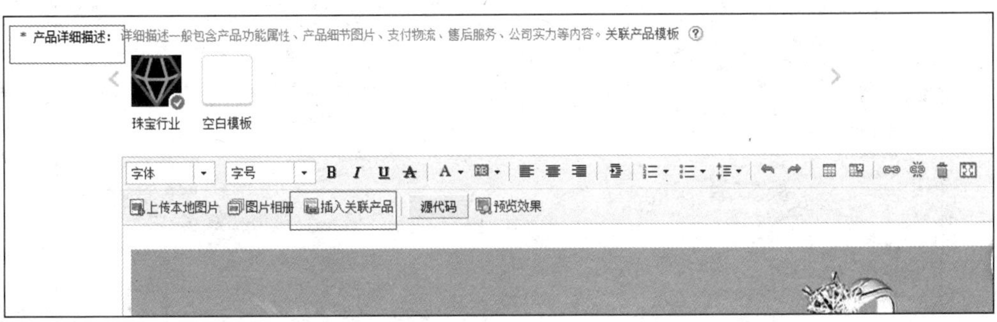

图 8-26

图 8-27

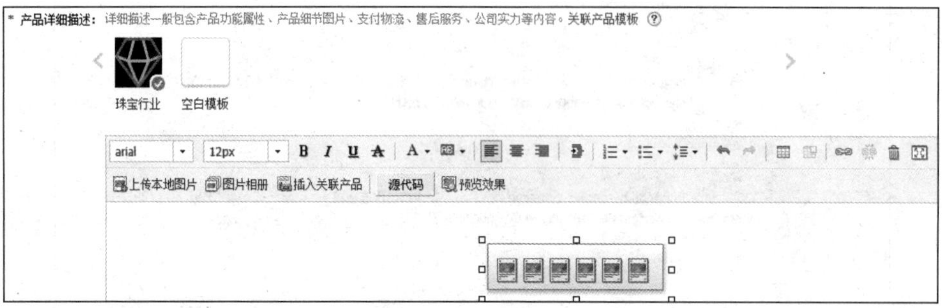

图 8-28

（四）尺码模板

【Step 1】登录卖家后台，打开“产品管理”—“模板管理”—“尺码模板”页面，单击“新建模板”按钮，打开“新建模板”页面，如图 8-29 所示。

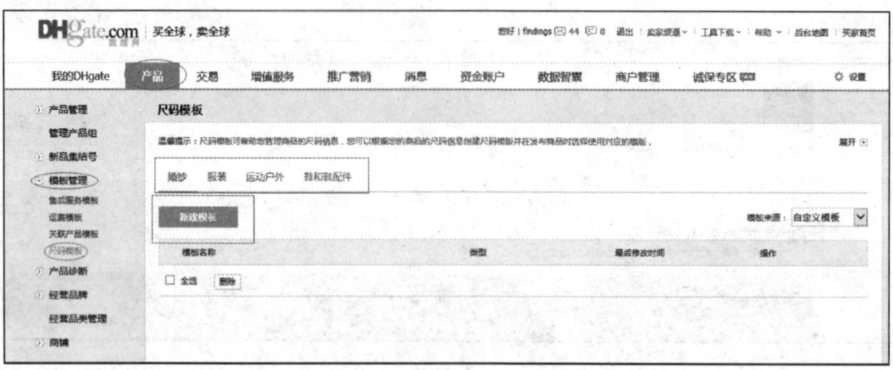

图 8-29

【Step 2】进入“尺码模板”页面后，首先需要选择一个大类。例如，想要给婚纱创建尺码表，那么就选择“婚纱”这个大类，然后单击“新建模板”按钮；如果想要给服装创建尺码表，那么就选择“服装”这个大类，然后单击“新建模板”按钮，如图 8-30 所示。当选择“服装”大类后，卖家需首先选择模板类型——连衣裙、上装、裤子、女士泳装、半身裙、女士文胸及套装，确认后开始设置页面，包括“模板名称”（最多 128 个字符）、“尺码信息”。例如，衣服尺码只有 S、M、L、XL 四种，那么只勾选这四个选项即可，再在右侧勾选所需要展示的维度，填写完成后，单击“保存”按钮即可。

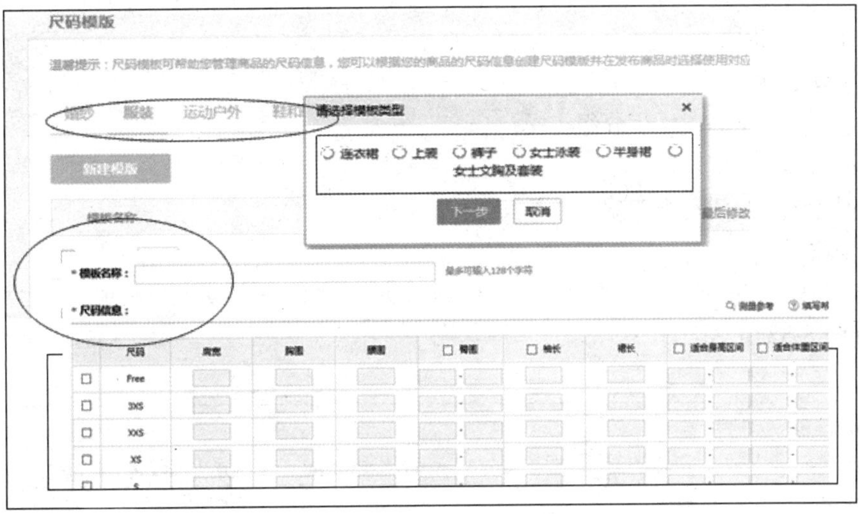

图 8-30

【Step 3】在发布产品时，对于可以使用尺码模板的产品，应选择对应的尺码模板，选择后即可管理，如图 8-31 所示。

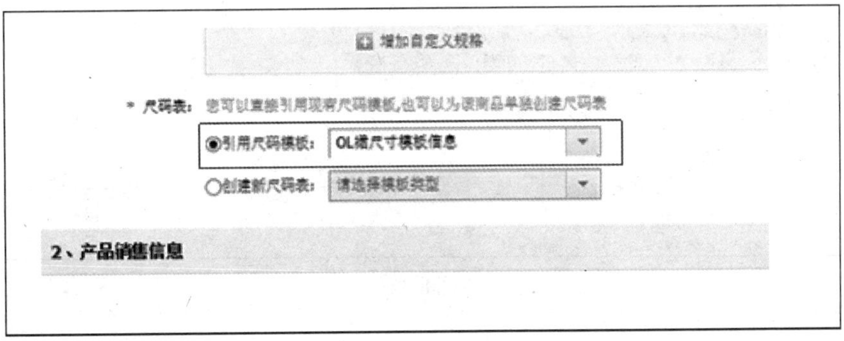

图 8-31

知识链接

关于敦煌网模板管理更新情况

敦煌网模板一旦更新，那么所对应使用的产品自动更新；当需删除模板时，会弹出“此模板已被使用，是否删除”的对话框。此外，筛选想要应用的产品，然后单击“应用到所有产品”按钮，即可将模板应用于所筛选的全部产品，方便又快捷。

【实训成果】

成果：1. 促销组产品；2. 批量修改产品；3. 售后服务模板截图；4. 运费模板截图；5. 关联产品模板截图；6. 尺码模板截图。

实训四　敦煌网营销推广

【实训目的】

能够设置平台活动，并运用店铺营销工具、流量快车等站内营销推广工具打造爆款、优化店铺，进行站内营销推广。

【实训要求】

1. 要求在实训室完成学生分组实操；
2. 设置店铺产品促销款；
3. 设置店铺产品活动推广款，并为其保价、保量。

【实训步骤】

登录卖家后台，进入“推广营销”—“促销活动”页面，查看卖家可参加的平台活动、店铺活动等，如图 8-32 所示。

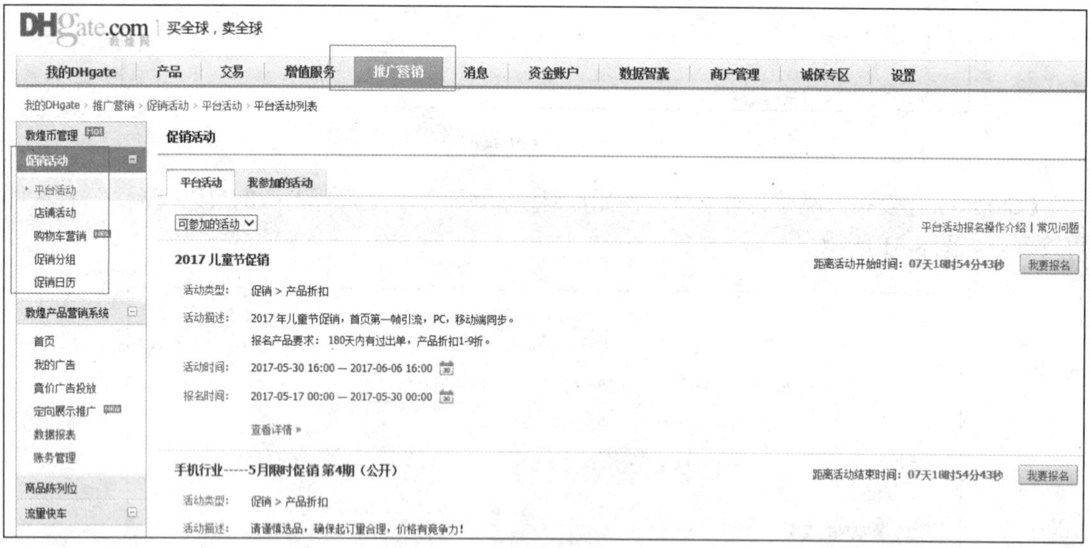

图 8-32

一、平台活动

敦煌网会定期推出一些活动供卖家参与，若卖家对活动感兴趣，则可以单击“我要报名”按钮，如图 8-33 所示，查看是否有符合促销条件的产品，如果有，则单击想参加活动的产品，并单击“下一步”按钮，如图 8-34 所示，针对所选择的产品设置折扣（1～9 折），单击“提交”按钮，即可参加平台活动，如图 8-35 所示。

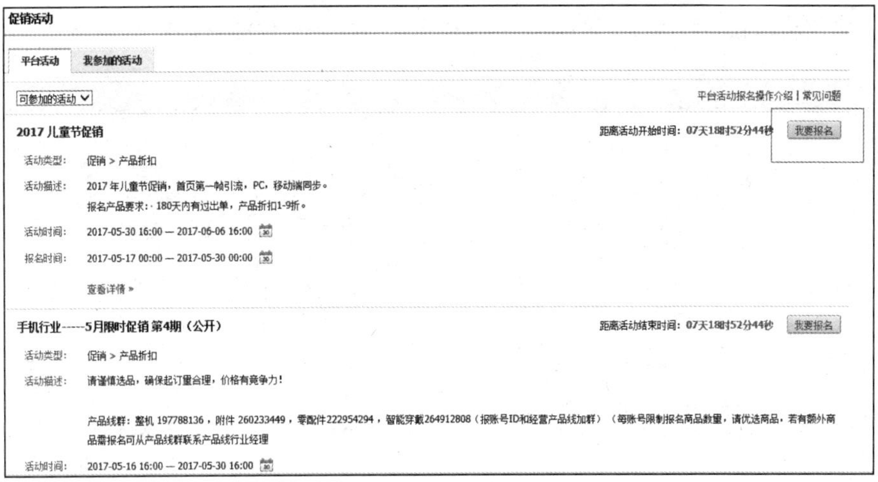

图 8-33

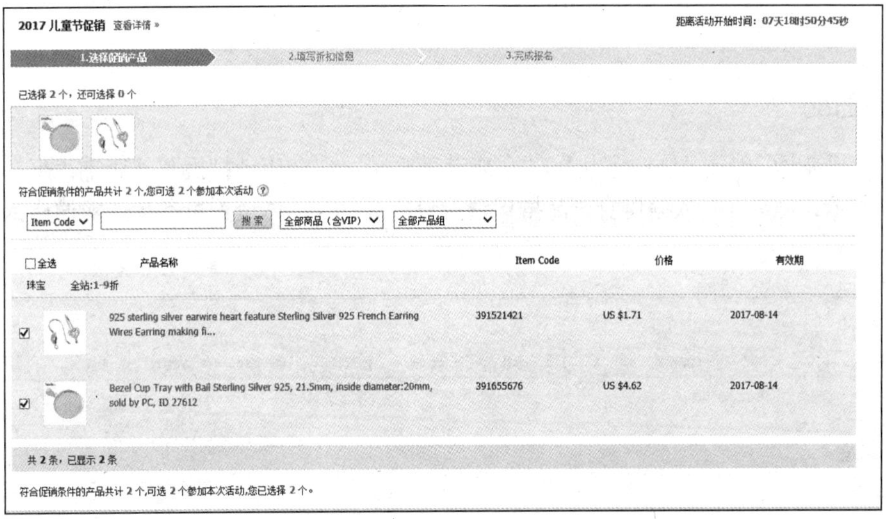

图 8-34

图 8-35

此外，卖家可以在“我参加的活动”中寻找正在参与的平台活动，如图 8-36 所示。

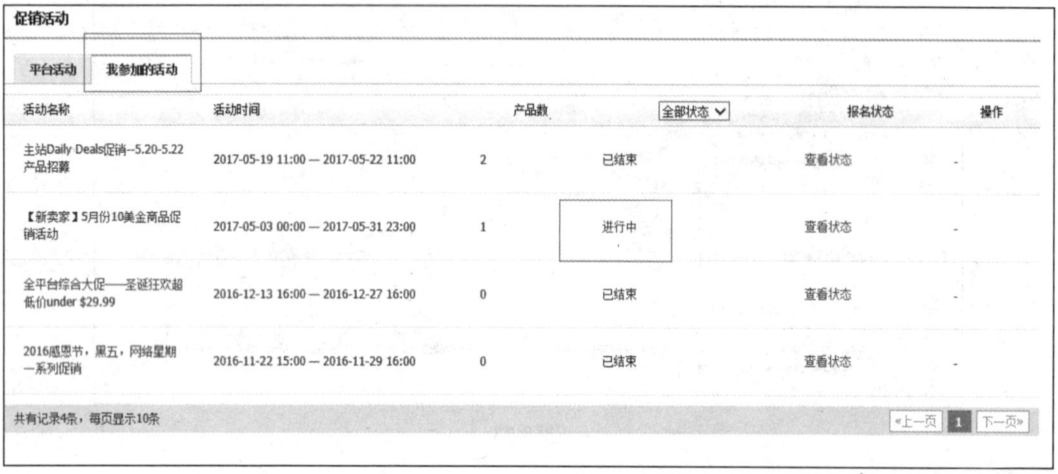

图 8-36

二、店铺活动

敦煌网店铺也可创建“限时限量”“全店铺满立减”“全店铺打折”“店铺优惠券”活动，如图 8-37 所示，卖家可以依据自身产品推广情况设置活动，具体设置可参考速卖通店铺相关活动设置操作步骤。

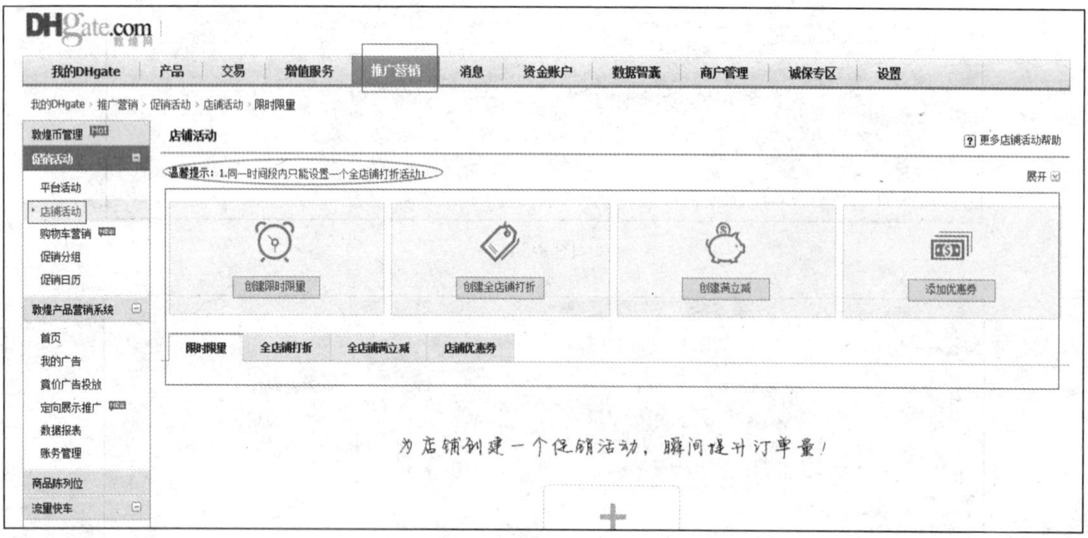

图 8-37

三、流量快车

登录卖家后台，单击“推广营销”—“流量快车”，查阅现有卖家店铺的流量快车位置上限，基本上发布一个在线产品可获得 1 个免费快车位；发布 10 个在线产品可获得 2 个免费快车位；发布 30 个在线产品可获得 3 个免费快车位。此外，卖家级别越高获取的快车位越多。卖家可在已发布的产品里确定某个产品为“快车产品”，也可取消之前为“快车产品”的商品，如图 8-38 所示。

图 8-38

【实训成果】

成果：站内优化页面，站内推广流程截图。

实训五　敦煌网交易管理

【实训目的】

掌握订单处理流程、发货流程及货物出库流程；管理订单状态及处理有纠纷订单。

【实训要求】

1. 要求在实训室完成学生分组实操；
2. 催促未付款买家付款；
3. 导出全部订单，对订单进行整理，并处理有纠纷的订单，撰写纠纷处理信函。

【实训步骤】

一、全部订单

打开“交易”—“我的订单”—“全部订单”页面，查看并且管理开店以来的所有订单，如图 8-39 所示。

（一）未付款订单

当买家下单，但尚未完成付款时，卖家可以进行价格修改。如果买家没有付款，此时卖家千万不要发货，一定在风控审核以后，出现“填写发货通知”与“在线发货”按钮后，卖家才可以发货。如果买家迟迟未付款，可以通过站内信提醒买家支付。

（二）待发货订单

待发货订单为买家已经完成付款，等待卖家发货并“填写发货通知”的订单。当卖家订单较多时，卖家要时常关注待发货订单，以免错过发货期导致订单被取消。

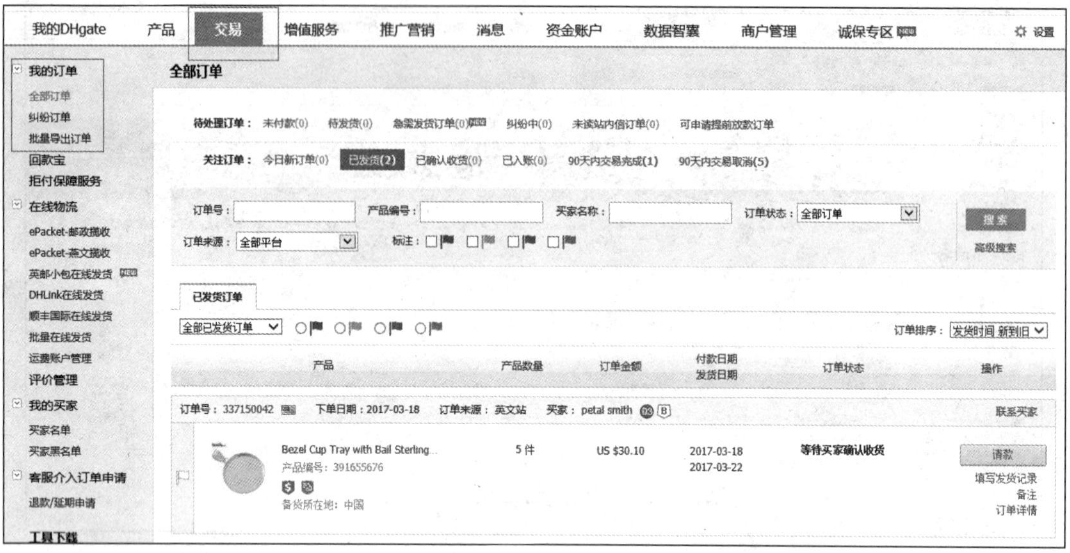

图 8-39

（三）已发货订单

当买家支付成功、卖家完成发货后，订单进入“已发货”状态，在已发货订单下，可以对订单进行请款（买家已收货、平台检测到货物妥投）、填写发货记录以及查看订单详情。正常情况下，若超过 30 天买家还没有确认收货，此时卖家可以联系买家，催促买家“确认收货”，如图 8-40 所示。

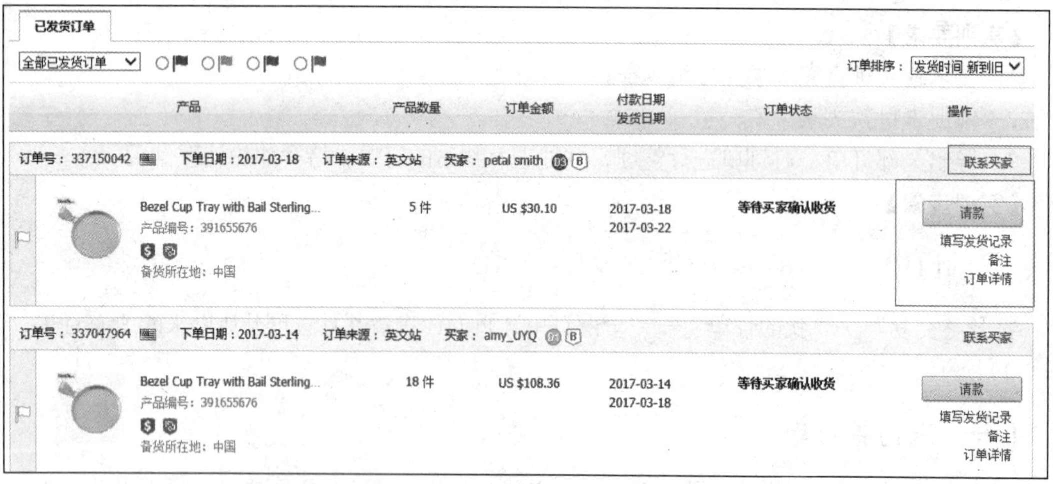

图 8-40

二、退款及纠纷订单

打开“交易”—“我的订单”—“纠纷订单”页面，查看并且管理开店以来的所有纠纷订单，如图 8-41 所示。

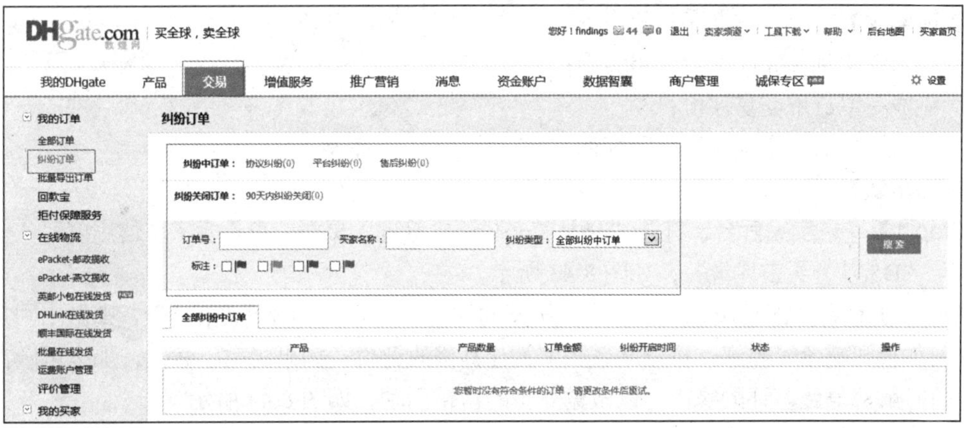

图 8-41

三、批量导出订单

打开“交易”—“我的订单”—“批量导出订单”页面，在这里可以导出最近 3 个月的所有订单，并且以 Excel 文件下载到本地，这个功能可以方便卖家统一查询物流信息，统计资金状况，以及批量管理客户和进行二次营销，如图 8-42 所示。

图 8-42

【实训成果】

成果：订单处理截图，订单纠纷处理信函。

实训六　敦煌网交易评价

【实训目的】

掌握交易评价规则，以及如何查看评价、回应差评和回复买家评价。

【实训要求】

1. 要求在实训室完成学生分组实操；
2. 完成一笔订单交易评价；
3. 向未评价买家索求“五星”好评。

【实训步骤】

【Step 1】登录卖家后台，打开“交易”—“评价管理”页面，查看卖家“信用度”“全部买家评价”“D5 以上买家评价”，如图 8-43 所示。

【Step 2】查看全部或最近一个月来自买家的评价，如果买家给了“好评”，则做出回复，感谢买家；如果买家给了差评，可以联系买家，让其修改评价，如果买家不修改，那么可以在回复买家评价时解释导致差评的缘由，以做进一步的营销活动，如图 8-44 所示。

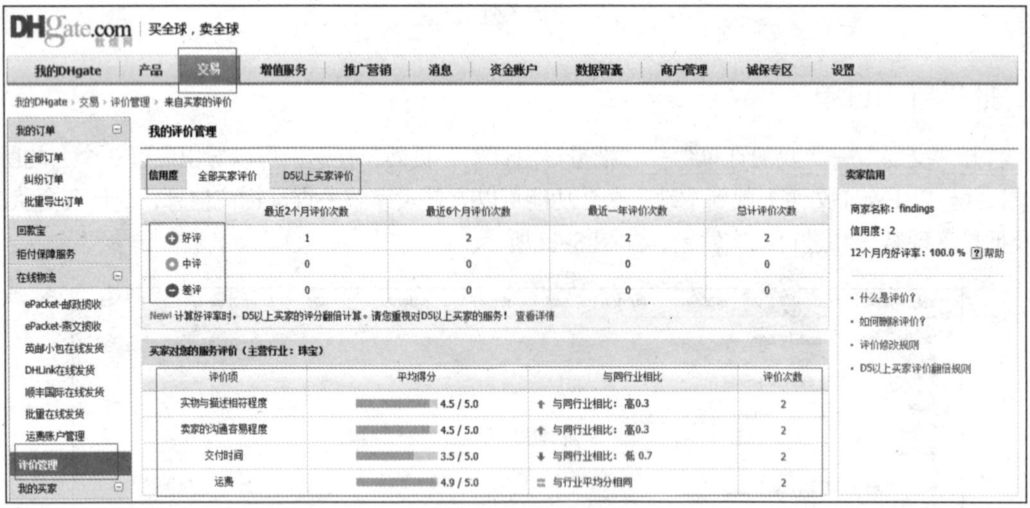

图 8-43

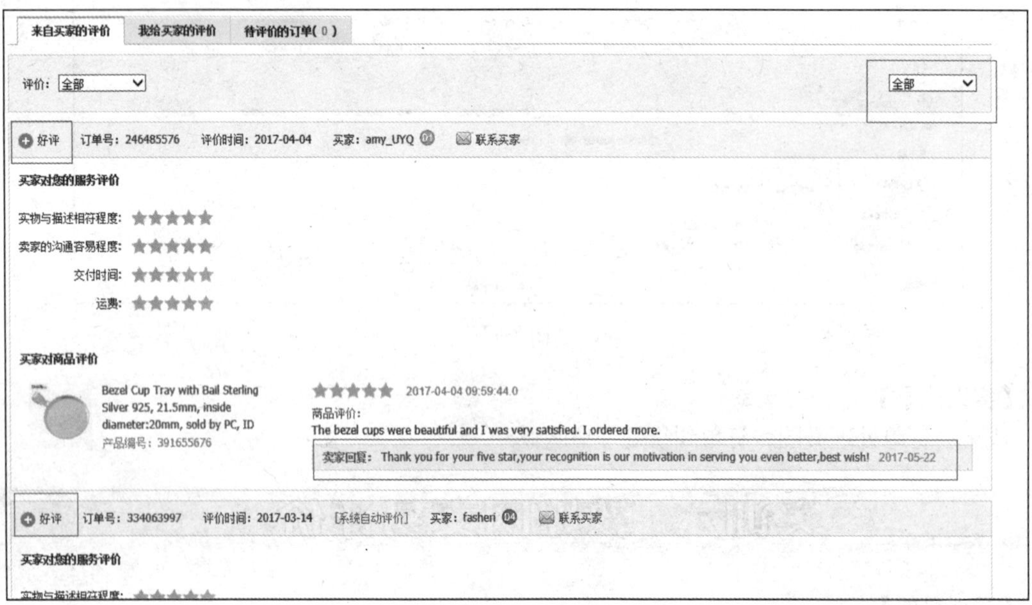

图 8-44

知识链接

敦煌网买家：评 1、2 颗星，为差评；评 3 颗星为中评；评 4、5 颗星为好评。敦煌网的对应积分：差评扣 1 分，中评 0 分，好评加 1 分。

【实训成果】

成果：1. 卖家回复买家评价信函截图；2. 索求“五颗星”好评信函截图；3. 解释买家差评信函截图。